冥王星
靈魂在親密關係中的演化
Pluto: The Soul's Evolution through Relationships. Volume II

傑夫・格林｜ Jeff Green——著
韓沁林——譯

答案就在這裡

坊間有許多廣泛討論關係的書籍，卻無法真正幫助我們從關係中獲得成長。這些書看似提供速成且簡潔的解決方法，教導你如何從一段關係中離開，不要被人拋棄。它們會告訴你如何在難以啟齒「我愛你」時，讓對方明白自己的心意；或是如何每天花六十秒，讓你的性生活更美滿。

這就像置身於浩瀚銀河中，試圖在地球周圍堆砌沙包，避免被巨大隕石砸中。這些書往往會告訴我們哪裡做錯了，卻沒有點出為何會重複同樣的錯誤。這也意味著一件事：大部分討論關係的書都沒有談到靈魂。平心而論，坊間有多少關係的書曾經談論過靈魂的演化、過去及今生的需求？

《冥王星：靈魂在親密關係中的演化》深入地解析了每段關係的目的。作者傑夫．格林透徹的見解讓我們明白了一件事：你也許無法得到自己想要的，卻能得到自己需要的。他也點出一個簡單卻常被忽略的事實：你必須在關係中面對自我的侷限，而這也是演化的唯一道路。

當我把格林的諮商內容翻譯成德文時，運用了本書及業力的概念替人諮商。每位案主都反應：「沒錯，正是這樣。」而不是說：「聽起來有幾分道理，有可能是這麼回事。」這些概念觸動了每個人內心深處的真我。許多占星家在未來十五年都會追隨格林的思考模式，而你絕對無法想像這些針對關係驅力的詮釋，蘊含了如此基礎又正確的真理。

——克勞斯·伯納特（Klaus Bonert）

推薦

對於任何想要認真探索演化占星學的人而言，這是一本不可錯過的書。你在閱讀的過程中，會覺得遠大的藍圖映入眼簾，無形中提升了自我的意識層次，讓你帶著覺知踏上演化之路，而非在傷口的痛楚中做困獸之鬥。格林的書提供絕佳的方法及架構，讓讀者能簡單又容易地應用其中的資訊。他的方法揭露了問題的核心驅力，以及與其相關的認知和原因。這會產生無比的療癒力量，讓演化得以持續。你如果能整合運用本書的內容，將會對自己及別人助益甚多。

——瑪莉 J．康納利（Mary J. Connoly）

這本經典的宗旨會源遠流長。冥王星如果不揭露它祕密深處的最後珍寶，就無法圓滿達成天蠍座階段的任務。

格林帶領我們通過歷史駭人的陰森處。他完全體現了冥王星在射手座所蘊含的真理，他也幫助我們透過前人的觀點，來仔細推敲個人本命盤的核心價值。

最令人驚喜的是，他從本命盤火星及金星的階段中，挖出冥王星深藏的珍寶，尤其是在替兩個人分析星盤組合時。他清楚地解釋了關係的類型、靈魂伴侶、演化階段、火星與金星落入各星座的情形，以及冥王星在合盤中傳達的訊息，在在揭露了我們未曾見過的稀世珍寶。深入的個案探討看似無須如此嚴肅，但其中卻展現了如此不凡的見解！這彷彿在告訴我們，人們在最黑暗的時刻仍然保有力量——冥王星再生、更新及復原的能力。

如果一滴血就能染上愛滋病，我們又如何能輕忽地轉身，對這些事物的關連性視若無睹？否認的時代結束了！接受和治癒的時代來臨了，就是現在！

我深信格林註定要完成這本書，因為他經歷了一般人難以想像的激烈考驗，獨自在光明與黑暗的交替中摸索前進，最終存活了下來。他將完整的歷練及其目的化為本書，彷彿在對我們的靈魂說話。

我們別無選擇，只能聆聽。

——珊蒂・修斯（Sandy Hughes）

獻辭

我想在此把重新付梓的《冥王星：靈魂在親密關係中的演化》獻給父親傑夫．格林。他的退休讓占星學界備感失落，但他的付出會永遠留在所有曾被他本人，及演化占星學感動的人心中。這本書也要獻給想要透過關係及演化占星學來理解自我靈魂演化的人。

傑夫．格林是演化占星學的創始者，曾在世界各地傳授相關知識。他開辦演化占星學院，並在這些年培養了許多專心投入的學生，至今才能在世界各地都有合格的演化占星學師資。自他退休後，由他的女兒蒂瓦擔任美國演化占星學 JWG 學院的校長。

冥王星系列的第一冊《冥王星：靈魂的演化之旅》在一九八六年出版，掀起了人們對演化占星學知識的求知若飢，該書至今仍是暢銷著作。格林為回應讀者的熱烈迴響，繼續寫了《冥王星：靈魂在親密關係中的演化》，爾後不時有讀者詢問此書，遂決定在二〇〇九年將它重新付梓。格林的著作具有轉化的力量，同時也為真心想要學習演化占星學的人提供深入的見解；尤其是靈魂透過關係演化的討論，更是精闢出色，幫助許多人徹底地改變了自己的人生。這本書尤其重要，因為它示範了如何利用演化占星學，來決定兩人之間核心的演化驅力，而這不僅限於個人的關係上。

傑夫・格林的演化占星學院

如欲知更多資訊，請洽 www.schoolofevolutionaryastrology.com

或電郵至 devagreen@schoolofevolutionaryastrology.com

——蒂瓦・格林（Deva Green）

目次

推薦序

占星學除了可以深入解讀個人本命盤的能量藍圖及業力模式，更可以用來觀察人與人之間的連結模式，譬如在星盤比對（Synistry）時，如果關係中的一方有土星與另一方的水星形成了衝突相，意味著這兩人可能得花上十來年的時間，才能真正克服溝通上的重重障礙——面子問題，潛意識裡的權威傾向，難以控制的批判性，聆聽與表達的節奏不合等等的相處議題。

換句話說，星盤比對數十個相位中的任何一個困難相位，都代表涉及的雙方此生必須面對及克服的關係難題；此外，和諧與困難相位往往交織出現，令詮釋者不易濃縮地看出關係的本質，必須逐一分析內外圈的行星相位及行星進入某宮位的意涵，甚至得運用珍·史匹勒（Jan Spiller）的南北月交點系統，或是茱蒂·霍（Judy Hall）對關係的前世回溯，才能深入地了解個案之間的因因果果。論及合盤（Composite）的研究發展時，比較具代表性的主流著作，則應屬羅伯·漢（Robert Hand）的《從行星看合盤：關係的解析》（*Planets in Composite: Analyzing Human Relationships*）了。此書是以工具書的形式呈現的，合盤中的每種相位以及行星落入不同宮位的解釋，都可以令讀者很快地洞察到一份關係的和諧與緊張之處在哪兒，同時作者更提供了轉化問題的建議，如同他的另一本暢銷著作《行星的推移：揭露生命的週期》（*Planets in Transit: Life Cycles for Living*）一樣實用易懂。但上述這些占星家的研究，並未觸及個案共同的靈魂演化目的和關係形成的內在驅力，以及接下去的演化發展及關係的正確進行方向。在這些極具關鍵性的議題上，本書作者傑夫．格林提出了別樹一格的洞見，就像他的《冥王星：靈魂的演化之旅》一樣精闢奧妙。

格林的合盤詮釋系統著重的是冥王星落入的宮位和星座，以及對應點的宮位和星座，而宮位的重要性通常大過於星座。深入閱讀之後，你會發現這本應歸類於奧祕占星學的著作，雖然令人不禁懷疑作者很可能有「宿命通」之類的特異能力，但其實仍舊是循著心理占星學的路線在進行解析，譬如合盤裡的冥王星如果是落入一宮或牡羊座，代表兩人正展開或剛展開新的演化週期循環，而且會以相當任性的方式去定義或掌控這份關係的發展方向。換言之，雙方都帶有牡羊座為人所熟知的征服慾和競爭性，以及必要的獨立和自我確立能力，不過當然，這類特質如果發展過度，勢必會形成詮釋本命盤的牡羊座時經常提到的——因過於自我中心而導致無法合作與分享。

因此，讀者很快就能明白對應點的七宮或天秤座特質，想當然耳就是平衡一宮或牡羊座的解藥。如果摻入對南北交點的觀察，讀者也會發現本書如同格林的上本著作一樣，將北交點和其主宰行星落入的宮位及星座，視為一份關係的正確發展方向的運作形式，而南交點及其主宰行星落入的宮位及星座，則是兩人過去多生多世共同累積的慣性模式。這些元素加上與其他行星形成的相位，以及相關的行星落入的宮位及星座，並佐以四個演化階段的觀察，就是格林的合盤詮釋系統的重點了。

由於冥王星象徵著不被社會公開接納的禁忌，所以格林在書中大量地探討了性、虐待、危機、迫害等等的陰暗議題，使得讀者對某些令人匪夷所思的虐與被虐行為，有了著眼於因果層面的理解，對許多畏懼人性裡的暴力與殘忍特質的讀者而言，這層理解可能會帶來意想不到的療癒。

閱讀本書將會對人類關係裡深埋的業力及強烈的轉化渴望，生起一股錯綜複雜的感嘆和敬畏之情，而且會深深領悟到業力之中其實包含著大膽試誤的創造性。

積木文化連續出版了兩本傑夫·格林的代表作，為華文讀者打開了進入「演化占星學」的一扇門，也令我們意識到占星學的妙用有無窮的可能性，但前題是用者本身必須勤奮不懈地觀察人性深處的活動，一些不易被覺知到的核心驅力是如何在操縱著自己以及自己的關係，朝著特定的「我執」方向運作，造成了情慾上的種種扭曲與錯置，同時也帶來了修正和轉化錯誤的成長契機。

——胡因夢，二〇一一年於吉隆坡

前言

共沐靈魂之風

相信每個嘗試過的人都有同感，關係從不是件簡單的事！透過本命盤來解釋你的關係模式，可以解釋這一世伴侶的能量模式。我們如果把前世的因素列入考量，就可以深層地探討任何一段關係，無論是愛情、友誼或商業夥伴。

傑夫在本書中分享他畢生的親身體驗及深入知識，透過本命星盤及合盤，教你掌握今生最根深蒂固的伴侶需求。正如他所說，「當我們把所有因素列入考慮，便能明瞭我們會吸引來自己需要的東西，即使我們不知道自己有這種需求！」

有些人很難理解前世的概念，我自己也是如此。我在認識傑夫以前，總以為輪迴轉世是合乎邏輯、具有一致性、理智又聰明的方法，足以用來解釋人類的存在。就理性分析而言，我完全接受輪迴轉世的說法，但在情感上卻沒有共鳴。

直到認識傑夫，我的理智才束手投降，打從心底接受前世的說法，對其產生真正的認同。傑夫不僅能轉化他的洞見，還能用非常個人又直接的方式表達這些東西，光是他這個人就很難讓人不信服。本書充分展現了傑夫的這個特質。

本書再次加強了我對輪迴轉世的認識及信念，而我相信每位讀者都會有同樣的收穫。它傳達的是一種既陌生又似曾相識的洞見，讓你很快便能產生共鳴。它就像一面放在眼前的鏡子，你必須鐵了心且目光銳利，否則無法認清自我及關係的本質。

透過這面神奇的鏡子，你會發現學習占星學並不只是整合資訊，而是重新探索自我內心最無意識、深藏在隱蔽角落的東西。本書中的占星學，教導並幫助你學習與別人溝通的語言，而這些都是你的靈魂早已明瞭的本能。

你如何解釋一個美好的夏日午後、朦朧月色灑在山頭、小溪潺潺地流向大海、鯨魚悄然地泅渡海洋、初秋微風沙沙地穿過轉黃的枝葉？風是無影無蹤的，但我們知道它就在那兒，雖然見不著，卻能實際地感受到它的作用。本書能幫助你一窺你和伴侶自擁的靈魂之風，這陣風可以將你吹向任何人的身旁，也能將別人吹向你。

我們每一次呼吸都與萬物分享空氣，共沐在這陣靈魂之風中。沒有人能埋頭在沙堆裡，不與別人互動。我們都需要彼此，也必須知道自己並非孑然一身。我們必須明瞭為何只能與某些人分享內心的世界，共享這靈魂之風，而非與所有人產生互動。

有時當你走在陌生的城市街頭，與某個人眼神交會，便能感受到這陣風。你靜靜地點點頭，彷彿說著：「我曾來過這裡。」而對方也會點點頭，感受到同樣的悸動。你就懂了這是什麼樣的感覺。

如果你曾經目光掃過一整屋子的人，突然感受到強烈的愛意；或是在下著暴風雪的日子，在車站裡與某人短暫邂逅，因而改變了一生。那麼，你就會懂了。

生命不只是重複老舊的模式，而是挖掘新的方法去面對熟悉的一切。當你能體會這點時，你就懂了。

傑夫這本書有如鏡子般反射出靈魂的外貌，而當你在閱讀時，將會感受到把你帶來這世上的靈魂之風。這陣風賦予你身體，讓你在這一世與最重要的人建立親密關係。

我們終會再相遇的。

繼續讀下去，你就會懂了！

——艾林．克里斯汀森占星學院（The Irene Christensen Astrological Institute）

院長克里斯汀．博拉（Christian Borup）

序言

冥王星與靈魂之旅

每位執業的占星家都會不時聽到這句話：「我的天啊！我的心理治療師花了好幾個月才搞懂這點，但光看本命盤就一針見血了。」針對靈魂的需求、關係中細微的張力，以及過去與現在的關連性之種種觀察，就是對占星學的精確以及占星家至高的讚美。這也突顯了目前社會幫助人們的治療過程，往往是不足夠的；這也代表了現有或「一般性」的治療過程，很難有效地幫助人們演化及成長。

一般人認為心理治療師通常不談論靈魂的議題，的確如此。放眼望去，有多少治療師會關心靈魂的旅程、演化、過去及今生的需求？時下盛行的看法是：「我們如果不知道靈魂是什麼，那又如何談論它？」

但是世事終會改變。最有意思的就像是心理治療師湯瑪斯・摩爾（Thomas Moore）的《關心靈魂》（*Care of the Soul*）及《靈魂伴侶》（*Soul Mates*）系列著作登上暢銷書之列。摩爾曾跟我說，《關心靈魂》熱賣超過一百萬本！他的文筆清楚流暢，對於占星學深有同感，同時也深入探討希臘神話人物原型的象徵意義及實際表現。他的書在全世界都獲得熱烈迴響。

作家史考特．佩克（Scott Peck）的《心靈地圖：追求愛和成長之路》（*The Road Less Traveled*）以及《心靈地圖II：探索成熟與自由之路》（*Further Along the road Less Traveled*）也是十分有幫助的書，其中全面且銳利地剖析了人性的狀態。這告訴我們即使不是放眼可見，但靈魂的確是活生生地存在著。

格林的書亦是如此。他就像戴上了一副占星學的眼鏡，拿著一把實用又細緻的刷子擦亮鏡片，然後勇敢地站出來。時下的心理治療師如果能用心閱讀幾頁傑夫的書，必能提升治療的成效，對別人幫助更多（如果能上幾堂占星課程，效果更不遑多論了）。舉個例子，我們如何理解關係的目的？你能想像一位心理治療師不停探索一個最基本又最普遍的問題嗎？像是「對於個人的生命發展而言，目前這份關係到底有何意義？」光是這問題的本身就能讓人們獲得解放。很多人覺得過去、現在及未來之間是毫無關聯的，但如果能找到這個問題的答案，這種感覺就不會那麼強烈了。

格林曾說過，關係的目的就是讓我們體驗並面對「自己的侷限」。他試圖帶領我們跳脫這個定律，但它卻如影隨形。他不斷強調關係的存在就是一種互補，而非為了自娛而創造的架構。關係要求我們把自己放到第二位，同時必須透過別人才能讓自己變得完整。我們透過身外之物發現自己，同時也需要別人的協助。這正如黑夜需要白晝的襯托，而月亮也需要太陽的光芒一樣。

我們如果透過希臘神話來觀察關係，就會發現自己並不是命運捉弄的被害者，正如有些當紅的心理學家會說（甚至有些占星家也會這麼說）：「種瓜得瓜，種豆得豆。」換言之，我們必然會與自己需要的東西產生關連。在關係的發展過程中，我們會「轉化自我的侷限⋯⋯然後獲得演化。」

我在過去數十年的占星經驗中，早已熟知上述的看法，但是本書卻透過占星的角度開啟了另一塊領域，讓我們見識到人性狀態的神奇。格林不停強調沒有人能獨自面對人生，關係是不可或缺的。他主張關係就是要我們由外來觀察自己（占星原型的兩極化），然後必須靜心聆聽，才能學會平等的功課。這番見解是格林重新體驗天秤座原型後的收穫，也是本書的核心價值。這也就是為何我不斷地提醒自己它的重要性，並把它介紹給相信我能幫助他們的人。

我想起多年前在大學時曾讀到知名心理學家高登．歐波特（Gordon Allport）對於「成熟」的定義。他認為成熟分為三個階段：自我的延伸、從新的超脫角度來客觀評斷自我，最後透過整合的人生哲學回歸自我。古希臘人透過占星帶領我們穿越人生旅程，讓我們藉由外在的關係看見自我的成長，從中獲得昇華，變得更加堅強。然後就如歐波特及格林所說的，我們因此融為一體。

占星家把冥王星視為賦予力量的表徵，它不僅能影響結果，也是刺激的動力。我個人則認為冥王星代表了洞悉。無論是哪種看法，理論派及執業的占星家都認為冥王星與極端有關，蘊含了令人畏懼的力量。無庸置疑地，一般人無法完全按照社會認定的標準來建立人生的成就，因此冥王星的力量往往不是猛然爆發（通常都會帶來問題），就是完全與生命經驗無關。格林在本書中一再地指出，冥王星並非某種單一的能量，而是自我認知力量的結合。它並非鎖定目標獨自運作能量，而是無所不在地培養力量——它是演化的。我們會在人生旅途需要的時候，刻意地運用它的能量。

冥王星在占星學中無所不在，它不僅意味著性格的激發（賦予力量），也與時間有關。它也是意識的終極表徵，同時關係著性格的持續發展。當格林使用「業力」這個字時，他盡量避免讓其被誤解為報復及懲罰，而是把它視為連續數次累積成長或連續幾世的平衡結果。靈魂會隨著時間不斷地改變及演化，而且會受到冥王星的激勵，然後融合成為其他行星的表現方式。這個過程都會表現在我們的關係中。因此對於格林的分析而言，星盤的合盤及比對就格外地重要。此外，這個主題本質上就具有「社會」及「性」的色彩，所以格林花了許多篇幅介紹金星及火星，以及其在本命盤中或行星移位時的表現。

本書絕對值得一讀。我從來沒有見過一本占星著作能用格林這種真實且明確的方式，帶著勇氣及恩寵，深入洞悉社會和性的領域，而最難能可貴的是它的實用性。二十五年前絕不可能出現這種深刻的洞見。占星學本身也在成長，逐漸受到世人矚目，更趨成熟。這當然有格林一路的貢獻，才能有今天的成績。他幫助我們延伸自我，反省自我，然後將所有的哲學融合為一。讀者實在應該把有關火星及金星的部分，推薦給自己最愛的心理治療師！

請不要把本書中不時提到的「靈魂」，以及與其有關的「靈性」，想當然爾地與宗教產生聯想。它的本意絕非如此，而正如格林所說，宗教也不是本書的重點。備受尊崇的伊莎貝．希奇（Isbel Hickey）曾在多年前對我說過：「諾亞，人們必須知道靈性不是一種結果，而是達到某種境界的方法。」

靈性代表我們活著的方式，而非原因。戰場上殺戮的士兵的靈性發展可能與對大眾傳教的牧師並無兩樣。「勇往直前的基督精兵」更是一點也不矛盾。

這篇序言的目的是要幫讀者準備好閱讀這本佳作。最後我想要再補充一點：我們不應該害怕格林的寫實風格。他生動地透過真實、困難的經驗，讓無形之物（靈魂）化為具象。格林在範例解說中讓我們看見，無論是在重要關係或日復一日的推擠、壓迫、付出及給予中，人們都是在為了自我的完整，也就是靈魂而努力。他向我們展現了靈性的勇氣去認識人生。別忘了，在尋找寶藏的過程中，我們必須移開大石頭，往地下深掘才能挖到黃金。

謝謝你格林，給了我們這張藏寶圖。

——諾亞．泰爾（Noel Tyl）於溫泉丘，亞利桑那州，一九九五年十二月

感謝辭

我要感謝的人太多，無法在此一一列出。特別要感謝的是我最棒的妻子馬提娜，謝謝她的全心支持，以及她對本書的意見及建言。她自己也是一位優秀的占星家。我也想要感謝我的子女路克（Luke）及蒂瓦，謝謝他們在我寫作時犧牲自己的時間來陪伴「老爹」。此外還要感謝我的朋友諾亞．泰爾、克里斯汀．博拉、珊蒂．修斯和克勞斯．伯納特，謝謝他們費時閱讀我的手稿，幫忙寫前言、序言及推薦。尤其感謝湯姆．布里基斯（Tom Bridges）在閱讀我的草稿後，給予非常重要且必要的建議。同時也要感謝一個特別的朋友瑪莉．康納利，謝謝她在我寫作期間，不吝給予建議、意見及支持。我也非常感謝南茜．蓋文（Nancy Gavin）在我生命最重要的時刻出現，給予我經濟援助，讓生活無後顧之憂。最後還要特別感謝所有我在美國、歐洲、加拿大及以色列授課遇到的人，謝謝你們對我的鼓勵。大恩不言謝，盡在不言中。

願上帝保佑

——傑夫．格林

導言

自《冥王星：靈魂的演化之旅》初版付梓至今，已有好一段日子了。該書獲得前所未有的熱烈迴響。我在書中邀請讀者把自己的觀察、問題及感想寫信寄給我，而我也收到來自全世界數千封的信，信中的支持讓我非常感動。當然還有許多讀者好奇地詢問我，何時會出版冥王星系列第二冊。因為有你們的鼓勵，才會有這本書。

本書的目的是透過關係的驅力，討論在第一冊中提到的冥王星及南北月交點的概念。我們隨時都處於與別人的關係中。世界上有這麼多人，我們只選擇與某些人建立親密關係，與某些人交朋友，我們和每個同事都有不同的相處方式，也與父母雙方建立不同的關係，我們與孩子也另有一套相處模式。因此本書的目的就是透過業力的因果及過去世的生命背景，判斷自己今生會與哪些人建立哪些類型的關係。

本書會採用精確的占星學方法，讓讀者明瞭兩個人之間存有哪些前世的生命傾向，關係是在何時結束、會在何處再度相遇，以及今生必須面對的演化功課，而這也正是兩人再度相遇的原因。

本書會透過合盤及傳統的星盤比對來分析，同時也會解釋合盤及星盤比對的主要差異。我會用許多的個案來解釋或示範這些核心概念。有些章節會討論火星與金星的本質及功能。其中一章會解釋火星與金星之間八種主要的關係階段，以及在這些階段中的相位表現方式。我還會用同樣的方法來分析火星與冥王星。另外還會有一個章節專門討論冥王星在合盤時，落入不同星座及宮位的主要原型，同時還會討論靈魂在不同演化階段的表現方式，基本上可以分為演化的初階、合群階段、個體化階段及靈性階段。

本書還會討論人與人之間不同的關係類型，其中會解釋靈魂伴侶、業力伴侶及孿生伴侶的差異，還有辨認他們的方式。我也特別花了一個章節討論人生伴侶中最黑暗的祕密——施虐及受虐的關係。我會先解釋伊甸園神話的意涵，然後再以許多過去的個案為例。有些讀者可能會因為這些敘述產生本能反應，因而覺得被冒犯了。其中大部分的反應都是令人反感的，但卻早已深入個人與集體的層面，讓大部分的人都難以察覺。我的目的是讓人們意識到這個原型，希望藉此帶來些許改變，然後將它徹底地從意識中消除。

正如我在《冥王星：靈魂的演化之旅》中提到的，希望你能慢慢地閱讀本書，才能將其融會貫通。如果你還沒有讀過第一冊，強烈建議你先閱讀它，然後才能對本書的內容有更深入、更全面的體認。這並不是一本占星使用手冊，因此建議你從頭讀到尾，才能真正了解本書提到的驅力及原型。

在此感謝所有曾經來信的讀者，以及我在美國、歐洲、加拿大及以色列授課時所遇到的人，謝謝你們的鼓勵及支持。

——傑夫．格林於波德市，科羅拉多州，一九九六年冬天

第一章
關係的本質

本章的目的是讓讀者對關係的本質有完整的認識。宇宙萬物的本質會表現在與自身的關係中，以及相互影響和互動的過程中。所有形式的互相影響及互動都會產生演化及改變，包括自我認知在內的任何人事物，都必須與外界建立關係才能認清本質。

這一章的討論焦點會放在兩個主題或驅力上，這兩者完全影響了我們對待關係的方法、傾向、態度及心理，以及我們對待親密的人的方式，例如父母、愛人、孩子或親密友人。第一個主題或驅力是根據過去世與別人的關係。在過去世曾與我們建立過關係的人會表現過去世的經驗、認知、傾向及態度，這些會影響兩人的相處方式，而這有時是很難用理智或今生的理由來解釋的。

第二個主題或驅力是根據我們與父母或原生環境的關係，還有我們與社會、文化及宗教印記的關係。這種印記或條件並不亞於前世的因果，也會影響我們與別人建立關係的態度、傾向及心理，同時也可以解釋我們為何會用特定方式來對待身旁親密的人。

這還引出一個更深層的問題：為何我們的靈魂會選擇特定的原生環境（包括我們的父母），為何我們會在這個國家、社會或族群中成長？最重要的答案就是，今生所有的生命條件、原生國家及家庭，能夠滿足我們接下來的演化需求。此外，就演化及業力需求的角度來看，孩子與父母之間通常在前世有未了的功課。父母的潛意識記憶會限制自己對待別人的方式，而這顯然都會對孩子帶來影響。而小孩與父母一方共有的潛意識記憶也會影響彼此的行為方式。父母本身在這一世的原生環境以及過去世的生命條件，都會影響一個人與上一代的關係，也會影響他對關係或身旁親密的人的態度。

所以，我們還是又相遇了，對吧？我們的確在很多世都曾經遇過彼此。為何會如此？這答案非常複雜，但簡單地說，就是要讓靈魂與本源重新融合為一體。靈魂的演化需要很長的時間，它渴望嘗試各種經驗、驅力、行為、環境、價值觀及信仰，這些東西可能會讓它產生脫離本源的慾望，但是只有當脫離的慾望被消磨殆盡時，靈魂才能重新與本源融為一體。

某些特別的驅力代表對於特定經驗的需求，而這通常需要好幾世的時間才會形成。我們如果想獲得演化，就必須在某段時間集中在某些驅力上，然後另外一段時間又集中在其他驅力上面。我們通常會生生世世一再重複某些情境，才能反映出最重要的驅力。我們建立關係的對象，通常能反映或定義自己正在努力學習的驅力，所以我們會一再遇到這些人，直到這些驅力被消耗殆盡，做完演化的功課為止。

為何需要關係？

宇宙萬物可以用許多方式來創造自我，那麼為何要透過關係？這是因為萬物顯現的生命模式，就是它與自身關係的表現。創造的本身就是自我投射的結果，而所有投射出來的形式及形象都只與自己有關。事實上，所有的形象、形式及結構，都會因為創造性的投射而產生連結或互動。投射是行動的終極法則，而行動會產生磁力、電波及重力。當宇宙萬物與自身產生互動或連結時，這些能量就會結合在一起，促進演化、轉化及蛻變。再提醒一次，宇宙萬物就是與自身關係的整體呈現，看似是恆變的，實際上卻是一樣的。

人類生活在這個偏遠又狹小的星球上，必然會與投射出來的萬物產生關係，因為我們都是其中的一份子。我們與地球，也就是萬物之母蓋婭息息相關。我們與別人有關係，也必須面對自己。人類會被行動法則（投射）、磁力（震動）、電力（正負兩極）及重力（純能量的結合）影響，同時也會被恆變法則（演化）主宰，而演化正是轉化及蛻變法則的來源。我們基本上是透過關係來演化。所謂的進化是透過與其他的人或物建立關係，這些代表了自我成長需要或渴望的東西，也象徵了我們自覺或自認欠缺的事物。一旦關係產生了，冥王星便會開始進行同化作用，讓我們在不知不覺中**變成**與自己建立關係的人或物。我們可以透過關係來面對或意識到既存的侷限，而這多半來自於自己的信仰、想法、價值觀、認知或情感模式。我們如果能與自認為需要或渴望的東西建立關係，便能超越既有的侷限，獲得成長及演化，隨之而來的就是轉化及蛻變。兩種表面上看似獨立的形式結合之後，彼此會潛移默化，產生比結合之前更大的能量。

萬物之始

當造物主在自我投射，意即創造萬物時，就啟動了關係及演化的法則。所有表面或對立的顯性法則都是源自於無相的一體，進而產生了陰與陽、日與夜、冷與熱等區別。造物者在自我投射時，會以分離和獨立的形式出現，但所有形式都是萬物的一部分，必然會啟動關係法則，渴望與造物者融合。宇宙萬物從誕生、成長到死亡的過程中，都會呈現分離及獨立的表現；但也會表現重返本源或融合的傾向，其中宇宙萬物都是彼此互動且相關的，無法不透過與他物建立關係而獨立存在。所有形式的創造，表面上是分離且獨特的，卻也反映了造物者或宇宙萬物的本質。正如造物者創造生命一樣，宇宙萬物都會透過分離的顯性法則，繁殖並產下後代。但任何形式或結構的再生，都必須先與其他形式或結構建立關係，才能產生融合。融合會帶來同化，讓獨立的想法或經驗暫時停止。這種暫停可以讓萬物交換彼此能量的菁華，達到繁殖或再生的目的。正如物理學家所說，能量是不滅的，只是會改變形式。

萬物會透過行動、磁力、電力及重力法則，維持獨立及二元性的形式，但這些法則也是操控在造物者的手中。任何獨立的形式如果想要獲得演化，必須先與自身對立的形式建立關係，例如陽性與陰性。不同的形式會透過同化作用產生融合，轉化成另種新的形式，進而達到演化的目的。

人類

我們如果把上述說法套用在人類身上，就引出靈魂的概念了。靈魂可以被定義成一種永恆不變的意識或能量。這意味著靈魂既不能被毀滅，也不會死亡，只會改變形式。靈魂的演化是從與本源的分離開始，歷經重返本源的過程，最後與本源融合為一，直到所有分離的認知及經驗都完全消失為止。靈魂的演化是根據與生俱來的兩種慾望原型：其一是與造物者分離，另一種是重返本源，與造物者融合。所謂的演化就是逐漸消除所有獨立的慾望，以及它導致的各種驅力及經驗。當靈魂經歷長時間的演化之後，會慢慢消除獨立的慾望，重返本源或與造物者融合的慾望便會日益明顯。靈魂在與造物者完全融合之前，必須與其他靈魂建立關係，進而獲得演化、繁衍，或是用新的方式讓自己再生。

正如造物者一樣，所有靈魂同時具備陽性及陰性的本質。造物者在創造萬物時，會同時將二元性的法則，或是對立的電極（也就是我們稱的陽性及陰性）向外投射。靈魂會根據表相法則（也就是形式）表現出陽性或陰性。而靈魂為了繼續演化，則必須根據分離法則與自己對立的形式建立關係。靈魂可以透過關係產生融合，「吸收」與自己對立的能量。正如陽性可以吸收陰性，陰性可以吸收陽性。在長久的演化過程中，靈魂有時會以陽性的形式出現，有時會以陰性的形式出現，中國《易經》的符號就是出自於此。這也意味著造物者最後會與自己向外投射的自我重新融合。對於人類而言，這就代表了靈魂會消除所有導致分離想法或經驗的慾望，然後重返本源。就靈魂的層面來看，這就是平均並融合所有陰性與陽性的能量；而就心理學的說法，這就是達到雌雄同體的狀態。在本質上，靈魂會透過分離法則，在陰性與陽性之間來回搖擺，直到它能透過與對立形式建立關係，達到陰陽調和的境界，才能真正地重返本源，與造物者融合。

第二章
演化占星學

本章要複習在《冥王星：靈魂的演化之旅》中介紹過的主要占星法則及方法。這些都與演化的本質及靈魂的發展階段有關。

冥王星

冥王星與演化法則有關。就本書的宗旨而言，冥王星特別與靈魂及其演化有關。靈魂可以被定義成一種永恆不變的意識或能量，而且是無法被消滅的，只能是形式上的改變。慾望是促進靈魂不斷演化的主要原因或驅力。靈魂之中包含兩種並存的慾望原型，其中一種是與靈魂的本源分離，另一種是重返靈魂的本源。靈魂演化的過程就是花費長久的時間嘗試所有的獨立慾望，直到最後所有的慾望都會消逝，只剩下自我與本源重新融合的慾望。所謂的自由意志或選擇，也就是根據這兩種並存於靈魂中的慾望。我們不需要透過占星學就能證明這個簡單的道理。捫心自問你難道沒有一堆獨立的慾望嗎？像是擁有更多財產、職場擢升，找個新的愛人？我們可能實現這些慾望，而且從中獲得滿足，但這種滿足很快就會被不滿足取代，然後就會渴望更多。這種不滿足會喚醒靈魂中重返本源的慾望，而世上所有人都會有同樣的體驗。

在《冥王星：靈魂的演化之旅》中，我們透過本命盤中冥王星落入的星座及宮位，分析靈魂在前世的慾望類型或演化目的。舉個例子，冥王星落入九宮通常代表一個人會透過宗教、形上學、哲學或宇宙論來定義自我的身分意識。靈魂可能花了好幾世的時間才建立自我定義的結構，而且會在今世表現出同樣的傾向。這都是源自於對安全感的需求，必須建立在自我的一致性之上。別忘了，冥王星與我們最深層、無意識的安全感有關。這也就是為何它常與強迫性、迷戀、被威脅感、防禦性、各種情結或操縱有關。靈魂演化的下一步，就顯示在本命冥王星的對應點落入的宮位及星座。我們如果能朝對應點的方向努力，自然便能讓本命冥王星獲得演化或轉變。

在兩個人的合盤中，冥王星落入的宮位及星座，意味著共有的前世核心動力或演化目的。就像個人的演化一樣，兩人之間很容易會出現過去世的傾向。正如個人的本命盤一樣，兩人未來的演化方向都取決於合盤中冥王星對應點落入的宮位及星座。

在星盤比對中，其中一人的冥王星會落入對方本命盤的某個位置，這就意味著他的核心自我意識會如何影響對方。別忘了，冥王星在個人星盤中代表了世代性的自我意識。所以在星盤比對時，這種影響也是世代性的，因為相同世代的人的冥王星都會落入同樣的宮位及星座。每個人都會與同一世代的人產生關係，但是靈魂中的獨立慾望，會讓每個人試著用自己的方式脫離整個世代，建立自我的身分意識。這種獨立的慾望會透過冥王星對應點的星座及宮位，帶領我們走向下一步的演化。因此世代性的影響就像是一隻推手，促進靈魂的獨立慾望繼續演化。我們與同世代的人建立的關係也是如此，會以個人化的方式呈現。

我再提醒一次，冥王星與現實生活每個層面的演化準則有關。演化有兩種呈現形式，分別為**災難性**或**一致性**的演化。我們可以由此看出靈魂的演化方式。

災難性的演化通常是某個強烈事件導致徹底的改變，也就是快速地滿足演化的渴望。在大自然中，這可能是地震、火山爆發或暴風雪。對於人類而言，則可能是突然失去摯愛，違背信任基礎而導致強烈的背叛或遺棄感，被迫失去社會地位或權力（例如尼克森總統因水門事件被迫下台），強暴及任何強迫性質的性經驗，劇變性的疾病，例如愛滋病或癌症。

災難性的演化往往出自兩個原因，其中之一就是抗拒必要的演化。抗拒會產生緊張或壓力，正如鋼琴的弦如果過於緊繃，到了某個階段就會突然斷裂。靈魂如果一直抗拒必要的演化，到了某個關鍵時刻就會無法再抵擋演化的力量，此時靈魂得面對一個最真實的問題：為何要抗拒演化的意圖或目的？答案就是**安全感**的需求。對於大多數的人而言，安全感建立在自我的一致性上，而一致性則來自於熟悉或已知的存在方式或現實。來自於過去的人事物會不斷地變成當下的現實，然而現實也蘊含了演化或前進的力量，會反映出未來的趨向。過去及未來的趨力會在每一個當下角力拉扯，而我們每個人都有自由意志（冥王星）或選擇的力量，可以決定接受必要的演化，或是因為對於未知的恐懼而抗拒演化。恐懼會影響我們的安全感。想必沒有多少人喜歡不安全的感覺，所以大部分的人都會選擇抗拒必要的演化。在重要的關鍵時刻，這種抗拒會導致災難性的事件，如此才能達到演化的目的。

災難性演化的另一個原因是業力。所謂的業就是每個行動都會產生相應的結果。舉個例子，如果我背叛了某人，難道自己不會被背叛嗎？我如果拋棄了孩子，難道有一天我不會被拋棄嗎？

相較之下，一致性演化就是緩慢、漸進的改變。生命的起起伏伏會帶來改變和成長，而大部分的人都是一致性的演化。這種演化就如整個人生的平均值，其中混入幾次災難性的事件。平均而言，大部分的演化都是一致性的。

月亮的南交點及北交點

在《冥王星：靈魂的演化之旅》一書中，我曾經提過月亮南交點落入的宮位及星座，就像一種工具或運作模式，能幫助我們有意識地實現靈魂的演化目的及慾望；而冥王星在本命盤落入的宮位及星座，則象徵了靈魂在前世的慾望及目的。靈魂很自然地會用前世的方式來定義自己（我們總是從結束的地方開始），也會出現南交點象徵的傾向。

另一種說法則是靈魂會在每一世創造顯意識的性格或自我，藉此來滿足或達成演化的目的。月亮與所謂的自我有關。自我就像是電影投影機上的鏡片，目的是讓電影中的影像能聚焦呈現在銀幕上面；沒有了它，所有的影像不過是擴散的光線，無法成形。由此可知靈魂會創造一個顯意識的自我，透過自我產生集中的自我形象，然後透過形象來定義自己的身分認同，而這也就是所謂的性格。自我就像是能量集中的漩渦一樣，融合了所有靈魂製造的顯意識性格。當靈魂進行演化時，自我和身分認同當然也會產生變化。

本命盤冥王星落入的宮位及星座，代表靈魂前世的演化目的及慾望；而演化的底線就是月亮的南交點。南交點落入的宮位及星座則代表了自我的類型，如何幫助靈魂實現演化的目的及慾望。事實上，靈魂的性格或自我（南交點），其實都是源自於這些核心的慾望和目的。因為冥王星和南交點與安全感的需求有關，大部分的人都會在無意識中表現出它們在本命盤中象徵的趨力，並把它視為自我定義的基礎。靈魂下一步的演化則要視冥王星對應點的宮位及星座而定，而月亮的北交點也會齊頭並進。北交點代表的是不斷演化的自我或身分認同。

我們唯有根據當下對於過去的看法，才可能理解未來。每個當下都是由過去及未來決定的，這會根據特定的情境產生不同程度的演化壓力。過去及未來之間的動態趨力會有意識地透過南北交點，表現在自我意識或性格上面。本命的月亮象徵了當靈魂感受到過去與未來的動態驅力時，在**每個當下**立即表現出來的顯意識自我或性格。月亮是意識的元素，它除了呈現演化的過程，還能透過形式或身分認同將演化整合。

在兩個人的合盤中，月亮的南交點與雙方的性格或自我有關。它就像一種工具或運作模式，曾經在過去世被用來實現兩人關係中的核心演化目的及慾望（視合盤中冥王星落入的宮位及星座而定）。冥王星與南交點落入的宮位及星座，則代表了雙方在過去世的關係、互動及結束的方式。由此可知，這些符號都關係著兩個人到了今世會在哪個領域重新建立關係。兩個人接下來的演化功課，可以視合盤中冥王星對應點落入的宮位及星座而定，並且透過合盤中月亮及北交點落入的宮位及星座來實現。

在星盤比對中，月亮南北交點的位置象徵過去世的驅力。南交點的位置象徵我們與對方在過去世的共同經驗，同時也可以看出前世的趨力，會如何在無意識中影響自己給予對方的回應。北交點的位置則告訴我們可以透過何種方式，在今生超越過去世的限制。

我們如果綜合運用合盤及比對的技巧，便能詳細分析兩個人在前世的趨力模式，也能看出兩人在今生相遇的目的及意義。合盤討論的是兩人之間的動力，有如第三方在分析這段關係，但是關係中的任何一方都仍是以自己為出發點。因此我們不僅要分析合盤中的冥王星、冥王星的對應點以及月亮的南北交點，同時也要探討星盤比對時冥王星、南北交點落入對方星盤的位置。

月亮南北交點的主宰行星

我們可以透過南北交點的主宰行星落入的宮位及星座，實現其各自的意義。基本上，本命冥王星會透過南交點來實現前世的演化目的及慾望；南交點則是透過其主宰行星落入的星座及宮位來實現自己——意即靈魂在實現目的及慾望時所需的自我中心架構。本命冥王星的對應點是透過北交點來實現，而北交點則是透過其主宰行星落入的宮位及星座來落實。

冥王星與月亮南北交點合相

當冥王星與月亮南北交點合相時，或是與月亮南北交點軸形成四分相時，通常意味著特定的演化及業力狀態。當冥王星與南交點合相時，可能會出現下列三種情形。前兩種較為罕見，第三種則很常見。

1. **這個人正處於演化和業力再現的狀態。**他在過去世沒有面對南交點、冥王星，以及南交點主宰行星落入宮位及星座代表的議題，因此在這一世必須重新體驗這些議題及功課。他必須完成過去世的議題及功課，才能打開北交點的大門（也就是脫離這個狀態的方法）。一般而言，這個人必須等到第二次土星回歸、大概五十六歲時才能獲得解脫。

2. **這個人已經完全發展並學習演化的功課，而其目的及動機都很清楚。**他正處於業力豐收的狀態，所以會為這一世帶來某些天賦、知識或能力，然後形成獨特的身分認同。他也可能因為受限於這個狀態而感到挫折，渴望能透過北交點的實現來尋求解脫。挫折感是因為他們已經在過去許多世中徹底地學習過南交點、冥王星，以及南交點主宰行星落入宮位及星座代表的議題，因此渴望能接觸些不同的東西，而這都呈現在北交點及其主宰行星落入的星座及宮位中。這個人通常要等到第二次土星回歸時才能獲得解脫。

3. **這個人可能在某些方面處於演化和業力再現的狀態，其他方面則處於豐收的狀態。**這是當冥王星與南交點合相時最常見的情形。同樣地，這個人通常要等到第二次土星回歸時才能獲得解脫，除非有其他重要的條件存在。

當占星家為兩個人分析關係時，如果在合盤中發現以上的相位，上述的情形便會出現在雙方或其中一方身上。我們必須把焦點放在與過去世狀態有關的特定宮位上，幫助他們理解兩人關係的現狀和涉及的生命領域。我們如果透過星盤比對，發現其中一方的冥王星或其他行星與對方的南交點合相，就代表了兩人之間存在著前世帶來特殊的演化及業力狀態，必須在這一世獲得解決。這個狀態會表現在南交點落入的星座及宮位、與對方南交點形成相位的行星落入的星座及宮位，以及該相位與對方本命盤重要交點形成的相位上。

冥王星與北交點合相也代表了一種特殊的演化狀態。這意味著其中一方曾經在前世努力解決特定的演化議題，這可以從北交點、北交點的主宰行星，以及冥王星與北交點合相落入星座及宮位代表的議題中找到線索。

我們如果在合盤中發現冥王星與北交點合相，就代表這兩個人在前世曾經一起面對過這些議題，而且必須在今生繼續。當你在星盤比對時，發現A的冥王星或其他行星，與B的北交點合相，代表A可以幫助B面對北交點及其主宰行星落入宮位和星座代表的議題，A將在B的生命中占有重要地位，可以幫助B發展與這些議題有關的生命領域。這裡還有一種界定雙方角色的方法，當A本身有行星與南交點合相時，而B又有行星與A的北交點合相，那麼B就扮演了推手的角色，可以幫助A發展前世帶來的功課。

冥王星或其他行星與月交點軸形成四分相

一個人的冥王星或其他行星與交點軸形成四分相時，就形成特定的業力／演化狀態，我將其稱為「省略步驟」。這代表他前世在許多領域及議題中搖擺不定，而這涉及了南交點、北交點、南北交點的主宰行星、冥王星以及冥王星對應點落入的星座及宮位。他就像坐上翹翹板一樣上上下下，沒有完全發展其中任何一個領域，也沒有處理好相關議題。他在前世拒絕認真面對這些驅力、議題及領域。為了讓演化繼續，他必須重新面對略過的步驟。這種人時常會覺得過去就是未來，未來就是過去，所有一切都同時呈現在當下。所以問題就是：到底該如何打破僵局？就占星學的角度而言，他得知道自己必須**一致地**發展哪些議題、驅力及生命領域，不僅再次面對略過的功課，還必須找到新的整合之道。關於這點，我們可以從冥王星行進的方向找到答案，首先必須判斷冥王星是朝北交點或南交點行進。最簡單的方法就是找出哪個月交點在前世與冥王星（或是與形成四分相的行星）形成合相。別忘了一個原則：南北交點的平均運動是逆行的。當我們找出冥王星是朝哪個月交點行進後，該交點及其主宰行星落入的星座及宮位，就代表了這個人應該一致性發展的領域和議題，同時也能以全新的方式面對冥王星對應點的功課。

兩個人的合盤如果出現這個相位，代表他們在前世為了發展兩人的關係，忽略了某些演化功課，而這可以從南北交點、冥王星或與交點軸形成四分相的行星（落入的星座及宮位）找到線索。當我們判斷冥王星的行進方向（朝南交點或北交點）後，便能找出他們必須一致發展的驅力、議題及功課。這不僅幫助他們重新面對略過的步驟，還能繼續未來的演化之旅。

在星盤比對中，當A的冥王星或其他行星與B的月交點軸形成四分相，也意味著一種特殊演化／演化狀態：A和B之間曾經發生過某件事，導致他們分離，關係因此中斷而沒有圓滿結束。我們可以從南北交點、冥王星、與交點軸形成四分相的行星（落入的星座及宮位）來判斷導致兩人分離的事件性質。兩人在今生的目的就是重新面對被略過的議題或功課，讓關係得以延續，獲得進化或解決。

南北交點與主宰行星形成對分相

這有幾種可能的情形。可能是北交點的主宰行星與南交點合相，或是南交點的主宰行星與北交點合相；也可能是北交點的主宰行星與南交點合相，而南交點的主宰行星同時也與北交點合相。

當北交點的主宰行星與南交點合相，適用於前面提過冥王星與南交點合相的三種情形。這個人只能透過南交點、南交點的主宰行星，以及與南交點形成相位的行星涉及的演化／業力功課，來實現冥王星對應點的目的。同樣的原則也適用於合盤中。

當南交點的主宰行星與北交點合相，這個人會在今生再次體驗南交點象徵的驅力、條件及狀態（視其落入的星座及宮位而定）。唯一不同的是，這些反應過去的狀態會在今生獲得**釋放**。當前世的情境不斷地出現時，他不會覺得動彈不得、苦無出路，反而可以從北交點落入星座及宮位象徵的原型中，讓過去的種種獲得解放。這就像在原有的房間中有一扇門通往另一個新房間，而新房間就是北交點落入的星座及宮位。冥王星對應點落入的星座及宮位就像是一隻推手，讓它打開北交點象徵的「新房間」。這個原則也適用於兩人的合盤，兩人必須落實冥王星對應點的功課，才能打開合盤中北交點象徵的新房間。

當北交點的主宰行星與南交點合相，而南交點的主宰行星又與北交點合相時，這也代表一種非常特別的業力／演化狀態。這個人會在**同時間**體驗到過去和未來。未來彷彿在過去發生過，而過去又看似是未來的預言。他就像是陷入連環的圈套中，過去和未來會不停地**循環**出現，但卻可以在過去與未來交錯的當下產生轉化，透過時間的智慧產生新的洞見、認知及理解，進而逐漸地推動演化。當過去與未來同時呈現在當下時，冥王星對應點落入的星座及宮位就扮演了推手的角色，促進轉化的出現。基本上，冥王星對應點會促進這個人或合盤中的雙方，在過去及未來交錯出現的時刻，產生新的洞見、認知及理解。未來交錯的情形往往發生在南北交點、南北交點主宰行星，或是其他與南北交點形成相位的行星（視其落入的星座及宮位而定）相關的生命領域。

冥王星的相位

冥王星與其他行星形成的相位多寡，與靈魂完成演化的意願程度有關。任何與冥王星形成相位的行星，都會呈現過去與現在既有的結構、傾向、驅力及行為結果，而這個人必須用一種強烈的方式來轉化這個行星的本質，才能讓它進入新的演化循環之中。冥王星與其他行星形成的相位多寡，代表一個人渴望靈魂轉化的程度。一個人或兩個人之間如果有六或七個冥王星與其他行星的相位，感受絕對會與只有兩或三個相位的人截然不同。

我們別忘了貫穿人生及本書的核心原型：**演化**。當冥王星與一個行星形成相位時，就會激化或加速演化的發生。演化的類型可以從相位的性質來判斷。緊張相位意味著災難性的改變，因為它的本質是**壓力**。壓力暗示了某些現存的抗拒，就像畫錯的界線，限制了這個人對行星的驅力進行必要的轉化或改變。抗拒通常是源自於恐懼，因為不安全感讓他害怕改變。就演化的觀點來看，靈魂到了某些關鍵時刻就無法再抗拒改變，此時便會出現災難性的事件，將導致抗拒的原因消滅。災難性的改變可以促成顯著的演化，雖然這種經驗通常是非常困難又痛苦的。很少人能在事件發生的當下了解其蘊含的意義，往往要等到過了一段時間才能產生後見之明，還有些人甚至終其一生也無法明瞭背後的道理。這對一個人或兩個人都是很痛苦的，因為事情好像沒有個了結，他們可能要等到下一世才能明白，但是靈魂會重複遭遇同樣的事件（或是導致這些必要事件的驅力），直到他們能理解其中意義，讓事件獲得解決。當冥王星與其他行星形成緊張相位時，代表一個人可能會屢次遭遇與這個行星有關的災難性事件。

災難性事件也可能是來自於業力因果。舉個例子，火星與冥王星形成對分相的人常會有因為暴力導致早逝的經驗。在兩人的合盤中，如果冥王星與火星形成對分相，這段關係常常會夭折結束。在星盤比對中，如果A的冥王星與B的火星形成對分相，兩人之間常會因為各種不同的原因，出現非常激烈或威脅生命的事件。由於冥王星與火星都具有報復性，所以兩人之間會不斷製造困難的業力，直到其中一方能原諒對方或厭倦了多世的糾纏，才能停止瘋狂的輪迴。

占星家的挑戰就像偵探般揭露暗藏的業力及驅力，以及其可能導致的災難性事件。再提醒一次，揭密的關鍵就在於冥王星以及與冥王星形成相位的行星，從其落入的星座及宮位看出端倪。這個原則不僅能適用於個人星盤，也可以應用在兩人的合盤及星盤比對。

冥王星與行星形成柔和相位通常意味著一致性的演化，會帶來漸進、緩慢但持續的改變。

請謹記在心，冥王星與行星的相位會繼續演化好幾世。當你發現冥王星與行星形成相位，該行星極有可能早在前世就受到冥王星的影響。舉個最簡單的例子，假設冥王星落入獅子座五度，金星落入天蠍座五度，想必大多數的占星家都會同意這是一個正四分相。現在假設金星落入天秤座二十五度，在十度的容許度內，金星與冥王星也形成了四分相。如果我們又假設金星落入天蠍座十五度，金星與冥王星還是形成四分相。不管哪種四分相都一樣嗎？答案並非如此。當金星落入天秤座二十五度及天蠍座十五度之間，會與獅子座五度的冥王星形成連續性的演化，表現金星與冥王星四分相象徵的轉化目的，而這種轉化往往會持續好幾世。假設一對情侶在合盤中有金星與冥王星九十度的相位，而且是比較「新」的相位，也就是落在形成九十度（正四分相）之前十度的範圍內，他們的感受絕對與落在九十度之後十度範圍內的情侶截然不同。[1]

這是因為第一對情侶（入相位）是初次體驗金星與冥王星相位象徵的轉化目的，而第二對情侶（出相位）則已經體驗過許多世，對它非常熟悉。我可以用一個簡單的比喻來解釋，我去百貨公司買件新褲子，第一次試穿時可能覺得很新，不太舒服，但是穿了許多年後，就會覺得非常舒適又熟悉。同理而論，冥王星的相位也會延續許多世。再提醒一次，相位的狀態是非常重要的概念，讓你可以幫助個案認識今生最貼切的演化驅力。

1落入正相位之前的相位稱為「入相位」，落入正相位之後的相位稱為「出相位」。

這裡還有一個重點，特定相位只會對其所處的階段有意義。我們都知道星盤是三百六十度的循環，其中蘊含漸進的演化。這個循環中有幾個轉化點，我將其稱為演化的門檻，包括零度、四十五度、九十度、一百三十五度、一百八十度、兩百二十五度及三百一十五度。這些門檻與八個基本的月相有關，分別是新月（New Phase 新生階段）、眉月（Crescent Phase 初期階段）、上弦月（First Quater Phase 第一個四分階段）、盈月（Gibbous Phase 突顯階段）、滿月（Full Phase 圓滿階段）、缺月（Disseminating Phase 擴展階段）、下弦月（Last Quater Phase 最後一個四分階段）、殘月（Balsamic Phase 極致階段）。每個階段中都有特定的相位象徵演化的門檻，而每個門檻都有不同的演化轉變方式。我們必須先對循環有整體認識，牢記每個冥王星相位的狀態（入相位或出相位），才能從演化的角度更深入地認識這些相位的本質及意義。讀者如果對冥王星與其他行星的相位有興趣，可以參照《冥王星：靈魂的演化之旅》中詳細的解釋。我稍後會進一步討論八個主要階段及其中相位。

冥王星影響演化的四種方式

冥王星會透過四種方式來影響演化，其中兩種是災難性的，另外兩種是非災難性的。分述如下：

- 當靈魂在演化之旅中走到某些關鍵時刻，日益增加的抗拒會帶來必然的演化。此時無論我們願意與否，都會出現情感的失落、背叛、失去信任或完全改變人生的事件。這些事件通常都是災難性的。
- 建立新的重要關係。此時我們會與自認為需要、但又欠缺的人或物建立關係。當我們與「某人某物」建立關係後，便會出現同化現象。我們會吸取對方的特質或精華，將其與自己融為一體，讓既有的現實產生轉變。最簡單的例子就是當我們與別人建立關係，常會出現「近朱者赤，近墨者黑」的結果，或是所有人突然在同一時間對占星學產生興趣。當你與占星學的知識系統建立關係後，你在意識中就會被占星學「同化」，改用截然不同的方式面對既有的現實表相。這種演化通常是非災難性的。
- 當靈魂在演化之旅中面臨危機時，我們會覺得人生窒礙不前，之前認同的現實生活及生命本質漸漸變得毫無意義。當我們意識到窒礙時，並不代表已經知道問題的**原因**。當滯礙或毫無意義的感受出現時，我們很自然地會從現實環境中退縮，向內探索其來何自。退縮或向內探索會讓我們漸漸地脫離現實主流，直到自己能覺察原因何在。一旦知道原因，人生的方向及現實生活必然會出現徹底的改變。對於大多數的人而言，這種演化是災難性的，因為必須激烈地改變過去，才能迎向未來。這種狀態如果沒有解決，最糟糕的情形就是導致神經緊張失調。

- 當我們面臨演化的關鍵時刻，可能會覺得某些源自無意識或靈魂的東西浮現腦海，讓我們發現自己未曾意識到的潛力或才華。我們如果能接受它們並付諸實行，便能讓既存的狀態產生演化。對大多數的人而言，這通常是非災難性的演化。

冥王星影響演化的四種方式可能會交錯出現。舉個例子，一個人可能會意識到自己的潛力或才華，渴望將其付諸實行，卻發現某些既有的現實狀態會限制自己的發展。此時他如果一味地抗拒或害怕發揮潛力或才華，那麼這個非災難性的演化慾望便可能導致災難性的事件。

自然演化的四個階段

我們必須知道所有靈魂都會根據演化的自然法則，各自以獨一無二的方式進行演化。因此坊間的「占星使用手冊」實在徒勞無益，也汙衊了占星學的智慧。最重要的是必須先掌握演化的自然法則，才能讓我們對占星學符號的理解反映出演化的意義。唯有如此，我們才能更精準地認識每個個案，如實地反映他們的現實狀態，而不是根據一些占星書籍針對金星落入處女座的介紹，就認為金星處女座的案主必然與書上說的一樣。

演化有四種自然階段或門檻，而所有靈魂都會歷經長時間的演化。每個階段都有特定的心理原型，而且都是固定且獨一無二的，都會**影響**個人的意識。四種演化階段具備的自然條件，決定了每個人對於生命經驗的態度。此外，每個階段都還可以細分成三種發展層次，展現靈魂演化的歷程。靈魂四種自然的演化階段分別為：

合群階段：這是最常見的階段，地球上約有百分之七十的人都處於這個狀態。合群狀態的靈魂完全受限於原生主流社會的規範、習俗、禁忌、宗教、法律及是非觀念。他／她無法脫離社會或現實的眼光而獨立存在。舉個例子，如果社會中大多數的人認為占星學是虛偽、造假的科學，他們也會持同樣的看法或觀點。這個階段的人渴望透過**合群**來獲得保障，也就是多數症候群的安全感。

在合群階段的第一個次階段裡，靈魂有如蜂巢裡的工蜂一樣，只具備非常基本的個體意識。在第二個次階段裡，靈魂會強烈渴望建立社會地位，因此會逐漸發展個人意識，為了達到目的而接受社會規範的「教化」。在最後一個次階段裡，個體的靈魂可以演化至政治領袖或各行各業翹楚的地位，因為他們已經熟悉制度的運作，最後便出現了所謂「半調子帶外行」的結果。另一方面基於演化的必然性，每個政治領袖都會提出不同於時下的新見解，徹底改變或重組既有的制度或社會，讓演化得以繼續。這些領袖本身已經開始或正在邁向下一個演化階段，也就是個體化階段。政治領袖通常企圖實現自己的理想或見解，卻會遭遇不同程度的阻礙、對抗（冥王星），或社會中各種派別的反對，因為反對的人只想維持現狀。

個體化階段：整體而言，約有百分之二十的靈魂處於這種狀態。這些人已經超越合群階段，發展出個體化的意識。在這個狀態的第一個次階段中，靈魂會開始獨立質疑及思考，反對共識且拒絕跟隨主流。我們時常可以在這些人身上看到象徵反抗原型的天王星特質。他們開始與特定的社會環境劃清界線，跳脫社會的觀點。這種疏離的心理可以讓他們培養客觀意識，用相對性的角度來看待現實。這些人會透過相對性的理解方式，發現「現實」絕不僅限於主流觀點的認知。這個階段的靈魂會開始擴張自我意識，用更加包容的架構來探索現實的本質，然後往下一個演化階段邁進。如果有人告訴一個個體化階段的人，占星學是一種假科學，他／她會自己去探索此話的真假。這個階段最典型的心理症狀就是文化的疏離感，這些人會覺得自己無法適應大部分人的生活方式，出現心理及情緒上的疏離感；但是他們也可以體會到另一種無法言喻的自由，可以為所欲為地做自己。在個體化階段的第一個次階段中，靈魂通常試圖彌補內心與眾不同的感覺。這種彌補是因為內心的與眾不同讓他們對社會產生不安全感，覺得在社會中無所適從。沒有人喜歡不安全感，因此這個階段的人也會遵守外界的「正常」標準。他們會努力創造一個表面上看起來很「正常」的現實生活，但在內心卻有完全不同的看法。他們為了彌補不安全感，創造了一個裡外不一的、活生生的謊言。

在個體化階段的第二個次階段中，靈魂會對「制度」產生不同程度的憤怒、悲觀或虛妄感受，覺得自己無法融入主流社會，不時渴望把自己和社會全都毀滅。這個次階段可能是所有演化階段中最困難的一關，因為靈魂不斷地感受到**疏離**的驅力，並在內心產生疏離感。他們會開始透過更大的架構來認識「現實」，發現人類歷史不過是重複的循環。當他們理解這點之後，便會產生悲觀及虛妄的感受。對於這個次階段的靈魂而言，這是一種很困難的演化挑戰，因為他們必須在社會共識中整合自我的意識，然後才能超越社會的限制。這些人隱藏的恐懼在於，如果他們嘗試在主流社會中整合自我，可能會因此迷失自己，或是被社會同化而喪失自我。當他們發現恐懼不過只是恐懼，並不會因此失去個人的獨特性，明白「價值就存在於努力的過程中」，便能邁向個體化演化的最後一個階段。

處於最後一個次階段的靈魂通常都是當代的天才，他們多半是開創新視野的發明家或創新者，改變主流現實的本質。他們非常有自信，也很明白愛因斯坦曾說過：「天才與凡人互動時，必會出現激烈的反抗」。他們堅信自己能在社會中整合自我，而且漸漸出現終極或永恆的超脫見解，因此他們並不**執著**於努力的結果。他們會為了努力而努力，知道終有一天所有的努力都是值得的。

靈性階段：約有百分之五的靈魂處於這種狀態。靈性並不等同於宗教！宗教是為了滿足合群階段的靈魂。宗教時常堅持自是彼非，然後導致了宗教戰爭、道德「淨化」，甚至種族屠殺。這裡的靈性指的是對於所有精神教誨秉持絕對開放的態度，而所有教義的目標都是一樣的。這個階段的人的意識，源自於自己選擇靈性系統的教誨。因此他們眼中的現實是超驗性的，放諸宇宙皆同，超脫了時間與空間的限制，卻又活在其中。這些人已經完整地體驗過源於個體化階段的疏離感，開始將意識重心從自我轉移到靈魂。他們會漸漸出現兩種感受：一方面感受到獨特的自我及身分認同，同時又會覺得自我及個人不過是萬物來源、神性的投射罷了。

處於靈性演化第一個次階段的靈魂，會受限於心理學的謙虛驅力。這是因為他們徹底體認宇宙性（或超驗性的）的現實遠勝於小我，而所謂的自我不過是沙灘上的一粒小沙子。處於這個次階段的人多是帶有奉獻本質的靈性追求者。他們會不停追尋各種靈性導師或教誨，藉此界定自己的內在及外在現實。許多人會積極地想替更廣大的整體服務，從事利他性質的工作。

第二個次階段的靈魂會出現一種自我固有的危險：自認已經「啟蒙」，其實不然。這些人常會覺得自己充滿靈性，產生一種自恃非凡的靈性妄念。他們會自詡為靈性導師或治療者，具有獨特的管道接觸「真理」。綜觀歷史，這個次階段成了許多「假先知」的舞台。很不幸地，我們這個時代也有許多人自詡為靈性導師，實際上不過是危險的小丑，例如奧修（Rajneesh）、先知克萊爾（Clair Prophet）、藍慕沙（Ramtha），還有自稱是耶穌基督化身的南韓統一教文鮮明（Moon）。他們多自認為是「溝通管道」，反映出自我中心的虛妄。第二個次階段的靈魂最後必須消除唯我獨尊的自我，因此他們會「安排」一些內在及外在的經驗，讓自己產生絕對的謙卑，才能跨過門檻進入最後一個次階段的演化。這些經驗通常與危機有關，其本質反映了演化的必然性，目的是推促他們破除自我中心的靈性妄念。

在靈性演化的最後一個階段中，靈魂漸漸從「真實」的心靈老師變成上師，最後就會成為所謂的**救世主**（Avatar）。切記一個簡單的道理：真正理解神的靈魂，只會指引回家的方向，而不會把自己當成終點。

演化的初階：這個階段的靈魂，可能剛剛從其他的意識形式演化進入人類意識，或是因為業力因果而落入這個階段。前者的靈魂只具備非常模糊的自我意識及最基本的時空概念。這些人的眼神很呆滯，通常非常天真又快樂，因為他們對其他事情一無所知。現代的術語會將他們稱為心智障礙、矮呆症或唐氏症等。就演化的觀點而言，這些靈魂會漸漸地產生自我覺知，最後進入合群階段。

後者的靈魂則非常清楚自我的侷限。他們的瞳孔會散發銳利的白色光芒，通常表現出不同程度的憤怒，有些甚至對自己或別人出現暴力傾向。這是因為他們非常清楚自己與別人的差異之處，知道自己在其他世中曾有過不同的意識狀態，卻因為業力因果被迫處於這個極度受限的狀態中。世上約有百分之五的靈魂處於演化的初階，其中百分之三屬於前者，百分之二屬於後者。

地球上所有人都處於以上這四種演化階段。當我們在分析合盤或星盤比對時，原則也和個人的星盤一樣，重點是先理解個案是處於哪一個演化階段。你無法單從本命盤、合盤或星盤比對來判斷一個人的演化階段。占星學基本上是一種觀察及連結的科學，一種反映自然法則關聯性的自然科學。因此你必須觀察個案，透過觀察來判斷個案的演化階段。你一旦確定了個案的演化階段，便知道有哪些演化條件會影響個案的發展。唯有如此，你才能正確地解釋本命盤中占星符號的意義。金星落入處女座的案主如果處於合群階段，他的表現一定與處於個體化階段或靈性階段的案主截然不同。每個階段都是獨一無二的，但是都會不停地演化。舉個觀察的例子：如果一個案主來問我何時可以買到 BMW，另一個案主問我何時才能獲得啟蒙，我馬上就知道兩者的差異了！我會根據個案的現實，而非個人的認知，用不同的語言或方式來進行諮商。

第三章

我們又相遇了，是吧？

我們在這一章中，要先討論自己與別人在前世的關聯性及驅力。這不僅能幫助我們了解這些關聯性及驅力會如何影響彼此在今生的關係，而且最重要的是知道兩人共有的目的及演化導向。

我們會運用前面章節以及《冥王星：靈魂的演化之旅》提到的占星原則及方法，建議你先更深入透徹地閱讀其中的內容。本章目的是分析兩人在前世的演化及業力進展，以及接下來在今生的演化及業力方向。在分析的過程中，我們必須參看兩個人本命盤的合盤及比對。

本命盤的合盤及比對都是非常重要的技巧，因為它們反映了不同的動力。合盤是把兩個人**視為一體**，顯示他們必須共同面對前世及今生的驅力；星盤比對是把兩人視為**獨立的個體**，顯示他們在關係中各自面對前世及今生的驅力。我們接下來用一個簡單的例子來解釋這兩種技巧的差異：假設在兩個人的星盤比對中，A的冥王星與B的金星形成四分相，最簡單的判斷就是A在過去世曾經用非常強迫的方式，嘗試著操縱或控制B的價值觀、需求以及內心的人生觀。這是一種不由自主、極具說服力又無所不入的影響，根本令人無從抵抗，我們也很難建議或指導他們該如何面對這種驅力。B如果對A的操縱表現有任何一點抗拒，A就會更想在關係中控制一切，緊緊抓住所有權力。這是因為前世驅力在A和B各自的潛意識中留下記憶，而他們今生再度相遇時，不自覺地就會出現這種相處模式。

這些潛意識的記憶會用各自的方式，影響他們如何在今世面對彼此。從演化的觀點來看，基於冥王星與金星四分相的本質，B在今生會開始試圖擺脫A的影響，建立自己的人生觀、價值觀及需求。在前世驅力的影響下，B在今生既被A吸引又想要抗拒。就前世的觀點來分析，A對B是極具吸引力的，但基於演化的必然性，B會逐漸渴望擺脫A的控制，心生抗拒。B不僅會因為今生的演化導向而產生抗拒，而且在潛意識中非常害怕因為A的權力及控制而失去自我。A則會因為潛意識的記憶，深知自己可以操弄並控制B，且可以利用B來滿足自己各種源自於過去世、內藏及外顯的情感需求。A會因為這些記憶作祟，對B構成催眠般的吸引力。

這些過去的驅力到了今生會變得很棘手，因為B必須擺脫A而獨立。當兩人在今生再度相遇後，B會越來越抗拒A的強迫性控制、主導或操縱。當A發現不再能控制B時，就會對B的抗拒感到生氣或暴怒。這種情況會一直持續，直到出現下列任何一種驅力情況：也許是A終於了解必須鼓勵B獨立發展自我，或是A不斷地強迫B，讓B忍無可忍地徹底瓦解這段關係，希望這種激烈的情感轉折能讓A在**事後**產生必要的體認。不過無論是上述哪種情況，都已完成了今生的演化目的。

讓我們把上述的例子與合盤比較。假設在A和B的合盤中有冥王星與金星的四分相。最簡單的解釋就是：他們曾經選擇在親密關係中一起努力表達獨立的慾望及需求，希望能超越主流的看法或期許，追尋並了解生命的深層意義。他們會因為兩人過去的共識、選擇及慾望而再次相遇，希望透過深入探索心理及情緒的本質，理解並治療對方的情感創傷。**兩個人都會扮演金星及冥王星的角色**。金星及冥王星的角色會同時間出現，當A扮演金星時，B就扮演冥王星，有時則會角色互換。但是在星盤比對中，A永遠是冥王星，而B永遠是金星。

從前世的觀點來看，伴侶會因為心理或情緒的認知及理解，與對方發展出深刻、徹底又相互依賴的關係。四分相不僅代表兩人之間的驅力及依賴性非常強烈，同時也意味著會藉由過度依賴的方式來維繫關係的安全感（金星／冥王星），結果就變成兩人都會因為對方的過度依賴而不能沒有彼此，別人也無法打破他們的緊密關係。

這些驅力會因為前世的經歷而再次出現在今世。透過合盤來看，A與B今生的目的，就是在不破壞關係的核心承諾下，各自培養心理及情緒的獨立，進而發展出超越個人的共同或整體意義。由於前世驅力的影響，他們可能很難達成今生的目的。其中一方可能害怕被拋棄或背叛，或是當對方或兩人都想要實現這個目的時，都會感受到極度的不安全感。最糟糕的情況是，兩人絕裂，各自達成這個目的。

何謂合盤？

合盤乍看之下就像一張本命盤，但是實際上是把兩張本命盤合為一張。這是根據兩張本命盤中最接近的行星的中間點（兩張本命盤中同一個行星的中間點）。舉兩個人的金星為例，其落入的宮位是根據最接近上升點、天頂或其他宮位界線的中間點。合盤基本上就是把兩個人融為一體後產生的星盤。

另一種結合兩張星盤的方法是達文森（Davison）或「時間中間點」（Midpoint-in-Time），這是根據兩人出生時間的中間點來制定，包括時辰、日期、月份及年份的中間點，還有出生地經緯度的中間點。我認為達文森盤並不適用於演化的觀點。占星學在本質上是一種自然科學，主要根據觀察當下行星模式的關連性。根據我諮商一萬五千多人的經驗，我會建議你使用接近中點的方法來進行合盤。

接下來舉個例子，解釋如何在合盤中運用這些準則（參見圖1）。

這張星盤代表這兩個人曾經在過去世相遇，共同來到今世挑戰已經學會的情感行為模式或心理印記，方式就是透過父母及社會環境、拋棄的恐懼、背叛、違反信任、被別人操縱、控

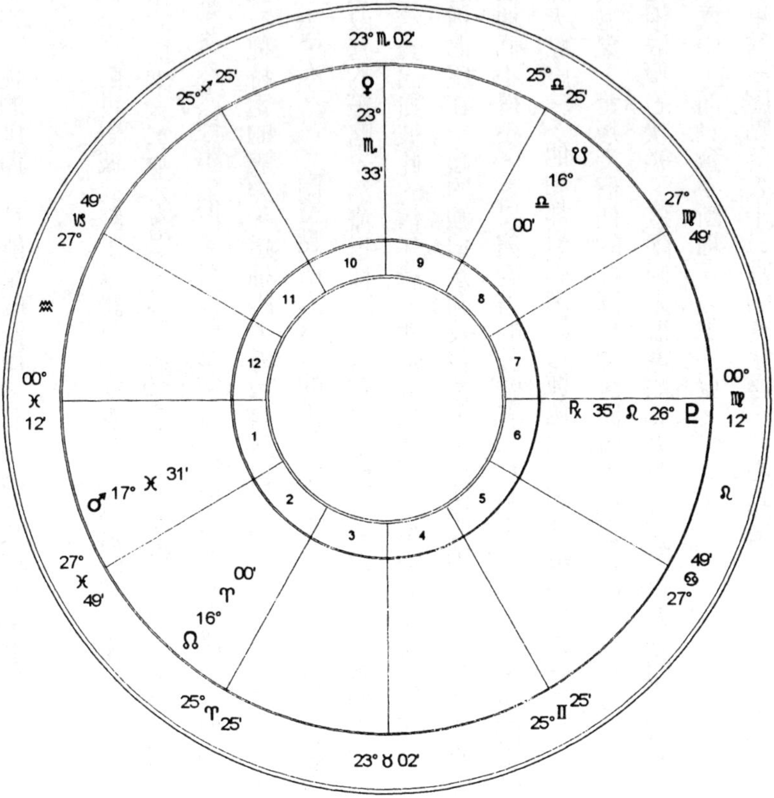
23° ♏ 02'
♀
23°
♏
33'
25° ♎ 25'
☋
16°
♎
00'
27°
♍
49'
25° ♐ 25'
49'
♑
27°
♒
00°
♓
12'
℞ 35' ♌ 26° ♇
00°
♍
12'
♂ 17° ♓ 31'
♌
27°
♓
49'
00'
♈
16°
☊
49'
♋
27°
25° ♈ 25'
25° ♊ 25'
23° ♉ 02'
10
9
11
8
12
7
1
6
2
5
3
4

圖 1　只顯示部分行星

制或主宰、性的創傷、性能量的濫用、負面的自我信仰或形象，這些東西往往導致許多形式的個人危機。

他們早在前世對彼此許下承諾（南交點落入八宮的天秤座），而且會透過密集的交流或性及情緒的探索（冥王星落入六宮，與落入十宮天蠍座的金星形成四分相），公平且互相地（南交點落入天秤座）扮演對方的協助者、治療者或心理醫生。他們共同的角色是為了理解並認識一種特定的驅力，這種驅力導致自暴自棄的心理及行為模式，讓他們不停地陷入危機（冥王星落入六宮、南交點落入八宮的天秤座、金星落入十宮的天蠍座）。目的就是要發展出自我改善的策略，治療這種驅力（冥王星落入六宮）。這兩個人曾經在許多世作伴，因為他們已培養出對彼此的信任感，非常依賴彼此，讓別人無法介入（冥王星與金星四分相）。但是這種渴望在一起的強迫傾向及習性，正是造成兩人關係危機的原因。彷彿總有事情不對勁，讓他們不得不一直扮演對方的救贖者（冥王星落入六宮，而南交點在天秤座，金星落入十宮的天蠍座）。他們都很沉溺於這種角色，因為這讓彼此有安全感。這些角色反映了他們對於被拋棄、背叛及信任的共同恐懼，同時也很害怕沒有人可以了解他們。這種恐懼導致了極度互相依賴的狀態，這兩個人很害怕失去對方或與對方分開，這些念頭都存在於他們的潛意識記憶中，而且會不斷地在今生浮現。

冥王星的對應點落入十二宮的寶瓶座，北交點落入二宮的牡羊座，而北交點的主宰行星火星則落入一宮的雙魚座，這種組合意味他們下一步的演化功課就是：解開自我束縛，跳出潛意識記憶的限制，不再強迫性迷戀這種相互依賴的關係；而演化目的是要他們找出這些驅力的理由，明白這如何定義了彼此前世的關係，然後不要再當彼此的救贖者（冥王星對應點落入十二宮的寶瓶座，透過落入二宮牡羊座的北交點來實現，而北交點則是透過自身的主宰行星、落入一宮雙魚座的火星來實現）。

這種組合也象徵他們下一步的演化，學習不要強迫性地一再製造危機，同時認識且滿足自我的需求（北交點落入二宮牡羊座的功課是學習基本的自給自足）。他們也必須學著從內實現自我的身分認同、價值觀及信仰，學著在一起卻不期待對方來滿足自己的需求，學著透過某種超驗性的哲學，客觀地定義自己及這份關係。這可以讓他們根據另一種更高的法則或驅力來建立關係，用新的方式解決兩人的問題，而非一味地期待對方來解決問題。這種演化目的其實是要他們完全掙脫前世的驅力，用全新的方式在今生，甚至是未來幾世中建立關係。

在星盤比對中，其中一方的月亮南北交點落入對方本命盤的宮位及星座，暗示兩人之間特殊的前世驅力及未來的演化功課。南交點及其主宰行星落入的宮位及星座代表他們共有的前世驅力，這會形成潛意識的記憶，然後影響對彼此的反應方式。北交點及其主宰行星落入的宮位及星座則反映了他們未來的演化目的。

我們在星盤比對中還必須注意一些額外的驅力，才能徹底揭開兩人在前世的關係模式。唯有透過全盤的觀察，我們才能更完全地掌握或理解兩人未來的演化目的，同時幫助他們找出適合的應對方式，朝這個目標邁進。這些額外的驅力包括[2]：

- A的行星與B的南交點或其主宰行星形成相位。與南交點形成相位的行星，通常會與北交點形成相位，也就是與月亮交點軸形成相位。這意味著A已在前世啟動B北交點象徵的演化趨力。
- A的交點軸與B的交點軸形成相位。
- A的南交點與B的南交點形成相位。
- A的行星與B的北交點或其主宰行星形成合相，兩人會重複過去世的情境，但前提是必須符合上述的情況，或是A的行星與B南交點的主宰行星形成相位，或是A的行星與B南交點合相的行星形成對分相。當這些條件成立時，代表兩人今生的相遇是為了解決前世未解決或未完成的議題及驅力。我們可以從相位的性質、南北交點的宮位和星座，以及行星的本質來判斷是哪些議題及驅力。
- A北交點的主宰行星與B南交點的主宰行星形成相位，代表兩人在前世曾經有短暫又粗淺的接觸。我們可以從這兩個行星落入的星座及宮位、相位的性質，以及這兩個行星的本質，來判斷他們在前世相遇的情形或條件。這些前世就存在的情形或條件會在今生再次出現，這是為了讓兩人再次建立關係，繼續未來的功課。

- A的冥王星與B的行星形成其他相位。

以上就是我們必須特別注意的主要驅力。你如果已經從這些趨力洞悉兩人前世的關係，當然還可以透過星盤比對的其他相位（例如土星與金星形成四分相），讓整個詮釋更加完整。星盤比對的相位性質也非常重要。緊張相位代表前世就存在的緊張狀態，也就是沒有被解決或完成的狀態。這可能也象徵困難或有問題的業力條件，其中帶有業力償還的意味。柔和相位則傾向於沒有壓力的狀態，代表會出現一些有利於彼此的正面狀態。

我們接下來用圖2（A）及圖3（B）的星盤為例來解釋上述的重點。兩人星盤比對的結果如下：

- A南交點的主宰行星木星，與B南交點及北交點（也就是交點軸）形成四分相，同時又與B的海王星合相，而海王星本身又與交點軸形成四分相。
- B的木星與南交點合相，同時與A的木星形成四分相。

2為了利於解釋，以A與B代表形成關係中的兩方。

● B的木星又與A的南交點形成六分相，同時與A的北交點形成三分相。
● A的冥王星與B的北交點合相，與B的海王星形成四分相，同時與B的木星形成對分相，而B的木星又與自己的南交點合相。
● B的冥王星與A的交點軸形成四分相，又與A的木星形成六分相。
● B的南交點是寶瓶座，落入A的三宮；南交點的主宰行星天王星是處女座，位於B的十宮。
● B的北交點落入A的九宮；而北交點的主宰行星太陽是魔羯座，落入B的二宮。
● A的南交點是射手座，落入B的一宮；而南交點的主宰行星木星是天蠍座，落入B的一宮。
● A的北交點是雙子座，落入B的七宮；而北交點的主宰行星水星是天蠍座，也落入B的一宮。

由此我們可以發現，A與B之間存在許多前世的驅力及議題，而這些都會帶到今生，透過演化來獲得解決。

占星家如果要正確地解讀兩個人的合盤或星盤比對，必須先確定且徹底理解本命盤。我們不能被本命盤上的符號困住了。我們先舉圖3（B）為例，B的冥王星落入十宮的處女座，

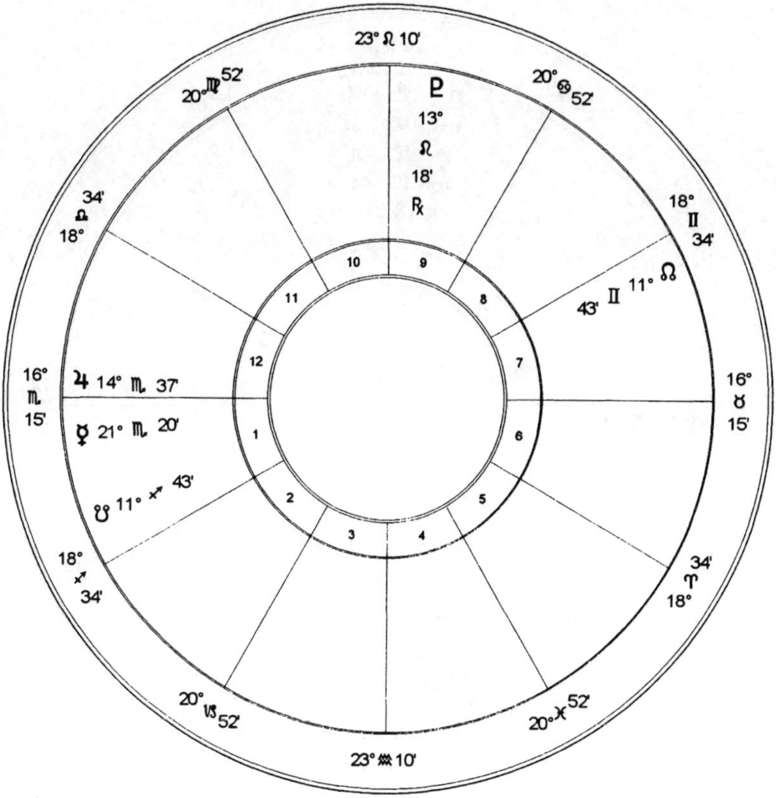
23° ♌ 10'
20° ♍ 52'
20° ♋ 52'
♇ 13° ♌ 18' ℞
34' ♎ 18°
18° ♊ 34'
☊ 11° ♊ 43'
16° ♏ 15'
♃ 14° ♏ 37'
☿ 21° ♏ 20'
☋ 11° ♐ 43'
16° ♉ 15'
18° ♐ 34'
34' ♈ 18°
20° ♑ 52'
20° ♓ 52'
23° ♒ 10'
1 2 3 4 5 6 7 8 9 10 11 12

圖 2

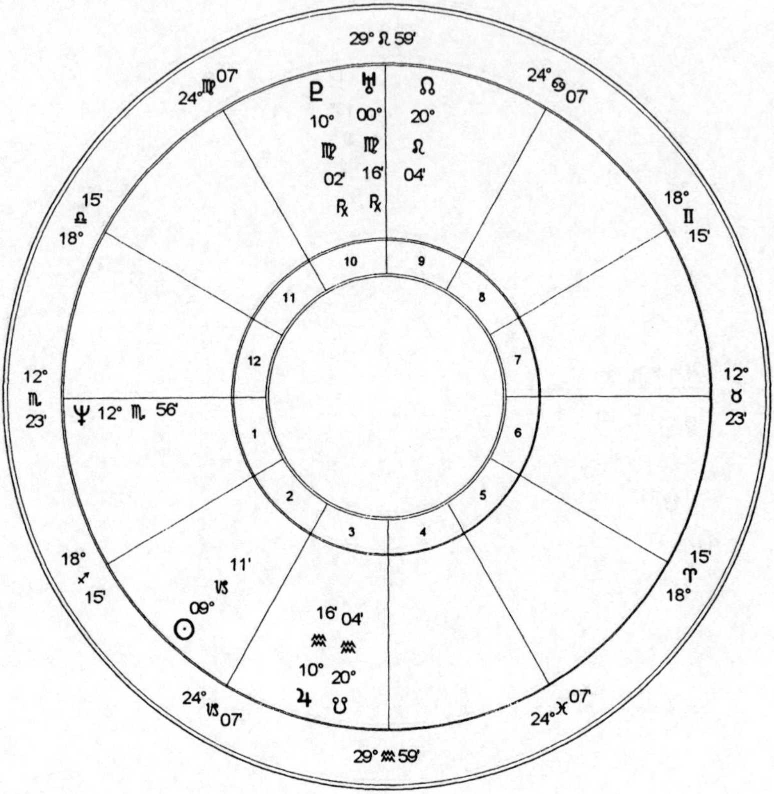
29° ♌ 59'
24° ♍ 07'
24° ♋ 07'
♇ 10° ♍ 02' ℞
♅ 00° ♍ 16' ℞
☊ 20° ♌ 04'
18° ♊ 15'
15' ♎ 18°
12° ♏ 23'
♆ 12° ♏ 56'
12° ♉ 23'
18° ♐ 15'
11' ♑ ☉ 09°
15' ♈ 18°
♃ 10° ♒ 16'
☋ 20° ♒ 04'
24° ♑ 07'
24° ♓ 07'
29° ♒ 59'
10
9
11
8
12
7
1
6
2
5
3
4

圖 3

與處女座的天王星合相，而天王星又是寶瓶座南交點的主宰行星。冥王星與落入三宮寶瓶座的南交點及木星，又形成十二分之五相。木星與落在天蠍座上升點的海王星形成四分相，而海王星又與南交點及北交點形成四分相。北交點落入九宮的獅子座，而北交點的主宰行星太陽則落入二宮的魔羯座。當我們看到冥王星落入十宮的處女座，首先想到的，就是這個人一直在過去許多世中彌補罪惡感。罪惡感的來源可能有兩種，因人而異。其中一種是因為前世某些特定的行為、目的或動機；第二種則是透過各種受限制的情況讓他覺得罪惡，而這些條件是他過去世就已經熟悉的罪惡。這裡有個例子可以解釋第二種原因，這個人的原生社會或家庭期待他用某些方式來遵守某些驅力模式。他如果沒有符合期待，就會因為社會或家庭的批評而產生罪惡感。

由於木星與南交點都落入三宮的寶瓶座，且與十宮處女座的冥王星形成十二分之五相，這代表他不僅必須對抗家庭的觀念、信仰、價值觀及規範，還必須反抗原生的社會或文化；再加上南交點的主宰行星天王星也是在十宮，這更意味著反抗，而且他要對抗的問題是在前世就已出現了。

就深層的意義來看，他要反抗的是與自然法則對立的人類或人為法則。自然法則與九宮、射手座及木星的原型有關。當他反抗原生家庭及社會時，必然會產生很大的危機，這就是木星與冥王星（處女座）形成十二分之五相的意義。這種危機會因為南交點的主宰行星落入十宮而更加嚴重。這是因為就業力來看，這個人在今生的父母，早在過去世當過他的父母，他與父母都會帶有潛意識記憶，打從他一出世開始，就會影響彼此的對待方式。

這個人要面對最大的危機是與原生家庭之間的疏離感。他很有可能因為沒有達到父母的期許，受到身體或心理的虐待。身體的虐待可以從冥王星與一宮海王星的相位，以及冥王星與交點軸、木星的相位嗅出端倪。這種危機會讓他產生負面的自我形象，內心深處總覺得自己有哪裡做錯了，因而產生罪惡感。

這種前世帶來的心理印記，一方面會讓他努力地達成父母及社會的期望，藉此來感受愛和接納；另一方面他會在內心深處把自己與世隔絕，只為自己而活。這種雙重心理導致循環式的困惑（海王星落入一宮）。根據我的觀察，這類的人大部分都會遵守父母及社會的期望，按照他們的想法和是非觀念來過日子（冥王星落入十宮）。然而，他又會渴望獨立探索並思考現實的本質，或是試著了解自我身分認同及本質，而非一味地根據社會或父母的想法而活。想當然爾，困惑就因此而生了。

這裡最重要的一點是，每個孩子很自然期望被接受、滋養、滿足自己與生俱來的渴望。但是當現實並非如此時，他就會出現錯置的情感。我們別忘了，童年時期未解決的驅力往往會殘留在潛意識中，延續到成年階段。這個人長大成人之後仍會表現這種錯置的情感，透過尋找父母型的伴侶，反映自己童年時期的內心矛盾。他一方面可能會吸引父母型的伴侶，與他們建立關係，對方會要求他符合自己的期許，讓他在某種程度上變成自己的延伸品。他如果在關係中試圖反抗，很可能會再次感受到童年時期的虐待。他也可能會吸引反映內心抗拒本質的伴侶，對方會賦予他力量，鼓勵他表現真實的自我，實現符合自我本質的身分認同及現實。

就演化的觀點來看，這個人在過去許多世裡，都曾經在這種內外矛盾中反反覆覆（海王星與交點軸、木星形成四分相）。靈魂的目的是要徹底擺脫父母及社會的期許，建立符合靈魂本質的身分認同及現實，在必要時刻能自成一格，從內在培養出核心的安全感（十宮冥王星的對應點落入四宮）。他必須接受自然法則，而非人為法則的精神訓示（北交點是獅子座落入九宮，而海王星又與交點軸、木星形成四分相）。北交點的主宰行星太陽落入二宮的魔羯座，代表這個人必須學會根據自己建立於自然法則之上的價值觀，達到基本的自給自足。唯有如此，他才能創造性地實現自己的想法及權威（北交點在獅子座），然後擺脫童年時期錯置的情感束縛。這種錯置的情感往往會導致他出現兩極化的心理行為。

我們接下來分析圖2（A）的星盤特質。首先，冥王星落入九宮的獅子座，與射手座的南交點形成三分相，又與雙子座的北交點形成六分相。南交點落入一宮，而北交點落入七宮。冥王星與落入十二宮天蠍座的木星形成四分相，而木星是南交點的主宰行星，又與雙子座的北交點形成十二分之五相。北交點的主宰行星是水星，落入一宮的天蠍座，同時又與十二宮的木星合相。

冥王星落入九宮獅子座，與落入一宮天蠍座的木星形成三分相，意味這個人渴望能透過前世的宇宙觀、哲學觀或形上學角度，來認識自己的身分認同及整體現實的本質。由於南交點落入一宮的射手座，這個人能勇敢地（一宮）獨立思考，因為他已經學會在心中自問自答。這種相位組合象徵一個人完全地獨立自主，在本質上就是一個孤獨的人，而且非常享受獨處。南交點的主宰行星木星落入十二宮的天蠍座，代表他已經探索而且體驗過與生俱來的自然法則，而這也是意識及現實的基礎。他可能是透過各種不同的自然戒律來獲得體現，例如密宗、薩滿或神祕學等。木星在天蠍座代表需要經驗來驗證，才能真正地相信。我們如果結合上述的特質，便不難發現這個人是天生的老師及治療者，具備多世累積的自然知識及智慧，而且都是源自於自己直接的經驗。

北交點落入七宮雙子座，與十二宮的木星形成十二分之五相；而北交點的主宰行星水星則落入一宮的天蠍座，與木星合相。這種組合代表這個人不只一次地嘗試達成七宮象徵的演化功課或進展。這種演化或進展是持續不斷的，已經從前面幾世延續到今生。再提醒一次，十二分之五相位的原型意義就是製造危機，所以這個人必然會透過特定的危機來認識今生的演化功課。危機在本質上是為了滿足演化的需求，也就是敞開心房與別人建立親密關係（七宮），與別人分享自己累積多世的知識。危機通常來自於溝通，他必須學會用大部分的人能理解的方式說話，也就是將九宮與射手座的直覺準則，轉化成雙子座的邏輯和推理。他與生具備的知識也可能會帶來危機，因為既不同於現有的知識規範，也異於社會或文化的主流共識，他必須挑戰傳統的規範及信仰。這種挑戰的慾望可以從冥王星與木星（十二宮）的四分相上看出端倪。

他還必須面對幻滅的危機，因為十二宮的木星都是建立在理想主義上，換言之，他會以為現實都應該是最終的完美狀態。南交點的主宰行星落入十二宮，也代表他的天性非常純真。他散發一種自然的純潔，也期許別人是一樣的純潔。

射手座、木星和九宮的人時常會一概而論，以為每個人的真理及現實都是一樣的。如果把射手座的原型，與九宮的冥王星結合在一起，代表這個人天生誠實，也期待別人一樣誠實。對他而言，誠實及純潔都是一個人與生俱來的靈魂本質、精華或靈性，而別人也應該反映這些特質。當他發現別人並非如此時，就會出現幻滅的危機。北交點落入七宮的雙子座，與天蠍座的木星形成十二分之五相，而木星又與天蠍座的水星合相，這種組合代表從外在的動機及事件來看，他注定會遇到一些操縱情感或不誠實的人，發生情感上的背叛或拋棄。他可能會成為別人無能的代罪羔羊，為別人的行為負責。就更廣義的層面來看，這種模式可能會導致被社會或制度的迫害及誤解，而他會被視為對主流信仰的威脅（冥王星與木星形成四分相）。九宮冥王星的對應點落入三宮，再加上南交點是射手座，必須透過雙子座的北交點來進行演化，所以這個靈魂的目的就是要藉由這些經驗來擴展自我意識，接納整體性的現實，而非只拘泥於自己熟悉的真理或現實裡。

這個人在前世就已有過類似的經驗，今生的潛意識中也會有相關的記憶，所以很自然地會抗拒這股持續不斷的演化需求。他很有可能過著一種帶有精神自戀的孤獨生活。但是基於靈魂的目的，這些功課、經驗及需求必然會一再地出現，直到他能明白為止。就業力的角度來看，這個人會與前世就已經相遇過的人，再次建立親密關係。

我們已經分別解釋過圖2（A）及圖3（B）兩張本命盤，現在可以把星盤比對的原則應用在上面。A和B的冥王星都與交點軸形成四分相。A的冥王星與B的北交點（落入九宮的獅子座）合相，與B的木星及南交點（落入三宮的寶瓶座）形成對分相，同時又會啟動海王星與交點軸四分相的能量。B的冥王星與天王星則是落入A的十宮，與A的交點軸形成四分相。這些組合象徵了什麼？

我們如果掌握了A及B的核心驅力，便能透過星盤比對看出A曾經在前世鼓勵或教導B接受自己的真理，也就是學習信任並認識源自於直覺的真理。A的方式在某些世中可能很強烈，而在其他世中又非常溫和。無論如何，其目的（冥王星）都是要教導B掌握（獅子座）自己的生命，反抗社會共識及父母認定的觀念、意見、信仰、是非觀、道德觀、規範、習俗及禁忌（南交點是寶瓶座，與落入三宮的木星合相，又與落入十宮的冥王星形成十二分之五相）。別忘記了，B的內心有雙重性，這是因為他在童年時期為了得到愛與支持，學習妥協及彌補，卻違背了想要自由探索所有事物本質的天性。A在過去世曾經試著教導B學會這些事情，希望能幫助B解決身分認同的衝突（海王星與交點軸及木星形成四分相）。

由此可知，B會把A視為天生的老師。這種驅力模式會不停地重複，因為A的南交點是射手座，落入B的一宮，而A的木星又與B的海王星合相。這代表A會教導B一些源自於大自然經驗的自然法則，幫忙B療癒被虐待的傷口，這些傷口都是B在反抗父母或父母型伴侶時所留下的，只因為B無法符合他們的期待。A會幫助B解放，掙脫所有的外在條件，向B傳達掌握自己及實現自我的訊息。

你只要憑直覺來看待這些星盤比對的符號，就會知道A與B在過去世中曾經進行過非常激烈的心理及形上學討論。B的冥王星及天王星落入A的十宮，與A的交點軸形成四分相，代表B曾經否認、負面批評或抗拒A的教導及目的，因為B覺得A的演化需求太超過界線、太挑釁或不適當（處女座），這可能會讓兩人中斷或結束關係（冥王星與交點軸形成四分相）。B的南交點和木星是寶瓶座，落入A的三宮（對溝通形式的反抗），更加重了這種傾向。最後別忘了，B的天王星落入A的十宮，代表B會透過嚴苛的評論及判斷，表現童年時期殘存的錯置情感。

相反地，這些符號也意味著B會幫助A學習北交點落入七宮雙子座的演化功課，也就是學習用大部分的人能接受的語言來說話和溝通，同時學習融入社會（B的天王星與冥王星落入A的十宮），幫助A消除精神自戀的知識。由此看來，B扮演了A的動力（冥王星）。

此外，B可能曾經在過去世幫助A理解大部分人的現實本質。無論是過去或未來，B都可以支持A繼續實現演化目的，打破理想主義的不切實際（南交點的主宰行星木星落入十二宮的天蠍座，又與七宮雙子座的北交點形成十二分之五相）。這兩個人會在今生繼續前世未完的功課。B會因為A的冥王星與自己的北交點合相，再次接受A進入生命。A則會因為B的天王星與冥王星，與自己的交點軸形成四分相，再次與B建立關係。當冥王星演化時，兩人命中注定會有這樣的緣分。

第四章
社會、文化、父母及宗教的印記

當我們在分析兩個人的關係時，不僅要知道前世驅力與潛意識的記憶有何關連，還必須了解社會、文化、父母及宗教如何影響了雙方對關係的態度。

首先我們要知道，無論在任何的時空條件下，一群人住在一起就會形成社會組織的單位。人們會漸漸形成特定想法及心態，認定一個人在各種社會場合中應該如何與別人互動。每個人都會受限於這些想法及心態，知道別人對於自己的表現有何期許。唯有如此，這群人才能有秩序地共同生活，不至於淪入無政府狀態。一方面看來，這些想法及心態是必要的；但從另一方面看來，如果一個人的特質與社會的共識期許產生衝突，個人的實現或發展就會受到限制。

大部分的人都渴望安全感，希望與社會互動，被團體接納，而不是被排斥，覺得毫無後盾。但這也會帶來社會壓力，意味著個人必須符合集體現實的趨勢，用特定的方式與別人建立關係。

本書的目的就是要讓我們了解這些條件或因素，如何影響重要關係的發展，像是夫妻、親密伴侶或親子關係。

我接下來會舉個例子，證明在過去至少兩千年中，宗教信仰是如何限制了男人與女人對待彼此的態度，而這種態度又是如何暗示了男人與女人在關係中應該扮演的角色。

首先來討論伊甸園的神話故事。在這個宗教迷思中，女人代表了男人靈性沉淪的誘惑。這是一種源自於感官、體驗生命的誘惑。由此可知，神話中的第一個暗示就是肉體在本質上與靈性生命相互衝突。第二個暗示就是男人比女人優秀。這些暗示會導致某些心態，定義兩性之間或與自身的關係本質。就更廣義的層面來看，這些心態也變成文明的基本架構，其中包括：

- 女人帶有原罪。因為她誘惑男人的靈性沉淪，所以天生比男人低等。男人擁有靈性，而女人只有感官。罪惡感都與感官和肉體有關。
- 靈性與肉體在神話中是相互對立的，女人代表了肉體的世界，所以必須**彌補**男人因為靈性沉淪所產生的罪惡感。基於低等和罪惡感的延伸，再加上彌補的心態，就形成了心理學所說的**受虐**。
- 這對男人而言也是扭曲的，因為在神話中男人被女人的肉體誘惑，選擇肉體捨棄靈性，也會因此產生罪惡感。但是神話教導男人自覺比女人高一等，所以會對這種罪惡感產生與彌補相反的反應。男人會對女人感到**憤怒**，這其實是男人在心中對自己的憤怒。這種心態最後就形成了心理學所指的**施虐**。

● 追根究柢男人與女人都是有罪的。但是因為女人必須贖罪，而男人會因為罪惡而憤怒，最後就形成了虐待原型。伊甸園神話的原型意涵都反映在人類的心理層面上：人必須受苦才能獲得靈性或任何形式的成長，必須**否定**感官才能獲得靈性的成長。

源自於宗教迷思的虐待原型，就像最基本的核心因素，如樹幹般開枝散葉，最後影響每個人的實際行為。最簡單的例子就是源自於神話的高等與低等驅力，變成了所謂的統治及服從。你不妨花點時間想一下這種驅力的影響，以及每個現實層面的統治與服從。

試想看看，大自然的完整是否已因此陷入危機？這地球上的苦難難道不是因為人類想要大自然屈服在自己的腳下？女人難道不是被要求臣服在男人的意志之下，成為男人延伸的附屬品？我在撰寫本書時，冥王星正通過天蠍座，海王星與天王星正通過摩羯座（對應點是巨蟹座），不正好有許多家庭中的性虐待或心理虐待，透過報章雜誌或視覺媒體公諸於世嗎？到底是什麼原因導致一個人對別人施虐，或忍受自己被別人虐待？簡單的說，答案就在伊甸園的神話中。

我再提醒一次，任何一種由人類群居而組成的社會組織，都會透過特定的信仰系統來解釋存在的本質，賦予生命經驗意義及目的。這些信仰就像伊甸園神話一樣象徵特定的心理意涵，限制男人與女人對待彼此的方式，以及在關係中扮演的角色。社會條件對於個人的影響是不容小覷的，時常會限制並壓抑人們表達或實現天生的規律或本性，最後導致嚴重的後果。

舉個例子，一九三〇年代出生的女性的冥王星落入巨蟹座，天王星落入牡羊座，又與冥王星形成四分相。這種組合象徵她們天生就渴望透過自我意志的實現來解放自己（天王星），並且能不受拘束地掌握人生（牡羊座）。但冥王星落入巨蟹座就代表這整個世代的女性都必須屈服於主流的社會條件，不僅受限於家庭或照顧家人，也無法擺脫伊甸園神話象徵的原型。

這些女性如果壓抑了天王星（牡羊座）對自由與解放的渴望，後果可能不堪設想。因為同世代的男性也有相同的星盤組合（巨蟹座的冥王星與牡羊座的天王星形成四分相）。正如女人天生受限於當男人的延伸或附屬品（因為女人比男人柔弱又低等，必須臣服於他們的意志），男人也必須當「超人」，嚴格控制自己的情感，不准自己軟弱，必須隨時掌控大局，保護或捍衛自己羽翼下的人。男人的陽性形象是根深蒂固的，此時如果有女人想要站出來主掌自己的身分認同、渴望及生活，就會威脅男人因為自我受限所建立的社會架構。而男人也想要掙脫天生的限制，渴望能面對並表達自己的情感，流露自己的不安全感，對抗社會及宗教印記要自己扮演的角色，變得不那麼大男人。即使這個世代的男人及女人都想要擺脫限制，但是卻很少人能成功，因為還必須考慮每個人所處的演化階段。

我再提醒一次，這世上百分之七十的人都處於合群的演化階段。如果大多數的人是處於合群的演化狀態，星盤上卻出現以上的符號組合，這到底意味了什麼？這只能從演化中找到答案。答案就是希望藉由這些條件來體驗核心的挫折感；這是一種心理上的挫折經驗，一種與生俱來的侷限，可以讓他們在內心產生深刻的思考，**真正地**反映出巨蟹座冥王星與牡羊座天王星形成四分相的目的。換言之，當他們意識到這些條件太過限制，便會覺得一定另有他法。這種內心深層的反抗及檢視，不僅能啟動他們自己在未來的演化，也能為這世上成千上萬、具有共同符號組合的靈魂打開另一扇門，把這些想法傳給下個世代的人。

這裡最重要的一點是，當自然法則的表現受到人為及宗教法則的限制或壓抑時，被壓抑的東西必然會產生扭曲。我們透過伊甸園神話，來看待巨蟹座冥王星與牡羊座天王星形成四分相的男人及女人，便能理解時下氾濫心理及性虐待的原因了。虐待其實早自伊甸園神話後就開始了。無論是男人或女人都會覺得受限於服從的條件。男人會產生深層的憤怒，並將憤怒轉移到別人身上，因為他不知道為何自己會覺得受限或憤怒。他當然會把這種限制、挫折、憤怒怪罪到女人身上，虐待女人來抒解自己。女人在某種程度上則會像受虐者一樣，為了男人的問題、挫折及憤怒而責怪自己。伊甸園神話開啟了一個舞台，讓施虐及受虐的角色有機會登台演出。

兩人的關係中除了宗教之外，父母也是不可忽略的影響因素。人們如果在成長的過程中看著父親虐待母親，這會對心理產生何種影響？這種童年經驗又會如何影響成年後的伴侶關係？一個女孩如果被母親教導要對男人服從，在成年之後會傾向用哪種方式來處理關係？一個男孩如果被母親性虐待，造成心理上的虐待，這會對他留下何種心理印記？他成年後如何把這種情感轉移，又會被哪種類型的女性吸引？一個孩子如果被家庭灌輸兩性平等的觀念，他長大之後會用何種方式對待異性？一個女孩如果在伊斯蘭教文化的環境中成長，被強迫地割掉陰蒂，陰道口也被縫起來，這除了會影響她如何看待身體及身為女人的自我形象，又會如何影響她對男人的態度？而且她的母親還會告誡她：「女人不能感到歡愉，只有男人能透過女人的身體感受歡愉。」

以上這些是要提醒我們，社會及文化條件強烈地影響我們的個人身分認同，以及對現實整體的態度。當我們在做占星諮詢時，最重要的就是認識這些驅力，因為這可以幫助我們正確地解讀個案的實際狀況。再次提醒，占星學只是反映了現實，而非導致現實的原因，我們只能根據觀察的關聯性來應用占星學。因此，如果兩對情侶的合盤中都有冥王星落入十宮的處女座，其中一對情侶受限於伊斯蘭信仰，兩人都處於合群的演化階段；另一對情侶則是誕生在一九六〇至一九七〇年間的美國加州洛杉磯，兩人都處於個體化的演化階段。這兩對情侶必然會用截然不同的方式來實現冥王星的目的。讀者如果有興趣從占星學的角度，更深入且廣泛地探索社會條件的影響，建議閱讀諾亞・泰爾的《占星學的綜合及諮商》（*Synthesis & Counseling in Astrology*）。

從母系社會轉變成父系社會

關係中大部分的心理及行為問題，追根究柢都是母系社會轉變成父權社會的影響。母系社會中沒有戰爭，也沒有對女人、男人或小孩的性暴力。母系社會顯然與大自然徹底融合，其中蘊含了自然法則。人們完全了解自然萬物都是互有關連、相互依賴且有意識的。他們也知道人類只是大自然的一份子，與萬物眾生都是平等的，同時了解現實表面之下蘊含的自然真理。人們的信仰系統源自於對大自然的觀察，尤其是對動物及植物的觀察。這些觀察也成為男人與女人互動的基礎模式。因此在母權社會中沒有所謂的核心家庭或一夫一妻制，孩子都是由所有人共同撫養，而男人與女人也會根據自然法則扮演天生的性別角色。男人與女人是完全平等的，沒有任何階級意識。這種自然的取向完全排除了心理上的忌妒、占有、主權、不安全感、迷戀、統治及臣服。

母系社會的人們很清楚我們現在所稱的上帝，就是地球本身或大地之母蓋婭，沒有所謂的「天神」。天神是當母系社會轉變成父權社會，男人意圖控制或征服女人的產物。從母系社會轉變成父權社會的原因非常有趣。在母系社會中，無論男女都不知道男人在孕育生命的過程中，也扮演了與女性同樣重要的角色。人們會將女性受孕視為神蹟的出現，生命是由造物主創造的。這種觀念是所有神祇、宗教及神話的歷史基礎。這也是為何在母系社會中，通常都是由成年女性來啟蒙青春期男性的性生活，讓他們透過這種方式與造物者進行直接的接觸，同時教導他們正確的性觀念。因此在母系社會中，沒有女人或小孩會成為性暴力的受害者。

當男人發現自己也參與了孕育生命的過程，母系社會就開始轉變成父權社會了。基於某些難以解釋的理由，這讓男人產生了權力感。男人只想要更多的權力、控制及統治，同時漸漸地發現擁有土地及財產就象徵了權力。他們為了保持權力，開始把自己的權力（階級、土地及財產）轉移到「他們的」孩子身上。他們為了知道誰才是自己的孩子，必須先知道誰是孩子的母親，同時必須控制這些產下自己孩子的女人。這就變成了父權社會的基礎，也形成了所謂的核心家庭。父權社會逐漸形成全新的、人為的信仰及宗教，與自然法則背道而馳。這些新信仰慢慢創造出「天神」形象，象徵父權社會對於肉體及靈性的根本衝突，其中女性代表肉體（性行為）的世界，男性則象徵靈性的世界。當這些信仰在集體心理發揮作用，**詮釋**

表象現實的方式也就改變了。

父權社會中的女人漸漸只有兩種基本選擇。她可以選擇結婚來證明自己是個「好女人」。女人結婚後就必須住在男人的屋子裡，很少能獲准離開房子，不能受教育，也不能擁有財產，還被期待能產下孩子，而且最好是男孩。社會自然期待她要忠於一夫一妻制，但是丈夫卻能「到處留種」。女人的另一種選擇就是當妓女。她如果選擇當妓女，就可以受教育，擁有自己的財產，同時享受「好女人」不被允許的自由。當然，她也可以跟任何喜歡的人發生性關係。

這些新出現的階級信仰都是男人為了合理化自己行為的產物。這讓他們意圖控制女人的動機看起來很理所當然，還能確保自己的統治地位。此時漸漸出現許多造物主的神話，就是為了讓這一切看起來合情合理，伊甸園神話就是其中一例。此外，自然法則也逐漸受到壓抑，取而代之的是人為的法律、宗教的訓誡及教條，進而產生許多存在於現今社會的扭曲現象，其中含括心理、情感、行為及性的扭曲。這不僅改變了男人與女人的相處方式，也改變了人類與大自然的關係。由這些扭曲看來，父權社會必須為各種戰爭、階級、主權及病態的虐待負責。男性至尊的觀念衍生出對男人、女人和小孩的不信任、背叛、操縱、妒忌、迷戀、統治、服從、性和心理暴力，同時也讓人類自以為尊，不停地凌虐自然萬物。

從占星學及演化的角度來看，歷史的轉變是非常有趣的。母系社會起源於雙魚座時代末期，到了寶瓶座時代末期已發展成熟。而母系社會轉變到父權社會的過程，則發生在摩羯座次時代和巨蟹座時代，大約是公元前六千五百年。我們現在已經進入了五百年一次的轉變過程，雙魚座時代的力量正在逐漸累積，而寶瓶座時代才剛剛開始。接下來會慢慢出現必然的內化改變（毀滅既有的形式），讓新的演化形式或規範出現。基本上這就像巨大的銀河回歸，正如每個人在特定的年份都會有太陽回歸。最有趣的是，目前世界上大部分人的土星、冥王星及木星的南交點是在摩羯座，而北交點就落入巨蟹座；幾乎所有人海王星的南交點是在寶瓶座，天王星的南交點則是在射手座。從演化的觀點來看，這代表我們所有人的前世都曾經歷過從母系社會轉移到父權社會的開端，而且靈魂的根源都可以追溯至原始的母系社會（由海王星的南交點所象徵）。此外天王星的南交點落入射手座，也代表我們每個人在前世都曾過著游牧民族的生活，直接與大自然接觸，同時與大自然的法則和諧共容。這讓人不禁探究，我們這些曾有過共同經驗的靈魂為何現在又出現在地球上？因為我們必須開啟時代的轉變，重返與大自然和諧相處的時代。海王星的北交點落入獅子座，象徵了冥王星落入獅子座的世代必須率先改變。

讓我們回顧一下近期的歷史，就能明白這點。一九六〇年代末期開始出現了所謂的叛逆世代。這個世代的人不僅反抗當時社會盛行的規範、習俗、道德觀及宗教，同時也想徹底推翻傳統對於兩性角色的期望，包括婚姻制度，因此產生了全面的「性革命」。當時出現了許多源自於其他文化及時代的知識體系，同時也強調利用各種藥物、東方的靈性系統、西方的魔法及巫術來延伸意識範圍。環境議題也如雨後春筍般出現，人們渴望重新感受大地的神聖力量。這些現象都是發生在海王星通過天蠍座時，與這個世代本命的北交點及南交點形成T型相位。此外，天上的海王星與這個世代本命的獅子座冥王星形成四分相，而天上的冥王星當時正通過處女座。當冥王星通過處女座時，又會與這個世代本命天王星的南北交點形成T型相位，這些相位都一再地顯示了這個世代的叛逆。最後，還有當時的天王星正通過天秤座，與這整個世代的本命海王星合相，這更意味著他們會完全顛覆傳統的性別界定及兩性關係。女權運動就是在當時出現。

人們從那時不僅意識到環境，也開始對消弭種族及階級界線的議題產生興趣。最受矚目的就是婦女及兒童的權利，女性重返權力及地位的聲浪也與日俱增。當時的土耳其、巴基斯坦、挪威及冰島等國家都賦予女性選舉權。當海王星和天王星通過摩羯座，而冥王星又落入天蠍座時，所有婦女及兒童遭到性虐待的祕密醜事都被公諸於世，「受創的孩子」更成為心理治療圈的流行詞。這一切都發生在當行運的海王星和天王星，與這個世代本命的冥王星、木星及土星的南交點（都落入摩羯座）形成合相。

這種種相位意味著從一九六〇年代起，無論是男人或女人都嘗試自我解放（天王星），擺脫父權社會的限制。我們這個世代本命天王星的南交點都落入射手座，而射手座的原型就是按照大自然的法則過自然的生活。我們每個人或多或少都具備海王星的直觀智慧與覺知，本身就是真正的老師。再加上海王星的南交點落入寶瓶座，這代表我們的靈魂都是源自於原始的母系社會。我們可以預期的是，當冥王星推進射手座、海王星，以及當天王星推進寶瓶座時，會出現越來越多顛覆父權信仰的現象，這些信仰至今仍影響了人類詮釋表面現實的方式，以及其所導致的行為模式。此外，人們勢必會開始質疑父權社會對於性別的特別界定。這種反映時代轉變的外在事件會越來越多，為整個人類帶來災難。這些慢慢出現的災難，最後會逼得人類別無選擇，只能做出改變。改變不會透過某些突然的「集體開釋」事件出現，而是透過必須的環境顯現。我在後面會更加明確地解釋這些集體事件的本質。無論如何，這些針對人類關係的轉變，都是為了消除父權社會的信仰。父權社會的信仰是建立在男尊女卑的基礎上，導致病態的虐待、掌控及服從。人類最終還是得回歸最自然的性別角色。

第五章

關係的類型

我們會在這一章討論關係的類型。兩個人的關係可以分為五種基本的原型。我們如果能理解每種關係原型的驅力，分析這些原型與前世驅力的關聯性，觀察每個人天生的演化狀態，同時掌握社會、父母、文化及宗教的影響，必能讓占星技巧更為純熟且完整，幫助當事人找到方向。五種基本的關係原型如下：

- 互相依賴
- 輔導者／被輔導者
- 老師／學生
- 施虐者／受虐者
- 自我滿足

四種特定變數可能會出現或存在於關係的原型中，分別為：

- 業力伴侶
- 靈魂伴侶（包括「同一靈魂」的伴侶）
- 孿生靈魂
- 處於不同演化階段的靈魂

互相依賴的關係

最常見的關係就是互相依賴的伴侶。這種關係就是雙方會互相依賴，讓生活得以維持。在這種關係中，雙方都會把自己的需求投射在對方身上，期待對方能不斷地滿足這些需求。這就形成了相互投射的基礎，雙方都會把自己內在的現實**向外表現**在對方身上。這種把內在現實投射在對方身上的關係，往往會讓雙方都很難認清對方的現實。雙方都期待對方能滿足自己的需求，最後就會變成有條件的愛，變成「如果你這麼做，我就會愛你」的相處模式。在這種關係中，兩個人都會因為相互依賴的需求，漸漸喪失個人的身分意識。雙方都陷入絕望的糾纏，永遠無法畫出正常的分界線，不可能建立健康的關係，也無法讓對方在關係中成長茁壯。最糟糕的情形是，雙方都會覺得沒有彼此就活不下去了，然後不擇手段地讓關係維繫下去。事實上，這兩個人都把自己當成對方的神。如果其中一方離開了這段關係，例如死亡，或是其中一方受不了這種糾纏及相互依賴，想要脫離這段關係，另一半可能會覺得自己要死掉了，沒有對方就活不下去。這種心理狀態一定會導致悲劇或問題，有些人甚至可能會自殺。

輔導者／被輔導者關係

另一種關係原型是輔導者及被輔導者。在這類型的關係中，其中一方會覺得對方具備一些自己需要卻欠缺的重要知識或心理素養。對方也會覺得自己的確可以提供這些東西。自認為具備知識或素養的這一方，通常都非常成熟又能自我整合。而在外人看來，這些人非常老練又懂得協調，極具洞悉能力，同時會表現出迷人的智慧。

但是在這種人格面具下，他們其實非常沒安全感，很恐懼失去、背叛、拋棄或失去信任，同時也很害怕表現太多自己的內心世界。他們會基於彌補的心理，吸引一些看起來比自己更有需要的人。這裡的重點在於**看起來**。實際上，他們可能也是一樣地有需要，甚至比對方有更多的需要。他們吸引來這種看似需要的伴侶，其實是為了在關係中有安全感。他們看似可以幫助對方了解自己的心理，其實是透過情感／心理的控制來確保安全感。換言之，他們會因為對方需要自己而產生安全感。

這些人通常表現得很老道，非常了解對方情感／心理的弱點，看似可以幫對方脫離困境。但是一旦對方獲得療癒或認清自己的本質後，他們的輔導者地位就會受到威脅，安全感也搖搖欲墜了。因此這些人會用非常貪心的方式操控對方，藉此維持自己在關係中的地位，並把安全感當成賭注。最糟糕的情形是，他們一開始看似非常熱心又友善，但當失去、拋棄、背叛這些最深沉的恐懼浮上檯面時，就會開始虐待或報復對方。

反過來看，關係中的被輔導者則會顯得自己需要人幫忙。在關係一開始時，被輔導者會覺得對方（輔導者）象徵或代表了自己渴望卻又欠缺的東西。所以他會把關係的主宰權交給對方，而對方也會為了自己在情感及心理上的安全感，樂於當個掌控者。這種關係的問題在於，唯有在被輔導者有需求時，關係才能維持。一旦被輔導者的需求獲得滿足了，就會想要終結關係。這可能是因為他們終於了解如何滿足自己的需求，或是因為他們又發現了自己的其他需求，是這段關係無法滿足的。他們可能會吸引其他輔導者類型的伴侶，來滿足自己的新需求。

無論是輔導者或被輔導者，都各自有特定的操縱業力。他們都會靠著自己的角色來獲得安全感。這種關係通常反映了本質上的失衡，多半都是輔導者在付出，而被輔導者只是接受。通常輔導者非常樂於付出，因為這讓他們很有安全感，但是在這種表面的快樂下，他們其實並不快樂，因為自己的核心需求並未獲得滿足。他們的需求其實是面對自己內心深處對於失去及背叛的恐懼，探索這些恐懼的源頭。這也就是為何輔導者總是會透過關係製造一些失去、違背信任或背叛的生命經驗。他們可以藉由一再重複這種強迫性驅力的經驗，漸漸學會誠實地面對自己的情感與心理。當然，當他們達到這種境界時，輔導者也可能會搖身一變成為被輔導者。

老師／學生關係

老師／學生的關係原型是輔導者／被輔導者關係的變化版。輔導者／被輔導者關係中的許多驅力也存在於老師／學生的關係原型中。兩者最主要的差異在於，這種關係不是心理層面的，比較像是其中一方教導對方明瞭廣義的生命本質。我們必須考慮雙方的自然演化狀態，這種教導可能是靈性或形上學的，也可能是柴米油鹽般的基本生活技能。

無論是哪種教導，這種關係的核心驅力都是建立在不平等的關係上，或者只是為了獲得安全感而做的情感投資。兩人都極可能出現操縱行為，藉此讓關係維繫下去。老師或輔導者型的這一方必須知道，他們其實是利用對方來滿足自己對安全感的需求。這種操縱是不可靠的，他們可能在被對方利用之後被對方拋棄。

施虐者／受虐者關係

施虐者／受虐者是最困難的關係。因為這種關係有許多不同的表現方式，讓很多人認不出它。舉個例子，這可能就像是男生與女生做同樣的工作，女人的薪水卻比較少。不管是哪種形式，這種類型已經深入兩性的互動模式中，甚至是男同性戀者或女同性戀者也無法避免。

我們已經在伊甸園神話詳細解釋虐待驅力的來源。這反映了從母系社會轉移到父權社會時產生的扭曲。讓我們再重述一次這種轉移產生了哪些驅力：無所不在的罪惡感導致了彌補或憤怒、統治與服從，以及優越與劣等的感受或角色。其中最清楚的信念，就是肉體與靈性是對立的，唯有肉體受苦才能獲得真正的成長或收穫。

受虐者的潛意識中通常會出現三種訊息或思考模式。這些被強調的思考模式會影響、控制或創造他們的現實條件。這三種思考模式分別是：

- 我不知道為什麼，但是這些痛苦、懲罰、危機、苦難、羞辱（強迫的謙虛）及否認都是我應該承受的。其實，否認與逃避的驅力只會壓抑真相，只是為事情找藉口，讓一切看起來都很合理。這還會導致另一種想法就是，我一定有什麼地方做錯了。

● 我為了滿足自己的需求，必須先受傷、受苦或犧牲。
● 我基本上是毫無價值的，只是有些知識。

這種受虐傾向會讓人們把自己釘在十字架上，強迫性地用各種方式犧牲自己。彌補與罪惡感有關，但這只會帶來痛苦及危機。所有的自我犧牲、痛苦或內外危機的出現，都能擴展自我意識，幫助一個人分析危機的來源，對自己更加了解。因此，受虐類型的人只能夠透過危機的出現來分析自己。危機的本質會不斷地被彰顯，這能讓受虐者擺脫否定的心態，不再逃避真相。到了某些演化時刻，這些受虐者會完全厭倦一再出現的危機，渴望改變現狀。當這種渴望出現時，他們就不會再為自己找盲目的藉口，而是開始面對現實，適時地改變。

在這種類型的關係中，受虐型的人通常會不由自主、習慣性地吸引來兩種類型的伴侶。我將其中一型稱為「感情受傷的小鳥」，這些人需要大量的情感及心理治療或復原。他們通常非常自戀，無法真正地辨識伴侶（受虐型）的實際需求或身分認同。他們在內心深處通常都非常沒有安全感，所以會在心中為受虐型的伴侶打造某種形象，而且認定對方就應該是自己想像的樣子。而受虐型的伴侶則會覺得自己完全被誤解了，毫無個人價值，而且無論自己如何反抗或懇求，都無法讓他們看清自己。在這種狀態下，完全是受虐型的伴侶在付出，不停地撲滅「受傷小鳥」煽起的情緒火焰。受虐型的伴侶也可能像急救人員一樣穿上白袍，肩膀繡個紅十字，胸口帶個名牌，不停地在他們周遭打轉，隨時準備伸出援手。

受虐型的人還可能吸引來另一類型的伴侶，我將這種人稱為「舌燦蓮花的惡魔」。他們非常知道該說些什麼來「勾住」受虐型的人。但是如果受虐型的人打算反咬一口，要在關係中做自己時，這些人真正的心態及目的就會被揭露，而且跟他們表現出來的樣子完全不同。此時受虐型的伴侶也會感到幻滅，覺得另外一種危機出現了。而施虐的這一方則會馬上表現得非常關心又誠懇，保證會改變自己，藉此來穩固這段關係。不過當關係一旦穩固了，他們又會回到之前的相處模式。當然，受虐型的人也可能吸引來一位同時具備上述兩種特質的施虐型伴侶。

受虐型的人帶有天生的純真，不懂人情世故，很容易上當受騙。他們會在一個人身上看到靈性的**可能性**，期待對方成為**可能**的模樣，或是實際表現出自己的靈性。但是他們的伴侶很少能做到這一點，然後幻滅就出現了，接下來就是更多的危機。施虐型的人需要被需要，他們為了是別人的需要而活。

對於施虐型的人而言，憤怒是彌補的替代品，與罪惡感有關。這種病態心理會讓他們不停地找藉口，讓一切看起來合情合理，但實際上只是逃避或否定了正在發生的現實。因此他們的潛意識中會出現下列的思考模式：

- 我帶有原罪，這讓我很憤怒，所以我想要傷害別人，讓別人跟我一樣有罪惡感，跟我一樣難受。我要在自己受傷之前先傷害別人。
- 我想要讓別人彌補他們自己犯下的錯誤或罪惡。我想要羞辱別人，因為這樣才能侮辱自己。
- 當我懲罰別人的不完美、錯誤或罪惡時，同時也在懲罰自己。

這三種心態會導致統治／屈服、主人／奴隸、優等／劣等或勝者／敗者的現實傾向。男人會因為「去勢情結」暗藏恐懼，把這種驅力投射到女人身上。女人也可能有去勢情結，成為施虐者。這只是一種心理情結，而不是真的去勢了。這種情結的本質是害怕異性會剝奪自己的權利，破壞、掌控或奴隸自己，用一些無法言喻的方式來毀掉自己。因此施虐型的人會在自己受傷之前，先去傷害別人、先發動攻擊、先破壞別人或先採取報復。有施虐病態心理的人總覺得別人想要對付自己，意圖攻擊或傷害自己，讓自己變成受害者。他們不會像受虐型的人一樣，認為這是自己應得的，反而會覺得自己受到迫害。換言之，施虐型的人跟受虐型的人一樣，也會覺得自己是受害者，唯一不同的是受虐者會覺得自己活該，施虐者則會因為迫害而憤怒，而且會利用憤怒去傷害或破壞別人。他們會不由自主地懲罰別人，要別人為自己內心或潛意識中的罪惡感贖罪。有些人會同時出現施虐及受虐的傾向，表現方式視環境而定。傳統心理學會把他們稱為被動／侵略型的人。

施虐／受虐的關係會產生複雜的行為關聯性。我們很容易在每個人身上看到這種驅力。最明顯的形式當然就是性虐待，其中包括皮鞭、鐵鍊、皮衣、帶釘的高跟鞋，以及各種能凌虐感情或性的道具。這種公然虐待包含了心理／情緒的驅力，會先讓人感受到極大的痛苦，然後從痛苦中獲得釋放。當釋放出現時，受虐者可以從痛苦中感受到自由。在近代歷史中，最噁心、但也最為人所知的人物就是薩德侯爵（十八世紀法國色情文學巨擘），他的作品充分展現了虐待原型中最扭曲也最黑暗的一面。

在十八世紀時，虐待原型還被樂於此道的「貴族」貼上了有趣的哲學標籤，稱之為「玩樂」（Libertinage）哲學。這種哲學暗示了「如果要獲得自由及解放，必須先受苦」。其所張顯的首要前提是，上帝的本質是邪惡的，人類為了實現上帝的任務，必須接受邪惡，戰勝並顛覆自然法則。這乍聽之下有些荒謬，但仔細想想，這種扭曲的想法其實源自於同樣扭曲的伊甸園宗教迷思，正如其中不停強調肉體與靈性是相互衝突的。在宗教戒律的壓抑下，任何與肉體有關的罪惡感，最後會扭曲了人類的感官生活。這種影響早在薩德侯爵之前就出現了，例如十五至十六世紀期間，有許多虔誠的基督教修道士會對自己施以鞭刑，這種行為至今在伊斯蘭世界中仍很常見。而在十字軍東征時，有許多人頂著十字架的旗幟，用難以啟齒的方式對男人及女人（多半是女人）性虐待或將其斷肢，只是為了讓他們為自己的「傷風敗俗」贖罪，或是逼他們供出其他「傷風敗俗」的人。我們也可以在猶太人的文化中看到虐待的原型，例如上帝的選民必須受到其他人的迫害。

其他種族也有虐待原型。例如某些美國印地安人在跳祈日舞時，會穿戴金屬的乳環，然後把乳環穿過繩子，再把繩子綁在杆子上。舞者會不停地把身體向上提，到最後只靠著乳環將自己掛在杆子上。這種痛苦是為了讓舞者能從高處看待萬物。

我舉這些例子想要證明，虐待原型早已滲入現今人們的集體意識中，但是大部分的人沒有自覺。虐待是最容易辨識的原型，但是人們發現它時，往往會很震驚又恐慌地問：「怎麼有人可以這樣？怎麼可以做出這樣的事情？怎麼可以任由自己如此被人對待？」等問題。目前最普遍的虐待驅力就是虐妻症候群或虐童症侯群等。我們只要打開電視，就可以看到人們在討論童年受虐的經驗，然後分析為何虐待原型在社會中如此氾濫。但是有多少人可以辨識其他較不明顯的虐待原型？到底還有哪些虐待原型存在？

我們再回頭看看，難道男女同工不同酬不算虐待嗎？有些男人或女人會保留自己對伴侶的感情或性衝動，藉此來懲罰對方，不也是一種虐待嗎？伴侶中的其中一方不停挑剔批評對方，不也是一種虐待嗎（如果起因是羞辱，這種虐待常會與「戲弄」扯上關係）？當男人期待女人只是自己現實的延伸或附屬品，或認為女人只為了滿足自己而存在，這不也是一種虐待嗎？男人認為女人比自己次等，充其量只能算是次等公民，不也是統治／屈服驅力的表現嗎？當女人有意識或無意識地想要實現自我時，為何會被外界認為她想要「當男人」？從男性的觀點來看，這難道不是一種複雜的去勢情結嗎？為何每種文化都允許男人炫耀自己的性能力，誇耀自己的戰利品，粗俗地談論女人，但女人卻不能做相同的事？伊甸園神話認為男人正受到原始的誘惑，「回到」女人的懷抱，這難道不是虐待原型的起源嗎？人們在無意識中認為強暴女人是合情合理的事，把它視為與去勢情結有關的力量和憤怒，這也是伊甸園神話的遺毒。

我們常會看到男人為了性愛，對女人流露感情，溫柔地安撫女人。一旦性愛結束了，他就會表現出對女人冷漠或鄙視，甚至還會憤怒。為什麼會這樣？因為他覺得自己臣服在誘惑之下！你如果能理解這點，就不難明白為何有這麼多的女人覺得必須**忠於**自己的男人，這是女人心中一種潛意識的渴望，想要彌補自己的「原罪」。

我們很難判斷虐待原型如何深入人們的集體意識中。正如一顆種子被種下去後，其本質就已經決定了最後長成的模樣。同理而論，伊甸園神話就像是一顆深植於集體無意識中的種子，決定了人際關係的形式，尤其是男人與女人的關係，甚至是人類與大自然的關係。

就占星學的角度來看，虐待原型與處女座及雙魚座有關。從公元零年至今，人類都活在雙魚時代。舉個例子，我在許多年前曾經研究過一些自稱為施虐者或受虐者的人。這些人都是某間虐待「教堂」的成員。他們之中百分之九十的人都有非常明顯的六宮或十二宮能量，或是有很多行星落入雙魚座或處女座，或是月亮的南北交點落入六宮或十二宮。由此來看，耶穌的本命盤也不讓人意外了，他的誕生為西方人揭開了雙魚座時代的序幕。耶穌的本命盤有不同的版本，我採用的是神學家兼占星家的唐納．賈可伯斯（Donald Jacobs）的版本，在我看來這個版本比較合理。在耶穌的本命盤中，冥王星與火星合相在處女座（都是逆行落入九宮），與落入三宮雙魚座的太陽、月亮、金星、木星、天王星及土星形成對分相。雙魚座的主宰行星海王星則是與天蠍座南交點合相。耶穌的一生基本上就是要為「我們的罪惡受苦」，他犧牲自己的生命來吸收我們的業力，讓我們獲得赦免。他終其一生就是要「天父原諒他們，他們不知道自己在做什麼」，並認為自己如影隨行的罪惡其實是源自於**缺陷**，所以他說：「父啊！你若願意，就把這杯撤去。」這句話的含意是：「父啊！我太軟弱又不夠完美，無法勝任你賦予我的工作，請讓我走吧！」這暗示了如果一個人夠純潔、夠完美、夠善良，就能完成自己命定的任務。但是只有上帝才是完美的，而人類因為屈服於伊甸園的誘惑（犯下原罪），已經不再完美了。因此人類永遠都不夠好，永遠都不夠完美，永遠都無法完成命定的任務，尤其是女人。這種受限心理的原型會讓人們不斷地感到罪惡，因為只有上帝是完美的。

虐待的原型會一直影響人類，除非基督教和伊斯蘭教教義改變對上帝的詮釋。舉個例子，這些教條強調上帝是萬物來源。此話如果為真，那麼人類的不完美是打哪兒來的？演化又是源自何處？人類為何會憤怒？那罪惡呢？性慾呢？諸如此類的疑惑不勝枚舉。

我們如果能面對這些問題，就會發現所謂的上帝只是一股尋求完美的**演化力量**。我們如果能用這種角度來看待上帝，就可以用愛與同情取代因為罪惡而生的憤怒、自怨及罪惡感。唯有如此，人類才會用自然法則來理解生命，捨棄扭曲自然法則的人為法律。唯有如此，虐待的原型才能被徹底消除。在虐待的原型被消除之前，希特勒對猶太人和吉普賽人的大屠殺、前南斯拉夫瘋狂的「種族淨化」，或俄羅斯為了重新掌權而屠殺邊境的非俄羅斯人，這類的事件仍會不斷地發生。當我們越來越接近寶瓶時代時，必會轉向朝著自然法則的方向前進，捨棄與它相反的人為法律。冥王星落入天蠍座，而海王星及天王星落入摩羯座，會加速這種轉變。當冥王星接下來進入射手座（火象星座），海王星及天王星進入寶瓶座（風象星座）時，這種加速還會更加明顯。這種情形上一次出現在西方文藝復興時期，人類轉而開始關心人文主義。

就占星學的角度來看，每個人的本命盤上都有處女座及雙魚座的符號。因此問題就在於：虐待的模式會出現在哪一個生命領域中？我們可以根據處女座及雙魚座落入的宮位及相關行星，判斷自己在哪個生命領域中最容易受到伊甸園神話的影響，最容易感受到虐待的原型？

虐待原型早已滲入人類的集體意識，這顆種子早已埋下了！

自我滿足的關係

接下來要討論的是自我滿足的關係原型。這種關係原型中的兩個人都已經認清自己的需求，而且知道如何自我滿足。他們之所以與對方建立關係，單純地只是想在一起，而非因為對方能滿足自己，其中完全沒有強迫或需求投射的成分。他們與對方相處時，內心都非常自在，而且已經能清楚且客觀地看待對方。人們在關係中覺得受到威脅或不安全感，其實都是因為在滿足對方的需求或慾望時，必須捨棄自我。但是在自我滿足的關係中，任何一方都會鼓勵並幫助對方發展自我。這就出現了無條件的愛，意即「無論如何，我都會愛你」。這完全不同於其他關係原型中有條件的愛。

這種關係不代表雙方沒有個人需求。每個人在關係中都有需求，唯一不同的是，他們已經知道如何滿足自己的需求，而不是把自我的需求投射在對方身上。這些人即使單身也很自在。有趣的是，正因為他們不把自己的需求投射在伴侶身上，對方反而很樂意來滿足他們。就演化的觀點來看，每個人都需要很長的時間才能達到這種境界。因此自我滿足的關係並不常見，在西方社會中只有約百分之十五的關係屬於這種原型。

文化與宗教基於本質上的限制，往往會讓人們仰賴外在條件來獲得安全感。從宗教的觀點來看，這就表現在上帝**超脫**人類的說法。從文化的觀點來看，女人或多或少都受到父權社會的控制。因此女人必須依賴男人，而男人也必須被女人依賴。男人也很依賴女人的依賴，這就是典型的男性自我中心的陽剛意識，認為被女人依賴是件很有男子氣概的事。相反地，女人也會尋找強壯的供養者、「賺麵包的人」，任由對方的慾望及活動來掌控關係。這也難怪自我滿足的關係是如此少見了。

就占星學的角度來看，自給自足的原型與金牛座、二宮及金星的內在面有關。別忘記了，金星同時為天秤座及金牛座的主宰行星。金星的天秤座部分會將自己的需求投射到伴侶身上，也就是相互依賴。這也反映了我們對伴侶付出或接受伴侶付出的能力。金星的金牛座部分則是認清自己的需求，而且這些需求必須獲得滿足，才能繼續生存下去。這也反映了我們與自己的內在關係。所有人本命盤上的二宮都會落入某個星座，而這個星座的主宰行星則會落入某個宮位，與其他行星形成相位。而每個人本命盤上都會有金牛座，還有金星會落入某個星座及宮位，與其他行星形成相位。如果將以上的符號串連在一起，我們便能知道一個人如何學會自給自足的重要功課。在兩個人的合盤中，我們可以根據二宮落入的星座、該星座主宰行星的位置，再加上金牛座及金星的位置，來判斷他們如何一起學習自給自足的功課。

值得一提的是，自冥王星從一九八三年通過天蠍座開始，關係諮商中的流行語就是「糾結」、「受傷的小孩」和「建立自我的界線」。別忘了天蠍座的對應點是金牛座，這就意味著從演化的觀點來看，集體靈魂中冥王星的目的就是，消滅為了安全感而對外界產生過度的依賴。學習自給自足的演化功課已經擺在眼前，刻不容緩。所以有很多看似緊密、相愛，但又太過相互依賴的關係，都在此時突然結束了。演化的過程中會出現新的關係模式，演化總會先透過不同程度的內化施力。內化意味必須消除或破壞某些已經存在的東西，然後演化才會允許內化的改變出現。此時出現新的關係模式，就包括了這裡討論的自我滿足關係。

業力伴侶

我們接下來要討論存在於五種關係原型裡的四種特定變數。我將最常見的一種稱為「業力伴侶」。當你讀到這裡時，應該很清楚什麼是業力伴侶：兩個人有前世的連結和經驗，沒有被完成或解決。前世連結是一種既狹隘又廣義的狀態，有可能非常簡單，也可能十分複雜，必須視兩人的狀態而定。再提醒一次，業力是種簡單的自然法則：種什麼因就得什麼果。業力可能帶來百分之百的正面結果，也可能導致百分之百的負面結果。星盤比對可以顯示兩個人在關係中各自的業力，而合盤則顯示了兩個人在關係中的共同業力。再以前例來看，合盤中如果有冥王星與金星四分相的相位，代表兩人在前世因為受不了過度依賴彼此而結束關係，而依賴都是源自於對背叛的恐懼。這代表他們曾經有過共同的決定（合盤中冥王星與金星形成四分相），因此一起創造了共同的業力，最後的結果就是當他們共同決定要為自己而活時，在某些時刻就會與對方劃清界線。

人們常常會覺得自己被伴侶佔便宜了、被刻意地傷害、利用或背叛，或是對方辜負了自己的期待，或是有其他人導致了某些情境，讓自己愛的人出現報復行為。他們有時候也會報復別人，替所謂的不公平狀態創造正義。其實所有人天生都有這種傾向，這與冥王星、天蠍座及八宮有關。我們可以從內自我來控制這種傾向，也可以透過文化或宗教的限制來控制或修正，這表現在「凡事自有天意」或「交給司法解決」等態度上。我們如果衝動地報復某人，無論事件的本質如何，一定會在兩人之間留下特殊的業力。這種源自於報復慾望的業力，通常都非常棘手又負面。

最重要的是我們會因為報復、因為想要糾正錯誤而採取行動，這種業力可能源自於前世，也可能延續了許多世，時間久到讓人不可置信。這是因為很少有人能有意識地了解或看清導致今生狀態的始因或理由。但是報復通常只會讓業力延續下去，了無終日，因為大部分人對於現實的理解，都會受限於今生的狀態，無法真正地跳脫出來。

一個人如果在今生被人背叛，通常都會想要報復對方，因為對方讓自己陷入感情的痛苦中。但是有沒有可能這個人在其他世曾經背叛過對方呢？所以對方到了今生也會覺得自己被背叛過，以致想要報復。假使果真如此，這種循環會不斷地繼續，導致延續許多世的業力。現代社會中還有個例子，就是家庭親子之間的心理或性虐待。這種虐待會在父母及孩子身上留下因果。被虐待的小孩長大成人後，可能也會虐待自己的孩子。這種家庭成員之間的業力（因果）循環到底什麼時候才會結束？如何能讓它停止？必須做些什麼才能讓它結束？

我們很少人能冷靜面對冥王星天生的報復慾望，很難控制自己不去報復、不去創造某種程度的正義或糾正錯誤。這是一種非常難以理解、複雜又困難的生命驅力，我們很難**知道**在特定的情境中，到底什麼才是對的。有些人具備延伸的意識能力，能夠認清或理解造成特定業力狀態的始因，知道如何做才是「正確的」。這的確很棒，但是我們大部分的人都不具備這樣的意識。那我們該如何是好？也許最簡單的答案就在一句諺語中：「負負得正」。家族中世代延續的虐待情形，也許只要有其中一人按照這句諺語來採取行動，就能解開業力的枷鎖了。在大部分的情形中，這種有意識的行為須要有極大的勇氣及意志力（冥王星），才能抗拒報復的天性。

業力也可能是非常正面的。很多想要認識業力的人會以為業力是負面的，其實不然。正面的業力通常來自於非常純潔的慾望，然後做本質上對的事，這裡的關鍵在於純潔的慾望。舉個例子，我想要用某種方式幫助別人，但動機（冥王星）是為了得到某些回報。這種幫助的渴望是不純潔的，因為背後另有目的。相反地，如果我們只是單純地想幫助別人，只因為這件事在本質上是正確的，那這就是無須證明的純潔慾望。無庸置疑的是，從終極的觀點來看，每件事的確都有本質上的對與錯，這種對錯無關宗教，對或錯都是自然的結果，其存在於事情的本身，同時也是個人意識的一部分。在人類自然產生的意識中，對錯觀念會反映在良知上面。我們如果做件本質上是錯誤的事情，良知就會產生罪惡感，這種罪惡感是種本能和天生意識。舉個例子，我們大多數人都會認為性虐待兒童、感情的背叛、說謊、欺騙或是故意傷害別人，在本質上都是錯誤的事。相反地，我們如果做本質上是對的事情，憑著良心就知道這是對的。

我再強調一次，從占星學的角度來看，在合盤或星盤比對時，如果有行星形成緊張相位，兩人之間可能就會有困難的業力存在。行星如果形成和諧或柔和相位，兩人之間通常會有互利或正面的業力存在。許多經驗豐富的占星家都知道，大部分的合盤及星盤比對會同時出現緊張和柔和的相位。所以大部分的關係中都會出現正面及困難（不同程度）的業力狀態。

人們可能會把業力與必然的演化弄混了。為了解釋這一點，我先假設一個人在過去許多世中都否認或逃避真實的情感，他可能會追求靈性教誨所稱的超驗現實，或是把自己孤立在某種宗教或靈性的環境裡，例如修道院。他在演化之旅中必然會面臨某個時刻，讓他無法再去逃避或否認現實。基於演化的必然性，他可能會過著好幾世「必須面對」的生活。但是他往往會因為前世的抗拒驅力，很難去面對這種人生所產生的情感驅力。他的人生中可能會出現一些經驗，**強迫**他去體驗情感，也可能會出現一連串充滿感情的生命經驗，讓他無法再逃避這些感情。這些經驗可能是某些人的行為或行動，讓他面臨極度困難的感情狀態，例如他的親生母親可能想謀殺他，讓他來不及長大就夭折了。我想說的是，這種狀態都是演化必經的過程。我們無法用任何特定的既有業力，或是特定的前世驅力解釋，但是很多人還是會忍不住地用業力來解釋，認為這個人如果遇到了某些困難，一定是因為他曾經在前世對別人做過一樣的事。

我們必須謹記在心，就靈魂的層次來看，生命會創造許多必須的狀態讓演化繼續下去，透過自己或與別人的關係，努力解決業力的緊張相位。**我們所有人都必須為自己的所作所為負責**。從最遠大的終極觀點來看，沒有人是受害者。

靈魂伴侶

我們接下來要討論的是聲名狼藉的靈魂伴侶，這其中還包括另外一種類型的伴侶，就是相同靈魂的伴侶。在過去這一、二十年間，很多人竭盡心思地渴望能找到自己的靈魂伴侶。許多人受到這類主題的書籍鼓舞，完全按照書中的教導及步驟來吸引並得到這樣的伴侶。不過你如果已做了一陣子的占星諮詢，想必三不五時就會遇到不同的案主拿著一張本命盤，一臉煩惱、激動地衝進你的辦公室問：「這就是我的靈魂伴侶嗎？」

很不幸地，靈魂伴侶的概念已經被汙名化了，因為不同的意見而混淆了本質。我對靈魂伴侶的看法，來自許多理解上帝靈魂（God-realized Souls）的教誨，像是耶穌的教誨等。靈魂伴侶的概念非常簡單：兩個人能各自實現自己的慾望，追求靈性或超驗現實，結合的真正目的在於**透過關係或在關係中繼續自己的靈性發展**。就靈修的術語來說，這就是在家的入世修行，與寺廟的出世修行形成對比。

靈魂伴侶並不代表這兩個人是完美的，而是代表他們共同接受一種靈性或超驗的準則，由它來引領各自的人生及關係的發展。這份關係是建立在某種共同的靈性（哲學）基礎上面，因此他們可以參考或服從一種更廣泛的準則。這可以讓他們之間出現無條件的愛，完全不同於有條件的愛。有條件的愛會導致許多困難的業力條件或狀態；無條件的愛則會孕育和諧或正面的業力條件或狀態。因此真正的靈魂伴侶之間應該只有正面的業力條件或狀態，可以互相支持，對彼此有益。就演化的角度來看，靈魂伴侶是從最常見的業力伴侶進化而成的。

「同一靈魂」的伴侶

靈魂伴侶中還包括另一種類型，就是「同一靈魂」的伴侶。這代表在比較進化的靈魂演化階段中（前面提過的靈性演化階段），靈魂可以在同一時間表現出不同的身體／性格／自我。這個階段的靈魂在本質上是要加速演化的腳步，消除所有的獨立慾望，而慾望可能會表現在同一個時間地點、不同的人身上，也可能表現在同一時間、不同地點的人身上，或是同一地點卻不同時間的人身上。這些人的外表、裝扮、生命經驗、文化起源，甚至是性別可能截然不同，也可能極為相似。

這些靈魂產生的自我或人格原型都是為了加速自己的演化，因為他們內心深處總覺得自己是不完整的，充滿了巨大的空虛感。這些看似不同的人其實都源自於同樣的靈魂，他們的生命即使很圓滿了，即使已經過著豐富又入世的靈性生活，仍然覺得缺了什麼，讓自我蒙上陰影。從原型的角度來看，這種感覺是因為靈魂到了某些時刻，必須將之前分裂的自我重新融合，而分裂的自我通常會以不同且獨立的個人**形式**出現。這就像終極的造物本源會把自身的整體投射在各種明顯不同的萬物身上。創造本身就是一種擴張的行為。但是根據自然法則，創造就如人類的心跳一樣，擴張之後一定會有收縮。終極本源或上帝都會呼喚自己一手創造的東西，回到自己的懷抱（舉個例子，就像人類超驗的衝動），靈魂亦是如此。靈魂也會將自己因為演化而分裂的自我，變成每個人身上的不同特質，但最後都會像百川歸海一樣再次整合。

這些源自於同一種靈魂的不同類型的人，會表現各種不同的慾望。每個人都會加速實現慾望。換言之，這種靈魂不會在同一世中實現各種不同的獨立慾望，而是同時間創造好幾世來加速消滅這些慾望。

我再提醒一次，就演化的角度來看，這些人是高度演化的靈魂。根據之前提過的四種演化階段，他們已經演化至靈性階段。全世界只有百分之五的靈魂屬於這個階段，所以他們很難遇到看似截然不同、卻擁有相同靈魂特質的人。還有另一個原因導致這種關係很少見。整體而言，當靈魂加速表現各種不同的獨立慾望時，比較可行的方式是在同一時間內整合不同慾望反映的「自我」。靈魂可以透過這種方式，學會各種慾望及演化目的所帶來的功課及理解，而不需要實際與不同的人相遇來學會這些東西。靈性階段的演化允許自我整合，但仍然會有部分處於這個階段的靈魂，必須透過實際接觸不同類型的人來學習。無論如何，目的都是一樣的，這階段的靈魂必須將分裂的靈魂碎片重新整合，才能重新與造物主融為一體。

這階段的靈魂如果必須實際與不同類型的人接觸，會出現哪種情形？最常見的情形是，這些帶有獨立慾望的靈魂通常會有對立的本質，渴望與自己相反的東西。舉個例子，它如果對性產生渴望，而且滿足了性慾望，就會與其他追求純精神或超驗的慾望衝突。這種衝突顯然是源自於伊甸園神話的教義，強調肉體與精神是對立的。靈魂如果接受這種觀念，就會在內心產生衝突，而且其精神或超驗的本質會認為性慾是不純潔又錯誤的。無論如何，靈魂的演化是建立在消滅所有的獨立慾望上面，所以不管是哪種慾望，都必須在實現之後被消滅殆盡。

靈魂之中，這種強烈的內在衝突會表現在不同類型的人身上，每種人都有錯綜複雜的慾望，與靈魂的自我互相衝突。這些不同類型的人會在同一時間加速實現慾望。他們在「真實」人生中再度相遇，目的就是為了將分裂的靈魂碎片（也就是慾望）重新整合在一起，而這是唯一的方法。為了達到這個目的，靈魂必須透過不同面貌的人來挑戰自己。當靈魂在自我挑戰時，導致挑戰的始因也會受到反抗。舉個例子，人們會因為接受了靈魂與肉體是對立的觀念，認為自己對於性與精神的慾望是相互衝突的。這種衝突是要讓靈魂學會改變導致衝突的判斷標準。換言之，他們必須改變觀念，知道靈魂與肉體並非對立的。

這是種非常有趣的驅力。想想看，這些截然不同的人在這輩子相遇，其實是靈魂本身透過相遇的互動來挑戰自己。這些人雖然都是源自相同的靈魂，但是慾望的本質卻又是相互衝突，所以他們的互動也會充滿矛盾。反過來看，正因為這些人來自同樣的靈魂，所以當他們相遇時，其實也會產生超然的共識。他們的共識就是渴望將分裂的碎片（表現在不同人身上的慾望）重新整合，所以當他們真的相遇時，這個過程就開始了。

整合開始時，他們可能會互相抗拒，因為每個人都認為自己是獨立的個體。這是靈魂固有的獨立慾望。當他們把自我放下，重新與創造自我的靈魂融合，但同時也會因為個人分解產生恐懼。所以當這種驅力出現時，會出現既吸引又抗拒的情形。隨著時光流逝，這些恐懼會漸漸散去。一旦恐懼散去，這些源自於同一種靈魂的人會變得非常親近。在整合的最後階段，他們會願意對彼此付出承諾，結合成為婚姻類型的伴侶。當他們達到這種境界時，就是另一種類型的靈魂伴侶了。當演化過程趨近圓滿時，他們之間的差異就不復存在了。所有投射在不同人身上的對立慾望消失了，所有的靈魂碎片都被完全重新拼湊起來，接下來就準備與與本源融合了。

孿生靈魂

還有種特殊類型的關係是孿生靈魂，這指的就是上帝在同一時間創造的靈魂，用相同的速度經歷時空演化。他們幾乎有同樣的輪迴轉世，根據源自於靈魂本質、獨一無二的慾望採取行動。經過生生世世之後，這些靈魂的生活方式基本上是完全相同的。他們無論是男是女看起來都很像，大致上會穿雷同的衣服，有著同樣的夢想、恐懼、想法和認知，而且會用同樣的心理及哲學角度來看待現實表象。孿生靈魂跟同一靈魂的伴侶並不相同，他們是獨立的靈魂，只是本質上是一樣的。

孿生靈魂很難遇到彼此，因為關係的目的是要我們遭遇或體驗自我限制的本質。當我們能透過與別人的互動，體驗並挑戰自己的限制，這些限制就會改變了。透過這種過程，我們才可以獲得演化。既然孿生靈魂是本質上相同的靈魂，這就代表了他們相遇時，沒有演化的渴望、需要或目的，也不需要與彼此建立關係。我在這麼多年來諮商的伴侶超過一萬五千人，只見過十五對孿生靈魂的相遇。而在這十五對中，只有一對實際嘗試要與對方在一起。他們通常在一起沒多久，當一開始的驚喜及迷戀消失後，就會分道揚鑣了，因為沒有任何在一起的必要。換言之，他們看對方就像在鏡子裡面看到自己，非常無聊。

處於不同演化階段的靈魂

關係中的最後一個變數就是處於不同演化階段的靈魂。我們在關係諮商時，很常見到雙方處於不同的演化階段，但在大部分的情形中，兩人的差異不會太明顯，不至於構成太大的挑戰或問題。基本上，較為進化的那一方會覺得不時在拉著對方往前走，而對方則會透過其他方式來平衡這段關係。

不過在有些例子中，兩人的差異會非常明顯，而且會帶來大麻煩，這通常與輔導者／被輔導者和老師／學生類型的關係有關。當這種情形出現時，比較進化的這一方會覺得非常不滿，因為雙方在關係中的角色是非常失衡的，但是基於某些我們之前討論過的驅力或理由，他還是必須為這種失衡負責。

第六章
關係的基本需求

當我們在討論關係的基本需求時，最重要的是要認識星盤中二宮、七宮與十二宮的天生原型。你如果曾經觀察過這三宮之間的相對關係，就會發現二宮與十二宮都與七宮形成十二分之五相（一百五十度），而二宮與十二宮會形成六分相（六十度）。換言之，這就是一個指向七宮的「上帝的手指」相位。我們把這三個宮位結合在一起，到底意味什麼？我們為什麼要這樣的原型概念來認識關係的內外驅力（其中包括性驅力）？

答案就是因為金星主宰金牛座及天秤座，而金星的高八度海王星則主宰了雙魚座。我們都知道金牛座的天生宮位是二宮、天秤座的天生宮位是七宮，而雙魚座的天生宮位則是十二宮。依此推論，這三個宮位的原型必然與關係的驅力有關。

因此在討論關係時，我們首先必須了解這三個宮位構成的原型本質。

在綜合分析三個宮位形成的原型前，我們必須先認識每個宮位的本質。首先討論的是二宮及金牛座。二宮或金牛座的核心原型就是**生存**，這是人類最深沉的本能之一。就解剖學的角度來看，人類的本能存在於大腦中，掌管人類所有的天生功能。人類會透過許多方式表現或應用生存本能，其中之一就是自我繁殖。因此，金牛座與二宮也與人類所有想要繁殖後代的性本能有關。無庸置疑地，性本能是源自於大腦。

人類透過性交繁衍的理由，剛好與單細胞無性生殖的理由相反。無性繁殖也是種生存的生物行為。人類身體最大的危險來自於快速演化或變種的病毒、細菌及寄生蟲，必須靠著自我免疫系統的演化，才能面對、應付攻擊。在無性生殖的過程中，免疫系統是靜止且穩定的。但是人類必須透過性交來繁衍生命，因為唯有在性交的過程中，才能讓兩個人的基因架構結合創造變數，讓原先的免疫系統獲得演化，而免疫系統的不斷演化才能讓人類生存下去。在占星學中，免疫系統與海王星、雙魚座及三宮有關。整個物種的生存需求會反映在獨立的個體身上，個體則會憑著吸引力來選擇配偶。這種天生的擇偶過程大部分都是根據潛意識對於費洛蒙分泌的反應。費洛蒙分泌時通常會散發味道，潛意識可能出現正面或負面的反應，而這就決定了誰會與誰發生性行為。我們可以透過這種生物性的線索，選擇配偶繁衍後代，而後代的免疫系統會更加進化，足以對抗疾病及感染。反過來看，這就可以確保整個物種生存無恙。在占星學中，費洛蒙與金牛座、二宮及金星的內在面有關。

另一個生存本能的例子是，認清自己需要什麼才能繼續生存。這也有許多表現方式，其中包括辨識自己已經具備或擁有的資源，藉此維繫生存。我們會透過自己已經擁有的，再加上自己需要的（也就是我們還沒擁有的）資源來維持生存。這兩種雙重特質讓人類面臨了矛盾的危機。

人類有兩種維繫生存的方式，一方面會認清已經擁有的資源，這與金牛座或二宮的原型有關，也就是自我依賴、自我維持及自給自足的原型。這種原型是一種內在的意識及聚焦。另一方面，人類會認清自己的需要（也就是還沒擁有的），這則與意識層面的原始覺知有關，也就是把焦點放在自身之外，收集或吸引自己需要的資源。人類很久以前就知道，與別人建立關係、結合成群比較容易生存下去，因此會在許多方面互相依賴。這並不代表人類無法獨立生存，這當然有可能。不過你聽過多少人完全地獨立生活，單靠著自己的能力存活？

生存最矛盾的危機來自於：每個人都已經擁有賴以維生的資源，卻又認為必須透過外界來滿足生存的需求。就占星學的角度來看，這種矛盾就表現在二宮與七宮之間的十二分之五相。這也反映在金星內在本質（金牛座）以及外在或投射本質（天秤座）的矛盾上。因此就心理學的角度來看，這就導致了矛盾的危機：一方面渴望能自給自足，一方面又想要依賴別人（關係）來維繫生存。當我們意識到自己目前欠缺那些資源，卻又覺得為了生存必須得到這些資源，就會激發繁殖的本性。

另一種生存本能的表現就是價值觀。為什麼？因為這關係著我們認定需要什麼資源才能維繫生存，這也可能影響我們**極度重視**某些既有的資源，因為這些資源攸關生存。我們對一個東西的價值認定，也與我們賦予它的**意義**有關。因此就廣義而言，金牛座與二宮也與我們賦予生命的意義有關。就最切身的角度來看，二宮與金牛座的原型代表我們賦予**自己**的意義，而將其延伸之後，也代表我們賦予別人的意義。當然，這必須要看我們到底有多麼重視自己及別人。

就占星學的角度來看，落入二宮宮頭的星座、該星座主宰行星落入的宮位及星座，以及這個行星與其他行星的相位，都會影響每個人對二宮的天生傾向及實現方式。此外，本命盤中金牛座落入的宮位、金牛座主宰行星金星落入的宮位及星座，以及金星的相位，其中涉及的宮位表現，也會受到金牛座的原型影響。我們會把這些原則運用在兩人的合盤中，藉此分析兩個人會傾向用哪種方式來實現金牛座及二宮的原型。我們稍後會以歷史個案為例，你就能對這些原則更加清楚。

接下來要討論的是七宮及天秤座的原型。七宮及天秤座的核心意義在於與別人**展開關係**。關係的起心動念關乎生存慾望（源自於二宮與金牛座）的投射。二宮與金牛座的慾望會投射在七宮與天秤座，透過兩者之間的十二分之五相位呈現。我們會透過七宮與天秤座的驅力，與形形色色的人建立關係，然後從中區分（十二分之五相位的意義）哪些人可以反映自己的需求。當我們決定哪些人最能反映自己的需求時，便會把需求投射在他們身上，並對他們產生期望。我們對對方產生期望，對方也會對我們產生期望，雙方都會期待自己投射的需求獲得滿足。這就產生所謂有條件的付出、分享或愛。

這個十二分之五的相位也讓人們學會必須對別人付出，然後才能得到自己需要的。我們如果想付出別人需要的東西，首先必須先學會聆聽。金星（天秤座與金牛座的主宰行星）與聆聽的心理有關，而水星則掌管耳朵內部的結構。我們可以透過聆聽來學習客觀地看待自己，客觀地體會自我或體驗別人的感受。換言之，我們可以透過聆聽學會**公平**的功課。七宮及天秤座教導人們如何公平地付出及接受。當關係中的付出與接受失去平衡時，就會產生危機（十二分之五相）。危機的出現是要讓我們調整關係。我們如果能讓關係平衡，彼此的角色也會變得公平了。

二宮（金牛座）與七宮（天秤座）原型形成的十二分之五相也會讓關係出現危機，這可能會讓關係中的某一方太依賴對方，或是對方過度依賴他。當過度依賴的情形發生時，關係就會出現危機，迫使雙方調整關係，目的就是實現二宮與七宮的原型意義：自給自足。

這個十二分之五相還有另一個功能：定義自我的身分意識。我們與別人建立關係時，必然會比較或評估，進而產生自我的身分意識。就本質來看，所有人都是因為社會互動，才會意識到自己是獨立個體。人們在比較及評價的過程中，不僅可以意識到自己的獨特之處，也可以意識到別人的特質，因此會更清楚自己在關係中扮演的角色，以及這段關係的功能。

關係的功能代表其背後的理由，換言之就是關係的目的。關係的功能、理由及目的都一再強調了我們對關係的期待、為了滿足期待而創造的角色，以及為了滿足期待或需求所導致的依賴。

在每個人的本命盤上，落入七宮宮頭的星座、該星座主宰行星的位置，再加上主宰行星與其他行星形成的相位，都會影響一個人展現七宮原型的方式。此外，本命盤中天秤座落入的宮位、天秤座主宰行星金星落入的宮位及星座，以及金星與其他行星的相位，也會限制了與天秤座及金星原型有關的宮位。

在兩個人的合盤中，金牛座和天秤座落入的星座及宮位的原型表現，都會受到金星的宮位及相位的影響，我們可以從中看出這兩個人如何理解或實現關係的理由、功能及目的。我們也可以從中發現他們各自的慾望（根據他們各自的本命盤）如何在關係中產生**結合**。透過慾望的結合，關係本身的需求就會反映在合盤七宮的宮頭星座、該星座主宰行星的位置，以及該行星與其他行星形成的相位。我們可以從這些符號來判斷這份關係是否能滿足他們個人的需求。此外，這些符號也反映出他們會如何看待自己在關係中扮演的角色，藉此滿足互相投射的需求；也可以看出他們在關係中的角色是否平衡。我們可以從七宮宮頭星座與二宮宮頭星座之間的十二分之五相，再加上這兩個星座的主宰行星的位置，看出關係中會出現哪些類型的危機，以及危機的原因。十二分之五相與關係中出現的危機有關，而這往往出現在雙方無法滿足自身或對方需求的時候。

最後一個要討論的是十二宮、雙魚座及海王星的原型，其核心意義就是**超越**。超越什麼？這裡講的是一種不受限於時空的超越。這種原型反映了所有人類的共同慾望，就是尋找生命最終的目的或意義。就生理學的角度來看，慾望或衝動源自於大腦的松腺體。就占星學的角度來看，松腺體與海王星有關。松腺體含有一種名為褪黑激素的荷爾蒙，它掌管了人類的睡眠、夢、想像力、創造力或是興奮及錯亂中的啟示。從演化的觀點來看，褪黑激素與意識的靈性發展有關。就心理學的角度來看，這反映了人類意識天生的目的或動機，就是要尋找生命的高層或終極意義。當人類在經歷災難性演化或業力事件時，這種念頭會更加明顯。

既然十二宮與超越或尋找生命終極意義有關，那麼它與七宮、二宮形成的十二分之五相位，就象徵了人們會將顯意識或無意識的想法投射到關係上面。這種投射形成了我們對於關係的期待，渴望一段「完美」關係的出現。此外，除非關係中的雙方都已經可以落實自己的超越衝動，否則很容易就會讓對方成為自己生命中的神或女神。基本上，他們會把與十二宮、雙魚座或海王星的終極意義投射在伴侶身上。當他們透過七宮（天秤座）的原型來投射這些東西，或是透過七宮（天秤座）的原型來反映金星投射的本質（並非金星內在的本質），某些時候便會出現危機。這裡的危機本質是**幻滅**。他們會發現另一半是不完美的，既不是神也不是女神。他們還會發現另一半無法達成自己投射的理想（不切實際的期望），完全不是自己一開始認為的模樣。

幻滅的危機是必要的，因為唯有如此人們才能重新調整意識的焦點。我們不應該把雙魚座、十二宮或海王星對於追求終極意義或超越的渴望，投射在伴侶身上，而應該把焦點放在自己身上，從內來實現這種慾望或需求。十二宮（雙魚座）與二宮（金牛座）形成六分相，就演化的角度來看，其目的就是靈魂可以透過超越的方式，在內心與萬物的終極本源建立或形成關係。由此可知，自我認定的生命價值會隨著二宮或金牛座的改變而產生變化。這種改變可能是來自於暫時性的需求（為了維繫當下生存的資源），也可能是受到終極或超越的想法影響。當這些改變發生時，不僅會影響我們看待自己的方式，同時也會影響自己與別人的關係。

我們不應該把伴侶塑造成神或女神，而是要知道每個人都具有原始的神性，因為我們都是來自於終極的本源。我們不應該把終極的理想投射在伴侶身上，而是要靠自己實現這些理想。我們不應該在伴侶身上尋找終極的意義，而是要透過靈性的教誨或道路，在自己身上找到這種意義。當幻滅的危機一再出現時，我們必須調整並轉換意識的焦點，而這都會在感情、心理及肉體上帶來共振性的改變。

這個過程是要教導我們，與其把對終極意義的追求及渴望向外投射，不如向內自我探索，追求自給自足。此時金星的內在本質就可以表現高八度（海王星）的能量，在體內產生共振性的改變，讓自己吸引（金星）別人靠近，而這些人都已經歷過這種共振性的改變。這種改變也反映在二宮與十二宮的天生連結上，因為這兩個宮的主宰行星分別是金星及海王星。

我們還必須記住一點：十二宮、雙魚座及海王星，都與關係中心理性的虐待行為有關。再提醒一次，虐待原型或是任何認為男性比女性優越的宗教教義，或是男性受到女性肉體「誘惑」而墮落的說法，都源自於伊甸園神話。

在每個人的本命盤上，落入十二宮宮頭的星座、該星座主宰行星落入的宮位及星座，以及該行星與其他行星形成的相位，都會左右他或她透過七宮投射到別人身上的終極理想。這種投射必須以幻滅收場，才能讓一個人重新調整意識的焦點。雙魚座及其主宰行星海王星會影響其所落入的宮位及星座。在兩人的合盤中，這些符號象徵關係本身的理想、讓關係產生終極意義的要素及方式，以及可能會出現的無意識投射，目的是要讓雙方重新調整關係的焦點。

逆行

行星逆行會加速靈魂演化的腳步，方式就是排斥或抵抗社會共識對於該行星的共識。逆行的行星會覺得與社會主流絕緣，事實上它也真的無法融入。這種絕緣感當然會讓它對主流產生心理性的退縮，覺得被隔離了。比較正面的影響是，該行星可以透過內化，自然地展開**個**

人化過程。本命盤上有行星逆行的人，必須用自己的角度來定義或體驗該行星的原型意義。這種個人化的演化過程當然會促進或加速演化。

每個靈魂都會在某些演化的關鍵時刻出現逆行原型，而且是四種演化狀態都無法避免的，通常得經歷不只一世的時間。靈魂一般都要花上一世以上的時間才能實現逆行行星的本質及目的，賦予它個人化的意義。當靈魂完成了這個任務，這個行星的功能就會變得穩定，而在接下來好幾世就會是順行的狀態。靈魂無論是處於哪個演化階段，在演化過程中所有行星都會來來回回地逆行及順行，直到徹底完成靈性演化階段為止。

就行為的角度來看，逆行的行星會表現出直覺的衝動，想要反抗或擺脫既有的限制，繼續個人化的過程。逆行強調的是個人發展，所以有行星逆行的人，時常會創造沒有必要經歷或未完成的情境。這就是為何有逆行行星的人，會在今生重新體驗或重複過去世的條件，其目的就是要徹底解決或完成相關的驅力或情境；除非目的達成了，否則這些驅力或情境還會重複出現。

劫奪星座

古典或傳統占星學派認為劫奪星座的原型特質，深埋於一個人的無意識中，而且通常都是非常沉潛或無法覺察的。但在人生某些關鍵時刻，無意識原型就會啟動或發展，這通常是發生在推進的行星通過劫奪星座、移位的行星啟動劫奪星座主宰行星的能量、劫奪星座主宰行星的推進、行星通過劫奪星座，或是劫奪星座落入太陽回歸圖中的上升點位置。

不過古典占星學卻沒提到，劫奪星座其實有許多演化目的。就演化的觀點來看，靈魂已在過去世完全發展出劫奪星座的特質或驅力，所以不需要在今世積極培養。靈魂現在應該把焦點放在其他必須發展的特質或驅力上面，讓演化得以繼續。我們可以就風、土、火、水四個元素來分析。舉個例子，如果一個人沒有土元素，古典占星學會認為這種人天性不負責任、不尊重義務、欠缺自決能力，無法接受自己行為應負的責任，但我卻見過許多完全相反的個案。這代表他們打從一出世起，就已經具備這些高度發展的能力。

古典占星學遺漏了一點。只要我們從演化的觀點來看待生命，很快就能發現遺漏了什麼。真正的問題在於：我們要如何從演化的觀點來分辨兩者的不同。從占星學的角度來看，我們如何判斷這個人已經高度發展過劫奪星座（或元素）象徵的原型及驅力，而哪些人則是完全欠缺？這裡的確有個方法。

我們可以從劫奪星座的主宰行星找到答案。這些主宰行星如果形成許多相位，則代表靈魂已經在過去世完全發展過劫奪星座象徵的原型及驅力；這些主宰行星如果沒有形成太多相位，或是沒有形成類似合相的主要相位，代表靈魂在過去世沒有強調發展過這些原型及驅力，必須在今世不同的時間點面對它們。

我們還可以從劫奪星座的原生宮位看出端倪。我們接下來要討論一位女士的個案，這裡先以她為例。這位女士的寶瓶座被劫奪在二宮，獅子座被劫奪在八宮，南交點雙魚座的主宰行星（海王星）落入十一宮，這象徵她在過去世已經強調發展過十一宮或寶瓶座的原型驅力。她八宮劫奪星座獅子座的主宰行星是太陽，與八宮的冥王星形成三分相，與處女座的北交點形成十二分之五相（這也與她的過去有關，因為北交點的主宰行星水星與南交點合相），又與摩羯座的月亮形成四分相，這就代表她已在過去世實現獅子座的原型驅力。

再回到缺乏土元素的例子上，我們只要觀察是否有行星落入與土元素有關的天生宮位（二宮、六宮、十宮），就能找到答案。一個人的本命盤如果沒有土元素，但有一些行星落入土元素的天生宮位，則代表他在過去世或多或少都已經發展過土元素的原型。如果沒有行星落入這些宮位，則可採用傳統占星學的解釋，亦即天生欠缺土元素的原型驅力。

個案討論

我們現在可以討論一些惡名昭彰、極具破壞性的關係類型，示範上述的技巧。舉下面這張本命盤為例（圖4），其特徵如下：

● 二宮宮頭星座是摩羯座，寶瓶座被劫奪在二宮。由於寶瓶座被劫奪在二宮，因此會有**兩種**原型影響二宮的原型表現，同時必須將兩個星座的主宰行星列入考慮：土星（摩羯座）及天王星（寶瓶座）。

● 摩羯座的主宰行星是土星，落入一宮的摩羯座，與同為摩羯座的月亮合相。土星本身的相位如下：與逆行在十一宮天蠍座的海王星形成五分相（七十二度）；與三宮牡羊座的水星形成五分相；與八宮獅子座的天王星形成十二分之五相（一百五十度）；與逆行在八宮處女座的冥王星形成八分之三相（一百三十五度）。

● 寶瓶座的主宰行星是天王星，逆行落入八宮的獅子座。天王星本身的相位如下：與三宮雙魚座的火星形成十二分之五相；與四宮牡羊座的金星形成三分相；與三宮牡羊座的水星形成八分之三相；與一宮摩羯座的木星形成八分之三相；與一宮摩羯座的土星形成十二分之五相；與十一宮天蠍座海王星形成四分相。

● 七宮宮頭星座是雙子座。

● 雙子座的主宰行星水星落入三宮牡羊座。

● 水星本身的相位如下：與四宮牡羊座的金星合相；與一宮摩羯座的木星形成四分相；與逆行在八宮獅子座的天王星形成八分之三相；與逆行在八宮處女座的冥王星形成十二分之五相；與逆行在十一宮天蠍座的海王星形成十二之五相。由此可知，

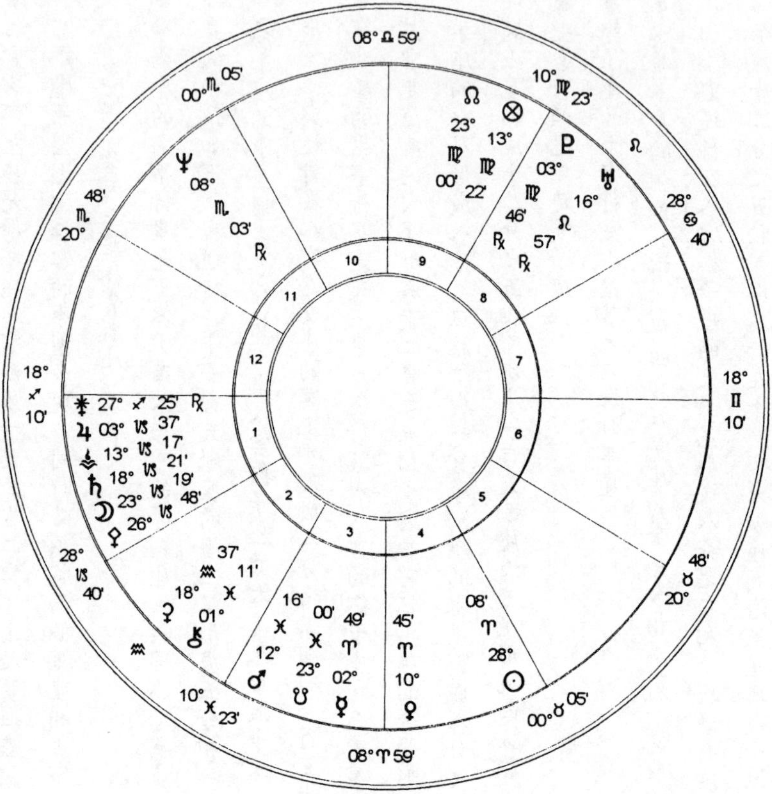
08° ♎ 59'
00° ♏ 05'
10° ♍ 23'
28° ♋ 40'
18° ♊ 10'
20° ♉ 48'
00° ♉ 05'
08° ♈ 59'
10° ♓ 23'
28° ♑ 40'
18° ♐ 10'
20° ♏ 48'
♆ 08° ♏ 03' ℞
☊ 23° ♍ 00'
⊗ 13° ♍ 22'
♇ 03° ♍ 46' ℞
♅ 16° ♌ 57' ℞
27° ♐ 25' ℞
♃ 03° ♑ 37'
13° ♑ 17'
♄ 18° ♑ 21'
☽ 23° ♑ 19'
26° ♑ 48'
18° ♒ 37'
⚷ 01° ♓ 11'
♂ 12° ♓ 16'
☋ 23° ♓ 00'
☿ 02° ♈ 49'
♀ 10° ♈ 45'
☉ 28° ♈ 08'
1
2
3
4
5
6
7
8
9
10
11
12

圖 4

水星與海王星和冥王星形成「上帝的手指」，水星是指尖焦點。

- 十二宮宮頭星座是天蠍座。
- 天蠍座的主宰行星是冥王星，落入八宮的處女座。冥王星本身的相位如下：與一宮摩羯座的木星形成三分相；與三宮雙魚座的火星形成對分相；與二宮雙魚座的凱龍星形成對分相。

我們在開始分析這張本命盤前，必須先有些基本的認識。這位女士出生在美國，父母是海外駐軍，所以在德國成長。她接受羅馬天主教嚴格的宗教教育方式，從小就被送入宗教學校。就演化而言，她正處於個體化演化最後一個次階段（第三個次階段）。就種族分類，她是歐洲白人。再強調一次，當我們在分析任何一張本命盤時，這些資訊都是非常重要的考慮因素。

我們在開始分析一張本命盤時，一定要先掌握導致或「設定」今生的前世驅力。這張本命盤核心的演化／業力首先就是逆行在八宮處女座的冥王星（以及其形成的相位），其次則是落入三宮雙魚座的南交點，以及南交點的主宰行星海王星（逆行在十一宮天蠍座）。海王星與落入三宮雙魚座的火星形成三分相，與落入四宮牡羊座的金星形成十二分之五相，又與落入一宮摩羯座的月亮形成五分相。南交點與牡羊座的水星合相，而這也是「上帝的手指」的指尖方向。既然水星是北交點（落入九宮的處女座）的主宰行星，又與南交點合相，這代表一種特別的業力及演化狀態，她必須在今生重新體驗過去世的狀態、驅力及情境。再加上水星是七宮雙子座的主宰行星，這顯然會涉及她的重要關係，而且對方是與她有前世因緣的人。

這位女士的水星分別與海王星及冥王星形成十二分之五相，而海王星與冥王星都是逆行，這也顯示她會重新體驗過去世的重要關係。就演化的角度來看，行星逆行象徵重複或重新體驗過去世的狀態，以在今生獲得完滿解決。

我們首先分析這位女士過去世的驅力及演化目的。這些是引領她走入今生，同時也是她必須重新體驗過去世情境的原因。她的冥王星逆行在八宮處女座，而她又處於個體化演化的最後階段，這就意味著她過去世非常渴望透過實際經驗，來認識生命的基本真相、法則或理由。為何要生？為何要死？這兩個問題激發她探索各種類型（南交點在三宮）、跨越不同文化（南交點是雙魚座，而海王星又逆行在十一宮的天蠍座）的知識系統，希望藉此找到完整的答案。

冥王星逆行在處女座，這代表她的靈魂建構在自身欠缺的東西上，所以她常會覺得很空虛，想要找東西填補。由於冥王星落入八宮，再加上南交點落入三宮，所以這種欠缺或空虛感與八宮象徵的資訊或知識有關。處女座及三宮代表心智，八宮則與情感或感官有關。由此可知，這位女士會探索各種想法或知識系統，目的就是集中發展情感或感官領域。這可能包括理解別人的一生遭遇、研讀心理學、與別人進行熱烈的討論（對方具備她缺少或渴望的特質）、研究或思考性行為本質或性能量，或是探索各種類型的魔術或祕法等等。

她的南交點是雙魚座，這代表渴望認識或探索自然法則的本質，進而發展靈性。南交點的主宰行星海王星落入十一宮天蠍座，所以她很容易被反社會類型的人吸引，而且外人常會認為這些人無法融入「制度」，而她也是同類。在這種狀態中，雙魚座的南交點會讓她覺得自己被制度迫害。再加上南交點的主宰行星海王星又落入十一宮，這代表她在過去許多世曾經與這些自認為被迫害的人往來，與這些人組成「志趣相投」的團體。這可以讓她覺得有安全感，進而嘗試「另類的」生活方式，探索生命的本質。

這位女士的靈魂是建構在欠缺的東西上，而逆行在八宮處女座的冥王星會為她帶來許多權威人物，這些人象徵她追尋的知識及經驗。但是這個位置的冥王星其實是要她落實自己的權力及知識，從內發掘這些東西。冥王星的其他相位也再度強調這個目的，包括冥王星與一宮摩羯座的木星形成三分相，與三宮牡羊座的水星形成十二分之五相，與三宮雙魚座的火星形成對分相。這些相位會讓靈魂產生矛盾。她的靈魂一方面建構在自我欠缺的東西上，讓她不由自主地與別人建立關係，靠這些人來獲得自認需要的知識、資訊，以及感情／性經驗。但在另一方面，她又會抗拒這種方式，因為她渴望能從內找到力量，實現自我。基於這種矛盾，她在過去許多世曾經為了自己的目的去利用或操縱別人。這種模式的本質也反映在冥王星與三宮雙魚座火星的對分相。她的靈魂其實渴望能自我實現，但基於複雜又矛盾的本質，不免讓內心陷入強烈的衝突。

內心的分裂或衝突是來自於慾望的本質，因為她想完整地體現自己。我們可以從以下相位看出這種傾向：冥王星與太陽三分相、與木星三分相，又與三宮雙魚座的火星形成對分相；南交點落入三宮雙魚座，其主宰行星海王星則落入十一宮天蠍座。太陽代表整體及創造性的自我實現。三宮代表各種生命經驗，以及為了追求多元經驗而帶來的變動。十一宮代表她渴望對抗任何對個人自由的限制。海王星落入十一宮天蠍座則代表渴望透過某種完整的方式，認識或理解生命及自我的奧祕。

我們會根據信仰來詮釋生命。就占星學的角度來看，信仰與木星、射手座及九宮有關。這位女士的木星是摩羯座，與處女座冥王星形成三分相，這代表她的信仰本質會受到教條式、嚴格及負面武斷的宗教影響，讓她的肉體或生理受到控制或壓抑。她如果想擺脫這些信仰，嘗試探索或體驗與這些信仰衝突的慾望，就會出現罪惡感，對自己產生負面評價。

但是她的靈魂非常抗拒被任何人或事物控制。這是因為她南交點的主宰行星落入十一宮，寶瓶座被劫奪在二宮，逆行的天王星落入獅子座，同時與火星、土星及月亮形成十二分之五相，也是「上帝的手指」的指尖方向。此外，金星、水星及太陽都落入牡羊座，而月亮、木星及土星也都在牡羊座的天生宮位（一宮）。這代表她的靈魂渴望失去控制，不受拘束地感受整體的存在，同時願意臣服（火星和南交點是雙魚座，而雙魚座是由海王星主宰）在任何權威之下，然後透過臣服來發掘自己。但這種渴望也讓她害怕自己會失控，害怕被征服，害怕自我會消融化為烏有。還有些相位也突顯了她的恐懼，其中包括冥王星與火星、木星及土星形成對分相，月亮落入牡羊座的天生宮位（一宮），而金星、水星及太陽又都是牡羊座。她在過去許多世都經歷過內在的矛盾與衝突，而這會產生兩種交替出現又無法預測的行為模式，讓她為了自己或別人不斷重複經歷苦難、痛苦及混亂。

由此可知，她的靈魂中存在雙重矛盾。第一種矛盾是她渴望能獨立地掌握自己，但內心深處又不由自主地追求有權勢、控制型的人。第二種矛盾則是她渴望臣服在所有的自我慾望之下，完整地體驗自我，但另一方面又想要控制或壓抑這些慾望，因為她害怕會因此失控。她在其中一種模式或循環中對生命抱持絕對的享樂主義，但在另一種模式或循環中又會極度地禁慾或壓抑生命，因為她想要彌補自己在另一個（享樂）循環中的罪惡感。她對於失控是既渴望又害怕，因此每隔一陣子就會追求有控制傾向的宗教信仰，因為這些宗教可以提供儀式，讓她「淨化」自我，彌補罪惡。

基於這種內心衝突，這位女士在過去許多世都活在極端中。這兩種極端行為模式交替出現，讓她在內心深處對自己非常迷惑，不知道自己到底渴望什麼，到底是什麼驅動著自己及別人？她會週期性地透過外在宗教來控制自己。這些宗教負面地看待生命、肉體、情感及性，導致她內心深處對自己的其他慾望產生負面評價。她試著控制這些慾望（冥王星在處女座，而火星在雙魚座），但當慾望受到壓抑時，便會在潛意識中產生扭曲。這種扭曲有可能表現在她一手創造的現實情境，或是親密關係上面，而對方往往象徵了她所有的慾望。

她會週期性地吸引這種類型的伴侶，並與他們建立關係。她在過去許多世吸引了各種不同類型的人，這些人都象徵她渴望的某些經驗，而她自己卻無法理解或接受自己的渴望。這位女士在諮商過程中常對我說：「這個人勾起我的好奇心（火星落入三宮），我想找出原因。」或是「他講得讓我心醉神迷，我就相信了。」這些話都代表她對於自我慾望的抗拒驅力，這也讓她產生受害者意識，讓她有藉口為了自己的慾望來責怪別人。

基於這種內在衝突，她與別人的關係通常只能維持一段時間，然後就會結束了。光這一世，在她接受我諮商的期間，她就經歷過許多段關係，所有都是她自己畫下句點。她從來沒有被拋棄過。為何她總是先離開對方？什麼樣的業力因果導致這種模式？

第一個問題的答案就是她內心的矛盾。因為她無法有意識地接受自己所有慾望的本質，所以也無法理解現實情境與渴望之間的關聯性。她在過去許多世不停地創造現實情境，吸引許多人進入自己的生命，而這些人都象徵了她無法「擁有」的自我慾望。她可能會在一段時間內受到這些人的吸引，但是當她充滿內疚，意識被反對肉體的宗教掌控時，就會對他們產生抗拒。這種關係終結的模式會週期性出現，她總認為自己是受害者，為了某些慾望及其導致的行為而責怪對方，其實那都是她自己的慾望。她的慾望因為週期性的壓抑而被扭曲，而她吸引來的人只不過反映了自己內心的不誠實、心理／行為的極端，以及因為壓抑而扭曲的慾望本質。

這種模式或驅力已經在許多世出現，因為冥王星是處女座，與雙魚座的火星形成對分相，再加上木星、土星及月亮都在摩羯座，這在在顯示了她累積了巨大的罪惡感及憤怒。她會因為自己整體慾望的本質，以及其所產生的生命經驗而感到罪惡，她也會因為自己用離開的方式來傷害或懲罰別人而感到罪惡。這種罪惡感會讓她產生彌補心態。她還有許多沒有解決的憤怒及怨恨，因為她任由別人帶領「體驗」，然後她又會想要抗拒和放棄。綜合這所有因素，就產生心理學上的被動／侵略性類型，或是更精準地說就是虐待型性格，她會週期性地出現虐待或受虐的病態行為，這要看她心中出現的是哪一種極端的行為驅力。

這位女士通常會因為三個原因離開對方。首先就是因為她週期性壓抑了自己整體的慾望本質。當她處於罪惡感／彌補週期時，她會為了否認自己對於肉體的慾望而離開對方。第二個則是因為被對方引導「體驗」而產生的憤怒及怨恨。她會出現受害者的意識，否認自己的慾望，然後就先出現傷害對方、先讓對方變成受害者的渴望。這是一種源自於受虐的虐待變態行為。

第三個原因是最複雜的，因為她的情感矛盾與關係有關。她一方面想要擁有絕對的自由來實現自我，不被任何自認為是關係限制的因素束縛。我們可以在她的本命盤中看到，落入牡羊座的金星和水星，與落入八宮處女座的冥王星形成十二分之五相，又與落入一宮摩羯座的木星形成四分相。冥王星又與三宮雙魚座的火星形成對分相。

另一方面，她又渴望能與象徵自己欠缺特質的人建立關係。再提醒一次，冥王星在八宮處女座代表靈魂建構在自己欠缺的事物之上。由於冥王星落入八宮，她會利用性本能來誘惑或吸引別人，因為她想要或渴望從對方身上獲得自己欠缺的東西。一旦她的慾望獲得滿足了，就會離開對方。

處女座還有另一種原型意義就是否認正在發生的事情，因此她會否認自己所有的慾望本質，然後又會被擁有這些本質的人吸引，因為她會覺得這正是自己欠缺又想實現的東西。到了最後，無論她自己是否願意承認，這些慾望終究是源自於她自己。但是一旦否認的循環出現了，她就會開始抗拒對方及關係中出現的驅力。這是一種內在的抗拒，始因都是她週期性地否認自己的慾望。

就業力而言，這些驅力會導致非常困難的狀態。她除了必須與在過去世就有牽連的人，重複或再次體驗生命的情境及驅力，因為彼此之間存有未解決的功課；而且這些影響關係的驅力還會為她自己或別人帶來非常困難的業力及演化狀態。可能出現的業力狀態包括：

● 利用或操縱別人的業力狀態。這與不誠實有關，因為她否認自己的慾望本質，也無法為自己的行為負責。

● 被別人利用或操縱的業力狀態。對方只是反映了她自己的不誠實。換言之，對方可能也處在否認自己慾望的狀態中，也無法誠實面對自己的動機及目的。

● 推卸責任的業力狀態。這些行為只是反映了她內心否認的慾望，所以她會吸引來一些人，把這些慾望投射在她身上，或是來責備她，因為這也反映出他們內心的自我否認。

● 背叛或拋棄依賴自己的人的業力狀態。這會讓她吸引一些自己曾經背叛或拋棄的人，而這些人在內心深處很渴望報復她。這種業力導致非常複雜的情境，我們稍後會深入討論。

● 性的業力狀態。這都是建立在基本情感、靈性及性的不忠之上。這又是更複雜的狀態了，因為她在過去許多世都想在性上面掌控別人或被人掌控。掌控和被掌控這兩種慾望，在本質上並沒有業力關係。這裡的業力是來自於她靈魂核心的不誠實，正因她無法接受自己慾望的本質，所以也無法誠實地向別人表達自己的目的或動機。此外，她經常利用性魅力來吸引別人，藉此滿足自己想要在他們身上落實的慾望，一旦這些慾望獲得滿足了，她就會離開或拋棄對方。在這種業力狀態中，她也渴望探索性的議題，尤其長久以來被各種文化及宗教視為「禁忌」的性。再強調一次，這裡的業力是因為她靈魂核心的不誠實，因為她無法接受自己動機、目的及慾望的本質。

北交點是處女座落入九宮，這個位置代表她在今生最重沉的業力功課，就是必須在所有層面都保持絕對的誠實，其中包括精神、情感、心智、體能及性層面。她會透過一次又一次的危機學到這門功課，而這些危機都會影響她的本質。她的本命盤中到處可見危機的主題，其中包括冥王星、海王星和水星（與金星合相）形成的「上帝的手指」；土星（與月亮合相）、火星及天王星形成的「上帝的手指」；冥王星與火星形成對分相；雙魚座的凱龍與處女座的冥王星形成對分相。危機的本質會帶來分析，而與危機有關的分析，則可以在某些時刻產生自知之明。她靈魂的目的是要消除否認自我慾望的心理驅力，學習把矛頭指向自己而非別人，學習接受建立在自然法則（九宮），而非人為法律或教條之上的哲學或信仰系統。這可以幫助她由內整合肉體與靈性的世界，而非認定這兩者的本質是對立的；也可以幫助她學習為自己的行為負責（月亮、土星及木星落入摩羯座）；同時學習最基本的自給自足、自我掌握及自我確認（冥王星的對應點在二宮）。此外，她的靈魂也渴望能整合情感上的矛盾，這會導致她出現週期性的矛盾行為。她必須學習消除長久累積的憤怒及怨恨，因為她在許多世中都自認為是受害者。當她學會上述功課時，才能有意識地對自己的一切心懷慈悲。最後她不只能對自己仁慈，還能把這份慈悲心延展到其他所有人身上。

我們現在已經知道有哪些過去世的驅力造成她今生的際遇，接下來就可以把焦點放在占星的原則及方法上面。這些原則和方法可以讓我們知道每個人如何被自己所吸引，同時渴望在關係中獲得自我滿足，很多時候我們甚至不知道自己需要或渴望這些東西！我們現在可以循序漸進地應用這些占星技巧，透過圖4的本命盤來示範。

首先，我們要分析以下相位的意義：摩羯座落入二宮宮頭；摩羯座主宰行星土星落入一宮與月亮合相、與四宮牡羊座的太陽形成四分相、與逆行在八宮獅子座的天王星形成十二分之五相、與八宮冥王星形成八分之三相、與逆行在十一宮天蠍座的海王星形成五分相、與三宮牡羊座水星形成五分相、又與九宮處女座的北交點形成三分相。

既然寶瓶座被劫奪在二宮，我們就先來分析它的原型意義及表現方式。寶瓶座的主宰行星天王星是「上帝的手指」的焦點，與三宮雙魚座的火星形成十二分之五相，與一宮摩羯座的木星形成八分之三相，與四宮牡羊座的金星形成三分相。這代表我們在分析二宮時，必須考慮許多原型驅力。我們再強調一次二宮的基本原則，其中包括：

● 各種生存本能，其中包括繁殖的本能，讓物種得以延續。

- 維繫生存的資源。
- 意識到自己沒有的資源，必須從別人身上獲得來維繫生存。
- 自己生存所需的資源，衍生出賦予自我的評價及意義。
- 自給自足的原型；與自己建立的內在關係；金星的內在面。

就心理學的角度來看，這位女士最深層的生存本能與二宮宮頭星座摩羯座有關，也就是自決的能力（摩羯座）。由於她處於個體化演化的最後一個階段，這代表她是一個深度內省的人，對原生社會、父母，甚至全球局勢的結構具備天生的理解能力。基於這份理解，她可以了解「制度」運作的方式，同時明白自己無法融入（寶瓶座被劫奪在二宮，再加上她的演化狀態）的原因，而她表現生存本能的方法就是拒絕融入社會。換言之，對她而言生存就是當個局外人，脫離現實主流。

寶瓶座被劫奪代表她會對父母及社會產生核心的疏離。她已經學會或正在學習讓自己與現實分離，而現實是社會大眾的生活及理解方式。此外，她在心中會覺得自己非常地與眾不同。

摩羯座的主宰行星土星落入一宮，與摩羯座的月亮合相，這代表她在人生早期就會有這些認知及理解。她的父親是軍人，代表非常嚴格的生命態度，生活必須依循權威的規範、習俗、法律及程序。當她還是個孩子時，父親常常不在身旁，在情感上也很疏離。這種狀態迫使她把情感壓抑在內心深處，進而產生疏離的認知及理解。她的母親讓這種情形更加嚴重，因為母親本身也被父親排拒在外。母親因此深感挫折，漸漸不與自己的孩子在情感上互動。母親也選擇從軍，白天就像丈夫一樣不在家裡。她的母親對宗教非常虔誠（月亮與土星合相，又與九宮處女座的北交點形成三分相），還把她送進天主教學校。她在學校中必須遵守嚴格、教條式又正直的教義，完全缺乏內在的滋養。

事實上在求學經驗中，特別有一位老師（修女）讓她喚起對於各種懲罰的記憶，其中包括在她內急時不准她上廁所。老師會告訴她要「忍耐並控制」內急，直到她被「允許」執行本能。這種行為只是更加挑起她對「制度」的核心疏離感（寶瓶座被劫奪在二宮），同時也讓她對自己的身體保持距離（冥王星與一宮的土星形成八分之三相，天王星與土星形成十二分之五相）。基於過去世的驅力，她會週期性地體驗各種帶有禁忌色彩的性慾望，而且會利用自己的性魅力來誘惑別人，藉此從對方身上「獲得」自己需要的東西；但是這些經驗都會讓她累積罪惡感，出現彌補的慾望，最後就會導致一些像是被修女／老師「處罰」的情境。就原型意義而言，這種處罰在本質上都是某種形式的「羞辱」。因此她在內心深處會認為自己不是好人，但是當她還是小孩或少女時，並不了解原因所在。

這種核心的疏離激發了她自立自強的求生本能。她從小就學會堅定自己的立場（月亮與土星合相落入一宮摩羯座)。她學會在各種情境下求生存,而且自知一定得這麼做。她從小就知道必須靠自己,因為她與周遭沒有任何有意義的互動。

她無法融入「制度」,也不想遵守教條,卻因此產生罪惡感。土星與月亮合相落入一宮(牡羊座的天生宮位),這代表她渴望絕對的自由或獨立,可以隨心所欲做自己想做的事情。但是根據我們之前討論過的前世驅力,她會週期性地控制或批評自己,壓抑自己整體的慾望本質。這種延續多世的模式已經在她的靈魂埋下種子,讓她在人生早期發展出情感剝奪、心理束縛及懲罰的生命情境。

她小時候當然無法意識到過去世的條件。她只知道自己不容於父母的現實生活,無法融入宗教學校。她在美國出生,但從小就被帶到德國,她甚至無法在原生國家中成長。換言之,她根本就被放錯地方,被疏離了。德國社會的本質與美國社會截然不同。德國是高度結構化的社會,其基礎是建立在感情控制上面,至少在內心必須做到這點。事實上,德語中甚至沒有一個代表感情的單字。這些背景是非常重要的線索,因為這位女士的本質是情感性的(南交點是雙魚座,由海王星主宰;火星是雙魚座;金星、水星及太陽是牡羊座;金星與太陽落入巨蟹座的天生宮位;冥王星落入天蠍座的天生宮位)。基於她的冥王星(靈魂結構)落入處女座,她在小時候就會視情況而定,意識到周遭環境缺了什麼。

這位女士從小就意識到自己欠缺了什麼,再加上感情是她的靈魂本質,這讓她學會透過兩種特別的活動來支撐自己活下去：其中之一是大量閱讀科幻小說，另外就是在大自然中獨處奔跑。這些事情可以激發她靈魂的渴望，讓她去探索自己及生命的奧祕，去理解更高層次的人生目的，同時與主流社會保持疏離，繼續個體化的演化進程。這些事情也成為她成年後的價值基礎，影響她對自己及別人的看法，以及她與自己和別人的相處方式。這兩種生存的手段可以從下列的相位看出端倪：月亮與土星合相，與三宮雙魚座的南交點形成六分相，與九宮處女座北交點形成三分相，與十一宮天蠍座的海王星、三宮牡羊座的水星形成五分相，同時與逆行在八宮獅子座的冥王星形成十二分之五相。

她小時候大量閱讀科幻小說時，可以透過書中人物的特質或人格，創造深刻又栩栩如生的想像世界，讓她可以暫時脫離現實生活。她學會假裝活在自己創造的想像中，而這就是她活下去的方法。事實上她脫離了環境，也冷落了自己內心的現實，反而想像或假裝自己是書中人物。天王星逆行在八宮獅子座，同時又是「上帝的手指」的交點（天王星與月亮／土星合相、雙魚座的火星形成「上帝的手指」），這就可以看出她會用這種方式「實現」自我（獅子座是自我實現的原型）。再強調一次，我們可以從這個相位發現她從過去世帶來的不誠實，也可以看出她無法面對或接受自己的現實，無論是自己慾望的本質、動機或目的。當她沉浸在大自然（跳脫原生家庭的結構，遠離宗教學校）時，其實是無意識地彌補周遭環境的嚴苛。此外，她從小就對這些結構具有敏銳的認知。她只能用自己孩子氣的方式，也就是在戶外與大自然結合，來理解生命的高層意義。她有時會在大自然中靜坐很久，讓大自然賦予自己生命的力量。

在她十二歲時父母打算離婚，這讓她情感受挫（月亮與土星合相，又與天王星形成十二分之五相）。外在的家庭分裂更加劇了她內在的崩解，讓她與自己的情感及肉體現實更加疏離。她的母親愛上了一位同樣駐守在德國的美籍同袍。她母親的心理驅力其實與她並無不同。她的母親因為與丈夫之間缺乏感情和性的滋養，所以結束了婚姻，愛上了一位無論在心理、情感及性方面都非常強烈的男士。這位男士有虐待性格，凌虐家中的每一個人。當她進入青春期時，親眼目睹他性虐待自己的母親，他把她綁起來，塞住她的嘴，粗魯地強姦她。當他發現她目睹一切時，變得十分憤怒，並在接下來幾個月「盯上」她。她當然因此心靈受創，對生活充滿焦慮。但是矛盾的是，她又被他的權力及性誘惑吸引。這激發了她的生存本能，她決定最好的生存方式就是滿足他的需求。

她被這位男士的激烈性格、力量及性能量吸引，其實是無意識地彌補了自己被剝奪的感情，以及內心深處的空虛感。她無意識地渴望能與別人產生連結，藉此彌補內心的分裂及自我疏離。她也不自覺地受到「性禁忌」的吸引，這反映出她渴望被性虐待，因為她累積了許多世的罪惡感，又想要有所彌補。我們前面提過，她對男人累積了許多世的憤怒及怨恨，因為她自認為是受害者，但其實是因為她否認了自己的慾望本質。因此就心理上而言，她想要

「報復」男人或與男人平手，所以她會渴望主宰、控制、羞辱、傷害且拋棄他們。綜合這所有驅力，她開始給母親的情人「雙面訊息」。值得一提的是，這位男士在軍中的工作就是審問可疑的間諜，找出真相。這位女士剛好處於自我否定的狀態，完全否認自己的慾望、動機、目的及安排，因此在本質上是很不誠實的人。她會被母親的情人吸引，無疑反映出她最核心的生命功課：學會對自己完全誠實。

她一方面像玩捉迷藏一樣躲著他，避開他，詛咒並奚落他；但另一方面又會惹他生氣來「誘惑」他，讓他不停追著她。她的嘲笑辱罵更激發了他的性慾。這種互動的能量終於在某個晚上爆發，他進入她的房間逼她肛交，最後也得逞了。肛門和肛交與土星、摩羯座、冥王星及天蠍座有關。摩羯座落入她二宮的宮頭，而摩羯座的主宰行星土星也是摩羯座，落入牡羊座的天生宮位（火星和牡羊座都與一個人的性本能有關）。土星與八宮的冥王星形成八分之三相，又與八宮的天王星形成十二分之五相，這代表她會對肛門產生無意識（在兒童及少女階段）的傾向、好奇及吸引，而這也是她情感／性本質的一部分。此外，她的寶瓶座被劫奪在二宮，代表她會反抗主流社會（摩羯座）認定的社會／性標準或習俗，讓她天生就會對各種不同形式的性經驗產生興趣。寶瓶座的主宰行星天王星逆行在八宮獅子座，會更加重了她對性的叛逆，而且也會與她的自我實現或發掘（獅子座）有關。換言之，對她而言，這種以性為基礎的生命原型十分重要，她可以透過它來發現自己感情驅力、心理驅力、目的及動機的本質。這就像一種交通工具一樣，她會利用它去靠近親密伴侶，表現受虐／虐待的慾望。

處女座冥王星代表她的靈魂是建立在欠缺的事物之上，而這就表現在她早期情感被剝奪，缺乏滋養。她的彌補方式就是會受到象徵強烈感情、心理及性能力的人吸引，透過對方來喚醒或刺激自己的靈魂。關於這點，我們可以從下列相位看出端倪：天王星落入八宮，與火星、月亮、土星和金星形成各種不同的相位；冥王星與木星、土星、凱龍、火星、太陽、金星和水星形成相位。

除此之外，她的天蠍座落入十二宮的宮頭。天蠍座的主宰行星是冥王星落入八宮。由此可知，她的十二宮和八宮的原型驅力會相互影響。十二宮原型象徵靈魂對於超驗或終極現實的需求及渴望，也就是消融主觀的自我（自認為是脫離萬物的獨立個體），讓自我／靈魂的身分認知重新與造物主產生融合。因此，十二宮也與我們終極的理想有關，象徵我們賦予生命的終極意義。十二宮的運作模式是臣服於最高的力量或上帝的意志之下。因此當十二宮的主宰行星落入八宮時，這位女士一定會渴望透過各種強烈的心理及性經驗，探索上帝、自我、別人及生命整體的奧祕。

這位女士處於個體化的演化狀態，代表她會渴望探索經驗性的神祕及靈性法則或系統。冥王星在八宮，而天蠍座落入十二宮宮頭，這意味著她需要證據來印證信仰。冥王星落入處女座，這象徵她會受到各種不同的方法或技巧吸引，藉此來獲得實際經驗作為證據。當年紀漸長後，她開始對各種瑜伽及冥想產生興趣，每隔一陣子就會想要彌補並淨化自己累積的憤怒及需求（她為了服從羅馬天主教，必須壓抑自己的慾望本質）。

因此即使她很害怕被母親的情人傷害，但又被他象徵的情感及性的力量吸引。她在無意識中渴望能臣服在這種力量之下，讓自己的情感、心理及性充滿活力，同時體驗內心深處的自我。性的力量及強度可以轉化她既有及持續的現實狀態。累積的憤怒及贖罪的念頭，也讓她不自覺地被他吸引，因為他象徵了某種形式的個人懲罰及羞辱。她也會因為這種驅力是「禁忌」，無意識地想要接近他；不自覺地想要用些羞辱性的字眼，在事情發生之前或之後來羞辱他（冥王星與落入三宮雙魚座的火星形成對分相；冥王星與三宮牡羊座的金星形成十二分之五相）；因為缺乏與親生父親的感情互動（摩羯座落入二宮宮頭，土星落入摩羯座與月亮合相，又與四宮的太陽形成四分相），所以她會無意識地被他吸引。她把童年時期欠缺所導致的錯置情感，投射在與母親情人之間強烈的情感、心理及性交流上，因為對方在她身上投注了大量的精力及注意力。到了最後，這位女士非常怨恨自己的母親，因為母親不但與自己深愛的父親離婚了，還把自己情人帶入她的生命，讓她愛上他。她的月亮與土星合相落入一宮摩羯座（火象宮位），這個合相又與四宮牡羊座（火星主宰）太陽形成四方相，而火星本身也是四宮的主宰行星，並與冥王星形成對分相。因此她會用報復的方式來怪罪母親，與母親的情人發生性關係就是手段之一。

我們一開始就提過，二宮與十二宮都可以透過七宮投射，因為二宮與十二宮都與七宮形成十二分之五相位。這位女士七宮宮頭星座是雙子座，而雙子座的主宰行星水星落入三宮的牡羊座。水星與四宮牡羊座的金星形成合相，與八宮處女座的冥王星形成十二分之五相，又與十一宮天蠍座的海王星形成十二分之五相（海王星與冥王星形成六分相）。由此可知，這是指向水星的「上帝的手指」。此外，水星與一宮摩羯座的木星形成四分相，與一宮摩羯座的土星形成五分相。水星是北交點的主宰行星，卻與南交點合相。這種組合會產生一種業力及演化狀態，讓她必須在今生重新體驗過去的生命條件，與過去世已經認識的人再建立新的或重複的關係。

我們已經提過她早期因為父母及宗教學校，不斷感受到感情的剝奪。她彌補的方法就是閱讀科幻小說，透過幻想及想像來逃避現實。這種模式即使到了成年仍繼續維持，只是改由透過七宮的原型展現出來，因此她很容易被代表或象徵知識、想法或資訊的人吸引。再加上她的水星有許多相位，這種驅力會變得格外強烈又明顯。她會因為與父母有關的錯置情感，把二宮與十二宮的原型投射在七宮上面，所以她總會被較為年長（二宮宮頭星座是摩羯座）的女性及男性吸引，因為這些人象徵了她所渴望的強烈情感、心理、精神及性經驗，而這種渴望是來自於她內心的空虛。

基於這種投射，她會被一個人的想法、知識、資訊，或是不同於文化規範的另類生活方式吸引。這些人會勾起她心智上的好奇心，很想知道別人為什麼會變成這個模樣。這種驅力就像延伸了她童年時期閱讀科幻小說的模式，對書中的人物充滿好奇。

她把自己的雙重性格（雙子座落入七宮宮頭）投射到別人身上。她一方面會把自己表現得像個命運的受害者。在這種投射中，她會非常甜美、天真、無知、誠懇又誠實，讓別人忍不住想要幫忙她，信任她。他們可能渾然不知那只是她的面具，目的是要從他們身上得到自己想要的東西。這種人格面具可以從下列相位看出端倪：火星落入雙魚座；凱龍落入雙魚座；北交點落入九宮處女座（由水星主宰，而水星與南交點合相）；上升點是射手座，與七宮宮頭的雙子座形成對分相；南交點落入雙魚座，而南交點的主宰行星海王星落入天蠍座。當她發現自己陷入深沉危機或情感絕望時，渴望產生改變或獲得解脫時，便會出現這種投射。她會用這種方式讓別人「上鉤」。

另一種的投射則是，她會表現得難以接近，完全與人隔絕，脫離現實生活，對人生充滿憤怒。她會打造有如防彈衣的感情面具（水星與冥王星形成十二分之五相；水星又與土星形成五分相）。她會週期地戴上這副面具，因為她每隔一陣子就會壓抑並否定自己的慾望本質。這種表現為她贏得「冰山美人」的綽號。

當她與母親的情人發生性關係後，她深感受傷。這顯然是因為她當時還太年輕，無法真正地看清自己。她不能跟母親或任何人談到這件事情，所以她離家出走，試圖去加州找父親。她的確找到他了，還跟他在加州共住了一年。之後她又回到德國，與一名女性友人及她的父母住在一起，她此時戴上了受害者的人格面具，引誘他們不由自主地想幫助她。不過他們最後還是要求她離開，因為她無法達到他們的期望。她發現自己無家可歸，也沒有地方住。當時的她甚至未滿十六歲。

當她住在朋友家時，曾經上過網球課，她的老師是一位三十歲的男士。當她被踢出朋友家時，當然非常絕望又需要幫助。所以她又在這位男士面前戴上受害者面具，用性來勾引他，和他調情，藉此獲得自己需要的東西。他答應讓她住在他的公寓裡，直到她能把問題解決，所以她就帶著家當搬去跟他同居。他們在一起住沒幾天，他就表現出對她的性慾望，而這都是因為她不停對他調情。某個晚上，他把她灌醉，誘惑她與自己上床（她的說法又是「他講得讓我心醉神迷」）。當她隔天清醒時，當然又覺得自己被欺負了，氣得不願意和他說話。此時她又變得難以親近。這讓他非常惱怒，終於有一天把她強拉到房間內強暴她，之後他把她的東西包起來，扔到窗外去，叫她滾蛋。

這件事還是源自於她的核心驅力：操縱別人以獲得自己需要或渴望的東西。她也容許自己被別人「操弄」，讓對方得到自己想要及渴望的東西。她這種情感上、心理上及性上面的不誠實，會讓自己吸引同類的人靠近，同時形成一種原型模式：「獵人」會盯上並追蹤自己尋找的「獵物」。她既是獵人也是獵物，這要視她當時處於哪種感情／心理的循環狀態中。我們可以從冥王星落入八宮看出她的「獵人」本性，也可以從冥王星落入處女座看出她的「獵物」原型。她的這種雙重傾向，會比一般冥王星落入八宮處女座的人更加嚴重，因為她的冥王星與雙魚座的火星形成對分相。因此她在這件事的初期扮演獵人的角色，捕到這位男士來滿足自己，後來因為他自己的情感／性驅力，她反而變成了他的獵物，而整個局勢的轉變就出現在他允許她來同住。這件事情也顯示了她的靈魂渴望學會對自己誠實，但她在內心卻總是否認，責怪別人讓自己起心動念，最後就讓危機來逼她學會這門功課。

這位女士的冥王星落入八宮處女座；再加上以天王星為焦點的「上帝的手指」；還有以水星為焦點的「上帝的手指」（七宮的主宰行星與八宮的冥王星、天蠍座的海王星有關），這在在顯示她的危機在本質上都帶有性及情感的色彩，而且會表現在與別人的關係上。再提醒一次，這些人都是她在過去世已經遇過的人，因為業力注定在今生再度相遇。

她為了彌補心中的傷痛，又逃走了。就某種意義來看，逃走不過是另一種對於個人現實的否定及逃避，象徵著她不想為自己的所作所為負責，這都表現在她月亮與土星合相落入摩羯座，再加上月亮／土星合相與雙魚座南交點形成六分相，與處女座北交點形成三分相，又與海王星形成五分相。她這一次逃到德國一家東方靈修中心。她的靈魂當然渴望靈性的成長，但是這種渴望卻源自於罪惡和贖罪。她因為過去的種種，渴望能與身體脫離關係。她的南交點是雙魚座，主宰行星海王星落入十二宮的天蠍座，所以很自然就會產生這些念頭。她在靈修中心受到辱罵，被教導要服從其他同住男性的性諷刺，這就是一種業力的報應，因為她也曾用性誘惑來讓別人屈服或被責罵。

她還告訴我另一件更發人深省的事，這與她天蠍座落入十二宮宮頭、天蠍座主宰行星冥王星又在八宮有直接關聯。她告訴我她某一天在做深沉冥想（天蠍座落入十二宮宮頭）時，經歷了性高潮（十二宮主宰行星落入八宮）。由於她的摩羯座落入二宮宮頭，這件事讓她感到非常罪惡，因為她相信肉體與精神不可能同時存在，兩者在本質上是相互牴觸的。就演化的角度來看，她的靈魂渴望能消除既有的信仰系統，意圖透過這種經歷來改變信仰結構，允許精神與肉體相互輝映。所以她會在對上帝進行深沉冥想時，達到性高潮。她的冥王星與三宮雙魚座形成對分相，象徵了這件事的演化目的就是要轉變既有的想法或信仰。

值得一提的是，基於以上提到的相位，即使當她住在靈修中心時，她仍想要「報復」一位對她性譏諷的男人。她某天晚上脫掉所有衣服，溜進他的房間，爬上他的床，她「挑戰」他跟自己做愛。他嚇壞了，無法勃起性交。她嘲諷他，盡其可能地羞辱他，隔天還把這件事告訴別人。

一年之後她離開那家靈修中心，決定搬回美國，搬到父親家附近住。但是她實際上不是為了父親，而是為了兒時的玩伴。這個男人是她們家的好朋友，比她年長許多，她小時候非常迷戀他，常想像跟他在一起的情景。他現在住在美國，與父親家距離不遠。她最後真的擄獲了這個男人的心，還讓他娶她為妻，再次表現了她的獵人／獵物原型模式。

當他發現自己變成她的獵物之後，越來越不常回家。當他回到家時，總是非常沮喪或封閉自我，要不就是用言語羞辱她。她後來懷孕了，但是那未曾出世的小孩就象徵著他不願意付出的承諾，他要求她去墮胎。事實上，他只是「演出」她自己對於被困住的恐懼，害怕對關係許下承諾（冥王星八宮與火星對分相；牡羊座金星與一宮摩羯座的木星形成四分相；七宮的主宰行星落入牡羊座，分別與八宮的冥王星、十一宮的海王星形成十二分之五相），而且每隔一陣子就需要絕對的自由。她即使非常生氣，但最後還是去墮胎了。有趣的是，她的業力及演化條件之一，就是重新體驗或重複在過去世與孩子的關係。她在過去世曾經拋棄、虐待或背叛自己的孩子（五宮的主宰行星金星是「上帝的手指」的交點，另外兩個行星是逆行在十一宮天蠍座的海王星、逆行在八宮處女座的冥王星）。她的靈魂彷彿知道自己又透過墮胎，遺棄了自己的孩子。

墮胎導致的憤怒讓她慢慢疏離丈夫。她把這視為對他的懲罰，最後就與他離婚了。不出所料，她單身沒多久，幾乎只有三到四個禮拜，就遇到了另一位年紀更大的男士。她當時只有十九歲，而那位男士年近四十歲。這段關係在很多方面成為她畢生最痛苦、最受創的生命經驗。接下來的圖5是兩個人的星盤比對，她在外圈；圖6是兩個人的星盤比對，他在外圈；

圖7則是兩個人的合盤。

她是在工作時認識了他。她當時在一家另類的生機飲食餐廳當女侍，她非常喜歡這份工作，因為她很著迷於「淨化」的飲食方式。他當時常來用餐，兩人變成朋友。她的月亮／土星合相，剛好與他落入十一宮摩羯座的南交點合相，這代表從過去的驅力或主題來看，他們一開始會從朋友開始，我們也可以從此看出他們會在另類的餐廳相遇。她會被他吸引的原因是「他看起來很不同」（十一宮）。基於她童年時期因父親產生的錯置情感，她無意識中把這個老男人當成工具，試圖找到替代父親的人物。他的南交點與她的月亮及土星合相，落入她的第一宮（她錯置情感的起源宮位），這也代表他很擅於扮演這個角色，因為他可以給予她無比的能量及注意。

我們可以透過星盤比對發現，她的南交點落入他的十二宮，而南交點的主宰行星海王星則落入他的七宮。他的南交點落入她的一宮，而南交點的主宰行星土星則落入她的七宮。很顯然地，這代表他們兩人在過去世就曾經發展出親密關係。他們之間的友誼及親密主題是源自於過去世的家庭驅力，換言之，他們在過去世曾經是一家人（她的月亮／土星合相，與他的南交點合相）。此外，他們的月亮也形成六分相。她的金星落入四宮的牡羊座，與他摩羯座／巨蟹座的月亮交點軸形成四分相，而他的南北交點分別落在她的一宮及七宮。她的金星也與他巨蟹座的土星形成四分相，而他們的土星還形成對分相（她的在摩羯座，他的在巨蟹

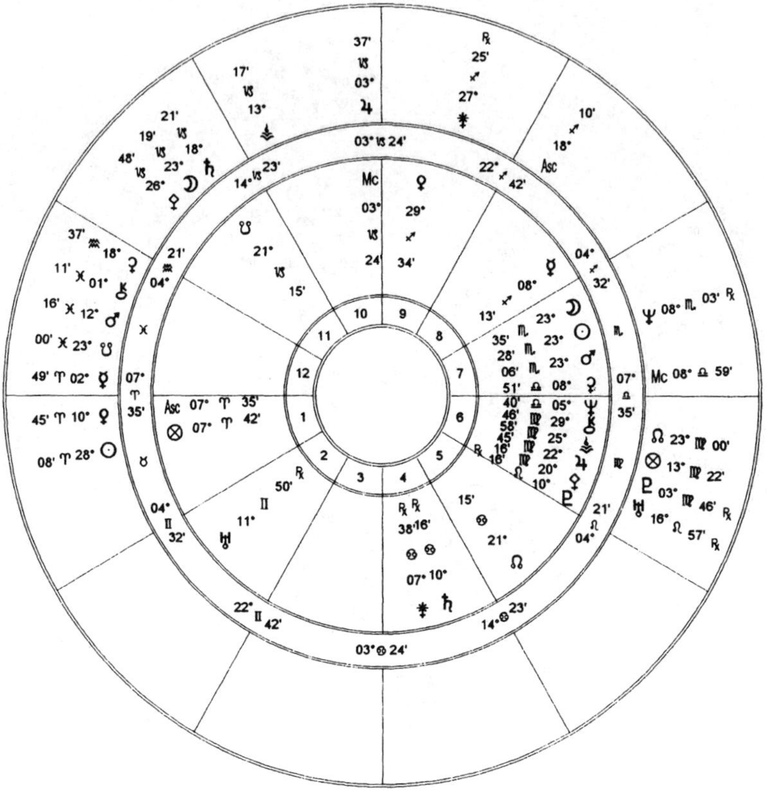

圖 5

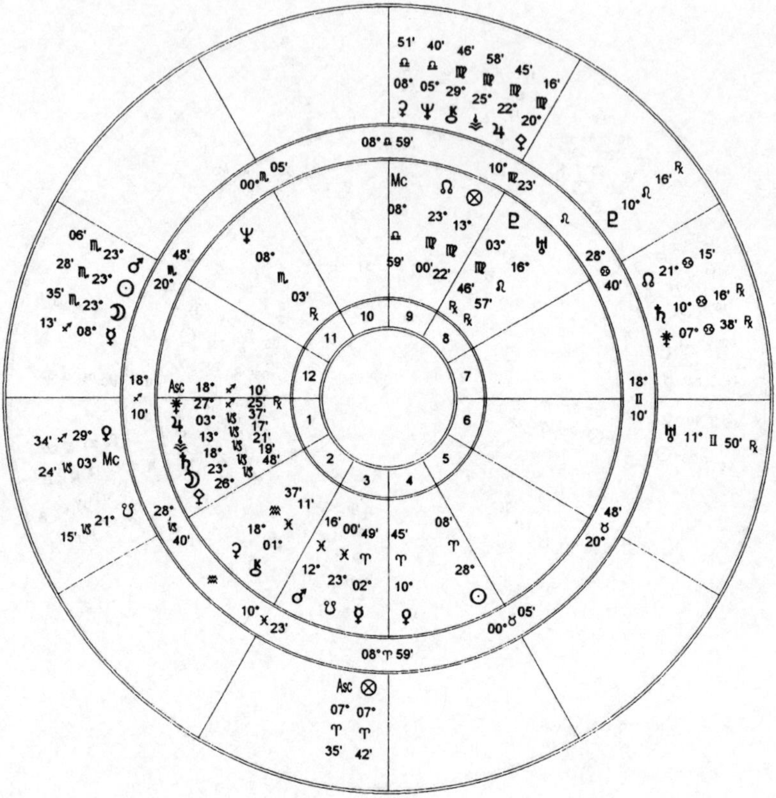

圖 6

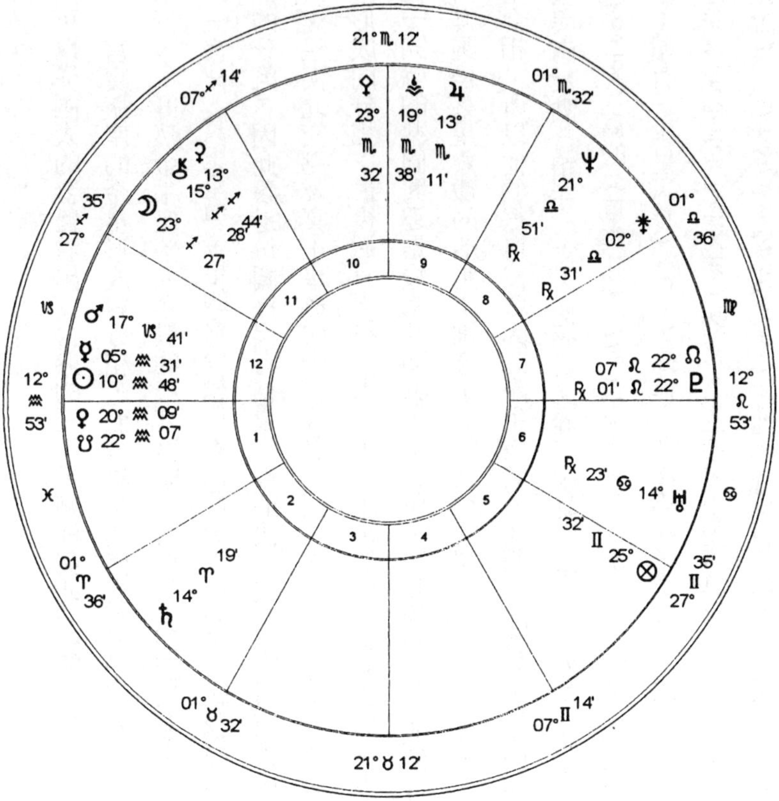
21° ♏ 12'
01° ♏ 32'
01° ♎ 36'
♍
12° ♌ 53'
♋
35' ♊ 27°
07° ♊ 14'
21° ♉ 12'
01° ♉ 32'
01° ♈ 36'
♓
12° ♒ 53'
♑
35' ♐ 27°
07° ♐ 14'
1
2
3
4
5
6
7
8
9
10
11
12
23° ♏ 32'
19° ♏ 38'
♃ 13° ♏ 11'
♆ 21° ♎ 51' ℞
02° ♎ 31' ℞
07' ♌ 22° ☊
℞ 01' ♌ 22° ♇
℞ 23' ♋ 14° ♅
32' ♊ 25° ⊗
♄ 14° ♈ 19'
☋ 22° ♒ 07'
♀ 20° ♒ 09'
☉ 10° ♒ 48'
☿ 05° ♒ 31'
♂ 17° ♑ 41'
☽ 23° ♐ 27'
15° ♐ 28'
13° ♐ 44'

圖 7

座）。

我們可以從兩人的合盤看出，合盤的冥王星剛好與北交點合相（差不到一分鐘）在七宮，與落入一宮寶瓶座的金星形成對分相，而金星又與南交點合相。金星是他們兩人合盤中四宮的主宰行星。既然金牛座落入合盤的三宮宮頭，所以代表他們在家庭中的關係可能是兄妹或姊弟（三宮）。冥王星與金星的對分相代表他們過去世的手足關係曾經出現極大的變動，導致突然的分離，因此讓這份關係沒有結束或被解決。我們還可以從合盤的其他相位看到這個主題：火星與北交點及冥王星形成十二分之五相，木星落入射手座，與月亮交點軸、冥王星及金星形成四分相；最後還有火星、天王星、土星及海王星形成的基本宮位大十字。

他們一開始的共同興趣是慢跑及閱讀，這加深了彼此的關係。他們特別喜愛某些書籍及作者，而慢跑是火星象徵的活動；別忘了他的南交點與她一宮（火星主宰的天生宮位）的月亮及土星合相，所以他們很自然會因此產生連結。他們對閱讀的喜愛則顯示在合盤中，寶瓶座的金星與南交點合相在一宮。他們有些共同喜歡的書，例如創作豐富的作家約翰·符傲斯（John Fowles）寫的《蒐集狂》（*The Collecter*），這本書寫的是薩德侯爵（Marquis de Sade）的故事；還有一本是《O》（*O*），描述一個法國女子完全臣服於性虐待的情人之下。他們也喜歡尼采（Frederick Neitzche）的書，尤其是《衝突意志》（*Will to Power*）和《查拉圖斯特拉如是說》（*Thus Sapke Zarathustra*）。他們透過對於這類書籍的興趣，深入地討論人性心理，其中也聊到了彼此的原生家庭，以及家庭為他們帶來的問題。再提醒一次，金星象徵我們與自己的內在關係，這是建立在我們賦予自己生命的價值與意義；而我們賦予別人的價值與意義，就是金星的對外投射。由此可知，金星代表我們內在散發的魅力及頻率，會吸引來一些與自己氣味相投的人。

我們必須先分析這位男士的本命盤，了解他的內在驅力、動機、目的及慾望。我們可以從圖8看到，他的南交點落入十一宮的摩羯座。南交點的主宰行星土星落入四宮的巨蟹座，與落入五宮巨蟹座的北交點合相。土星與八宮射手座的水星形成十二分之五相，而水星又與逆行在二宮雙子座的天王星形成對分相。天王星與土星形成半六分相。土星則與七宮天蠍座的火星、太陽及月亮形成八分之三相。北交點的主宰行星月亮，會透過與土星的相位而與過去產生關係。冥王星逆行在六宮，與土星形成半三分相，與天王星形成六分相，又與水星形成三分相。他的六宮非常重要，因為不光是冥王星落入六宮，木星、海王星、凱龍、智神星及灶神星也落入六宮。

就本質而言，這位男士在過去許多世中都對別人有極大的影響力（南交點落入十一宮摩羯座，月亮與火星合相落入七宮天蠍座，又與南交點形成六分相），而且是用非常獨裁的方式（月亮與火星合相，與土星形成八分之三相，而土星是南交點的主宰行星）。土星落入四宮，代表他內心極度欠缺安全感。如果有任何人事物挑戰他的權威及力量，都會讓他非常不

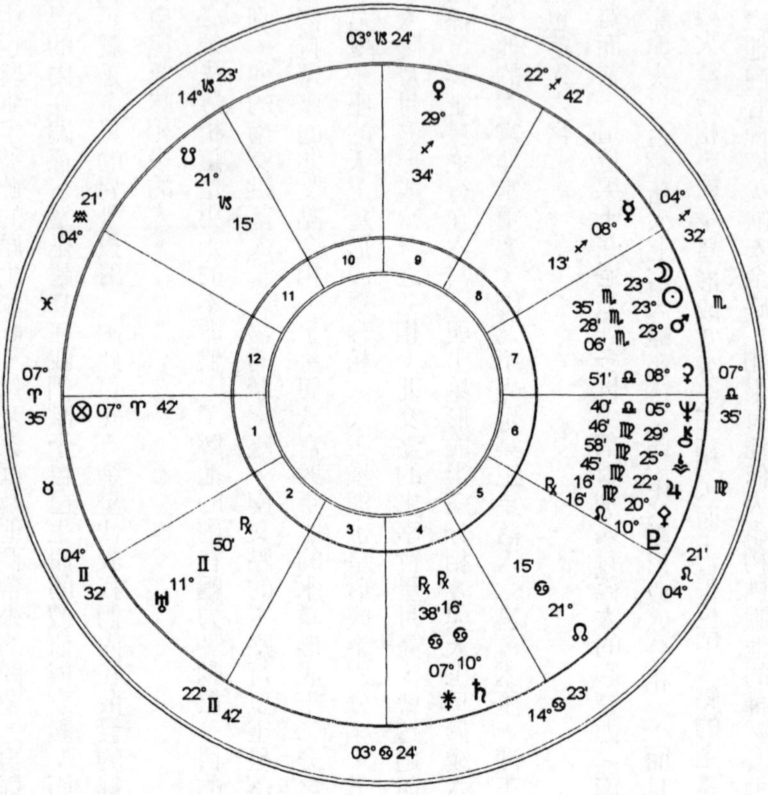
03° ♑ 24'
22° ♐ 42'
04° ♐ 32'
07° ♎ 35'
21' ♌ 04°
14° ♋ 23'
03° ♋ 24'
22° ♊ 42'
04° ♊ 32'
07° ♈ 35'
21' ♒ 04°
14° ♑ 23'
⊗ 07° ♈ 42'
1
2
3
4
5
6
7
8
9
10
11
12

圖 8

安。這種不安是因為他過去世是誕生在一個權勢崇高的家族。摩羯座南交點的主宰行星土星落入四宮，與五宮的北交點合相，與二宮的天王星形成六分相，同時與八宮的水星形成十二分之五相。這代表他會利用別人的資源來鞏固自己的資源。月亮與火星合相，與南交點形成六分相，又與北交點形成三分相，這代表他繼承（天蠍座）了原生家族的地位及權力。水星和天王星也與土星形成相位，這代表他的不安全感來自於兄弟姊妹，因為他們也繼承了他渴望的權勢。因此他會把兄弟姊妹當成可能的競爭者，這也導致了他的不安全感。此外，他的父母也時常跟他玩心理遊戲，偶爾會威脅他，讓他更沒有安全感。父母會威脅他如果不按照他們的期望，就會把所有遺產留給其他的兄弟姊妹。父母的這種行為是某種形式的心理折磨，這也導致了另一種不安全感，讓他對自己渴望的東西欠缺決心（南交點是摩羯座）。

他為了彌補自己的不安全感，就會用權威的方式壓制（天蠍座）所有企圖或可能挑戰他的人。他用很多極端的方式濫用權力（尤其會表現在七宮的生命領域）。由於他極端的原型與天蠍座有關，因此濫用權力的表現不僅限於獨裁權威，甚至是透過大型或小型的集體（七宮與十一宮有關）屠殺，來表現心理及性上面的凌虐或奴役人類。

奴役驅力與六宮的原型有關。由於他的冥王星落入六宮獅子座，與土星（南交點的主宰行星）有關連，而土星又與合相在天蠍座的月亮及火星形成八分之三相，由此可看出他會透過奴役一小群或一大群人的方式來保持權勢。他極端的行為是來自於內心累積的強烈憤怒及怨恨，這是因為他被迫服從父母，才能實現自己慾望。南交點落入十一宮摩羯座，代表他想要抵抗權威的本性受到打擊、控制或毀滅。他渴望用自己的方式行事，但這又與他想要繼承父母權勢的慾望衝突。衝突導致憤怒，讓他覺得自己被父母迫害，這可以從他土星與六宮海王星形成四分相、六宮冥王星與土星形成半三分相的相位看出端倪。迫害與六宮、十二宮、雙魚座、處女座、海王星及水星的原型有關。他自認被父母迫害所累積的憤怒及怨恨，最後會導致錯置的情感（南交點落入摩羯座，而土星落入四宮巨蟹座），讓他日後把憤怒表現在別人身上，試圖與對方勢均力敵（天蠍座）。

他最後並沒有繼承原生家庭的社會地位和權勢，而是其他兄弟姊妹得到了他渴望的一切，這也是讓他覺得受到迫害的原因之一。他也因此覺得很**無力**（冥王星、海王星、木星及其他小行星都落入六宮）。當他沒有或無法遵從父母的命令時，這種無力感就會如影隨形。他已經在過去許多世中，透過不同的原生家族，不斷強烈地感受到這些驅力，這是因為他的靈魂渴望學習正確地利用權力及社會地位，同時學習平等地對待別人，而非一味地壓制或控制對方。絕對權威與無力感的中間點就是公平，而這也是七宮的原型意義。

他這一世又誕生在一個社會地位崇高又富裕的家族中。他的父親全心投入事業，跟他沒有任何感情上的互動。就心理層面而言，他的父親根本就不喜歡他，天生就很排斥他。他的母親在感情上也很挫折，因為無法與丈夫進行有意義的互動。她的挫折最後就變成無所不在的憤怒，全都發洩在他的身上。他心理上受到母親的虐待及威脅。由此可知，他的父母在基本上都很排斥或抗拒他。這也就是他的靈魂選擇誕生到這個家庭的原因，因為他過去世濫用權力而累積罪惡感（南交點是摩羯座）。他的冥王星、木星、海王星及小行星都落入六宮，這意味他會想為自己的罪惡感贖罪，這也就是他從原生父母身上體驗到痛苦及羞辱的原因。他的靈魂深處飽受折磨，因為他在過去世曾讓無數人陷入苦難折磨中，導致他在今生有種揮之不去的罪惡感及記憶，但是他小時候並不明白這點。所有小孩天生渴望被愛、接受及滋養。他小時候只有愛及接受的相反經驗，就是恨及排斥。由於其中大部分的恨及排斥都是來自於母親的投射（父親大多數時間都不在家），這導致他在心理上產生複雜的「去勢情結」，這是一種陰性法則，象徵切除男性陰莖的力量。

他與原生父母的相處經驗，只是更加劇了其他世的無意識驅力：他覺得自己是受害者，因為必須在心理上任人利用，才能實現繼承權勢的慾望。當他渴望的一切，最後終究落入兄弟姊妹的手中時，他又覺得自己被拒絕了。天蠍座的慾望就是報復讓自己痛苦的人，這種痛苦累積了好幾世的憤怒及怨恨，讓他在這一世又變成了病態的虐待狂。再提醒一次，虐待是由罪惡感造成，還會因為罪惡感而憤怒。所以虐待狂會在傷害自己之前，先去傷害別人。這位男士在過去許多世中因為自己的行為累積了罪惡感，他渴望能贖罪，卻又因為想要贖罪而憤怒。週期性的贖罪心態產生了受虐，希望藉此來體驗無力、虐待、拒絕及羞辱。週期性的憤怒心態則造成了虐待，因為他渴望報復，故意地傷害別人。由此可知，虐待及受虐的病態心理就成為他靈魂中的核心驅力。他週期性地因為罪惡感表現出受虐傾向，然後這又啟動了他虐待的驅力。

當他長大成人後，這兩種驅力成為了他人生的基調。他的工作是催眠師，投注可觀的時間及金錢，不顧一切地學習催眠術。就占星學的角度來看，催眠術與冥王星、八宮及天蠍座有關。他的冥王星落入六宮獅子座，與木星、海王星、凱龍、智神及灶神等小行星形成星群，再加上太陽、月亮與火星合相在天蠍座，這也難怪他會選擇催眠師的工作。此外，冥王星與八宮射手座的水星形成三分相，又與二宮雙子座的天王星形成六分相，又更加深了這種傾向。這種星盤排列象徵他會盡其可能地學習催眠術，而他投資的金錢就與渴望的程度有關。天王星與六宮冥王星之間的相位，也象徵了他渴望選擇一些獨特或與眾不同的工作。

我們可以從他二宮與八宮的關係看出，他對於這份工作的動機及目的是非常複雜的，而且帶有雙重色彩。二宮的雙子座象徵雙重性；而八宮的主宰行星木星落入處女座，與金星形成四分相，則突顯出複雜性。他一方面想要從事「幫助人的工作」，這與贖罪／罪惡的原型有關。另一方面他又渴望透過工作來擁有超越別人的力量，這與憤怒／罪惡的原型有關。

這位男士在工作之餘不只是個酒鬼，還是性虐待狂，這都是他感情／心理／性生活的原始傾向。他酗酒是因為靈魂深處飽受折磨，這不僅是其他世遙遠的記憶在作祟，還有今生虐待行為帶來的傷痕，所以他必須遠離或逃避這些記憶。他從催眠工作中獲得很好的療癒，但他也會鎖定某些女性，建議她們接受催眠，藉此來操縱她們。他的目的是「捕捉」她們，讓她們變成自己的「性奴隸」。

他私下花了很多時間閱讀並研究薩德侯爵的書，以及其他與性虐待或受虐案例、方法及技巧有關的著作。從占星學的角度來看，六宮獅子座冥王星與二宮雙子座天王星的關連性、八宮射手座水星與處女座木星（八宮的主宰行星）的關連性，而木星又與九宮的金星形成四分相，這都構成了他內心的慾望。這種驅力是源自於「去勢情結」，是由他今生的母親造成的，所以他渴望擁有超越女性的能力，然後徹底地羞辱她們。

由此可知當這兩個人在餐廳相遇時，他們之間有許多共同的驅力，還有各自的驅力。他們的關係隨著討論變得越來越深入。正如我之前所提，吸引她的對象通常都象徵或具備帶有心理及轉化本質的知識、資訊及想法：因為雙子座落入她的七宮宮頭，而雙子座的主宰行星水星則落入三宮牡羊座，與逆行在八宮處女座的冥王星形成十二分之五相，與十一宮天蠍座的海王星形成十二分之五相，又與一宮摩羯座的土星形成五分相（創造性的轉化）。再提醒一次，七宮與我們投射的需求有關，象徵一些我們自己欠缺、只能靠別人來滿足的東西。而他的雙子座剛好落入二宮宮頭（象徵一個人已經擁有的資源），所以她會深深被他吸引，因為他代表了自己需要的東西。他的天王星落入二宮雙子座，象徵他不僅天生就很重視自己的獨特性，同時也深感自己不同於常人。因此他也會重視別人的獨特性，尤其是那些反抗社會主流規範的人。在性上面，他也特別鍾愛不同於社會標準的「另類」性行為。她的寶瓶座被劫奪在二宮，而寶瓶座的主宰行星天王星逆行在八宮的獅子座，這讓她在性上面完全能與他產生共鳴。他們彼此的天王星形成六分相。從今生的角度來看，她的月亮／土星與他落入十一宮的南交點合相，代表她可以成為他最完美的工具，任他發洩因母親產生的憤怒與怨恨，毫無保留地表現自己破碎又錯置（十一宮）的情感。

她的天蠍座落入十二宮宮頭，而天蠍座的主宰行星冥王星落入八宮的處女座，這代表她的靈魂渴望臣服於象徵轉化的力量之下，而強烈的情感或性不僅能填補她內心的空虛，也能幫助她自我覺察。這位男士當然具備這種強烈的力量。他的寶瓶座落入十二宮宮頭，寶瓶座的主宰行星天王星落入二宮雙子座，與八宮水星形成對分相，而天王星與水星又與六宮的冥王星有關，這代表他的終極價值就是讓別人臣服在自己的力量之下，過程就是獵捕、奴役、擁有及占有。他渴望受控制／屈服的原型擺佈（冥王星落入六宮，而冥王星對應點落入十二宮）。他的天秤座落入七宮宮頭，而天秤座的主宰行星金星落入九宮的射手座，與六宮處女座的木星形成四分相，這代表他在一些面臨危機的人面前，會把自己投射成「老師」的樣子。他可以「幫助」他們解決危機。所以他總是會被一些比自己「柔弱」的人吸引，而相遇的情境多會與對方的危機有關。

我們前面提過她遇到他的時候，才剛與丈夫離婚。她在那段婚姻中為求生存，完全放棄了自己的情緒及情感。當她與這位男士的關係越來越深入後，她開始談到自己與前夫之間的事情。她不停地告訴他：「我已經失去感覺，我覺得自己的感情和身體都結凍了。」（月亮及土星合相在一宮摩羯座）她在他面前戴上了受害者的人格面具，她覺得自己完全被人生擊敗了。她雖然跟他深入討論心理的問題，聊一些兩人都喜愛的作者和書，時常一起慢跑，但還是跟他很疏離，而且還不只一次地告訴他：「我只想當朋友。」（她的月亮／土星合相，與他十一宮的南交點合相）

他認為她是在拒絕他（他的金星與處女座的木星形成四分相，處女座與拒絕有關，而木星代表我們解讀現象的方式）。他這種看法激發了自己錯置的「去勢情結」，讓他更堅定地想要「得到」她。他非常渴望又小心地操縱她。經過一段時間之後，她開始信任他，因為他就像朋友一樣完全不給她壓力。最後在某一個夜晚，他邀請她去一家非常高級又昂貴的餐廳用餐。她把這視為他對她的極度重視，而這正是她極度渴望從別人身上得到的尊重，因為她過去不曾獲得任何尊重，也不曾尊重自己。她開始卸下防禦心（冥王星在八宮）。晚餐之後，他隨口邀她去他家，看一些非常罕見的書。她從來沒有去過他家，但是當時她的防禦心已經降到最低點，就答應了。當她一到他家，他就向她暗示自己能幫助她「重新有感覺」。他開始談論一些有關解剖及生理的知識，這都是他從性虐待的書中學到的。根據她星盤上的驅力，這顯然勾起了她的好奇心。她開始請他更進一步解釋這些知識的本質及目的。由於他們已經建立心智上的連結，因為他們都很喜歡薩德侯爵的書，所以她完全相信他說的話，根本沒有意識到他真正目的是要獵捕她，在性上面征服她。

當他們聊了一陣子後，他告訴她想要示範一些方法來「幫助她有感覺」。一開始只是非常簡單，他只是不停輕輕搓揉她身上的某個部位，重複的動作很自然會刺激神經及肌肉，而他的刺激慢慢讓她產生不同的生理反應。她對自己的反應感到驚訝，因此更加好奇。別忘了他是專業的催眠師，他開始用重複的暗示刺激她的身體，不停地用一種非常低調、安靜又深沉的方式對她說：「我能幫助你有感覺」。她漸漸開始「投降」，臣服在他的意志之下，完全沒有意識到自己在做什麼。此時他已經成功達成目標：逮到了她。

他在此刻告訴她：「妳野得像頭母馬，我要駕馭妳！」接下來的過程不適合寫在這本書中。整體而言，我只能說他把自己知道的所有性虐待手段，都施加在她的身上，特別針對她的肛門部位。他的目的就是要完全擁有她，讓她成為自己的性奴隸。他對她的身體及靈魂造成強烈的肉體及性感受，讓她瀕臨死亡邊緣。在其中某個時刻，她甚至發生腦癲癇（腦癲癇與天王星、寶瓶座及十一宮有關；她的寶瓶座被劫奪在二宮，寶瓶座的主宰行星是天王星，因此他強迫她的性臣服，會讓她產生腦癲癇）。這種刺激對她的生殖器官太過強烈，讓她在幾個小時內不停地感受到性高潮。最後她失去了所有控制，大小便失禁，吐得一蹋糊塗。

在這個過程中，他不停給予她潛意識一些催眠後的暗示，可以在事後發揮作用。催眠後的暗示通常是一個關鍵字或一連串的字眼，讓被催眠者一聽到就會產生自動的行為反應。他用的關鍵字是「家」，告訴她「家」就在他的屋子裡面，就是和他在一起。我們只要回想一下他們兩人的星盤比對及合盤，就不難理解為何他會用「家」當關鍵字。他也不停灌輸她的潛意識，讓她在事後完全不記得發生過什麼，只記得自己跟他共度了一個夜晚。他也讓她的潛意識相信自己被如此地羞辱、利用及糟蹋過，不會再有其他男人想要她，只有他會愛她、接受她，而且她喜歡用這種方式「感覺」。所以當她再聽到「家」這個字時，很自動地就會想要跟他再來一次同樣的經驗。

她隔天早上醒來時，發現自己躺在他的床上。她非常害怕，完全不知道發生了什麼，只感覺全身痠痛，生殖器官彷彿被灼傷般疼痛。他此時又戴上文明的面具，變得非常彬彬有禮，就如他平常跟她的相處一樣。她想不起來發生了什麼，只感覺恐懼油然而生，而她的生存本能告訴她要逃。她完全沒有時間分析前晚的經歷，一回到家後就昏倒了。

她其實成為了自己好奇心的受害者，她被徹底地強暴及性虐待。然而就靈魂的層面來看，她渴望臣服在轉化本質的力量（或是象徵有這種力量的人）之下，藉此讓靈魂甦醒。此外，基於她自己虐待的病態心理，她也很容易被掌控／驅服的原型吸引。事實上她對我說：「我一直很渴望被完全征服，但不是這種方式。」就業力的角度來看，她是這件事情的始作俑者。我們前面提過，她的靈魂會透過危機學習。這件事當然是危機。就演化的角度來看，這類的事件讓她產生覺知，學會對自己的行為負責，而這是她今生最重要的功課。但她在接下來的十年卻不停地否認並壓抑這件事，即使記憶不停地在意識中劃傷滴血。事實上，只要她一想到有關「家」這個催眠後的暗示，就會不知為何地自動跑到他家附近，但卻因為恐懼而沒有實際進入他家，她總是在他家附近一兩個街口止步。催眠後的暗示只會在短時間發揮作用，然後就失效了。對她而言，這個暗示只持續了幾個月。他還是會打電話給她，邀她出去，但她完全拒絕，她完全被這個男人嚇到了。

我們可以從他們的合盤中看清這件事的關聯性。在接下來分析的過程中，我們會深入揭露許多歸納得出的反思，而這些都是傳統占星學不會涉及或不能理解的領域及層次，就讓我們循序漸進來討論。

我在前面提過，他們合盤（圖7）的冥王星在七宮，與北交點合相，相距在一分鐘之內；冥王星又與合相在一宮的金星/南交點形成對分相。金星是合盤三宮及四宮的主宰行星。天王星是南交點的主宰行星，落入六宮巨蟹座。天王星又與十二宮摩羯座的火星形成對分相，與二宮牡羊座的土星、八宮天秤座的海王星形成四分相。天王星、火星、土星及海王星形成基本宮位的大十字。

由於冥王星落入七宮，這代表他們兩人在前世已經建立過關係，卻因為突然或強烈的災難驅力，導致分離、失去或結束，因此兩人之間有未解決的關係。前面提過，金星是四宮及三宮的主宰行星，這代表他們在過去世很可能是一家人（四宮），而且是兄弟姊妹（三宮）的關係。南交點的主宰行星天王星在四宮巨蟹座，又與摩羯座的火星形成對分相，讓我們更加肯定他們曾是一家人。其他具有同樣暗示的相位還包括：天蠍座落入十宮宮頭，天蠍座的主宰行星冥王星落入七宮。你如果曾經研究過小行星的意義，就會發現智神星落入十宮天蠍座，與月亮交點軸、金星及冥王星形成近乎正相位的四分相。

射手座月亮與北交點／冥王星形成三分相，與南交點／金星形成六分相，這再次強調家庭的功課。最有趣的是，月亮影響天蠍座的木星，而木星又與交點軸形成四分相。就演化的角度來看，這代表跳過的步驟，代表他們需要重複經歷這些步驟，才能讓演化繼續下去。木星落入天蠍座代表導致關係中斷或結束的災難性事件，應該與家庭的議題或驅力有關。木星在天蠍座也意味著財富、地位及權力的繼承，可能也是導致災難的驅力之一。土星落入二宮與八宮的海王星形成對分相，讓這種驅力更加明顯。此外，對分相的土星與海王星，與南交點的主宰行星（天王星）及火星形成四分相，而火星也與天王星形成對分相。火星又與冥王星及北交點形成十二分之五相。這代表在家族階級（摩羯座）中競爭追求（火星）渴望的地位，藉此繼承家庭的財富及權力；但是這會為輸家帶來危機（十二分之五相），他會覺得自己不僅被父母傷害，也被贏過自己的兄弟姊妹迫害（火星在十二宮）。這也象徵著累積的憤怒及怨恨，渴望能報復兄弟姊妹，渴望能扯平。

合盤中所有符號都象徵他們之間有許多暗藏的陰謀及詭計，以確保自己能繼承父母的權勢。這是很極端的課題，而他們會用盡方法「剷除」別人來確保繼承。剷除的手段可能包括刻意的謊言（木星與交點軸形成四分相），藉此讓對方顯得不夠資格繼承，也可能策劃謀殺（火星落入十二宮與七宮的冥王星形成十二分之五相，火星又是基本宮大十字的一部分，其他還涉及八宮、二宮及六宮），或是讓對方中毒或生病，失去繼承的能力。

再提醒一次，他們在過去許多世的不同家庭中，都曾經面對過這些課題。這是因為其中一方覺得被陷害了，接著就出現報復對方的念頭。再加上他們兩個人都同時具備了施虐及受虐病態傾向，所以他們很容易與對方配合演出受害者／勝利者的角色，讓同樣的戲碼上演許多世。

他們可能打破這種輪迴嗎？該如何打破？這之中最有趣的一點是，他們在一開始曾經聊到今生的原生家庭，以及家庭對自己的影響。不幸的是他們都再次利用家庭的驅力，把自己包裝成受害者，然後利用這些感覺來合理化自己的行為。很顯然地，他們各自都必須學會為自己的行為負責，學習「擁有」自己的驅力、慾望及本質。唯有如此，他們才能原諒對方，然後才能打破這可怕的受害者／勝利者輪迴，讓其中的業力做個了結。最後一提，合盤顯示兩人相遇的目的，就表現在北交點的主宰行星太陽上面（冥王星落入獅子座，所以太陽也會影響冥王星的表現），而太陽落入十二宮。我們透過星盤比對也可以發現，她的凱龍、火星、南交點及水星都落入他的十二宮，而他的火星、太陽、月亮及水星也落入她的十二宮。所以兩人關係的關鍵點就在於原諒，原諒的延伸意義就是彼此都能為發生的一切負起公平的責任。今世發生的種種就像是一本厚書的最後一章，也希望這是類似情結的最後一章了。

他們之間發生的事，在今生不太可能再發生一次。當他們相遇又分開之後，他繼續催眠師的工作，「獵捕」脆弱的女性，很容易地讓她們成為自己施展「方法」的對象。他私下仍然是可怕的性虐待者，還是不停酗酒。而她在接下來的十年內不斷地否認並壓抑那次經驗，並與另外兩位男士分別生下兩個兒子。她不准他們接近兒子，而且堅持地說：「兒子是我的。」她甚至把第二個兒子的生父稱為「捐精者」。這兩位男士求她讓他們見小孩，但她總會對他們冷嘲熱諷，不讓他們接近小孩。有趣的是，她曾經「下定決心」不要第二個小孩。她是在使用迷幻藥的狀態下受精懷孕，當時她只是在酒吧「探險」，隨便就挑了一個男人上床。她要求對方戴保險套，而她自己也有用子宮避孕器，她甚至還塗上殺精果凍，但還是懷孕了！第二個兒子有四個寶瓶座的行星落入她的二宮，處女座月亮落入她的八宮，與她的冥王星合相。

圖9是她第二個兒子的本命盤，圖10則是她與第二個兒子的合盤。圖11是他們的星盤比對，她的星盤在外圈；圖12是他們的星盤比對，她兒子的星盤在外圈。

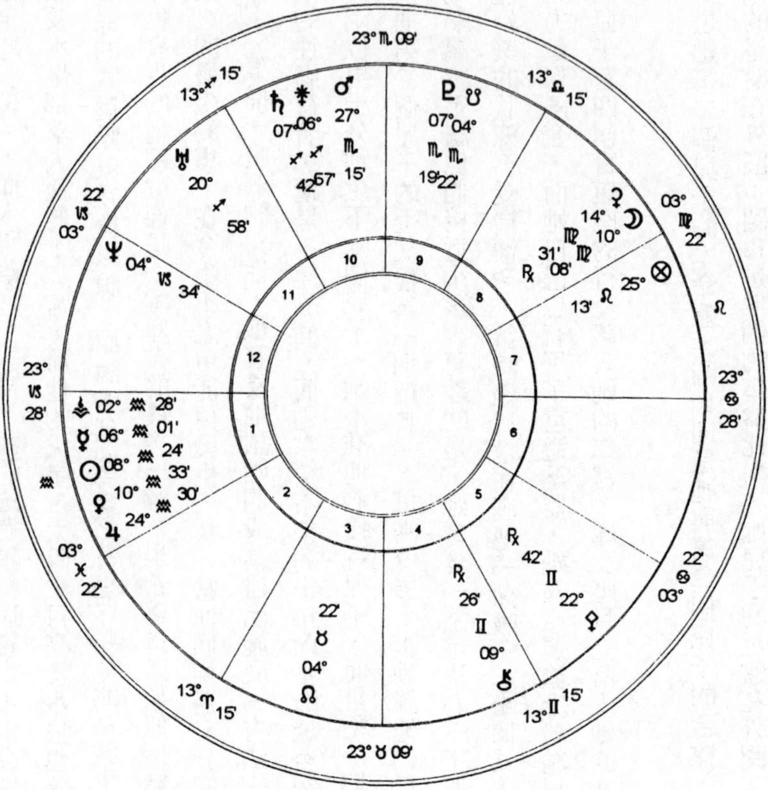

圖 9

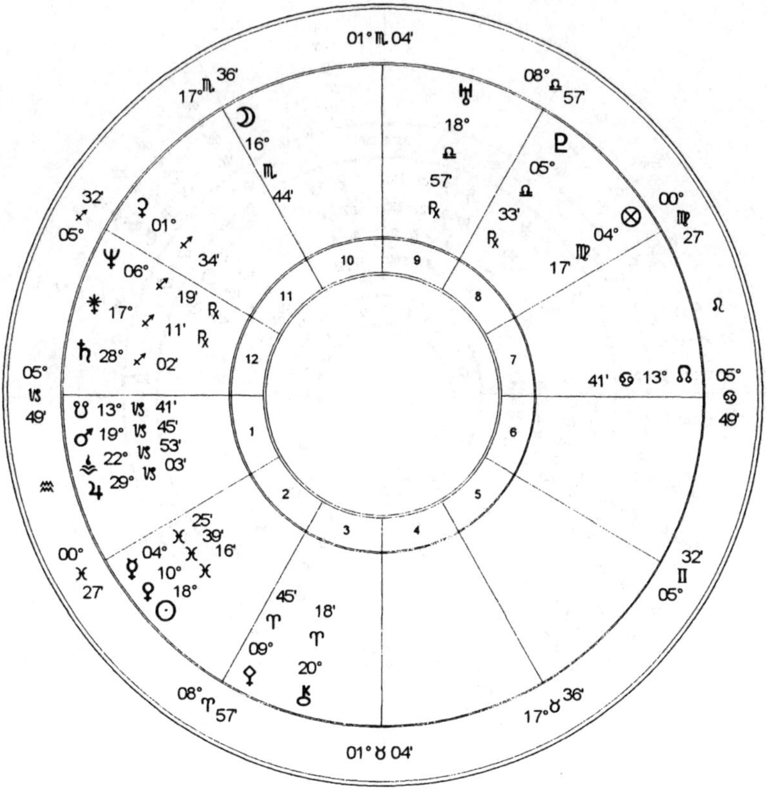
01° ♏ 04'
17° ♏ 36'
08° ♎ 57'
05° ♐ 32'
00° ♍ 27'
05° ♑ 49'
05° ♋ 49'
00° ♓ 27'
05° ♊ 32'
08° ♈ 57'
17° ♉ 36'
01° ♉ 04'
☽ 16° ♏ 44'
♅ 18° ♎ 57' ℞
♇ 05° ♎ 33' ℞
⊗ 04° ♍ 17'
☊ 13° ♋ 41'
⚳ 01° ♐ 34'
♆ 06° ♐ 19' ℞
17° ♐ 11' ℞
♄ 28° ♐ 02'
☋ 13° ♑ 41'
♂ 19° ♑ 45'
22° ♑ 53'
♃ 29° ♑ 03'
☿ 04° ♓ 25'
♀ 10° ♓ 39'
☉ 18° ♓ 16'
09° ♈ 45'
⚷ 20° ♈ 18'
♌
♒
1
2
3
4
5
6
7
8
9
10
11
12

圖 10

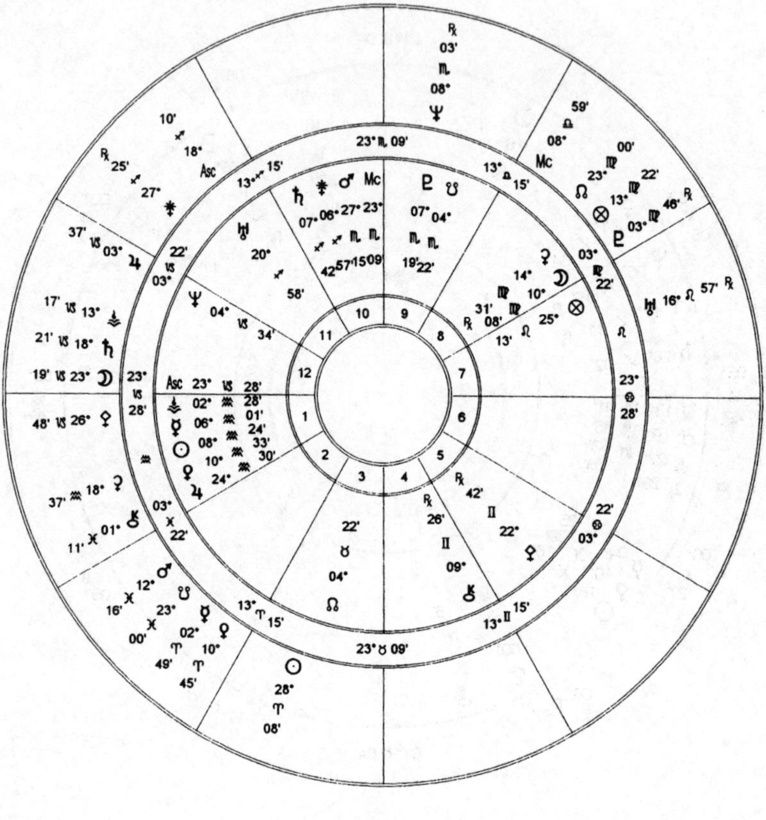

圖11

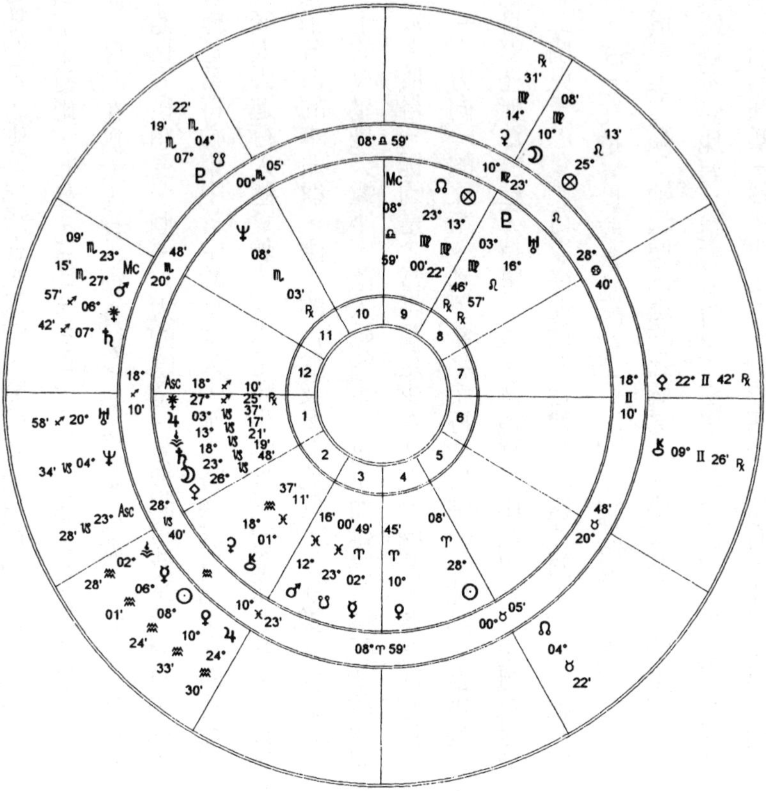

圖 12

最有趣的是，她的兒子在兩歲時，開始談論自己的前世。他講得一口流利的德語，還說自己的名字是赫爾・布曼（Herr Burner），曾經是希特勒麾下的將軍。他說自己當時是集中營的軍醫，專門在猶太人身上做實驗，最後遭到荷蘭人反擊，淹死在河裡。他在那時還告訴她，等他長大後想要一個「巨大的陰莖」。他說這些話時只有兩歲！值得一提的是，她最近幾世曾經是希特勒集中營中的猶太人，她當時為求自己生存而背叛了族人，她幫助集中營的醫生對猶太人進行人體實驗，還滿足醫生的性虐待需求。我們可以猜猜當時的醫生是誰。從她和兒子各自的本命盤、兩人的合盤及星盤比對，不難推敲他們在過去世的關係。強暴她的那位男士的火星是天蠍座，落入她的十二宮；而她第二個兒子的火星也是天蠍座，也落入她的十二宮。值得一提的是，當她還是少女住在德國時，曾有次想搭火車去柏林冒險，沒想到卻搭上「反方向」的火車，到了當年希特勒集中營的地點。當她到達那裡時，過去世的記憶讓她全身緊繃無法放鬆，持續了近一個禮拜。由此可知，也難怪她會在服了迷幻藥的狀態下懷了第二個兒子。我們可以從他們的合盤及星盤比對上看出，他在靈魂層次上能完全擁有並占有她，註定在這一世成為她的孩子。他在三歲時曾霸道地對她說：「我擁有妳。妳是我的！」這是業力嗎？她隨便挑選的那個男人（第二個兒子的生父）有五個行星落入五宮天秤座，而透過星盤比對，這五個行星全落入她的十宮。他當然比她年長許多歲，當她遇到他時，他正因為強暴（就法律而言）一位四歲女孩而遭逮捕起訴。她曾經與許多男人在一起，然後又分手了。她也曾與一位女性交往過，最後也無疾而終。她還曾讓自己沉溺在酒精與藥物中，甚至與自己一位表親（弟）談了兩年戀愛。這是她體驗另外一種「禁忌」。當然，她最後也離開他了。

直到現在，她仍然把每件事都怪罪別人，不願意替自己的行為負責。她的南交點落入十一宮，所以她會不停交朋友來滿足自己的需求。她會戴上受害者的人格面具，讓這些人相信她，無意地滿足了她的需求，讓她繼續過著拒絕面對真我的人生。她身旁圍繞著這些相信自己謊言的「朋友」，這讓她相信自己的謊言已經變成事實。這些不停輪替的朋友，讓她在今生組成志同道合的社團。她儘管經歷過許多強烈的創傷，卻仍然繼續過去世的老舊模式。

根據這些事情來看，他們之中到底有誰能改變彼此之間的驅力模式？別忘了，他們還有各自的驅力需求，才會產生這些共同的生命經驗。

我舉這個例子是希望讀者明白，人與人的相遇其實存在著許多複雜的驅力，而且必須花上不止一世的時間才能解決這些驅力。

第七章
金星的本質及功能

我接下來想要以占星學的技巧來討論金星。我們可以從金星看出一個人與自己的關係、他／她投射到別人身上的基本需求，以及他／她會受到某種類型關係吸引的原因。

我們之前提過金星有兩種本質：一種是內在的本質，另一種是外在或投射的本質。金星的內在本質象徵我們如何與自己建立關係，如何把整體性格中不和諧的部分向內整合。金星的內在原型與**聆聽**的心理有關，代表我們如何聆聽自己及別人的聲音。傾聽與聆聽代表我們向內如何看待自己，向外如何與別人建立關係。我們的自我關係就是對待自己的方式（對自己的感覺），這會產生內在的頻率及磁性，吸引能反映或象徵自我關係的人。舉個例子，一個人的金星如果是在處女座，通常會非常自我挑剔，覺得自己不足，很容易意識到自己的缺點，他就會吸引來一些對自己非常挑剔的人，這難道不合理嗎？他如果向內聆聽自己的心聲，不停聽到自我批評的聲音，難道他不會聽到別人對他的批評嗎？

我們所有人都不停在「描繪出」自己的內在現實，卻從來沒有發現自己吸引來的人都是內在現實的展現。我們向外投射的模樣，只是反映了內在的現實。我們如果告訴一個金星處女座的人，他／她吸引來一些很愛批評自己的人，不過是把內心看待自己的方式投射或表現出來而已，他／她能接受這種說法嗎？我們如果告訴他／她，必須透過這種照鏡子的方法來看清自己的內在現實，他／她能接受這種說法嗎？通常答案都是否定的。現今社會鼓勵集體「迫害」的想法。當個受害者是很容易的，要為自己的行為負責卻是困難多了。我們也很難理解自己創造的整體現實都發自內在，都是根據自己的演化及業力條件而出現的。

我們必須牢記一點，在現存的時空現實中，我們學習和理解的所有事物都是兩極對立的，例如日與夜，陰與陽，處女座與雙魚座等。這就是所謂透過對立來學習。所以金星在處女座的人必然可以意識到處女座的對應點（雙魚座）。他／她可以在心中「聽到」雙魚座的呼喚及許諾。當他／她聽到對應點的呼喚時，必須真正地聽進去，順著呼喚走。對應點代表既有的模式，演化（金星落入處女座）成新的模式（金星接受雙魚座）；換言之，可以讓金星在處女座的原始印記展開演化。再提醒一次，這種對立的學習也反映了三位一體的法則：從原始印記轉移到對應點，允許原始印記產生演化。

舉金星在處女座的人為例，他／她必須接受對應點雙魚座的特質，才能吸引來一些不挑剔自己的人。換言之，他／她必須先改變內心看待自己的方式，才會出現外在的改變。金星處女座的人常埋怨身旁的人愛挑剔，也百思不解為何不能吸引一個愛自己原本模樣的人。他們如果想跳脫這個循環，唯一的解決之道就是聆聽雙魚座的訊息：「我已經盡力了；我每天努力讓自己變得更好一點；世界上沒有完美的事情；上帝和我一樣都不是完美的，只是一股不停演化的力量。」他們必須順著自己內心聽到的聲音，只要他們認真聽進去了，就會對自己及別人產生包容，然後出現截然不同的吸引力模式。他們會開始吸引充滿愛及鼓勵的人，支持自己變成更好的人。

當我們在解釋本命盤的金星時，必須記得稍早提過的四種自然的演化狀態。這四種狀態會影響一個人在意識層面的天生條件。金星在處女座或任何星座的表現，都會隨著演化狀態的不同而改變。此外，我們也必須考慮本命盤主要的業力／演化驅力，這都顯示在冥王星、冥王星的對應點、南北交點及其主宰行星上面，最後才能正確解讀行星的表現方式。重點在於沒有任何一個星座只具備一種意義或傾向；星座只是原型概念，其中蘊含不同的層次。所以當我們找到本命盤主要的業力／演化驅力後，便能知道某個星座或行星落入了哪一種層次。我們還必須記住一點，金星的功能會受到它與其他行星的相位影響。這些相位和與生俱來的既有模式有關。當我們開始接受金星落入星座對應點的特質時，就等於開始演化或改變既有的模式了。換言之，金星的對應點是改變既存模式的起因，而這些模式都會顯示在行星的相位中。

金星逆行

從天體的角度來看，金星每隔五百四十二天才會逆行，因此它是太陽系中逆行天數最少的行星。本命盤中的金星逆行代表非常特別的原型，通常會影響這個人的內外關係。就像所有逆行的行星一樣，金星逆行也意味著必要的抵抗，或是用個人的方式來表現金星的功能，而這都與我們對關係的態度有關。因此，金星逆行的人天生就會抗拒既有的文化條件，因為這些條件會限制我們對於自己或人生的定義，影響我們在關係中的自我期許。這些條件也會左右我們對性別角色的看法、影響我們撫養小孩的方法或關係的目的等等。

當一個人本命盤中的金星逆行時，通常會將金星的功能**內化**。這些人可能會把與自己建立內在關係視為人生的重要功課。他們會在內心深處不停地質問自己是誰，不停地想要實現一種展現個人特質的人生。當他們把金星的功能內化時，基本上是透過金星的金牛座特質來定義自己，而非天秤座特質。他們最重視的是自我維持、自我依賴及自我授權，同時也非常渴望且需要實現自我價值，而這與自己的人生目的或意義有關。他們會在心中聽到一種非常不同的節奏，從內而外產生截然不同的震動或磁性，吸引來一些與自己頻率相同的人；這些人通常都會抗拒社會共識認可的「正常」生活方式，也很反對所謂「正常」的關係形式。

金星逆行的人，會深入內化金星的功能，也會用截然不同的方式對待別人。他們深入內省，心理學家稱其為內向性格的人。基於這種內向特質，金星逆行的人會在周遭創造一種氛圍，彷彿有層「保護膜」，不讓任何人進入自己的內心世界。因此金星逆行的人時常像個謎一樣，令人難以理解。這層保護膜會讓別人只看到他們的表面，看不到真正的他們。這種情形時常發生，這又會讓金星逆行的人更加退縮，遠離外界。他們對別人的反應不過是一種生存本能，而這也是金星金牛座特質的表現。

我從事占星諮商至今已經見過一萬五千多個個案。我發現許多金星逆行的人會吸引天王星特質強烈的伴侶，即使這些伴侶本身並非金星逆行。甚至是在合群演化階段（全世界有百分之七十五的人都屬於這個階段），金星逆行的人也會用非常特別的方式來定義關係，藉此表現自己的原則；他們也會創造某種關係的驅力，無論關係怎麼改變，都可以安靜地退縮至內心深處。當他們退縮到內心深處時，就產生了金星逆行的個人化目的，因為這可以帶來深入的內省、反思及質疑，促進個人的演化。此外在我諮商的個案中，百分之二十金星逆行的人完全沒有過任何的親密關係。

金星逆行的人已經學習過金星落入星座或其對應點的功課，這對他們而言就像是早已存在的模式。最重要的是，金星逆行的表現會因為其落入的宮位及星座而截然不同。我們還要牢記一點，金星逆行的人渴望自己能不停地演化及成長。他們永遠都對自己不滿意，也無法停止成長的慾望。所以當這些人處於一段關係時，往往也希望伴侶追求自我成長或演化。此外，金星逆行的人會將金星的功能內化，所以也會渴望伴侶能自立自強或自給自足。金星逆行的人如果想成功地經營一段關係，這些特質是非常重要的，因為他們在關係中通常都很沉默又內向，只會在必要時才會與對方互動。他們的伴侶必須非常有安全感，才不會把他們的沉默投射到自己身上，以為自己有什麼地方做錯了。

就業力及演化的角度來看，金星逆行的人必須在今生重複或重新體驗一次過去世的關係驅力。這些特定的驅力本質會反映在下列範圍：

- 金星逆行落入的星座及宮位
- 金星與其他行星形成的相位本質
- 與金星形成相位的行星本質
- 與金星形成相位的行星、其所落入的宮位本質
- 天秤座及金牛座落入的宮位本質

就業力及演化的角度而言，金星逆行也代表，必須再度遇見其他世認識的人，因為彼此之間有未完或未解決的課題。相遇目的是要讓這些課題徹底被解決，然後展開新的演化循環。你如果身為占星諮商師必須牢記一點，許多金星逆行的人都會非常沮喪，因為他們似乎在不停

重複相同的關係驅力模式，找不到出口。因此你必須幫助他們看清整體的因果，讓他們知道為何會發生這些狀況。唯有如此，他們才能處理這些業力及演化的功課，為今生的關係找到出路。

金星逆行的名人

珍・羅勃茲（Jane Roberts）：二十世紀美國作家

戈登・萊特佛（Gordon Lightfoot）：二十世紀加拿大作曲家

傑夫・格林（Jeff Green）

奧黛麗・赫本（Audrey Hepburn）：英國知名女演員

克雷格・羅素（Craig Russell）：知名反串男演員

接下來我要逐一介紹金星落入每個星座的原型，而這關係著每個人內外關係的既有模式。我也會提到金星的對應點，它可以讓既有的模式出現新的演化，幫助我們與自己建立不同的內在關係，進而影響外在的關係，吸引不同的人進入生命。在此提醒讀者，下列敘述只是金星落入特定星座的整體表現，並未考慮到其他的因素。我們如果要完整且正確地分析本命盤，還必須將金星的相位、四種自然的演化狀態、冥王星及其對應點顯示的特殊業力／演化主軸、南北交點及其主宰行星等因素列入考慮。

金星落入牡羊座

金星在牡羊座的人天生極度自戀，以自我為中心，自認為與眾不同。他們本能上自知必須實現一些未知的特殊使命，而且需要最基本的獨立空間來完成它。所以這些人在關係中無法給予對方完全的承諾，總會在內心深處保留獨立的空間。他們有時候會表現得非常熱情，完全地投入，用極具創意的方式表現熱烈的情感及精力，讓關係充滿活力；但有時候又會抽回熱情，因為他們的本能告訴自己太投入了，被這段關係陷住了，無法獨立實現自己的特殊使命。當他們與伴侶的牽絆加深時，這種本能就會觸動退縮的循環。此時對方會徹底地沮喪、困惑又憤怒，出現激烈的抗拒，其實只是把自己的不安全感投射在金星牡羊座的人身上。

這些人自命不凡，所以也需要別人用同樣的眼光看待他們，認為他們是獨一無二的。相反地，他們也會讓對方覺得自己是與眾不同的，用強烈的愛及精力來鼓勵對方。他們天生會吸引自我感強烈的伴侶，這些人通常都充滿熱情，自主性極強，對生命充滿強烈的使命感。所以金星牡羊座的人的關係必然帶有冒險成分，感受生命在不停向前。這些人天生排斥太過安逸，也不喜歡建立固定模式，因為這會帶來停滯或煩悶。金星牡羊座的人時常會吸引跟自己一樣自戀的伴侶，讓他們自覺是世界上最特別的人，但他們也會害怕在關係中失去了自己，因此每隔一陣子就會退縮或失去信心，變得非常沒有安全感。他們在這個時候通常都變得極具侵略性，很愛作對，有虐待傾向，還會極不合理地將強烈的憤怒轉移或投射到關係上面。這裡的問題就在金星牡羊座的人的行為是出自天性，完全沒有意識到自己建立關係是為了要別人來服侍自己或滿足自己的目的；因此他們也會吸引有同樣傾向的伴侶，反映自己內心的現實。到了生命的某些時刻，這種照鏡子般的關係就會讓他們更加認識自己。

牡羊座是火星主宰的星座，因此這些人會具備強烈、熱情又自戀的性本能，產生內在的頻率波動，散發動物般的磁性。這完全是本能，而非刻意營造的，而且金星牡羊座的人往往都不自覺，直到別人告訴他們才恍然大悟。所以很多人會無來由地對他們產生性慾。就生理的角度來看，金星牡羊座的人會散發濃厚的費洛蒙，產生引誘的化學作用。因此在別人眼中他們就像是性的象徵，可以透過他們展現自己的性慾或性本質。有些在性方面極度自戀的人時常會用非常自我中心的方式，透過金星牡羊座的人來表現性慾。

金星牡羊座的人只知道自己有強烈的性能量，但卻不知如何運用它。他們不是打從一出生就知道自己是性的動物，所以會嘗試各種不同的方式與別人發生性行為，藉此來探索自己的性本質，然後才知道滿足慾望的代價。他們也會被散發強烈性能量的人吸引。當金星在牡羊座的人對別人產生興趣時，出自本能地會利用性來吸引對方注意，也會利用性來維持關係。

反過來說，當他們週期性地想從關係中退縮時，反而會保留性能量，不與對方發生性行為。這其實是一種控制關係的手段，藉此來獲得自己渴望的獨立，而又不至於被關係牽絆。他們時常會利用性來讓關係重生，或讓關係恢復原狀，特別是面臨一些可能導致關係結束的重大危機時。這種模式完全要看金星牡羊座的人有多想為了自己而維繫關係。

金星牡羊座的人基本上非常地自我陶醉，別人都必須滿足他們實現自我的目的。這通常會為關係帶來感情上的矛盾。他們一方面需要關係，另一方面又需要絕對的獨立。這種矛盾會讓他們產生本能似的恐懼，害怕被關係絆住了。這些人如果長期處於一段關係中，通常會非常困擾，因為他們最根本的需求就是掌控自己的命運。金星牡羊座的人會出自本能利用別人，滿足自己既有的目的及慾望，當然別人也可能用同樣的方法來對待他們。

就演化的角度來看，金星牡羊座的人已經踏上新的個人發展循環。他們需要自由發現並落實新的事物。他們如果想用正面的方式來實現，關鍵就在於接受天秤座的內涵。換言之，他們必須先接受每個人都需要朋友或伴侶，同時鼓勵別人獨立地實現自己的慾望，才能吸引用同樣方法對待自己的人。他們如果能做到這點，就不必再害怕會因為關係而失去自我，或是因此犧牲自己想要的人生。他們如果能學著付出，而非總是為了滿足自我慾望或目的來建立關係，就能擺脫主觀、別有居心或自私的動機及安排。唯有如此，他們才會學會在關係中扮演公平的角色，而且角色是可以互換的。

金星落入牡羊座的名人

喬治・卡林（George Carlin）：二十世紀美國喜劇演員
麗塔・庫麗奇（Rita Coolridge）：二十世紀美國小提琴家
查爾斯・達爾文（Charles Darwin）：英國自然學家
阿道夫・艾希曼（Adolph Eichmann）：德國納粹領導人之一
希格曼・佛洛伊德（Sigmund Freud）：奧地利心理學家

金星落入金牛座

金星在金牛座的人已經學習過深入內化自己。他們非常了解自己，也很清楚自己需要什麼來賦予生命意義。這些人通常非常內省又自重。他們知道唯一可以信賴的人只有自己。金星金牛座的人多半都能自給自足，而且擁有非常豐富的資源；即使在面對極困難的處境或問題時，也很善於調整能力來維繫生存。

這些人的生命意義侷限於自己重視的事物，價值觀取決於自認為的生命意義。他們的價值觀通常很狹隘，有些死板又僵化，只適用於自己。當他們與別人互動時，往往只會用自己的價值觀來評估或聆聽對方。這些人如果發現彼此的價值觀沒有共同之處，就無法與對方相處。換言之，他們天性排斥價值觀不同的人，如果對方對於生命的意義有不同見解，他們就完全「拒絕」這些人，不聽他們在說些什麼。由於這些人天性排斥不同於自己的價值觀、想法、知識或現實形式，所以演化或成長的腳步也非常緩慢。舉個例子，金星金牛座的人在社交場合中通常非常安靜又自閉，除非他們發現別人的價值觀與自己有雷同之處，才會與別人互動。他們會基於共同的價值觀與別人建立關係。這些人一旦進入關係之中，就會變得非常溫暖、投入、深刻、強烈又專注，同時會散發一種吸引力，引領對方進入他們堅固又極具魅力的內心世界。

金星在金牛座的人渴望能維持並擁有自己珍視的一切，其中包括他們重視並賦予意義的人。他們很難放棄任何對自己具有意義或價值的人事物，因為這與生命的目的有關。所以這些人在親密關係中，通常會對伴侶有很強的占有慾，還會因為害怕失去對方而去限制對方的行為。他們會公然或悄悄地表現控制的念頭，而這種占有慾也常招致忌妒。除非星盤上有其他的影響因素，這種控制或限制伴侶的行為，其實象徵著他們對伴侶出現心理上的退縮及隔閡。基於這種內心的變化，這些人常會吸引來一些占有慾非常強的伴侶，只要他們一對別人表示興趣，對方就會覺得備受威脅。對方會無意識地期待他們延伸自己的人生，希望他們完全沒有自己的生活，甚至只把他們當成掛在牆上的獎章。有趣的是，當金星金牛座的人把自己的價值觀及人生意義投射在伴侶身上時，也會願意接受伴侶的限制，即使這會妨礙了自己的發展。這也意味著他們投射太多的意義及價值觀在伴侶身上，只因為不顧一切地想要維持生活的穩定。但是這種關係經過一段時間之後，金星金牛座的人會漸漸地對伴侶感到憤怒，最後可能導致十分激烈的衝突。相反地，當金星金牛座的人想要掙脫伴侶的控制或占有時，對方也可能會因為忌妒或害怕失去他們，出現非常激烈的反應。

金星金牛座的人通常都具備非常強烈的性本能或直覺。所有生命的生存本能之一就是繁殖，人類當然也不例外，因此這些人不時會有性的渴望及需求。對於他們而言，性能量與表現方式，和生命的意義息息相關。金星金牛座的人具有強烈、磁性又原始的性能量，這也表現在強壯的體魄上面。金星牡羊座的人渴望激烈、熱情又快速的性愛，金星金牛座的人則渴望持久、強烈又深入的性愛。他們可以透過性來「紮根」，同時釋放累積在心中的情緒及心理能量。性對他們意義非凡，所以他們三不五時都在想著這檔事。對於金星金牛座的人而言，強烈、健康又不間斷的性生活，是非常重要的一件事。當他們的生命中少了這一塊時，整個人生就會顯得既負面又停滯不前，他們會因此壓抑自己，越來越退縮，生命的能量也因此衰弱而沉重。

當這種情形發生時，金星金牛座的人必須記住或明白一點，金牛座主要目的，就是自給自足。基於這個目的，他們如果太過依賴別人來滿足性需求時，就會週期性地導致一些狀況發生，讓性需求無法獲得滿足。這有可能是他們的伴侶對他們失去性趣，或是身旁沒有可以讓他們產生性慾的對象。無論是哪種狀況，目的都是要讓金星金牛座的人學會靠自己的雙手，換言之就是靠自慰來滿足性慾。

許多金星金牛座的人都有強烈的自慰習慣，即使他們有了性伴侶仍是一樣。他們有時會對自己很困惑，因為明明已經處於一段關係之中，卻仍會有自慰的渴望。這還是因為金牛座的主要目的就是自我賦權和自給自足。這種對於自慰的本能需求，可能會讓他們與伴侶產生衝突，因為對方會因這種需求感到威脅。他們的伴侶可能會很沒有安全感又不知所措，尤其是當他們逃離關係、躲起來滿足這份需求。相反地，金星金牛座的人也可能會吸引來有自慰渴望的伴侶，此時他們就會覺得受到威脅或不知所措。這種情形通常出自兩種原因，有可能是因為他們太過於占有或依賴對方；或是因為他們的伴侶正好也在學習金牛座的自給自足，也就是自慰的需求。很多金星金牛座的人都已經學會如何把自發性的性慾與別人融合。有些人會把自慰當成一種藝術，創造許多非常情色的儀式，利用各種性象徵或「工具」來達成自給自足、自我賦權的目的。對於有些人而言，自慰代表他們已經學會把自己當成轉化或蛻變的工具及象徵，這要視他們演化的階段而定。有些人的伴侶則會鼓勵他們自慰，讓他們體會到自己具備的力量。

這些人的性價值及取向通常是很原始又基本的，不會有太多「實驗」的渴望或需求。金星金牛座的人渴望在性上面完全占有對方，也會吸引在性方面極具占有慾的伴侶。他們把性看得非常重要，所以要是對方並不認同單一伴侶的性觀念，背著他們與別人上床，將會讓他們痛苦不堪。他們會開始覺得很沒有安全感，一切都沒有意義，對自己產生負面評價，變得畏畏縮縮，不停地把自己與伴侶上床的人比較。雖然金星金牛座的人天性渴望單一的伴侶，但要是對方不忠，他們也可能出軌。他們出軌的動機是報復，同時也透過別人對自己身體的渴望，重新建立正面的自我形象。

就演化的角度而言，金星金牛座的人渴望能自我穩固，所以必須把精力集中在人生的目標上，或是能滿足這個目標的事物上。任何與這個目標無關的事物都會被「拒絕」。這常會造成井底之蛙的現象，他們只能坐井觀天，看到一小部分的天空。待在井底的青蛙非常安逸，覺得凡事都在掌握之中，很有安全感。這種向內壓抑的傾向，會讓他們用非常主觀的方式來看待既有的內外現實，也會讓他們無法超越井底的限制，無法繼續成長、學習及演化。這在親密關係中可能會導致雙方各執一方的僵局，誰都不願意跨出自己的井底。金星金牛座的人如果想要獲得正面的演化，必須學習接受對應點天蠍座的特質。

這些人基本上必須學會聆聽，公允地判斷別人的動機，理解別人的心態。如此一來，他們才能客觀地評論別人，客觀看待自己外在及內在的現實。金星在金牛座的人必須先學會跳脫「井底之蛙」的標準，開放地接受整體的現實。他們必須學會移除內心壓抑的瓶頸，因為這會讓他們用僵化又主觀的角度，來理解或詮釋自他的行為、動機、目的及生命意義。他們如果能學會客觀地聆聽，傾聽別人的需求及慾望，支持別人的發展，就能吸引用同樣方法對待他們的伴侶。這樣的伴侶才不會想占有或控制他們，或是限制他們的發展。

金星落入金牛座的名人

黛安娜王妃（Princess Diana）

愛德華王子（Prince Edward）

希里爾·費根（Cyril Fagan）：十九世紀末愛爾蘭占星家

艾道菲·希特勒（Adolph Hitler）

薩瓦多爾·達利（Salvador Dali）：二十世紀西班牙畫家

金星落入雙子座

金星雙子座的人會在心中聽到認識自己的呼喚，這就像是天生的內在模式。他們會不停地與自己對話，內心深處浮躁不安。這種內心的對話會帶來各式各樣的疑惑，讓他們忍不住到處嘗試。這些疑惑基本上都與「我是誰」這個內在問題有關，進而產生「你是誰」的問題。

金星雙子座的人會透過內心反應來面對或認識自己。這些人會提出各種想法的可能性，進而創造各種經驗，從中產生反應，然後透過反應產生自覺及自知之明。金星雙子座的人不停地在變，因為雙子座是變動星座。變動星座的原型之一就是不受限制地成長，不停地擴張。但我們身處的時空是有限的，而且是透過對比來獲得知識，所以這種擴張的過程一定會在某些時刻收縮。因此金星雙子座的人如果過度地擴張，就會產生收縮的反應，並且透過收縮的狀態來認識自己。當這些人處於擴張的狀態時，會在心中思考各種不同的可能性，渴望能認識自己及生命整體。這些想法通常來自於生活中，他們會不停自問：「這是什麼意思？那是什麼意思？我如果這麼做，會發現什麼？我如果讀這本書，能學到什麼？我如果跟這個人聊天或上這門課，能學到些什麼？」等等問題。他們會嘗試各種事物，從不同的來源吸收各種知識，幾乎是來者不拒，但隨後心中就會出現疑惑：「我真的相信這個嗎？這對我到底有什麼意義？我該怎麼應用這個道理？」這些人會不停地與自己對話，這就像是天生的限制一樣，因為他們渴望不斷的成長及擴張。

對於金星雙子座的人而言，擴張及收縮的循環會不斷地交替出現，但卻不曾間斷過，而且會悄悄地進行。儘管這種內外的擴張及收縮無法預測，但他們會在心中不停地進行反應式的對話。這些人可能會在一段時間內不停地追求各種經驗，參加各式各樣的課程，閱讀各種不同的書，欣賞不同類型的電影等。但這段時間之後通常會出現收縮的循環，因為他們的擴張已經到達極限。他們會變得筋疲力盡又亂無章法，因為接受太多的刺激。當收縮的循環出現時，金星雙子座的人必須學會消化各種不同經驗的意義，而這些經驗都源自於追求知識的渴望。就一方面而言，當他們處於擴張階段時，內心也會不停產生反應；就另一方面而言，他們會因為已經無法承受或精疲力盡，週期性地脫離擴張的循環。當他們遠離外界的刺激後，才能慢慢消化之前的經驗。

金星雙子座的人內心浮躁不安，充滿強烈的好奇心，總會盡可能地體驗自己及生命，因此他們對別人通常很友善又開放。他們天生就會吸引來一些象徵新經驗或知識的人。這些人接受生命各種的可能性，所以也會接受各種不同類型的人。換言之，他們就是社交色盲。金星雙子座的人可以用非常自由的方式與人相處，比較不會帶有偏見。他們對生命充滿好奇，所以很容易跟其他人侃侃而談。他們很會發問，也很善於溝通。這些人非常懂得套出別人心中的話，通常多才多藝，反應很快，機智又幽默。

相反地，當他們進入收縮的循環後，與別人的對話就會變得只是單純的反應。最明顯的表現就是他們會把話說到一半，或是讓別人來替自己把話說完。在這種狀態中，雙方都無法真正聽進對方的話。金星雙子座的人每隔一陣子就需要收縮及穩定，拒絕接受更多的資訊。這種反應就像是金星在金牛座固有的求生本能。

金星在雙子座的人可以透過心智活動來認識自己的感覺。感覺與感情是兩碼子事。感覺是對既有刺激產生的立即反應，感情則是對感覺產生的反應。由於雙子座是風向星座，所以金星雙子座的人看待自己的方式，會與他們當時的想法本質有關。他們會對特定的想法產生感覺，藉此來認清自己感覺的本質。就投射的角度來看，他們會透過心智來接近別人，然後才能了解別人的感覺。換言之，他們必須先參與別人的智識或心智過程，才能了解對方對事物的感覺。

金星雙子座的人在性上面非常開放，能在心智上享受性帶來的各種可能性。所以他們天生就對性很好奇，不想排除任何的可能性。他們會考慮（至少在心智上）各種不同的性行為。有些金星雙子座的人會有雙性本質，最後變成雙性戀者。這些人的性趣非常多變又貪玩，把性視為一種「運動」，因為他們具有探險的天性，可以接受各種不同的性行為，口交對他們而言特別有吸引力。他們的性行為帶有強烈的心智成分，而這會帶來疏離感。這種疏離感對金星雙子座的人是很必要的，因為他們必須透過實際的性窺視，來認識自己及別人的性本能。但從另一方面來看，這種心智性的疏離會帶來性挫折，因為他們在性交過程中總像是個旁觀者，無法讓肉體及情感完全投入。換言之，他們即使在性愛中，也無法停止大腦思考。

就演化的觀點來看，金星在雙子座的人渴望擴張意識範圍，透過多元的經驗，與自己建立不同的內在關係。他們會對各種內外的經驗產生反應，透過反應來學習，然後產生正反兩面的想法。他們如果想繼續讓靈魂演化，就要學習接受對應點射手座的原型。他們基本上還是必須延續擴張的慾望，拓展內外意識的範圍，但是要把來者不拒的好奇心換成有意識的目的。他們必須清楚地告訴自己：「我是為了這個目的學習；我因為這個理由才這麼做；我對這件事很有興趣，我要把它徹底學好，然後才去學別的東西；我因為這個原因才會這麼想。」等等。此外金星雙子座的人也必須學著捨棄向外追尋知識，學著培養直覺，由內來理解自己追尋的知識。他們必須學著將自己的意識重心從左腦轉移到右腦，用直覺性的回應來面對自己，而不需要經過思考再反應。如此一來，他們會在內心深處建立固定不變的核心，再也不會週期性地失去條理，也可以用不同的方式聆聽自己及別人。他也能聽到每句話背後或其中富含的深層意義，更加了解自我意識產生的想法；還能切中要義地說話，用不同的方式與別人溝通，而不是只對特定的文字原義產生反應。他們也可以學會用非常直接的方式來表達自我，而不用說得天花亂墜來描述自己。

金星落入雙子座的名人

約翰·甘迺迪（John F. Kennedy）：美國前總統

克里希那穆提（Jeddu Krishnamurti）：印度哲學家

薇薇安·羅伯森（Vivian Robson）：十九世紀英國占星家

奧立佛·克隆威爾（Oliver Cromwell）：十六世紀英國政治家

巴布·狄倫（Bob Dylan）：美國名歌手

金星落入巨蟹座

金星巨蟹座的人欠缺基本的安全感，這是他們天生的內在關係模式。這種不安全感是來自於內心的感情。這些人的感情就像龍捲風一樣，不斷地襲捲心中每個角落，來來去去完全不受控制。金星巨蟹座的人內心深處會覺得自己彷彿站在流沙中，完全無法控制自己的情感狀態，所以非常沒有安全感。這些人內心的情感錯綜複雜，當所有情感都交融在一起時，往往會讓他們在這一刻覺得很安全又穩固，但下一刻又覺得非常沒有安全感，十分不牢靠。

這些人靈魂的目的是要向內認識自己的情感，並與情感產生連結。他們可以透過不斷改變、錯綜複雜的感情狀態來認識自己，但這也會帶來困惑，因為不同的感情狀態會產生不同的自我形象。對於他們而言，每種感情狀態都代表需求，源自於自己對安全、穩定及保障的渴望。這些人內心非常脆弱又沒安全感。他們通常會不時改變對自己的看法。每種情感（以及隨之而生的情緒）都不斷地決定了他們的心態。這些人內心非常渴望被自己信任的人照顧和滋養，最核心的慾望就是讓別人來幫助自己覺得穩定、安全及保障。他們的行為都源自於這種需求，而且會在一開始產生不同的感情狀態。

他們為何需要靠別人來獲得安全感？通常是因為兒童時期的行為發展遺漏了重要的一步。這最常發生在二十個月大的時候，嬰兒必須學會讓父母（其中一方或雙方）成為自己內在的一部分，即使是父母不在身旁，也必須覺得有安全感及牢靠。他們如果沒有學會這個步驟，就會產生錯置的情感，一直延續到成年之後。這些錯置的東西基本上就是小孩子的情感。我們追根究柢就會發現，這些其實都是從其他世帶來的感情印記或既存模式，因為曾經發生某種災難性的事件，讓他們內心的安全感大打折扣。無論事件的本質為何，這都在他們心中留下情緒化的坑洞，導致無法預期又錯綜複雜的感情狀態。父母即使在他們小時候提供愛及滋養，竭盡所能地讓他們有安全感，他們仍會覺得不夠。他們成年之後亦是如此，總覺得身旁的愛及支持不夠。金星巨蟹座的人即使獲得了渴望的愛、滋養及保障，永遠會嫌不夠。

金星巨蟹座的人會把天生對感情的期許投射到關係上面，他們總認為自己不需要實際把話說出口，對方就應該知道自己需要什麼。這是種很深沉又無法用言語表達的期許，就像小孩子或嬰兒一樣。小孩子或嬰兒很自然地期待父母能了解並滿足自己的需求。當需求沒有被滿足時，他們會出自本能地哭鬧或尖叫，激烈程度視情況而定。金星巨蟹座的人在成年之後亦是如此，沉默地期待自己的需求能被了解、被滿足。當事情不能如願時，他們可能會出現一些連自己都意想不到的情緒化行為。他們可能會表現深沉又無所不在的沉默，潛意識地吸引對方進入自己的感情狀態，讓對方認清並配合自己的需求。他們也可能會因為遷怒，出現激烈的情緒反應。這些極端的行為都是源自於累積的感情挫折，就像彈簧扯到極限會突然斷裂。他們的情緒化反應往往都顯得小題大作，有些不合時宜。

金星巨蟹座的人會透過感情來面對自己，也會很自然地用感情來吸引別人。他們不停地在「傾聽」或「聆聽」自己內心的感情，所以也能知道或「聽到」別人的感情狀態，以及這些狀態之下產生的需求，即使對方根本沒有將自己的感情狀態表現出來或說出口。金星巨蟹座的人天生就能與別人產生情感的共鳴，無須言語就能聽到別人內心的聲音。他們如果認為對方處於沮喪或需要的感情狀態，很自然地就會給予對方真誠的關心、智慧、支持、滋養及愛。這些人天生就會鼓勵別人釋放情感，也會想要呵護或擁抱需要幫助的人。他們的觸摸及擁抱充滿溫暖、力量及安慰。這反映了他們也很需要透過擁抱或觸摸來獲得安慰。他們對於觸摸及擁抱的反應是無庸置疑的，這就像小孩子和嬰兒生氣或難過時，可以藉由擁抱及觸摸獲得安慰。對於金星在巨蟹座的人而言，信任感是建立在觸摸及沉默的情感共鳴上，而這都是盡在不言中的。最重要的一點是，金星巨蟹座的人天性恐懼自己太過脆弱。他們深怕把自己的需求或感覺講出來，會因此受傷。所以當別人問他們「過得好嗎？」他們通常會回答「我很好。」即使表面上看起來根本不是那麼回事，尤其當他們處於深沉的情感狀態或渴望時，更容易退縮回到自己的角落，假裝若無其事。這是種直覺的反應，也是生存本能的表現，因為他們害怕自己會受傷，而且基本上也不信任大部分的人。此時他們信任或親近的人最好摸摸他們，加上溫柔又安慰的詞語，鼓勵他們鑽出情緒的外殼。

金星巨蟹座的人需要非常多的愛撫、擁抱及親吻，來獲得性方面的信任及安全感。在性上面，金星牡羊座的人通常是立馬上陣，金星巨蟹座的人則需要「熱身」。這些人天性需要並渴望先讓彼此的感情融合，先熟悉彼此的身體，然後才進入深刻、包容又緩慢的性交。經過「熱身」之後，他們會性慾高漲，製造一些煽情的性愛情境來刺激感情及性感官。但是切記一點，金星巨蟹座的人必須先有安全感，才能放鬆地發生性行為。有些人在性方面極度不成熟，會出現幼稚的性傾向，例如渴望被抽打、戀童癖、男性偏愛乳房或乳頭，女性偏好陰莖、性無能或性冷感。當金星巨蟹座的人在戀愛中很有安全感時，會在性方面非常願意付出，真心地讓伴侶感受到愛、安全及保護。

金星巨蟹座的人如果想要正面的演化，就必須在內心接受對應點摩羯座的模式。他們必須學會避免把對外界的依賴投射在伴侶身上，只為了獲得情感上的穩固及安全感。他們必須知道自己渴望的安全感和保障都存在於內心深處，也要學著為自己「感情的小孩」負責。首先他們必須學會發展感情的意識，覺察每種感情狀態的成因或源頭，而不是毫無頭緒地陷在感情裡面。如此一來，才可能培養情感上的自知之明，為自己的感情負責，變成感情上的大人。他們可以賦予自己力量，減少投射的需求，擺脫受傷的恐懼，然後學著用更直接且即時的方式與別人溝通。他們也應該學會控制自己的感情，而不是放任情感氾濫。他們也可以吸引來一些鼓勵自己負責的人，而且也會很自然地鼓勵別人對自己負責。到了最後，他們「內心的小孩」可以過著非常積極又健康的日子，因為他們已經懂得對自己負責。

金星落入巨蟹座的名人

博裘・柏格（Bjorn Borg）：瑞典網球好手
費德爾・卡斯楚（Fidel Castro）：古巴領導人
狄恩・馬汀（Dean Martin）：愛爾蘭自行車好手
路易士・蒙巴頓勛爵（Lord Louis Mountbatten）：二十世紀英國海軍元帥
凱文・柯立基（Calvin Coolidge）：美國前總統

金星落入獅子座

金星落入獅子座的人天性強烈渴望能完全地、創造性地實現自我。正如太陽賦予並延續太陽系內萬物的生命，這些人的心中也有股源源不絕的創造力來維持生命。這個「內心的太陽」永遠光芒四射，用之不竭。他們會在內心深處「聽到」呼喚，不斷地敦促要創造性地實現自己，而且也會利用任何自認為合適的方式來達到目的。金星獅子座的人會自創一個小宇宙，自詡為宇宙中心，很自然地期待別人會圍繞著自己打轉，幫助自己探索或實現自我。金星牡羊座的自戀是很原始的，彷彿出自本能，尚未具體成形；金星獅子座的人則是有意識的自戀，因為他們深悉自己具有創造的天賦。

金星獅子座的人期望別人知道自己的特別及優秀，也很希望別人能這麼告訴他。基本上，他們需要自己的創意表現能獲得正面又支持的回饋，無論表現好壞與否。

他們如果沒有獲得足夠正面的回饋或支持，就會覺得自己創造的東西毫無價值，努力的結果也不如自己期待。反過來看，這些人也能給予別人非常正面的支持及讚美。這通常是出自真心且誠實的，但多少也反映出他們內心期望別人也能同樣對待自己。他們唯有在把別人當成創造的競爭者時，才不會期待對方的支持及讚美。這是因為金星獅子座的人自認為是宇宙的中心。如果別人具備跟他同樣的能力，甚至比他優秀，足以改變宇宙運行的方式，那麼這些人就不再只是銀河的「繁星」而已。

金星獅子座的人在內心深處會把自己視為一塊還沒雕塑的泥土、一幅尚未上色的畫作、一處等待盡情探索的風景，或是等待被創造的宇宙。這些人滿腦子都是自己，他們在自己的世界中百無禁忌。這些人無論想做什麼，都會覺得自己**可以**做到。當他們發現的確有些**限制**讓自己無法達成目標時，就會感到非常地挫折。但這是必要的演化經驗，可以讓他們學會謙虛的功課，同時讓他們收斂一下自恃非凡的妄念。

金星獅子座的人通常非常樂觀又熱情，眼光總放在未來。他們會非常正面地看待自己及生命，還會創造許多帶來自娛或自我認知的活動。整體而言，他們的自我感覺非常良好。這些人非常地自我中心，而且會全力以赴達到渴望的目標。當他們自覺創造能力受限時，或是外在環境阻礙了自己的自由或獨立，導致無法創造性地實現自我時，便會覺得被籠罩在陰影之中。最糟糕的情形是，他們可能會大發雷霆，表現各種戲劇化又負面的天性。

他們在與別人相處時，很自然地會讓對方自我感覺良好，還會「吹捧」對方，給予對方正面的動力，鼓勵對方實現任何想要完成的事情。這些人也會讓別人自覺很「特別」，同時會給予對方許多天花亂墜的愛，讓對方覺得彷彿只要有他們在，自己就會獲得肯定及重生。這是因為他們也希望別人能肯定或接受自己。金星獅子座的人很擅長聽出別人的原意，他們會給予對方肯定，堅定地鼓勵對方完成自我努力的目標。他們可以透過正面的回饋及支持，幫助別人集中精力在自我的需求上面，變得更加自由，更能發揮自己的潛力。相反地，金星獅子座的人覺得受到內在或外在環境的限制時，可能會變很退縮，完全不與別人接觸，也可能非常鄙夷又痛恨別人的成就。

金星獅子座的人在親密關係中，必須不斷維持在「談戀愛」的狀態。這是因為他們甚至把死亡都視為理所當然。他們需要伴侶把注意力放在自己身上，也渴望在伴侶的眼中，自己永遠都是最特別的。這些人需要感覺到愛，也需要被愛，而這就像是無所不在的慾望，永遠無法獲得滿足，頂多只有片刻的知足。當金星獅子座的人覺得自己獲得了期待的愛及對待，也會讓對方自覺是宇宙的中心。金星獅子座的人必須擁有獨立創造的空間，讓他們實現任何源自於自我實現或探索的慾望。除了獨立之外，這些人也需要伴侶鼓勵他們發展自我。伴侶如果能這麼做，他們也會用同樣方式回報。我們要知道，金星獅子座的人天生就很強勢，非常清楚自己的方向，也很自動自發。他們具有堅強的意志力，當然也十分自戀。他們會因為這種內在特質而吸引來同樣的人，或是被這類型的人吸引。因此他們的親密關係通常都是非常任性的，盡情嘗試生命的可能性。金星獅子座的人可以非常地慷慨。當他們在戀愛中覺得被愛時，也會用特別的方式讓對方真實地感受到自己的愛。

當金星獅子座的人覺得被伴侶視為理所當然時，或是伴侶沒有花足夠的時間陪他們時，或是伴侶自覺比他們還重要時，或是伴侶對他們不忠時，他們就會翻臉表現出金星獅子座的另一面。他們會完全地退縮，內心對伴侶充滿鄙夷。此時他們會變得非常刻薄殘酷，徹底羞辱或鄙視對方，也可能有些不可思議又戲劇化的情感表現，其實只是渴望得到注意、愛及認同。這些人也可能會創造另一種生活方式，完全把別人拒之門外；也可能談婚外情，從外遇對象身上獲得需要的愛與注意。反之亦然，當金星獅子座的人把伴侶視為理所當然時，伴侶也會用同樣的方法對待他們。當兩人的關係惡化時，他們通常都只顧自己，鮮少關心伴侶的感覺或需要，特別是當他們認為伴侶在某些方面妨礙了自己。

就性這方面來看，金星獅子座的人對身體有種天生的喜愛，所以會散發自然的性感。這些人非常自戀，可能會頻繁地自慰，因為他們把自己的感官及性向，視為某種形式的自我實現或蛻變。他們把身體和性當成藝術品，覺得可以隨心所欲地創作它。就身體的層面來看，金星獅子座的人具有非常強烈的感官氣息，散發自然的誘惑，但他們會有意識地運用它。換言之，他們會玩弄它。他們在親密關係中時，如果對伴侶的感覺很好，性生活可能非常熱情又強烈；如果感覺不好，則可能完全地保留，不碰對方。此時他們可能會嘗試各種不同的自慰來滿足強烈的性慾，也可能尋求外遇。金星獅子座的人基於創造性實現自我的天性，對性的探索及實驗也非常開放，唯獨無法接受帶有羞辱或貶低意味的性行為。這些人渴望單一伴侶，但也很享受性方面的調情及隱射，因為這可以讓他們覺得自己非常特別、重要又獨一無二。

就演化的觀點而言，金星獅子座的人必須向內學習對應點寶瓶座的特質。基本上這意味著他們必須學會客觀地看待自己，而不是主觀地活在自己的世界裡，無法接受把自己與別人一視同仁。當他們全心投入創造性實現內心的慾望時，也必須承認自己身處於一個更大的團體、社群或社會之中，進而才能理解社會的需求。一旦他們認清了整體的需求，就能用非常獨特又極具創意的方式，在社會中整合自我。不過在他們完全理解整體架構的運作方式之前，可能會覺得非常挫折，因為似乎沒有人能肯定自己獨特的天賦或能力。他們在親密關係中必須學會單純的付出，而非因為要別人來滿足自己的需求。他們與別人相處的時候，必須學著承認並肯定別人的現實和需求，而不需要別人一開始先讚美他們有多特別多優秀，或是期待對方能有同樣的回饋。他們也必須學會接受不同於自我內在評價的回饋。最重要的是，他們必須知道自己只是浩瀚宇宙的一部分，而不是宇宙的中心。當金星獅子座的人明白這點後，就能散發出一種從容的自信，再也不用靠別人來告訴他們自己有多棒。

金星落入獅子座的名人

吉米・卡特（Jimmy Carter）：美國前總統

瑪莉・貝克・艾迪（Mary Baker Eddy）：基督教科學會創始人

海因里・希姆萊（Heinrich Himmler）：德國納粹重要領導人

希區考克（Alfred Hitchock）：十九世紀末英國導演

葛斯塔夫・馬勒（Gustav Mahler）：奧地利指揮家

金星落入處女座

金星處女座的人，天性會在內心強烈地分析及批評自己。就演化的觀點來看，他們正處於一種改善自我慾望及需求的循環中，會在內心不停地調整面對自己及對待別人的方式。這種自我改善及調整的慾望，會讓他們覺得眼前的一切都「不對勁」或「不夠好」。無論如何這都象徵了罪惡感，然後就會產生贖罪的需求。贖罪源自於罪惡，罪惡與判斷的標準有關，而標準往往會更加深罪惡感。他們的判斷標準通常是信仰系統，這是建立在嚴格的是非觀之上，帶有強烈的道德及宗教色彩；而他們的信仰本質會認為跟完美的神或世界相比，人類永遠少了些什麼。金星處女座的人會根據這種信仰產生自我改善及調整的慾望及需求，並依此來面對自己與別人。

從前世的角度來看，金星處女座的人通常會有連續好幾世，渴望能消除過度自我中心的人生態度，並且徹底消滅所有導致自恃非凡的因素。此外，他們從過去連續好幾世至今生，都很渴望能讓自己與內心**真正的**現實結合，擺脫一度信以為真的自恃非凡或自我中心的妄念。這些慾望會讓金星處女座的人內心備受煎熬，覺得自己非常孤單、空虛又渺小。金星獅子座的人覺得自己像神一樣，金星處女座的人卻覺得自己有如廣大沙灘上的一顆沙粒。這些人需要且渴望能移除所有自恃非凡的妄念，同時擺脫過度自我中心的人生態度，所以會對自己產生強烈的自我批評或分析意識，而且就原型的層面來看，他們也會渴望羞辱自己。因此金星處女座的人時常會對自己產生負面的感受，覺得自己不夠好，不夠完美。他們的信仰會讓這種感覺更加強烈，因為信仰會督促他們與一些更完美或更好的事物比較（比較是金星的功能之一）。他們也會把這種比較投射到自己尊敬的人身上，然後藉此來貶低自己。由此看來，金星處女座的人可能非常討人喜歡，因為他們會表現真正的謙虛，自然地避開任何個人的榮譽。他們之中很多人都無法接受任何讚美或正面的評價。

這些人帶有顯意識或無意識的罪惡感，又渴望能贖罪，所以創造一種自虐的行為模式，藉此來懲罰自己。這種自虐的病態心理時常會導致許多內在及外在形式的危機。危機會讓他們分析自己，然後透過分析更加認識自己。這些人可能會用許多不同的方式來懲罰自己。

他們可能在內心中不停地折磨自己，然後就會吸引來虐待性格的伴侶及關係。他們也可能不停犧牲自己合理的需求，以滿足別人為優先。這反映了他們心中的罪惡感，而且他們總覺得自己不值得被付出或滿足。他們也可能表現許多自殘的行為，讓自己被打敗或羞辱。他們也可能會不停地逃避，避免面對內心深處的孤寂感。他們還可能變成工作狂，強迫性地讓自己忙碌不堪，不停地思考一些無聊的事情。他們也可能無意識地製造接連不斷的危機，只為了讓自己的左腦被佔據，沒有時間理會內心的空虛。他們也可能面臨各式各樣的身體問題，或是飲食過度（補償內心的空虛），最糟糕也最複雜的情形就是厭食症。這基本上就反映了他們內心深處的罪惡感，以及贖罪的慾望。他們為了排除罪惡感，會強迫自己嘔吐。這與負面的自我形象有關，他們會覺得很空虛，完全沒有內在價值，接著又會導致過度進食，藉此彌補空虛。這其實也算是一種性行為，因為進食也是種感官性的行為，我們可以透過進食取代內在的空虛感，然後將空虛「釋放」。這種釋放的效果就像是強烈的性高潮，然後又會讓人更加罪惡，因為人們先入為主地認為性行為是不純潔的。所以他們可能會因為罪惡感，或是擔心被別人「汙染」而壓抑自己的性慾望。性壓抑不僅會產生進食問題（靠食物來獲得補償），也可能出現上述各種問題。相反地，金星處女座的人也可能會濫交，或是接受強迫性的性交，藉此來彌補內心的空虛。

金星處女座的人常活在自我懷疑的陰影下，這不僅因為他們渴望能消融自我，同時還會過度地分析自己，然後產生許多強迫性的想法及觀點。相反地，這也可能導致他們失去能力，無法採取必要的行動。當他們在考慮一些新的計畫、方向或改善自己的策略時，時常會把事情弄得很隆重又複雜，但這只會加深自己的笨拙感。所以他們常在開始之前，就讓自己洩氣了。跳脫這種自我打擊的唯一方法就是，他們必須知道通往完美、自我改善或自我實現的道路，都是一步一步慢慢來的。

金星處女座的人在與人相處時，總是非常的低調又謙虛，隨時準備幫助別人。他們是天生的付出者。他們天生就因為過多的危機感而飽受折磨，所以很自然地能感受到別人的痛苦或危機。這些人非常擅長幫助別人解決問題，他們的建議通常很實際又萬無一失。可惜的是，他們很難把這些好建議用在自己身上。

金星處女座的人天生有受虐傾向，這會讓他們覺得自己不值得接受幫助，而是應該被傷害、虐待、利用、操縱、欺騙、批評或否決。他們常會吸引一些有感情缺陷的人。這其實「突顯」了他們內心情感的創傷及困擾。基於這些驅力，金星在處女座的人常會吸引來非常自我中心的伴侶，還會不合理地期待能受到他們的幫助或服侍。這類型的伴侶時常會否認自己的情感本質，然後將自己的感情投射到金星處女座的人身上。當然，這些投射通常都是挑剔又負面的批評，正好牽動金星處女座內心的自我懷疑、罪惡及贖罪驅力。

這些人常會為了伴侶壓抑自己的需求及目的，還覺得這是維繫關係的唯一方法。因此金星處女座的人認為自己徹頭徹尾就是人生的受害者，而其他人也承受某些方面的痛苦。基於這種受害心態，他們會覺得無力去改善人生狀態，對生活也永遠不滿意。他們可能會很沉默、堅忍並接受痛苦；也可能對周遭的人訴苦來排解心情。

在性上面，金星處女座的人會想服侍或取悅伴侶。他們可以從伴侶的性滿足中體驗到性的成就感，這也算某種形式的個人犧牲。他們無意識地接受主人與奴隸的原型驅力。金星處女座的人可能是主人，熟悉各種性技巧及方法，目的是為「奴隸」帶來強烈的性刺激；他們也可能是奴隸，毫無選擇地應付主人的性需求，這必須視本命盤中其他的因素而定。最糟糕的情形就是公然的性虐待。相反地，金星處女座的人可能性冷感，因為他們深層潛意識中對身體及感官有罪惡感，也很害怕被性行為「汙染」。壓抑天生的性慾可以帶來昇華，但他們會顯得緊張、拘謹又焦慮，非常挑剔又愛批評。金星雙子座的人因為強烈的心智傾向，會在性交的過程中不停地分析，進而產生自我認知。這種心智或觀察的傾向，常會帶來性挫折。所以他們會嘗試更激烈的性刺激，只是為了讓自己停止思考，完全投入身體感官的享受。金星處女座的人則是另外一種極端，他們可能徹底的禁慾，也可能全然沉浸在性愛之中，百無禁忌。

金星處女座的人如果想要繼續靈魂的演化，就必須向對應點雙魚座學習。他們必須了解自己內心深處的孤獨感，其實象徵著未滿足的靈性需求。他們必須在心理接受某種靈性系統，嘗試與神建立直接的內在連結。他們一旦建立這種內在連結，日復一日地實踐，便能消除心中的孤獨感。這種靈性系統必須以愛與同情為基礎，必須是溫和且友善的，必須是源自於自然法則的，然後他們才會發現神並不是天生完美的，而是一股不斷演化的力量。透過這種方式，金星處女座的人可以改變內心判斷的標準，化解累積的憤怒，放下贖罪的渴望，並在內心深處接納自己，唯一的標準就是每天都有一點進步。他們也可以將負面的自我感覺轉向正面，吸引來不同的人。這些人天性慈悲又寬容，願意接納和支持，而非一味地挑剔和批評，還會鼓勵他們發展自己的能力及潛能。這些人也會讓他們知道自己有多麼可愛，再也不需要當自己最可怕的敵人。他們最後就會明瞭生命並非只是個大問題，其實有許多解決之道。

金星落入處女座的名人

羅伯特・詹斯基（Robert Jansky）：二十世紀美國占星家

漢克・威廉斯（Hank Williams）：二十世紀美國鄉村藍調歌手

愛蜜莉亞・埃爾哈特（Amelia Earhart）：十九世紀美國第一位女飛行員

歌德（Wolfgang Von Goethe）：十八世紀知名德國作家

勞倫斯（T. E. Lawrence）：十九世紀英國軍官，人稱「阿拉伯的勞倫斯」

金星落入天秤座

金星天秤座的人天性喜歡與人交際並建立關係，而對方就象徵生命的多元性。他們會透過關係中的比較或對照來認識自己，同時也能發現每個人都有不同的價值觀。換言之，這些人會透過關係，知道自己是什麼樣的人，也可以透過對比知道自己不是哪種人。

許多占星學的作家及老師會有某種迷思，認為天秤座與生俱來就是平衡的。事實上，天秤座是來**學習**平衡的。就原型的意義而言，天秤座是透過極端來定義自我的，剛好是平衡的相反。金星天秤座的人，本質上會週期性地陷入兩種極端，其中一種是過度的社交，另一種則是過度社交而導致的與世隔絕。這種極端表現其來有自，因為金星天秤座的人想要透過各種社交活動來認識自己。他們時常會受到往來的人影響，完全活在對方的現實之中，所以每隔一陣子就會變得浮躁不安，感覺失去了自我意識或內在重心。此時他們就會表現相反的驅力，變得與世隔絕，不與別人往來。這是因為他們需要獨處來穩定自己，從內自我重建。這種與世隔絕的反應循環是一種生存本能，反映了金星的金牛座特質。別忘記了，金牛座與天秤座之間形成十二分之五相的相位，所以會很自然地引發兩種極端的表現。他們如果過度參與社交，十二分之五的相位就會產生內在危機感，讓他們很自然地退縮，不再與人互動。他們如果過度封閉，就會導致內心的崩解，此時十二分之五的相位又會帶來內在危機感，激發他們與別人進行必要的互動。

天秤座原型象徵的心態就是，他們的自重程度取決於別人；換言之，別人如何重視他們，他們就給自己幾分尊重。這導致他們的內在價值與意義，都取決於別人賦予他們價值與意義。由此可知，對於金星在天秤座的人而言，別人的眼光是非常重要，他們時時會把對自己重要的人放在第一位，反映或支持這些人的現實，即使那對自己來說一點也不實際。他們也會因此而脫離了自己的現實人生。他們會有各種不同的面貌，取決於當時他們跟誰在一起。這也就是為何坊間占星書籍中，時常把金星天秤座的人形容成變色龍。

這種變色龍效應還有另外一個原因，這與天秤座原型與相對性的準則有關。正如愛因斯坦曾經說過：唯一的絕對就是相對本身。金星天秤座的人天生就能領悟這點，所以他們可以讓各式各樣的價值觀及信仰產生連結，然後創造不同的生活方式。他們可以支持別人的生活方式，無論那與自己的生活方式是否相同。這也就是為何對於人際關係模式較為固定的人（例如，金星落入金牛座）而言，金星天秤座的人就像變色龍一樣，令人捉摸不定。

基於同樣的原因，金星天秤座的人會週期性地失去自我。因為他們太熟悉所有事情的相對性，反而讓自己十分迷惑，不知道自己到底該重視或相信什麼，也看不清真正的自己。無論眼前的現實是什麼，金星天秤座的人永遠都能從別人的人生中看到其他的可能性。相對性的意識也可能帶來非常豐富的想像力，他們可以想像另外一種生活的感覺，或是變成另外一種人的感覺。這些內在驅力會讓他們不禁質疑自己到底是誰。金星天秤座的內在自我意識，都與別人有關，所以他們時常會透過別人的價值及信仰來自我實現或探索。

天秤座也與平衡、公平、公平競爭及正義的驅力準則有關。金星天秤座的人會在社交活動中充分表現這些特質。他們社交本性的特徵就是折衷及協調。但如果事情違背了他們認為的正義、公平競爭及平等原則，這些人也可能表現出極度的憤怒。「己所不欲，勿施於人」這句諺語，早在他們的靈魂中留下深刻的烙印。

在親密關係中，他們渴望且努力達到雙方角色的平等及互換性。他們很重視關係中的公平，認為雙方都是平等的個體。他們是絕佳的聆聽者，可以客觀地傾聽並了解伴侶的現實狀態。他們當然也期待伴侶能用同樣方式對待自己，給予自己同樣的尊重。他們天生就願意對別人付出，特別是親密伴侶。這是因為金星天秤座的人渴望被人需要。這當然又是因為他們的自我價值感都是來自於別人。因此付出就代表被需要，被需要就意味著被重視，被重視就代表自己對於別人而言，是有某種意義的，而如果別人認為他們有意義，他們才會覺得自己並不是白白活著。

由此可知，金星天秤座的人十分渴望別人的付出；但是基於天性，他們之中許多人都很難開口要求。很多人是因為根本就不知道自己要什麼；還有些人是因為害怕一旦自己開口要求，就會破壞關係。無論如何，不開口要求這件事，反而讓他們無法建立公平的親密關係。

他們開不了口的原因可以追溯至童年時期。就原型而言，天秤座與巨蟹座、摩羯座分別形成四分相。在成長的過程中，他們自己的需求時常無法獲得父母（雙方或其中一方）的接受及尊重。相反地，父母（雙方或其中一方）還會不停告訴孩子他們需要什麼，對他們有什麼期待，但這一切其實都是出自於父母自己的需求。當孩子想表達自己的需求時，父母不但不會聽，還會更強調自己對他們的期望。這當然破壞孩子的自我身分意識及主權。這會讓孩子對於自己真正的需求及慾望很沒有安全感，很擔心別人負面的批評。此外，孩子也會覺得除非自己能滿足父母（雙方或其中一方）的期待或需求，才能得到愛和支持。由此可知，許多金星在天秤座的人從小就學會如何反映別人的價值觀、信仰及生活方式。基於這種內在特質，他們也很容易吸引來一些伴侶，期待他們成為自己現實的延伸品。

就性方面而言，金星天秤座的人天生就願意付出，而且對伴侶的需求、感情及慾望非常敏感。他們很自然地能與伴侶的天性達成共鳴，表現伴侶的性慾望或需求。這是因為金星天秤座的自我價值、尊重及意義都來自於別人的眼光。因此他們在性上面的付出，就代表了表現伴侶的性需求及渴望，並與其融為一體。此外，金星天秤座的人基本上都很渴望愛及接受，而其表現的方式就是反應伴侶的性需求。他們反而沒有發掘自己的性傾向，任其被忽略淹沒。他們有些人會在伴侶的領導下，嘗試不同類型的性生活。也有些人會與不同的人交往，嘗試不同的性生活。這些人吸引來的伴侶時常會要求他們配合自己的性需求，而不會考慮他們的性需要。當這種情形發生時，金星天秤座的人會慢慢累積憤怒，因為這違反了角色平等、互換及公平的原則，而這正是他們最基本的需求及渴望。憤怒會產生驅力，最後可能會導致性侵。

但從另個角度來看，憤怒也可能帶來非常正面的心理發展，讓他們學習如何提出要求，爭取自己的慾望及需求。他們最後可能發展出平等的性角色，在性愛的過程中採取主動，表現自己的慾望。如果目前的關係不允許他們這麼做，他們可能會把這種憤怒轉移到別人身上，藉此滿足自己的性慾。此外，金星天秤座的人如果突然開始提出自己的需要，伴侶也可能被激怒。伴侶為了確保自己在性上面的主控權，可能會表現非常激烈的性行為。當金星天秤座的人開始主張或要求自己的需求時，伴侶也可能保留精力，不與他們發生性關係。

金星天秤座的人天生就會散發一種優雅又美麗的性感，因此他們很多都會變成別人性幻想的對象。他們對此感到十分挫折，因為他們希望別人能喜愛或接受真正的自己，而非被幻想或投射的自己。他們需要伴侶鼓勵自己表現性的本質和需求，也需要伴侶透過細膩的愛撫來喚醒他們。他們也需要伴侶製造感官的氛圍，引誘他們激情地回應。就演化的角度來看，金星天秤座的人也在試著平衡體內的阿尼瑪（Anima）／阿尼姆斯（Animus），渴望能整合內在男性與女性特質，達到陰陽協調的狀態。他們必須學會接受與付出，在表達自己的需要時，也要聆聽對方的需求，如此才可能出現平等的性角色。他們有些人可能對男人及女人都極具吸引力，或是變成雙性戀者。

金星天秤座的人如果想繼續演化，就必須向對應點牡羊座學習。這代表他們必須學會聆聽自己的心聲，而非一味地傾聽別人的聲音。他們如果學會傾聽自己，就知道如何表現及溝通自己的內在現實。透過這種方式，他們可以學會如何在各種社交或親密關係中，依然維持自我的中心。他們如果維持內心的平衡，才能在不過度破壞或妥協自己現實之下，接受、了解並支持別人。這些人如果學會聆聽自己的聲音，便能信任自己的本能；當他們學會相信自己的本能後，就知道自己能信任誰。此外他們也會知道何時該與人往來，何時該獨處，藉此達到平衡。他們也能吸引來一些伴侶，鼓勵他們實現及探索自我，同時也不會恐懼他們在關係中堅持獨立及自我實現的需求。

金星落入天秤座的名人

葛麗絲．凱利（Grace Kelly）：美國好萊塢已故女星，後成為摩洛哥王妃

波．德瑞克（Bo Derek）：美國好萊塢已故女星

胡笙國王（King Hussein）：約旦前國王
克里斯多福．哥倫布（Christopher Colombus）：義大利探險家
嘉瓦哈拉．尼赫魯（Jawaharlal Nehru）：印度首任總理

金星落入天蠍座

金星天蠍座的人天生就會深入洞悉自己的靈魂及內心世界，他們會不停地自我觀察，檢視自己動機、意圖、恐懼及慾望的本質。他們會觀察自己的心理，也會用同樣方式對待別人。他們會不停地自問為什麼，藉此來認清自己內心的聲音，同時也決定了與別人的相處方式。金星天蠍座的內心就像一口壓抑又迂迴的湧泉，週期性地噴出又停息，引導他們更深入地探討自己情感及心理的本質。他們會因為認識自己慾望而壓抑內心，而這種內在的壓抑反而會讓他們的靈魂散發強烈的能量。金星天蠍座的人會產生極具穿透性的強烈氛圍，同時能洞悉周遭人事物的本質。

有趣的是，金星天蠍座的人散發的強烈能量，常會讓人聯想到老鷹的眼睛。老鷹的眼睛天生可以顧全大局，同時深入聚焦在某一個點上。因此金星天蠍座的人通常能在面對自己內在現實的同時，與外界保持互動。

他們會不停地觀察自己的內在及存在意義。當他們感覺到自己的存在時，就會深入探索其中的感情、感覺、感官、想法、靈感、夢想或慾望，他們會不停地問「為什麼」，希望能找出背後的原因及源頭，探索原因可以幫助他們更加了解或認識自己。當他們在進行探索時，會進入深度內化的境界，完全地與外界隔絕。別人如果不了解金星天蠍座的人與自己相處的方式，可能會感到十分困惑。

金星天蠍座這種強烈內化的方式，常會讓別人感受到威脅，卻又說不出所以然。這是因為他們散發的強烈磁場會觸動別人的靈魂結構，導致別人產生不安全感的本能反應。大部分的人都不會像金星天蠍座的人一樣，深入地觀察自己。因此當別人感受到金星天蠍座的人的氛圍時，靈魂時常會不由自主地被他們吸引。他們時常會勾起別人無意識的生存本能，而這種深層的反應都與對方自己現實的本質及結構有關。許多人在與金星天蠍座的人接觸後，常會無來由地質疑自己到底是誰？自己為何是這個模樣？這種效應也反映出金星天蠍座的內心世界。他們帶給別人的強烈效應，也都取決於自己當時的內心壓抑及退縮程度。這種內心的強烈程度可能是天差地遠的。

金星天蠍座的人也會用同樣的方式與外界互動。他們一方面會深入、安靜又密切地觀察周遭一切不停變動的本質，這可以讓他們維持在穩定及安全的狀態中。金星天蠍座的人非常需要持續的觀察，因為他們天生恐懼背叛、失去及拋棄。他們會受到這些恐懼影響，激起生存本能。觀察環境可以幫他們面對自己的恐懼，提防任何人事物勾起自己的生存本能。當他們發現有任何東西可能威脅自己或自己愛的人時，就會以銳利的鷹眼鎖定目標，緊盯威脅的來源。

由於這攸關生存本能，金星天蠍座的人會不斷觀察所有的人事物，評估其是否會構成威脅。這種與生俱來的生存本能會讓他們未雨綢繆，替所有可能的生命情境做好準備。這種觀察與準備的驅力，當然又跟對失去、背叛及拋棄的天生恐懼有關，而這些恐懼也決定了他們如何面對別人及人生。這也就是為何金星天蠍座的人在剛開始與人相處時，總是顯得防衛心很重，帶點距離感。

所有金星天蠍座的人在過去許多世都有相同的演化目的，就是靈魂渴望能消除所有對外界的依賴。這是因為他們常會過度看重或認同某種人事物，藉此來獲得安全及保障。他們會緊緊依附任何能提供自己安全及保障的人，而且希望盡可能地維持下去。當這種依附變得僵化又固定時，可能會妨礙他們進一步的成長及演化，此時他們就必須消除依附的來源，獲得必要的成長。

就內在的層次來看，金星天蠍座的人如果用一種太過僵化又固定的方式來面對自己，也會導致強迫移除的過程。換句話說，他們每隔一陣子就進行內心大掃除。當他們發現某些象徵生命意義的東西，已經讓自己陷入窠臼，只能用固定的方式與自己相處，他們就會把這些東西清除。

強迫性的移除是為了帶來必要的成長。很少有金星天蠍座的人，能夠意識到自己把太多的人生意義，投射在別人或某些生命情境上面，他們也很難意識到象徵安全及保障的內在驅力。因此當他們失去一些過度認同的人事物時，時常會感到非常失落，覺得自己被背叛或拋棄了。最典型的反應就是憤怒及暴怒，然後很自然就導致受害者的心態（天蠍座與巨蟹座、雙魚座形成天生的大三角）。許多金星天蠍座的人天生就帶有這種憤怒。

然而真正的問題在於，金星天蠍座的人認為某些東西象徵生命的意義、穩定及保障的需求，他們太過依附這些東西，緊抓不放的時間也太久。別忘記了，現實時空最強調的生命法則或驅力就是演化，而任何特定驅力、狀態或關係的功能或價值都是有限的。演化就是要轉化限制。因此，當金星天蠍座的人過度認同的東西，已經妨礙了必要的演化，那麼不管他們配合與否，這些東西都會被強迫移除。

在親密關係中，金星天蠍座的人自然渴望深入探索自己愛的人。他們是天生的心理學家，會研究伴侶的心態及感情結構。他們想要知道別人的動機，也想知道對方為何想成為自己生命的一部分。矛盾的是，金星天蠍座的人渴望對方能幫助他們了解自己的靈魂、恐懼、需要及慾望；但又很害怕讓別人太靠近自己。這種恐懼是與生俱來的，因為他們潛意識裡保有從過去世帶來失去、拋棄及背叛的記憶。因此金星天蠍座的人會「測試」那些想要親近自己的人。他們需要對方先證明自己的愛和目的，才會敞開心胸接受對方。

金星天蠍座的人渴望伴侶能幫助自己探索靈魂的深處，而伴侶也會對他們有同樣的期待。所以他們最後常會吸引來認為並期待他們能幫忙自己治療心理及感情的人。這個動機也對金星天蠍座的人很有吸引力，因為這會創造一種虛幻的安全感，而伴侶看似非常地依賴他們，彷彿沒有他們就活不下去。這種依賴會讓金星天蠍座的人很有安全感，而這與對方需要的強烈程度有關。他們最後常常變成另一半的感情及心理治療師，這可以讓他們有安全感，同時也能隱藏自己深層的恐懼及傷口。金星天蠍座的人會用很多方式隱藏深層的恐懼及感情，因為他們天性害怕被傷害。這種恐懼與整體的信任感有關，他們常不知道自己能信任誰。當他們無法信任伴侶時，不僅會破壞自己在關係中的慾望及需求，同時也會讓對方無法理解他們深沉的傷口及需求。這只會造成更多危險的業力，他們會試圖操縱對方，讓對方不得不依賴他們。他們的操縱能力來自於洞悉人心，因為他們可以看出別人最深層的情感創傷，而且還會讓對方覺得自己是唯一的救星。但是他們無意識中並不想幫對方療癒傷口，因為對方如果痊癒了，就可能不再需要他們，而這會讓他們失去關係中的安全感。

當他們的親密關係出現上述的模式時，代表彼此天生都有很深的不安全感。此時會出現不同形式的操縱，有些可能直接了當，有些可能非常細微隱晦。但是最讓他們迷惑又驚訝的一點是，這種類型的關係根本沒有安全感可言。因為這類型的伴侶只是出於自我的需求而被他們吸引，當需求被滿足了，關係就結束了。因此這種驅力只會讓金星天蠍座的人覺得失落、拋棄及背叛。他們之中很少有人知道，都是因為自己的恐懼，才會導致這樣的關係。也很少有人會意識到伴侶也會操縱他們，藉此滿足自己的慾望。

在這樣的關係中，兩個人基本上都想要限制對方的成長，而這與他們對關係的需求有關。這種心態常會帶來許多心理及感情的操縱。他們會努力地讓關係維持在一開始的驅力模式，但最後總會弄得筋疲力盡，再也無法讓關係成長。接著就會出現對立，迫使關係畫下句點，除非他們能找到新的驅力及經驗。基於這些驅力，金星天蠍座的人時常對伴侶表現出強烈的忌妒、占有慾及控制慾望。他們時常覺得一些假想或真實的情境，會威脅自己的控制權。當然，他們也可能會吸引來同樣類型的伴侶。

有些金星在天蠍座的人曾經跳過了必要的演化步驟，尤其是金星逆行的人。這些省略的步驟通常與情感的驅力有關。他們可能會因為各種不同的原因，去避免或否認感情的驅力，我們必須檢視每張本命盤才能確定原因。無論如何，這些人會透過強烈的感情及性經驗來經歷必然的演化，徹底面對自己的感情驅力。這些經驗通常與違背信任、感情的幻滅、背叛或拋棄有關，有些還會牽涉到性暴力。他們也常會吸引來一些在感情上不誠實、玩弄、自戀的人，也可能是病態的騙子。

金星天蠍座的人需要強烈的心理及感情經驗，才能意識到自己驅力、動機、目的、慾望及需求的深度。這種強烈會表現在與伴侶深入交流或討論情感、激起感官慾望的性經驗，或是激烈的情感對立或災難，這些都可以讓他們的意識更加明確，不停地自問**為什麼**。金星天蠍座的人可能還會用另外一種方式來表達強烈的慾望，那就是在感情上徹底地自我孤立，不讓任何人穿透自己小心打造的感情防彈衣。這種退縮會導致內心的壓抑，而他們往往要到筋疲力盡的時候才會清醒。

他們的渴望為什麼如此強烈？因為強烈的經驗可以讓他們意識到自己隱藏的或無意識的部分。當金星天蠍座的人覺得需要成長或自我發掘時，他們會全力以赴。他們完全吸收成長需要的所有養分，透過吸收產生同化作用，變成自己認同的人事物，並與它建立關係。這會讓他們很有安全感，因為他們已經深刻了解它的本質。他們最大的挑戰，就是要知道何時該放開或改變自己內在驅力、生活條件、情境，或是存在於自己與別人（尤其是愛人）之間的感情／心理驅力。當他們明瞭這點之後，就可以避免失去、對立、拋棄或背叛的感情經驗。

金星天蠍座的人也可以透過強烈的經驗，意識到其發生的原因。這種意識可以幫助他們認識自己，然後可能會帶來改變。他們如果沒有因而改變，就會不由自主地重複同樣的經驗，直到自己筋疲力盡為止。當他們無力再去面對這些時，就會開始自問為什麼，然後從中獲得解決之道。

就性方面而言，金星天蠍座的人渴望強烈的感情及肉體感官。基本上這是一種融合的渴望，他們希望能被對方完全吸收，深入對方的（同時也是自己的）核心本質。當他們釋放強烈的性能量時，可以讓內心靈魂的壓抑獲得紓解。整體而言，他們是深入靈魂又熱情的愛人，需要溫柔又綿密的愛撫。這些人深知觸摸的力量，天生就很清楚自己在性愛的過程中有多麼脆弱，可能會因為伴侶觸摸的方法及特質而受到傷害。他們自己的內心狀態也會反映在觸摸上面，觸摸是金星天蠍座的人無法隱藏的驅力。當這些人有足夠的安全感，願意睜開雙眼來做愛時，他們的激情無人能比。他們可以很敏銳地意識到對方身體及靈魂的各種感受，他們會與對方的感受達成共鳴，然後更加深入且強烈地進入對方。他們的性能量非常持續，有些人甚至會透過其他各種目標來轉化它。

金星天蠍座的人十分好奇性能量的奧祕，因為性象徵了生命／死亡／重生。性就像是自我探索的工具，帶領他們嘗試各種可能性。他們有些人可能會嘗試別人眼中的性禁忌，因為他們天性就很抗拒社會傳統對於性的限制。有些人則可能渴望利用性能量來自我轉化或自我治療，同時也治療別人。他們可能會嘗試一些性的儀式及方法，其背後帶有特殊的治療或轉化目的。還有些人可能會利用性能量來控制關係。也有些人會利用性能量來傷害、占有或控制伴侶。他們也可能會利用性能量來報復傷害自己的人。所有金星天蠍座的人，天生渴望伴侶能付出全面的承諾及專一，性當然也包括在內。他們本質上非常專一，也很重視承諾。當然，這也可能受到本命盤其他因素的影響。

金星天蠍座的人天生就會默默散發強烈的能量，讓別人感受到原始的性誘惑，即使別人可能不喜歡他們的全部。這種真實的吸引力也許不單單與性有關，但是感覺很像是性的誘惑。金星天蠍座的吸引力其實是來於內心的強烈能量，但是對於別人而言，這種強烈的共振能量是無意識的，只會覺得他們挑起了自己內心的某種需求，而這種需求往往都是無意識的，也無法被定義。人們總認為金星天蠍座的共振能量可以產生轉化，儘管這可能會帶來恐懼。其實這些人散發的共振能量，只是反映了自己靈魂的強度，所以也會刺激別人的靈魂結構。對於有些人而言，這種能量會自動刺激大腦的運作，其中包括性的本能及慾望。基本上，金星天蠍座的人只是很自然地做自己，根本沒有意識到自己散發的能量。但也有些金星天蠍座的人會觀察別人對自己的反應，把性能量當成操縱的手段，藉此來滿足與權力有關的性需求或渴望。

金星天蠍座的人如果想要讓演化繼續，就必須學習對應點金牛座的原型。他們必須知道自己創造的投射需求，其實都與內心深處的傷口有關。他們把需求投射出來，其實是渴望別人來療癒這個傷口。但是對應點金牛座的目的就是，他們必須學會自己療傷。唯有如此，他們才能找到自己的力量，自給自足，培養出深沉又真實的內在安全感。他們如果找到了安全感，就能用全新的方式來面對別人，特別是親密伴侶。他們此時也會鼓勵並幫助伴侶獨立地實現自我，而伴侶也會用同樣的方法鼓勵他們。當他們改變自己內在的能量時，自然就會吸引來不同的人。最後他們再也不會感受到操縱、控制、背叛、失去或拋棄的驅力了。

此外，他們也必須學會坦然地面對自己的感情。他們要學著不再扭曲感情，不再曖昧不明，而是直接表達出來。金星天蠍座的人必須先學會這點，才能滿足自己最強烈的需求及慾望，而且在他們的生命中，至少會有一個人完全了解他們，知道他們如何整合自己，也清楚他們這樣做的理由。他們也可以在這個過程中，學會分辨誰應該留在自己的生命中，而誰又應該被拒於門外。他們也可以學會認清伴侶真實的需要，而非一味地告訴對方他們需要什麼。當然，他們最後也能吸引來同樣心理、感情或能量轉換的人。天蠍最後終於經歷浴火鳳凰的歷練，變成真正的老鷹。

金星落入天蠍座的名人

班傑明．克林姆（Benjamin Creme）：二十世紀蘇格蘭作家

尼古拉斯．卡皮爾（Nicholas Culpeper）：十七世紀英國植物學家

李察．德瑞福斯（Richard Dreyfus）：二十世紀美國男演員

約翰．亞當斯（John Adams）：美國前總統

史蒂芬．史匹柏（Steven Spielberg）：美國導演

金星落入射手座

金星落入射手座的人天生渴望能探索並實現自己的人生道路，而這種慾望必須視他們對人生的意義而定。在他們眼中有價值及意義的事物，將會決定信仰的本質，而信仰的本質又會決定個人的真理。換句話說，金星射手座的人必須有某種人生哲學的引導，才能找到生命的核心意義及目的。

金星在射手座的人會不斷追尋個人的演化及成長。射手座綜合了火象、變動及陽性的原型。這些原型會產生一種內在能量，讓他們不斷地想要擴張。因此他們的本質是很不安定的，不停地追求個人自由的價值，同時勇於嘗試任何能幫助自我探索或實現的經驗。這些人隨時隨地都渴望自由，完全無法忍受外界限制自己的獨立或自由。當他們發現限制或條件時，便會慢慢地在心中對這些事物產生疏離感，而這種心態或疏離感常會導致分離。即使沒有表現在外，至少在內心已經分道揚鑣。

金星射手座的人內心知道，同時也能感覺到自己與某種超我的事物存有連結。就表面而言，他們本能上就知道造物者無所不在，同時也相信有某種宇宙的真理或準則，可以解釋各種現象蘊含的造物者本質。因此他們不僅想探索各人的真理，同時也渴望知道個人的真理如何與終極的真理產生連結，而後者正是造物者表現的基礎。他們必須將個人的真理，與某種終極法則有關的宗教或哲學系統結合，才能找到人生的核心價值、意義及目的。這些人自我整合及認同的方式，將會影響他們與別人的關係。金星射手座的人會根據人生的價值、意義及目的，來決定與人往來的親疏程度。他們對於個人自由及自我探索的渴望，也會不時地影響人際關係（無論親疏皆是如此）。

金星射手座的人無疑是偏重右腦思考。他們用非線性及影像的條件形成一個不斷擴大的同心圓，試圖體驗生命的整體。他們非常渴望各種不同的知識及經驗，幫助自己找到根本的法則、原型或驅力，藉此來解釋各種看似不同又互相矛盾的現象。這些人的直覺很強，具有天生的智慧，可以跳脫任何左腦線性邏輯思考的限制。這種與生俱來的知識、智慧及直覺，反映了他們的歸納能力。他們可以一眼先綜觀整體，然後再讓其中每個部分展現獨特的自然法則。

這些人的內心就像一個不斷擴大的同心圓，不時渴望能擁抱生命的整體，而這會變成他們內在振動的頻率，不時散發樂觀、輕鬆、自由及熱情的能量。他們與生俱來就能望見最後的希望，也能在黑暗中看到光芒。當他們面對困境時，總會找出解決之道，而不會坐以待斃。他們還有天生的幽默感，其中帶有些荒唐。金星射手座的人非常重視幽默的本質及作用，會把幽默當成解決任何問題的萬靈丹。這些人可以開自己的玩笑，也可以讓別人揶揄，尤其當他們或別人對自己太認真時。他們絲毫不做作、很隨興，追求樂趣，帶有種天生的真摯和誠實，這種真摯和誠實反映出他們對個人真理的渴望。

金星射手座的人最根本的問題就是把真理**普遍化**。他們會認為自己的真理，或是自己宗教及哲學信仰系統所反映的真理，可以適用於每個人。信仰系統當然會影響我們賦予生命經驗的意義及詮釋方式。這些人時常會把個人的真理及信仰當成濾網，透過它來聆聽並評估別人。這會讓他們在人際關係中有些自以為是，總認為別人就是如此，或是認為別人就是應該如此。當別人挑戰或不同意他們的觀點時，他們會試圖說服別人，讓別人接受自己特定的觀點；這有點像是傳教士說服別人來相信自己的信仰。因此，金星射手座的人在人際關係中常會顯得不夠敏感，甚至有點魯莽，也可能在無意中傷害了別人的感覺。

這些人的人際關係再度反映了他們對待自己的方式。再提醒一次，金星射手座的人內心最深層的意義及目的必須視信仰的本質而定，而他們會透過信仰與更大的整體──也就是宇宙或上帝──產生連結。他們會把這種連結視為真理的基礎，可以適用於生命的每一刻，因此也變成了生命意義及目的。任何人的挑戰或質疑都會讓他們覺得失去意義及目的。因此金星在射手座的人非常迫切需要捍衛自己的信仰，說服別人相信自己，如此才能維持自我的價值、目的及意義。這也是金星射手座表現生存本能的方式。

金星射手座的人還有另一個常見的問題，就是誇大其辭。他們可能會誇張任何自認為的問題，也可能把自己的經驗添油加醋，還可能用某些方式誇張敘述別人的說法，尤其是反對自己的人。他們有時甚至可能謊話連篇，沒句真話。最糟糕的情形是，金星射手座的人真的相信自己的謊言，甚至讓謊言變成現實。這種驅力的原因可能是因為射手座的原型就像一個不停擴大的同心圓。事實上，這種擴張的影響力可能讓誇張變成公然的謊言。金星射手座的人很少意識到這點，而且內心深處常覺得自己不夠好。這種不夠好的心態可能是因為射手座與處女座、雙魚座及雙子座形成天生的變動星座大十字相位。不夠好的感受來自於處女座及雙魚座，而誇張、潤飾，甚至謊言的驅力則會被雙子座加強。射手座也與各種形式的彌補有關。因此金星射手座的人可能透過誇張、潤飾或謊言的方式來彌補自己的不足（金星的功能之一就是拿自己與別人比較）。但是這些人很有說故事的天賦，加上天生的真誠、自然及說服力，讓別人很難分辨他們的話是真是假。

金星射手座的人在親密關係中，不停渴望並嘗試著平衡自己對獨立的需求。他們內心迫切渴望不停地成長，所以也需要或希望伴侶能自我成長。這會形成一種互相成長的關係。事實上，他們需要在關係中不停地探索。當金星射手座的人覺得關係停滯呆板，相處變得像例行公事時，就會對伴侶產生很深的疏離感。他們需要伴侶來反映自己心智上的天馬行空，可以在心智層面上跟他們溝通。這些人非常需要心智或哲學性的刺激，也需要與伴侶進行這類的討論，不時地獲得刺激。當他們能與伴侶這樣互動時，便會給予對方極大的尊重，也會對關係保持熱情。如果情形並非如此，他們就會對伴侶失去尊重，關係漸行漸遠。

金星射手座的人基於天性的不安，非常渴望身體的移動及旅行。這種不安再度反映了他們渴望探索生命的各種面貌，藉此找到其蘊含準則或驅力，而這些準則及驅力正是萬物變化的原始基礎。因此這些人需要伴侶能放心地讓他們單獨旅行，或是伴侶能陪著他們旅行，一起去發現和探索。最好的情形就是，伴侶偶爾能讓他們單獨去旅行，偶爾能陪他們同行。

就本質而言，金星射手座的親密關係都帶有些輕浮、幽默、愉快及樂觀。伴侶如果太過嚴肅或內向，他們可能也會表現得冷漠又疏離。這些人會鼓勵伴侶獨立實現並滿足自我的需求，如果伴侶能獨立實現自己的人生目標，他們會非常尊敬對方。他們不會尊重一個只想要依附自己，而不培養自我身分意識或人生目標的伴侶；也不會尊重一個只想要限制他們的自由與獨立的伴侶。除此之外，金星射手座的人天生具有極佳的應變能力，可以應付各種生命狀態及改變，他們也會需要並重視伴侶是否具備同樣的特質。他們是非常自然不做作的人，一點也不在乎社會化的偽裝，事實上他們還很鄙視虛偽的人。他們非常重視正直及誠實，所以也會希望伴侶是這樣的人。金星射手座的人如果對伴侶及關係的模式都很滿意，就會很願意付出，表現得殷勤又熱情，讓對方覺得遇到了真愛。他們也會讓伴侶知道自己有多麼重視他們，很自然地讓伴侶自我感覺良好。相反地，當他們對伴侶感到疏離或排斥時，就可能會很直接點出對方天性中的缺點，讓對方覺得自己一文不值又體無完膚。

就性方面而言，金星射手座的人非常熱情、願意付出、即興又自然。這些人可能很愛玩性遊戲，也很能接受各式各樣的性探險，因為他們想體驗各種不同的生命經驗。最重要的一點是，他們的性生活如果變成例行公事，不安的本性就會蠢蠢欲動，很容易就會被別人吸引，因為對方能滿足他們探險及成長的慾望。金星射手座的人天性上不是單一配偶制的人，因為他們需要不受限制的成長。但這不代表他們沒辦法忠於一個伴侶，只不過伴侶必須陪他們在性上面成長，願意勇於嘗試，隨興所至，也不會侷限於特定的性行為。金星射手座的人需要各種不同的性經驗，而這也是他們完整認識自己的方式。

金星射手座的人如果想要繼續演化，就必須向對應點雙子座學習。基本上他們必須知道自己的特定觀點、真理及信仰都是相對的，而不是絕對的真理。而當他們與別人相處時，也必須真正地聆聽別人，認清別人的現實，而非一味地用自己的信仰濾鏡，選擇性地聆聽或詮釋別人。如此一來，他們不僅能發現「真理」是相對性的，同時也能認同別人對於自身信念及信仰的「自以為是」。他們也能學會用蘇格拉底的問答方式與別人相處，而非不斷地想要「說服並改變」別人。他們也能因此改變不夠好的思考模式。當他們不再自覺不夠好時，就能消除誇大、潤飾或說謊的誘惑。此外，他們如果能學會聆聽別人，認清別人的現實，就能懂得用別人的觀點來溝通，而非一味地堅持自己。如此一來，對方也會感受到他們的聆聽與理解，然後改用完全不同的方式與他們溝通。在這種情形下，對方才會覺得自己與他們是平等的，而不會因為他們的自以為是，老是覺得被貶低了。金星射手座的人如果能與別人建立平等的關係，對方就會願意用比較開放的態度來看待他們的信仰、意見及觀點。在這種氛圍中，對方才能接受並受惠於他們的教學天賦，而金星射手座的人也會發現，原來每個人都可以是自己的老師。

金星落入射手座的名人

哈利．薛平（Harry Chapin）：美國歌手
喬吉斯．葛吉夫（Georges Gurdjieff）：俄國神祕學家
路亞德．吉卜齡（Rudyard Kipling）：英國文學家
約翰．李利（John Lily）：美國哲學家
哈里爾．吉布蘭（Kahlil Gibran）：美國小說家

金星落入摩羯座

金星落入摩羯座的人天生就會用非常謹慎又自制的方式來表達自己，或與別人相處。他們對外的關係模式反映了看待自己的方式。這些人深覺自己需要花些時間才能浮上意識層面，即使他們真的探出了頭，也需要一些時間來確定自己的感覺及需求，從中找到安全感。他們

與別人的互動、溝通或分享通常很緩慢，因為他們天性害怕被拒絕或誤解。這種天生的恐懼是因為他們在童年時期遭遇太多的拒絕及誤解，而這都來自於父母雙方或其中一方。

摩羯座原型與時空的現象及構成有關，同時也象徵了生命的有限。摩羯座也關係著人類如何組成團體和社會，進一步發展出共識、法律、規定、標準、禁忌及習俗。這會衍生出社會的期待，期許人們能融入團體或社會（遵守的期待），最後就變成社會的評斷標準。當人們無法符合社會共識的期望時，就會產生罪惡感。

摩羯座也關係著人類意識的本質及結構，或是任何形式的本質。它也象徵了改變形式的需求，因為既有的形式無法帶來必要的改變；換言之就是形式已經發揮作用，變得明確又具體。摩羯座也與回溯的功能有關，讓我們可以同時意識到所有的開始，以及必要的內在及外在改變，藉此獲得成長。由於摩羯座與時間、空間、有限及死亡有關，因此它與心理／感情的成熟和老化有關，同時也決定了我們透過目標及野心表現人生重心，以及過程中所需的自我魄力。就負面的角度來看，這也可能產生心理上的空虛、悲觀、宿命論及自我打擊。

金星摩羯座的原生家庭結構中，父母通常都很遵守社會共識，因此父母也時常強調孩子要符合自己的價值觀及期望。當孩子偏離了父母的期望時，往往會因為公開或私下的評斷而產生罪惡感。最常見的情形是父母會為孩子制訂嚴格的行為標準，希望孩子能遵守，即使他們自己根本就做不到。父母最常掛在口中的一句話就是：「照我說的做，而不要學我怎麼做。」

這會讓孩子產生偽善及雙重標準的印象。父母對自己也非常嚴格、節制、冷漠又敷衍。所以親子之間缺乏自發性的互動，也無法表現真實的感情或愛。父母彼此的感情互動也非常克制，兩人的關係就像可預期的例行公事，要求對方能遵守自己的期待。他們也都很害怕在對方面前表現得太脆弱，所以性生活通常都很不順或扭曲。這一切都會在金星摩羯座小孩的心理及感情上留下「印記」。

由此可知，金星摩羯座的人從小就非常壓抑及保護自己的感覺。他們認為自己的需求不會獲得父母的認同、支持或滋養，以至他們會隱藏或壓抑自己的需求。控制感情也是他們表現生存本能的一種方式，這是因為父母會要求他們當個小大人，要能承擔責任及義務；簡單地說，就是要壓抑小孩的正常行為，而這會扼殺或破壞小孩的天性及活動力。

這些人真正的需求及渴望，從來沒有獲得實際的感情支持或滋養，所以會對原生家庭的環境產生極度的不安全感。因此金星摩羯座的人，往往會把小孩應有的情感及需求深埋在潛意識中。他們會將這些情感及需求轉移，等到長大成人之後才表現出來。我們必須知道，無論原因為何，任何被壓抑的東西都會被扭曲，因此金星摩羯座的人基於童年時期的心理轉移，成年之後都會有些彆扭。

童年的心理轉移會讓他們扭曲了權威的本質。別忘了，這些人的原生家庭通常都很專制，導致他們內在的權威感被壓抑、瓦解或毀滅。當他們長大成人之後，可能會用各種方式表現轉移的情感，這要視本命盤而論。有些人會因為極度的不安全感，顯得非常膽怯、害羞又矜持，不敢和別人互動。這類型的人在親密關係中，時常會吸引來控制慾強烈、固執、武斷、虛偽又專制的伴侶，而且會希望他們成為自己的延伸品及附屬品。金星摩羯座的人從來不知道什麼是父母對小孩的感情滋養，所以他們現在會產生轉移的感情，想要被這類型的伴侶照顧，想要依賴對方，藉此獲得安全及保障。

還有些金星摩羯座的人會有截然不同的表現。這些人徹底保留原生家庭的專制本質。他們會顯得非常強勢又專制，需要不時投射或確定自己的主權，藉此產生安全感。這些人被不安全感的陰影籠罩，必須用這種方式獲得彌補。他們非常害怕失去主權，會無所不用其極地保住它，為達目的不擇手段。這些人很害怕具有同樣權威的人，常常會去挑戰對方，或是用某些方法破壞對方的權威性，以維持自己的地位。他們最常用的手段就是刻意又嚴厲的負面批評，宣示或玩弄權力，目的就是要阻礙或破壞別人的目標及野心。這些人如果自己沒有權勢，也會試圖與有權勢的人往來，藉此創造替代性的權威感。他們會在別人面前表現出非常自制、嚴格又具權威的一面，並且透過批評來控制對方。這就好比某個人與別人共撰一本書，會不停提醒對方要把自己的名字突顯出來，暗示對方如果不這麼做，就不會有人注意到這本書。就內在層面來看，這些人會冰封自己的感情，害怕被傷害。

金星摩羯座的人在親密關係中，時常會吸引兩種類型的伴侶。其中一種就是跟自己一樣，擁有世俗成就又極具野心的人，同時也會封閉內心的感情。他們雙方可能會因為外在的目標及野心相處融洽，卻很少有感情的互動。另外一種類型的伴侶則剛好完全相反。這類型的伴侶會非常渴望感情，實際上是在關係中尋找父母的慰藉。他們會非常地依賴，完全為了金星摩羯座的人而活，他們完全沒有自己的生活，潛意識中會因為被控制或主宰而有安全感。這類的伴侶其實只是反映了金星摩羯座的潛意識渴望，那就是失去控制，像個嬰兒一樣被照顧和滋養。當然即使事實如此，他們打死也不會承認。這種潛意識的渴望也象徵了童年時期留下的轉移情感，因為原生家庭中欠缺了溫暖、愛護及情感上的支持。

金星在摩羯座的人都具有非常深沉的回溯意識。在別人眼中，他們非常畏縮、沉默、矜持、保守又嚴肅。這種內觀及回溯的驅力可能是因為他們天生帶有未解決的悲哀，或是因為童年時期留下的悲傷，到了成年仍無法被解決。金星摩羯座的人看起來總是很感傷，他們的心情總是很沉重又悲傷。原因有很多：可能是因為童年時期沒有獲得真正的愛、照顧或滋養；可能是因為人際關係缺乏真正的感情互動、愛或支持；可能是因為目睹或經歷政治或宗教的暴動，其中有許多人被傷害或毀滅；也可能因為遭遇大環境的災難、飢荒或生理上的匱乏；還有另一個可能性就是，金星摩羯座的人在人際關係中缺乏真正的感情互動，所以會吸引一些能夠或願意滿足他們需求的人。不過別忘了，金星摩羯座的人天性重視責任和義務，也很要求負責，因此喜歡上別人時，通常不會表現出來，也不會採取行動。這會讓他們產生極深的痛苦，陷入悲哀或感傷的循環。無論發生什麼，或多或少都讓他們的心受傷，然後把情感深埋起來。契科夫（Anton Chekhov）的《海鷗》（*The Seagull*）中有個女主角永遠穿著黑衣。有人問她為什麼？她回答說：「因為我在為自己的人生哀悼！」這個角色象徵了金星摩羯座沉重的心，直到他們能打開心結為止。

這是很悲哀的事，因為金星摩羯座的人其實非常情緒化。他們的本質非常溫暖、熱心、感性又能滋養別人。但是基於害怕受傷或被誤解，再加上感情基礎的受創（基於原生家庭等因素），這些人會很保護自己的情感，必須要非常特別的人才能幫他們打開心結，表現感情的本質。金星摩羯座的伴侶必須非常鼓勵他們面對感覺及需求，也必須幫助他們了解內心的批評模式，進而跳脫這些模式。此外，伴侶也必須深知社會及父母的影響，會讓金星摩羯座的人隱藏並壓抑感情的需求。伴侶也必須教導他們放鬆，用自由又開放的態度表達自己，與別人溝通，提出自己的要求。這是非常重要的一點，因為所有金星摩羯座的人都會默默期待不必向伴侶提出要求，對方就會知道自己需要什麼。這會讓他們不斷地重複童年時期的失望，就像孩子會因為父母不願意給予自己需要的東西，因此非常失望。

伴侶必須給予他們正面的鼓勵而非批評。經過日積月累，金星摩羯座的人就能學會用不同的方式去聆聽。他們不會過度敏感地只聽進武斷、批評及權威的字眼（這反映了童年印記的本質），反而可以聽到別人的接受、鼓勵及授權。他們會發現自己是善良又可愛的人，不需要對自己有罪惡感；接受別人的鼓勵，找到自我獨特的價值，依此建構人生；也會開始檢視內心限制模式的本質，盡可能地擺脫這些模式。最重要的是，金星摩羯座的人需要別人的擁抱及觸摸，彌補童年時期欠缺的滋養。事實上，要讓他們打開心防的秘訣就是觸摸。金星摩羯座的人一旦從觸摸中獲得安全感，自然就會慢慢一步一步地解開心防。

金星摩羯座的人一旦打開心防，就能流露溫暖、深刻又可愛的本性。他們不會總是顯得有所保留、嚴肅、悲傷、恐懼又老氣橫秋，反而會出現完全相反的表現，讓內心深處的小孩獲得解放。他們現在會用非常幼稚的方式表達情感情，貪玩又熱情，而不會看起悶悶不樂，陰陽怪氣。他們也不會在別人面前壓抑自己的感受，反而能自在地表達愛及感情。他們會發現自己有很深的需求及感覺，同時知道這並沒有什麼不對。他們如果能打開心防，就會散發非常深沉又原始的感官魅力，吸引別人靠近。他們不會再縮頭縮腦，穿著刻意不引人注目，反而可以昂首闊步，隨心所欲地打扮自己。他們在親密關係中也會變得非常願意付出、支持、忠實、溫暖又很性感。

金星摩羯座的人一旦能釋放內心的小孩，人生就等於重新開始了，無論幾歲皆是如此。他們現在會開始回溯自己過去的本質，這種回溯會帶來很深刻的自我認識，不僅能讓他們重新看待自己，也能重新定義所謂的現實。他們也可以為自己在社會中扮演的角色或功能，賦予不同的個人目標。當他們找到自己的目標，就會發揮堅毅果決的本質，持續不斷地去實現它。

就性而言，金星摩羯座的天性忠於單一配偶。他們很重視承諾的力量，如果沒有受到壓抑或限制，其實是非常性感的人。他們本性需要透過擁抱、愛撫及親吻來「熱身」，然後再進入性交的階段，也很渴望持久的性愛。金星摩羯座的人可以透過持久的性愛勾起深層的感覺。這些人天生保留或壓抑感覺、需求及感情，會渴望強烈的性愛來解放自己。他們是否能解開自己的感覺、需求與感情，也與性愛的強烈程度有關。這些人因為既有的脆弱及負面自我形象，所以很需要伴侶的忠實。伴侶如果與別人發生性關係，他們只會更加覺得自己哪裡做錯了。他們很需要另一半在性上面的誠實及尊重，伴侶如果想在性上面征服或貶低他們，無論理由為何，都會讓他們深覺被玷汙了，既骯髒又有罪惡感。這當然只會增加了他們負面的自我批判。金星摩羯座的人在打開心防後，才能發現自己的性本質及持續的性需求。他們不太需要在性上面探險，只需要直接又強烈的性愛。他們許多人會把肛交視為性刺激的來源。就象徵意義而言，肛門代表個人的壓抑，因此當肛門受到性的刺激時，金星摩羯座的人就像實際解開了自我的壓抑。他們之中還有許多人喜歡口交，這是因為小時候與母親之間的連結被破壞了，沒有得到應有的滋養。這種破壞會讓他們產生情感的中止或轉移，成年後在口交中獲得滿足。金星摩羯座的人也需要強烈的性愛來探索內心最深層的恐懼，就是失控的恐懼。他們對失控既害怕又渴望，他們必須知道，這種恐懼與害怕脆弱有關。所以一個敏感的愛人會鼓勵金星摩羯座的人「失控」，因為這樣才能讓他們獲得真正的自由及成長，勇敢地面對自我感情的核心，而感情就是他們最脆弱的一面。

金星摩羯座的人如果不能放開自己，就會封閉自己的性本能，甚至導致性冷感或性無能。比較不嚴重的表現就是把性當成責任義務，隨便敷衍一下。許多摩羯座的女人會告訴自己「牙一咬就過去了」，而對方也只會把他們當成性發洩的物體，很多人最後根本沒有性生活。他們如果無意識或有意識把自然的性需求、對身體及靈魂的渴望視為罪惡，就很容易導致出軌。

金星摩羯座的人如果想要繼續演化，就必須向對應點巨蟹座學習。在過去幾年中，海王星與天王星行運通過摩羯座，冥王星經過天蠍座，心理學界開始專研如何揭露和治療內在受傷的小孩。摩羯座天生的對應點是巨蟹座。就原型意義而言，與這個趨勢最有關連的星座就是摩羯座及巨蟹座。金星摩羯座的人必須學習巨蟹座，回溯觀察原生環境留下的深層心理印記；也可以進一步地了解原生社會帶來的心理限制。回溯的重點在於這些印記及限制如何影響了他們的自我形象。基本上，摩羯座透過對應點巨蟹座反應的演化目的就是，重新創造新的自我形象，擺脫原生家庭及社會留下的束縛、牽絆及循規蹈矩。如此一來，他們不僅能感受到全新的自己，也能學習用不同的方式「聆聽」內心的聲音。金星摩羯座的人最後可以聽到自己的需求、感情及感覺，而這些都在告訴他們一件事：必須治療童年時期導致的負面自我形象。

金星摩羯座的人在回溯的過程中，有時會困在童年時期的情感狀態中。這代表他們在小時候，感情的發展到了某個時間點就被扼殺或停止了，沒有真正地成熟長大，他們活在受傷小孩症候群的陰影中。因此就演化的觀點而言，金星摩羯座的人必須先倒帶，才能繼續前進（這也是基本星座的原型）。他們如果想創造新的自我形象，就必須先回到感情受創或被扼殺的時間點。這些人可以透過回溯找出童年的記憶，發現受創或扼殺的原因。他們如果能深入探索這些記憶，就會知道整體的自我形象及感情驅力是如何被形成或定義的。隨著時光流逝，他們必須學會擺脫這些限制，重新產生新的自我形象。

當金星摩羯座的人開始擺脫限制，就能讓內在的巨蟹座原型活過來，充滿生氣地發展。他們可以揭露並釋放自己的感覺、需求及感情，消除所有與原生環境有關的罪惡感。他們也可以學會用自由不受限的方式來面對自己的感情、感覺及需求，也不會再害怕被拒絕或誤解。他們也可以發現一直追求的安全感，其實深藏在自己心中，並且透過這種方式找到力量。他們可以知道誰可以信任，而誰又是不值得信賴的。可以接受並鼓勵他們做自己的人，才是他們應該信任的人。他們也可以產生新的自我形象，再依據符合個人特質的價值觀，重新融入社會之中。最後他們心中受傷的小孩終於可以痊癒，獲得自由，當一個勇於做自己、有安全感又完整無傷的大人。

金星落入摩羯座的名人

約翰·布洛菲德（John Bloefeld）：二十世紀英國作家

羅伯特·布萊（Robert Bly）：二十世紀美國詩人

泰瑞·柯爾·懷特克（Terry Cole Whitaker）：二十世紀美國新思想作家

尼爾·戴蒙（Neil diamond）：二十世紀美國歌手

艾德格·胡佛（J. Edgar Hoover）：美國聯邦調查局首任局長

金星落入寶瓶座

金星落入寶瓶座的人天生就很抗拒一般認同的價值或關係模式，渴望能跳脫原生社會的框架。這種抗拒是因為金星寶瓶座的原型就是自覺與眾不同，而這也是一種對社會的疏離感。基於這種原型，這些人會透過消滅的過程來學習並感受自己的獨特之處。換言之，他們會先知道自己不是什麼，接著才能發現自己真正的模樣。

金星寶瓶座最經典的集體表現，就是一九六〇年代天王星落入天秤座（由金星主宰）。當時的年輕人掀起反社會風潮，抗拒社會共識的價值觀，反對社會對於親密或婚姻關係的期待。明確地說，就是社會對於性別角色的期待。當時的口號是「自由的愛」，許多年輕人實驗（天王星）各種不同的關係形式，而且針對整個社會、政治及經濟價值發動激進的改革。年輕人的激進反抗經過日積月累，最後融入時下的社會，改變了現實的主流意識。

金星寶瓶座的原型是對抗社會的主流意識，而金星寶瓶座的人會有三種不同的反應方式。第一類型的人完全抗拒主流的人事物，這是因為他們不僅覺得與父母和社會完全脫節，跟同儕團體也毫無關聯，寧願獨樹一格，也不願意符合任何人的期望。第二類型的人抗拒主流意識，不過會與同儕團體建立關係，但仍有疏離感，他們會與一些脫離主流社會的人形成團體，而這個離經叛道的團體可能透過某些方式，對集體社會帶來影響。這類的例子除了上面提到的一九六〇年代天王星天秤座的風潮，還有一九八〇年代的「龐克搖滾」運動。第三類型的人最矛盾（天王星與矛盾驅力有直接關聯），這些人不僅反抗主流社會，也反對同儕團體，他們會試圖恢復過去某個時期的價值系統或關係形式。現在最好的例子就是許多年輕人主張婚前禁慾，必須到婚後才能有性行為，此時剛好是土星經過寶瓶座。

這些人渴望抗拒或擺脫主流社會價值的期望，以及他們面對人際關係的方式，全都與**疏離感**有關。就原型而言，寶瓶座的演化目的就是對任何層面的現實保持客觀，不帶情感。如果想要客觀判斷事物，意識中的自我必須脫離主觀現實，而疏離就是必要的。他們如果能讓意識脫離自我中心的現實，客觀看待事物，才能了解任何驅力的整體本質及結構。換言之，他們這樣才能明白驅力的形成原因，以及驅力演化的必要條件。金星寶瓶座的人必須在意識層面中維持疏離原型，他們如果不這麼做，就無法獲得成長，陷入徹底的僵化狀態中。

金星寶瓶座三種不同的表現方式，會決定了各自的價值觀及意義。而他們的價值觀則會影響自己散發的吸引力（金星），也與他們吸引來的人的類型有關。這種吸引力法則也可以應用在社會團體上面。金星寶瓶座的人認為生命有其目的及意義，因此必須與志同道合的人形成團體。他們可以從團體共享的價值觀中，創造自我的價值。很多金星寶瓶座的人會依靠特定社會團體的價值觀，維繫自己的生命意義及目的。他們可以透過這種方式產生個體的意識及意義，成為更大的社會整體的一份子。他們也會根據更大的社會團體共享的價值觀，以及這些價值觀產生的意義，選擇自己的親密伴侶。

上述第一類型金星寶瓶座的人完全排斥社會主流及同儕團體，不會與任何社會團體建立關係。他們通常只有個人的往來，而對方通常也是與社會疏離、違背傳統的人。他們如果與任何社會團體建立關係，該團體的價值觀通常都很極端激進，不只反抗社會主流，也會與同儕團體作對。金星寶瓶座的人製造的反抗氛圍無所不在，而且會表現在衣著、外表、思想及人際關係上，而這會讓周圍不同於他們的人產生強烈的不安全感和防衛心。因為這種反抗價值觀的氛圍，很自然地挑戰了其他與社會有關連的人的安全感，而安全感是來自於與志同道合的人的連結。這就像在雞尾酒宴上，一群雅痞樂不可支地喝醉時，忽然有人朝他們丟了一隻毒蜘蛛，金星寶瓶座的人就像是那隻毒蜘蛛。

這類金星寶瓶座的人通常很自傲、狂妄、自以為是、充滿憤怒、離經叛道又十分聰明。他們會透過某些激進或反動的心智活動來表現自己。他們會和其他人立場相左，公開或私下地批評任何支持「制度」的人事物，激烈程度不亞於核彈。他們賦予的自我價值及意義，就取決於對社會制度的完全疏離。他們可能會與具有同樣社會傾向的人變成朋友，組成團體，這些朋友或盟友通常都只是一時的，並不會長久。他們可以在少數志同道合的人之中找到親密伴侶，但是關係通常也是一時又短暫的。

這些人通常會吸引非常另類的的親密伴侶。對方的與眾不同可以讓他們產生熱情，勾起金星寶瓶座天生的好奇心。別忘記了，金星寶瓶座原型就是渴望了解整個制度的建構及整合方式，以及制度產生的功能。這些人也會非常好奇親密伴侶的本質結構，而且希望與對方的結合能讓自己變得與眾不同。當別人能與他們內心追求獨特的渴望產生共鳴時，他們就會想要與對方產生親密關係。不過金星寶瓶座的好奇心一旦被滿足後，熱情就會一夕之間消失不見，所以這一類的人通常只能維持短暫的親密關係。當他們發現適合的對象時，渴望能有基本的自由去嘗試和探索生命。因此這些人很抗拒對關係的承諾，最後就變成反抗單一配偶模式。

第二類型金星寶瓶座的人不會完全疏離或絕對，他們會加入反社會的同儕團體，反對社會主流的價值觀，以及社會對關係的期望。最直接的例子就是一九八〇年代末期的「龐克搖滾」。就社會主流的觀點來看，這些人根本無法適應社會，不負責任、自戀又不成熟，也產生所謂的「代溝」。在社會大眾的眼中，這些人只會丟批評的核彈，讓社會籠罩在不安全之中，這是因為他們挑戰了當時的社會價值。

對於這類型的人而言，社會與他們毫無關連，也不具意義。他們脫離主流社會，也不會追隨社會推崇的價值，彷彿在高處看著一切。這些人總是顯得自以為是、狂妄、高人一等、反傳統、叛逆、疏離又憤怒。但是他們很渴望與同儕結合成團體，一起對抗社會主流，他們的人生意義及目的就取決於加入的社會團體。團體中的每個人都是獨立的個體，但是「個體」只是功能，目的是要反應團體的訴求。這意味著當這些人獨立存在時，在主流社會的眼中看起來並無不同，直到當這些「個體」結合成為團體時，才會突顯其特別之處。這是因為他們的「叛逆」建立在別人的叛逆之上，如果沒有同儕團體，他們通常沒有勇氣站出來自成一格（與第一類型金星寶瓶座的人不同）。

這裡最重要的一點就是，他們之中許多加入同儕團體的人，並沒有在個人靈魂的層面上具備反應叛逆或解放的原型。他們的確可以透過與同儕團體的連結來反應靈魂的需求。這類型的團體不時出現在各種社會制度中，多半都是年輕一代，現實也必須如此，因為社會團體會對現存的社會意識帶來某些改變。因此從宇宙萬物的自然觀點來看，演化都必須透過世代傳承。這類金星寶瓶座的人大多都沒有在個人靈魂層面上，產生反抗或脫離主流的意識，所以當他們年紀增長時，就會漸漸融入主流社會。他們年少叛逆時所反應的社會背景或議題，也會變成主流意見的一部分，社會主流的意識當然會因此有些改變。所以這些人變老時，會開始對抗自己的叛逆！這就是寶瓶座的矛盾。現代最明顯的例子就是一九六〇年代末、一九七〇年代初的「嬉皮」，到了一九八〇年代變成了「雅痞」。他們之中只有少數的人繼續堅持嬉皮叛逆的生活方式。

這裡還有一個重點就是我們形成的友誼本質，以及自我認定的價值會如何影響親密關係的表現。每個人都不免年少輕狂叛逆，抗拒父母的一切，抗拒整個社會。天王星會在每個星座停留八年，我們可以從天王星星座判斷每個世代抗拒的事物、原因及方式。對於金星寶瓶座的人而言，同儕的連繫格外重要，也不可或缺。

這是因為金星寶瓶座的人必要的演化功課，與友誼的本質有關，也與定義個人的目的及意義的需求有關。如果更進一步延伸，也代表他們渴望用自己獨特的方式來處理親密關係。當這類型的人老了時候，當他們開始融入社會之後，便會開始對抗自己年輕時因為團體而提出的叛逆思想。他們在年輕時因為共同價值觀而形成的友誼，現在也會變得與自己格格不入，除非這些朋友也開始融入了社會，而堅持年輕叛逆的人則會開始反對融入社會的人。此時兩個陣營可以透過所謂的**情境價值**，學會友誼的功課。如果彼此的價值觀仍然相同（以及與價值觀有關的意義），就可以繼續當朋友。如果他們無論為何產生了改變，友誼就出現裂痕了。這裡最重要的功課在於：真正的朋友永遠是朋友，其他人不過是點頭之交。

當金星寶瓶座的人經歷了友誼分裂的幻滅，也開始反對自己年輕時與同儕朋友主張的叛逆，便能找到自己獨特的價值系統，實現個人生命的意義及目的。他們可以清楚知道自己對於親密關係的需求，以及個人的基本需求，而這都會反應出他們的人生意義及目的。最好的情形就是雙方都能用獨特的態度來面對關係，把其視為個人的延伸。

第三類型金星寶瓶座的人則是徹底的叛逆分子，他們不僅反對同儕團體，也對抗當代所有的人。他們會認同其他時代的價值觀，通常是過去的。因此他們看起來非常保守和傳統，反對時下潮流，只會與志同道合的人形成團體或親密關係。這些人會依賴小眾團體來找到個人的意義、價值或目的。他們可能會在自己所屬的世代中，甚至是社會中形成非常小的另類群體。他們也會鼓吹某些社會目標或革命，挑戰既有的社會價值系統。這些人看起來驕傲、狂妄、武斷又憤怒，就像另外兩種類型的人一樣。他們主張的價值系統通常都非常狹隘又激進，態度十分自以為是又專橫，想要把自認為對的東西加諸在別人身上。

這一類的人在親密關係中，通常扮演好朋友的角色。大部分的人天生就能客觀看待伴侶的現實及特質，非常了解對方的動機及方式，他們通常很了解伴侶需要什麼，才能讓生命繼續成長及演化。大部分的人能滿足伴侶的需求。他們是很好的聆聽者，也能在對方願意的時候，告訴對方自己聽到了什麼。因此這些人非常善於讓彼此的對話不斷地進化，然後突如其來地產生洞見及解決方法。他們也非常善於提問，把問題留給對方在意識中慢慢地消化，最後自己找到答案。

這一類金星寶瓶座的人天性不會忠於單一配偶。我們之前提過，這些人需要基本的自由來表現週期性或持續的改變。他們天生反抗任何形式的限制，限制就意味著條件。他們談戀愛時，也會反對任何阻擋愛情或愛的表現的條件。他們很容易在一夜之間找到深刻、突然又強烈的愛情，不亞於別人的一世真愛。這是因為他們的吸引力（金星）常是無預期地突然出現。這些人會吸引來一些令自己好奇的人，對方通常都很另類又獨特。具有同樣特質的人也會非常吸引他們。這一類的人如果不能承認自己很容易被突然吸引，或是他們的伴侶不能接受這種方式，就可能會讓關係出現問題。金星寶瓶座的人需要自由地與不同背景的人往來，建立社交網絡。

金星寶瓶座的伴侶本身要有足夠的安全感。他們的伴侶必須願意挑戰世俗對於生活及親密關係的定義。他們的伴侶必須能每隔一陣子就改變關係的驅力，或是在必要時改變。他們希望伴侶能有縝密的心智能力，能夠跟得上他們的思考步調。他們在思考過程時常觸類旁通，無所不提，而且想法不停在變。金星寶瓶座的人如果不能尊重伴侶的心智能力，通常都很難真正地尊重或愛對方。他們基本上需要嘗試不同的價值及生命觀點，因為他們必須先發現自己並非如此，然後才能意識到真正的自己，他們也需要伴侶跟自己一起不斷地嘗試。

金星寶瓶座的人內心深處也與自己很疏離，這種疏離主要表現在感覺或感情上面。這裡的演化目的是要他們客觀地看待自己的感覺、需求及感情，然後才能意識到其形成的原因，這種過程可以帶來自我認識。就演化的觀點來看，當人們失去自己的感情、感覺及需要時，就會產生這樣的反應。內在的疏離感會讓金星寶瓶座的人看起來無法完全融入，但這其實只是表面。對於寶瓶座的人而言，必須透過疏離才能真正融入。金星寶瓶座的親密伴侶如果不懂疏離的目的及功能，可能會感到非常挫折。這些人在感情危機或風暴中，通常都顯得無動於衷，甚至很冷靜。親密伴侶如果把情緒一股腦地發洩在他們身上，可能只會換來冷酷、鎮定、疏離及客觀。這就是金星落入寶瓶座的表現方式。

當然，本命盤的其他因素也會帶來影響。舉個例子，金星寶瓶座的人如果有火星與海王星合相，落入八宮的天秤座，表現就完全相反。無論如何，金星寶瓶座的功能就是透過疏離來維持客觀。當事過境遷之後，這些人出自本能還是會客觀地分析所有的感情／心理驅力，以及其背後的原因。

金星寶瓶座的人可能非常反覆無常。他們的人生方向難以預測，感情及感覺狀態會因需求而不停變化，有時會敞開心胸與人往來，有時又會拒絕溝通。這些人對別人的反應也令人難以捉摸，時常會有些出乎意料的表現，他們說的話可能也會讓人意外又不愉快。別人通常非常難以理解他們的捉摸不定，更別說是包容或接受了。也因為如此，金星寶瓶座的人能迅速改變立場，很容易適應生活或社會條件的改變。

就性方面而言，金星寶瓶座的人會表現出當時隸屬團體的性價值觀。沒錯，又是團體的影響，他們會挑戰原生社會主流的性價值觀。簡單地說，如果既有的主流共識提倡自由性愛或非一夫一妻制，他們就會唱反調主張一夫一妻制。相反地，主流共識如果主張一夫一妻制，他們也會大反其道，反對一夫一妻制。這些都是出於演化的必然性，他們必須先反抗，才能讓既有的主流共識產生改變。

就另一方面而言，金星寶瓶座的人天生就渴望實驗。因此他們會在性上面做各種嘗試，再透過消去法來發現自己的本質。還有些人會不停地在性上面實驗，這純粹是因為刺激感，因為自己正在做「與眾不同」的事。還有少數人會嘗試怪異的性行為，就「正常人」的眼光來看十分不可思議。舉個例子，我的一個案主曾宣稱她與一個支離破碎的靈魂發生性行為，而這個靈魂是她前世的愛人。在別人眼中，金星寶瓶座的人可能會讓人失去性衝動的熱情，有些性冷感。這類的人完全活在心智世界中，不去碰觸感情的驅力。他們會認為肉體或性生活，在某種程度上會讓人生整體的意義或目的退化。

這類型的人會在性的過程中維持觀察的意識，好像在看著自己與伴侶發生性行為。這種觀察加上疏離的本質，會讓他們深入了解性能量的運用、引導或操縱。這也可能讓他們變成性愛高手，因為他們可以敏銳地意識到對方的反應，並且知道如何與對方的感覺及生理感受達成共鳴。他們也很清楚如何不斷加深對方的感受，帶來不可思議的性反應。他們有些人能實際幫助別人在性上面更有活力，變得更自由又開放；也有些人意識到自己具備這種能力，就會利用它來讓伴侶產生性依賴。我曾遇過幾位金星寶瓶座的個案，的確可以讓性冷感的另一半變成性愛機器。但就另一方面而言，這些人可能會深感挫折，因為無法讓自己真正投入性行為。他們總是在觀察，這可能讓他們嘗試各種不同更為激烈的性行為，希望能讓自己全然投入其中。但是基於寶瓶座的本質，他們很難在性愛的過程中渾然忘我。

金星寶瓶座的性需求及頻率也是令人捉摸不定，有些人可能完全沒有性需求，也有人是不太需要或偶爾需要，也有人會有正常的需要。唯一可以預期的是，有些人幾乎無時無刻都需要！我在前面提過，金星寶瓶座的人本質不是單一伴侶模式，在性上面亦是如此。當然任何人都可以學習忠於單一伴侶，他們也不例外。但是對於他們而言，如果要對伴侶專一，對方必須能完美地回應他們的性慾望，以及這些慾望創造的現實情境。伴侶也必須隨時應付他們慾望的改變！別人的與眾不同會勾起他們的好奇心，刺激他們的性慾。這些人的伴侶可能很難接受這點，因為大部分的人都希望自己是愛人目光的唯一焦點。

金星寶瓶座的人如果想要讓演化繼續，就必須向對應點獅子座學習。他們的演化功課就是學習從同儕團體中抽離，用自己獨特的價值系統來實現自我。他們必須讓價值觀，以及價值觀反應的意義，符合個人特質。這裡的目的就是要他們在更大的團體、自己所屬的世代，甚至是整個社會中，創造性地實現個人的獨特性。

為了達到這個目的，金星寶瓶座的人必須學習利用疏離的本能，從旁觀察同儕團體。他們可以透過疏離，判斷為何周遭的人會透過某些價值觀的連繫而形成團體，而他們的演化需求就是要反抗上個世代及既有的共識。這種疏離也可以讓他們了解，為何每個團體都會自動產生心理的壓力，要求成員遵守團體的價值觀，按照它來行事。金星寶瓶座的人如果有這些認知，就能客觀地看待自己，同時能判斷同儕團體的主張是否合乎自己的獨特性。他們如果沒有這份認知，就必須脫離團體來發現自己的獨特性，他們如此才能形成自己的價值系統，創造性地實現人生，同時也能更完美地與自我結合，集中在自我的獨特現實上面。

金星落入寶瓶座的名人

查爾斯．卡特（Charles E. O. Carter）：十九世紀末英國占星家

西佛瑞（Sepharial）：十九世紀末英國占星家

保羅．賽尚（Paul Cezanne）：十九世紀法國畫家

佛瑞德克．蕭邦（Frederick Chopin）：十九世紀波蘭音樂家

瑪蓮．德特里茜（Marlene Dietrich）：二十世紀德裔美國女演員

金星落入雙魚座

就原型層面來看，金星落入雙魚座的人天生已經學過如何接受超驗的價值系統，為人生創造終極意義。他們這種演化需要經歷好幾世的個人及社會的幻滅，這會讓他們覺得暫時的價值毫無意義。許多金星在雙魚座的人沒有意識到這個原型目的，讓其具體呈現出來。換句話說，他們沒有接受某種超驗的精神價值系統。這對他們而言是很重要的一點，因為唯有如此他們才能看清楚自己，知道自己的本質，然後繼續體驗各種幻滅。

金星雙魚座的內心世界就仿如一場電影，其中充滿各種不同的畫面和情節，還可能有現實交錯出現。他們會想像自己扮演不同的角色，就像演員會揣摩角色的身分意識。他們會想像並「飾演」不同的形象及身分，就像電影中有不同的情節，然後試圖找到**感覺**最像自己的那個部分。這種慾望的背後是因為他們深覺自己是不潔的，因此有罪惡感。這種罪惡感會讓他們在無意識中激發否認的本性。因此金星雙魚座的人會對自己有模糊不清的負面感受。他們會透過想像來彌補這點，也就是創造一個最符合自己內心電影世界的虛假形象。這種想像會導致所謂「假戲真做」的心理驅力。

這種內在驅力會導致很多問題，金星雙魚座的人深知這些不同的身分或形象，並非真正的自己，但是他們會試圖讓假成真，說服自己這是真的，而且還會用具體行動實現，就好像演員或電影一樣。這些人會讓穿著打扮、髮型、居家環境、隨身用品或任何條件，完全符合自己想像的身分。很多金星雙魚座的人的確說服自己相信這一切都是真的。他們會讓外在的人格面具及環境反映內心的想像，讓一切看起來觸手可及。他們可以明白地舉證，讓自己和別人相信這是真的，因為這看起來的確存在。

這還會衍生出另外一種驅力。金星雙魚座的人時常覺得自己低下又軟弱，不具有任何個人的力量，所以只能任由生命迫害，成為別人現實的延伸品。他們會透過自己象徵的人的價值觀及意義，來面對自己。金星的金牛座面向要求每個人實現並認識自我天生的價值及資源。金星雙魚座的人很難做到這點，因為他們並不清楚自己具備哪些天生的價值及資源。這反而會造成反效果，他們時常會很懶惰，不會努力地找出符合自我天性的價值。「隨波逐流」這四個字最適合拿來形容金星雙魚座的動機原則，他們只會追隨著別人的現實生活，因為這比較容易。這些人不想為自己負責，因為他們根本就願意接受別人的照顧，讓對方來決定自己的現實人生。

無論是哪種情形，金星雙魚座的人常覺得自己因為不知名的理由而受到懲罰；或是想要懲罰自己的不夠「純潔」。這種與罪惡感有關的懲罰，代表他們渴望彌補罪惡感，也可能會因為罪惡感而憤怒。有些金星雙魚座的人完全陷在彌補／罪惡的驅力中，導致病態的受虐傾向；還有些人完全脫離不了憤怒／罪惡的驅力，導致施虐的傾向；還有些人同時具備這兩種驅力，最後就會同時出現受虐及施虐傾向；還有些人會在憤怒及罪惡之間不停反覆，必須視當時的情境是被動或侵略性的。

這些病態虐待其來有自，因為金星雙魚座的人至少在過去一世中深深沉浸在猶太教或基督教哲學的宗教氛圍中。因此他們意識中已經知道世俗的生命必須受苦才能進入「神的國度」。他們會認為只有神是完美的，其他宇宙萬物都是有缺陷的。他們也接受原罪的概念，假設自己的靈魂早已與神分離；也認為除了繁衍的性行為，肉體與精神本質上是對立的；也認同人應該臣服在神的意志之下，而從人類的觀點來看，神代表優於女性的男性，依此來延伸的話，男人也優於女人。

這些先入為主的觀念變成他們心中的評斷標準，導致各種不同激烈程度的施虐或受虐行為。有些金星雙魚座的人會繼續接受這些宗教性的教條，但是因為他們看不清楚自己的本質，所以也無法產生真正的個人信仰。既然金星雙魚座的原型取向就是接受超驗的價值系統，最簡單的方式就是「採納」宗教性的信仰系統。這可以讓他們扮演另一種角色，戴上人格面具，反映某些宗教教條的本質。他們在扮演這種角色時，會變得很愛說教又嚴格，嚴厲批評所有不遵守教條的人。然而，這麼做只會讓他們徹底幻滅，內心空虛，因為這些教條沒有反映上帝的真理本質。

有些金星雙魚座的人則會對這些教條產生完全相反的反應。他們會完全抗拒並反抗這些教條，但在反抗的過程中又會對教條的本質感到憤怒，最後就會追求極度縱慾享樂的生活方式。這些人會完全避免精神性的事物，他們認為肉體與感官享樂至上，用物質主義取代精神價值。有些人會敷衍接受靈性的存在，但卻完全不按照靈性或超驗的準則過日子。這種方式只會導致幻滅，因為享樂及物質主義最終不過是一場空虛。

大部分金星雙魚座的人都可以綜合上述兩種的極端表現。他們一方面模糊地感覺到或接受靈性的價值，但表現得不是很明顯。另一方面，他們又會按照原生社會的世俗價值創造自我形象。這種驅力會讓他們覺得沒有什麼是真的，他們越想讓它成真，它就越顯得不切實際，即使看似有「證據」能支持它的真實性。這也會讓他們慢慢地幻滅，因為金星雙魚座原型需要的終極意義，並不存在於這種生活方式之中。

為何金星雙魚座的人會對這些經驗感到幻滅？原因很簡單：除非他們能有意識地實現一種反映人生終極意義的超驗價值觀或信仰結構，展現自然萬物蘊含的真理，否則就會不斷地感受到幻滅。當他們明白了這點，採取行動之後，這些價值就會變成他們內外現實的核心意義，影響他們與自己及別人的相處方式。他們的人生還是很像一場電影，只不過是上帝的電影，而不是他們為了找尋生命的意義，不停創造許多虛幻的自我，徒具表面形式而無內在意義。

當他們開始演出上帝的電影，就會明白所謂的完美根本是虛幻，因為唯一的完美只存在於尚未形成或呈現的創作裡。他們必須將上帝創造萬物的行為融入各種形式之中，實現這些尚未成型或呈現的創作，才能有意識地體驗到完美。當他們能體驗到這點時，就會追隨自然的法則，放棄所有人為的法律及宗教，同時也能接受所謂的上帝，其實同時是完美及缺陷化身。完美及缺陷之間的互動，不過就是顯現與未顯現之間的交互作用。這個簡單的真理就是進化及演化的原因。透過這種方式，他們就能表現愛和接受，原諒自己的不完美，而非根據人為的宗教教條來批評、攻訐或偏激地判斷，這些教條只想表面征服或控制人類天生的靈性。

有些金星雙魚座的人全心追隨靈性的價值及生活方式，他們對現實的幻滅相對之下就減少許多。不過他們必須不斷地認識宇宙萬物蘊含的自然法則，才能避免幻滅的經驗。這些人已經踏上認識之旅，剩下只是時間問題。在這個過程中，他們可以學會如何直接地與內在的自己相處，也會知道該如何與別人互動。他們可能是激進的基本教義派份子，認為自己信仰的宗教是唯一能啟發靈性的宗教；他們也可能會認為上帝創造了許多道路，而終點的目標都是一樣的。他們如果要能真正獲得啟發，必須在靈性之旅的某些重要時刻，瓦解任何妨礙自己理解或體驗的「宗教」或「精神」思考方式。最完美的例子是預言家艾德格．凱西（Edgar Cayce），他的金星落入雙魚座。他年輕時傾向堅持嚴格的基督教教條，沒有重生的觀念，認為人生只有一回。但是後來因為雙魚座催眠及夢的本質，他見意識到自己許多的前世，同時也能看見別人的前世，其中許多都有文獻記載的。他的催眠及夢瓦解了自己的信仰及價值結構，而這都是源自於基督教的嚴格教條。他因此能獲得進一步的演化，繼續超驗的探索之旅，最後終於能夠理解早於人類出現、蘊含在自然萬物之中的終極真理。

基於金星雙魚座的超驗原型，這些人本質上都非常理想主義。他們對自己或其他人事物都抱持著理想。這裡的問題不在於理想主義的驅力，而是理想主義帶來的期望。金星雙魚座的人時常會感到幻滅，因為這些期待無法被實現，還會出現某些缺陷。理想也意味著批評，當不能完美實現理想時，批評就會出現了。金星雙魚座的人在本質上都有一套自己的價值系統及其相關的意義，然後會有許多根深蒂固的「應該如此」。這種驅力會變成內在及外在的批評基礎，不斷地用在自己及別人的身上。這些人時常讓自己陷入不同程度的沮喪及失敗之中，也會讓無法達到自己理想期望的人，感到非常沮喪。金星雙魚座的人必須學習的功課是，價值不在於結果，而在於努力的過程中。他們也需要知道，大部分的人已經盡力做好自己的本分。他們必須學習用同理心取代不必要的批評。

所有金星雙魚座的人都非常敏感，他們會用非常痛苦又細微的方式體驗生命。這些人天生就能對所有人事物產生移情作用。他們靈性的本質可以感受到周遭環境的能量，不帶意識地融入其中。所以他們時常會不自覺地複製周遭或集體意識的現實。金星雙魚座的人如果沒有靈性的現實基礎，很可能會因此被現實淹沒。他們可能會感到困惑、失去方向、毫無理由地恐懼、害怕「失去」、發瘋，或是突然產生無法解釋的情緒。這些反應都源自於金星雙魚座的超驗目的，就是要他們慢慢地瓦解任何阻礙自己認識終極真理的限制，以及任何妨礙自己與真理連結的限制。由於大部分金星雙魚座的人都不了解這種驅力，所以他們出於生存本能，會渴望能完全地封閉自我，不與外界接觸。他們會週期性地出現這種傾向，幫助自己重新穩定下來。

在親密關係中，金星雙魚座的人天生就很願意付出。無論伴侶需要什麼，他們都會全力支持。這些人也是很好的聆聽者，不管伴侶說什麼都會認同，因此伴侶常會覺得自己的心聲被聽進去了。他們非常敏感又脆弱，不時流露自然的無知和天真；喜歡戀愛的感覺，所以非常浪漫，他們浪漫及夢幻的天性，可能帶來創意十足的想像力。這種創意可能表現在解決問題上，善於隱喻及諷諭的寫詩能力、烹飪料理、佈置居家環境、音樂、寫作、穿著，以及天生的靈異本能，可以「接收」到事情的緣由及過程。

反言之，這些人除非遇到了顯意識或無意識中渴望的「理想伴侶」，否則很少會進入親密關係。他們很難安定下來，因為他們自認為這是最好的方式。這種驅力會讓他們每隔一陣子就覺得沮喪又毫無意義，而且還會導致許多逃避的情節。最糟糕的情形，金星雙魚座的人會耽溺在各式各樣的上癮及強迫性行為，可能是對酒精及藥物上癮、不斷強迫性地閱讀、不停地看電影、無法克制地買衣服、偏食、強迫的性愛，或是發展出各種心理失調的恐慌症。舉個例子，我曾遇過一位金星雙魚座的女士，她嫁給新教牧師，看起來過著牧師妻子「該有的生活」，但是私底下卻登廣告當起「應召女」，就表面上來看，也是一種出診。

金星雙魚座的人如果想要建立正面又健康的親密關係，他們的伴侶必須非常了解他們，知道他們絕對不僅只如戴上人格面具後的表象所示，即使其中含有靈性成分。這些人非常善於把自己隱藏在小心打造的人格面具後面，因為他們害怕受傷，害怕沒有人會愛上「真正的自己」，但是他們很容易吸引這樣的伴侶。他們必須先接受自己，捨棄任何帶有宗教本質的道德標準，不要依此膚淺或不必要地評斷自己。唯有如此，這些人才能吸引來能夠接受他們完整本質的伴侶，而對方也會愛上真正的他們。當金星雙魚座的人感受到別人愛的是原本的自己，就能放下自我保護的心牆，拆下人格面具，自在地流露極度敏感的本性。他們會用小孩般的方式表現天生的無知，也可以學會接受自己十分渴望的愛。他們會因為自己本來的模樣而獲得別人的喜愛，而別人也不會透過人格面具來認識他們，與他們相處。這樣他們就不會再因為別人不了解自己或自己的需求，因而產生挫折感。

就性方面而言，金星雙魚座的人可能會有包羅萬象的表現方式，他們可能會把性當成繁殖行為，也可能會有幻想的性生活。他們可能會很害怕自己因為性產生的生理反應，也可能完全投入其中。大部分金星雙魚座的人都對自己的身體很害羞，至少在裸體時會如此。他們天性願意在性愛中付出，同時也樂在其中，他們必須學會如何接受。就原型意義來看，金星雙魚座的人需要非常溫柔的做愛方式，愛撫、前戲、羅曼蒂克的氣氛、來點酒或大麻，放點音樂或點蠟燭，都能幫助他們完全地投入。角色扮演或性幻想有助於這些人的身心健康，只要他們覺得伴侶真心相對，不是別有居心。從原型意義來看，對於金星雙魚座的人而言，性行為是很「神聖的」，是一種純潔又乾淨的狀態。有些人則會把性視為某些感官／精神的教條及方法，透過性行為與伴侶的靈性結合，或是與終極的神性融為一體。

金星雙魚座的人如果想要讓演化繼續，就必須向對應點處女座學習。這代表他們必須學習反省式的自我分析，客觀地分辨真實與虛幻。他們如果能做到這點，就可以確定自己內心的狀態。處女座對應點的目的，是要讓金星雙魚座的人活在真正的現實中，而不是自我製造一堆虛幻、妄念及形象，只因為一切徒具形式就誤以為真。這是很難帶著覺知去掌握或努力的功課，因為這勢必會造成極大的心理痛苦。幻滅是人類最困難的經驗，而且總會導致某種形式的憤怒，但憤怒只是種本能情緒，這些人可以正面地運用它，讓顯意識的光芒進入內心世界，不再把現實加上虛幻的形象。為了達到這個目的，金星雙魚座的人必須接受某種精神系統，其中必須包含某種形式的冥想。對於他們而言，瑜伽、親穆儀（Sri Chinmoy）大師提倡的「靈性賽跑」或太極，都是很好的方式。他們也可以透過夢的紀錄、寫日記、實際的工作或是與信任的朋友聊天來獲得演化。這些朋友就如天生的心理學家，可以幫助他們認識自己情緒及心理的面具。

金星落入雙魚座的名人

艾德格・凱西（Edgar Cayce）：十九世紀末美國通靈家
桑尼・波諾（Sonny Bono）：二十世紀美國音樂人
瓊安・葛蘭特（Joan Grant）：二十世紀美國靈魂轉世論者
曼利・帕默爾・霍爾（Manly Palmer Hall）：二十世紀加拿大神祕學作家
卡爾・佩尼・托比（Carl Payne Tobey）：二十世紀美國占星學家

我們現在已經根據每個人對內及向外的相處模式，以及這些模式如何吸引我們每個人反映內在的現實，來完整討論與金星有關的主題。我還要再強調一次，就占星的角度來看，這只是概括性的主題，尚未考慮其他的因素。本命盤中的每種原型，還有行星落入星座的表現，都會受到其他行星原型的影響。其他的因素可能包括與其他行星的相位，或是行星落入的特定宮位等。占星家必須整合本命盤中所有的因素，加以綜合分析及深入詮釋，才能提供案主真正有用又正面的幫助。我接下來要簡單討論在關係中不停改變需求的實際經驗。

金星的推進

宇宙萬物的生命並非靜止的。生命會透過退化及進化的過程不停改變。我們都知道自己一直處於變動的狀態中，因此慾望所反映出的需求也會不停改變。我們可以用各種方式來判斷關係的特定驅力、不停改變的慾望，以及慾望產生的需求。最簡單又基本的方法就是觀察金星推進本命盤。金星運行的週期大致上是九至十四個月，這必須視其中是否有逆行而定。再提醒一次，金星每隔五百四十八天才會出現逆行。當金星逆行時，必然會推進本命盤的某個位置。這對地球上所有人來說都是非常重要的時刻，因為這與時間的架構有關，而我們必須在此時重新檢視並反省自我的整體現實。這是要讓我們意識到自己不再需要什麼，因為這些驅力或環境條件現在已經阻礙我們向前，無益於必要的成長。與此同時，我們也可以意識到為了進步向前，自己到底真正需要什麼。在金星逆行期間，我們可以讓新的價值連結進入意識層面，然後等金星恢復順行後採取行動。我們如果在逆行時認真分析關係的模式，就可以知道自己已經不再需要哪些既有的驅力。因此從個人的角度來看，這可以讓我們產生新的需求意識，讓關係進一步地成長。

最重要的一點，除非你與伴侶的上升點及所有宮頭星座都完全一樣，逆行的金星必然會落入你們兩張本命盤上不同的宮位。因此兩個人會感受到不同的驅力，也會對關係成長的需求產生不同看法。兩個人如果想要關係平衡發展，就必須考慮彼此的感覺及關心的主題。這樣才能帶來雙贏。某些特定的主題或驅力必須被拿出來討論或加以改變，當然也會出現新的需求，而這些都必須視金星逆行落入的宮位及星座而定。儘管金星會落入不同宮位，但所在的星座都是一樣的。落入同個星座可以創造互相、普遍及分享的中心基礎，帶來正面且清楚的交流。希望藉由這種共同基礎，雙方都能了解彼此基於不同宮位而產生的差異性，然後有意識地與對方合作。

金星逆行時，我們可能會重新體驗一些過去的議題或驅力，自覺已經處理好這些東西，或是早已將它們拋在腦後。這時也可能會突然出現一些存在於關係之中、沒有被解決的業力問題，也有可能因為業力，讓一些老朋友或舊情人重新進入我們的生命。我們如果在金星逆行時認識一個人，對方會為我們的生命帶來直接的影響，也有可能是我們為對方的生命造成直接影響，而這都是因為過去世的連結，兩人之間有未完成或未解決的東西，好壞都有可能。因此金星逆行時，非常適合完成業力功課。

整體而言，金星推進的影響是很溫和的，很少讓生命或關係產生重大變動。這是一種簡單的驅力，我們很容易觀察它，也很容易與它合作。我們只要觀察金星移動的宮位及星座，就可以知道自己當下的內在及外在需求，這也與我們當下關心的人生或關係的重點所在有關。舉個例子，落入雙子座的金星推進我的八宮，這代表我可能會在心中意識到某些心理及情感的傷口，是由父母製造的某些情境所「引起」的。這裡的挑戰就在於面對舊傷口，而不要受到八宮的誘惑去隱藏傷口。我如果隱藏傷口，它就會慢慢積壓在胸口，最後就會導致與父母的激烈衝突。當隱藏傷口的安全蓋被揭開時，我可能會做出極不合理的行為，造成不必要的難堪場面。相反地，我如果能與父母溝通（雙子座），讓他們知道自己碰觸了我過去的感情傷口，這就變成分享交流的基礎，讓我們可以深入檢視傷口的本質，找出治療的方法。

有些時候，金星推進的循環也可能為關係帶來沉重的發展或情境。這通常是金星與本命金星形成第一個四分相時、與本命金星形成對分相時，以及與本命金星形成最後一個四分相時。如果關係之中存在一些沒有被提出或被承認的問題，此時就會出現難題，這些相位就會帶來迎頭痛擊。不過實際的情形還是要參考本命盤金星落入宮位及星座的原型、本命金星的相位，以及運行金星推進的宮位及星座。

還有其他占星學的方法可以解釋金星原型演化的驅力，其中的影響因素包括金星回歸圖，以及金星推進及移位時與其他行星形成的相位。太陽回歸圖中的金星也可以提供部分資訊。

合盤的金星

合盤中的金星是非常重要的，我們必須仔細分析它。再提醒一次，合盤可以反映關係中的兩個人如何基於不同的原因，達成共識為關係一起努力。我們可以根據合盤的整體本質看出原因。當然，詮釋合盤的底線還是本命盤的冥王星、冥王星的對應點、月亮南北交點，以及南北交點主宰行星的位置。當我們可以了解這些重點時，就能正確地分析其他符號。金星象徵著關係中的共同價值，以及這種價值所產生的意義。金星也能看出兩個人為什麼會建立關係，以及在關係中的互動方式。我們也可以從金星看出，關係中的兩個人會如何聆聽對方，如何像鏡子般「反射」對方的模樣。金星也象徵著兩個人會如何接收或付出對彼此的愛，如何能讓關係產生必要的改變及演化。我們現在用圖13為例，簡單解釋金星的原則。

簡單地說，這張合盤的兩個主角都是歐洲白種人，父母都是中產階級，抱持中產階級的價值觀。他們都受限於社會及文化觀點的基督教教義，在心理上飽受父母的凌虐，其中一方甚至被父母性虐待。就演化的觀點來看，兩個人都處於靈性階段，而且都曾省略過某些與感情及性驅力有關的演化步驟。他們都不想要面對這些議題，反而追求靈性的哲學及價值，將其表現在生活方式中。

我們首先來看下列因素：冥王星落入十宮的獅子座，對應點是四宮的寶瓶座。南交點落入二宮的魔羯座，而南交點的主宰行星土星落入十二宮的天蠍座，與二宮摩羯座的月亮形成六分相。北交點落入八宮的巨蟹座，北交點的主宰行星也是魔羯座的月亮。南北交點的主宰行星透過這個六分相產生連結，這很清楚地告訴我們，他們如果想要繼續演化，就必須重新解

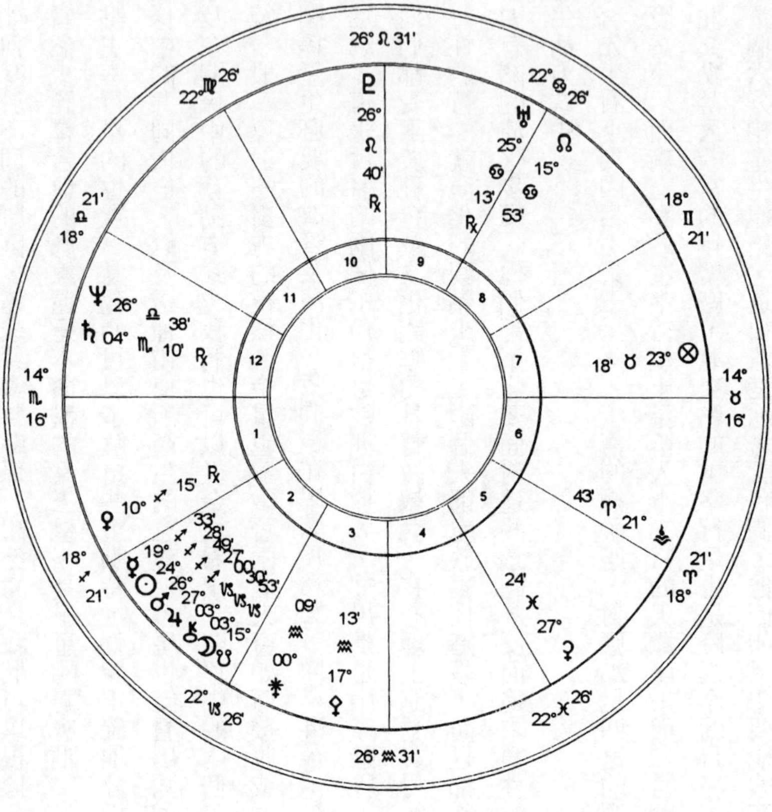
26° ♌ 31'
22° ♍ 26'
22° ♋ 26'
18° ♊ 21'
21' ♎ 18°
14° ♏ 16'
14° ♉ 16'
18° ♐ 21'
21' ♈ 18°
22° ♑ 26'
22° ♓ 26'
26° ♒ 31'
10
9
11
8
12
7
1
6
2
5
3
4

圖 13

開，再次體驗過去，把省略的步驟完成。我們也可以看到，南北交點落入基本星座，冥王星及其對應點也落在基本星座的天生宮位（十宮及四宮）。這意味著他們必須透過基本星座的原型來繼續演化，同時必須先回到過去，然後才能迎向未來。

他們對我說，感覺彼此曾經共度過許多世，彼此有種「永恆」的熟悉感，還因為原生家庭的背景，共同擁有一些過去世的記憶或影像。我們可以從他們冥王星及南北交點看出，這些感覺跟記憶不只十分正確，而且是顯而易見的。

他們剛認識時，花了很多時間討論童年時期的遭遇，也聊到父母對自己的感情及心理影響。透過這種方式，他們都發現自己因為父母而感到罪惡，自認為有哪裡做錯了。他們也都因此而產生負面的自我形象，學會在心中自我隔離，避免受到父母影響，而這也讓他們積極想像出另一種人生來逃避現實。這些都反映在合盤中，因為冥王星落入十宮，南交點落入二宮的魔羯座，摩羯座的主宰行星土星落入十二宮的天蠍座，與二宮摩羯座的月亮形成三分相。

他們都曾經受過父母在心理上及性上面的凌虐。他們透過討論發現童年的遭遇，與自己在成年後遇到的伴侶類型有關。我們可以看到合盤中冥王星的對應點落入四宮的寶瓶座、北交點落入八宮的巨蟹座，北交點的主宰行星月亮與二宮摩羯座的凱龍星合相，而木星、火星與太陽又都是射手座，由此可知這段關係的基本演化目的就是擺脫過去的影響，建立全新且正面的自我形象。此外，月亮與十二宮天蠍座的土星形成六分相，這代表就業力及演化的觀點來看，他們必須擺脫因為過去而造成的迫害感及挫折感，學會接受責任。如此一來，他們可以透過關係找到自己的力量，完全自主地擺脫過去的影響。

為了達到這個目標，他們必須進行深入地討論情感及心理，從中了解童年時期造成的負面影響。他們也可以漸漸地接受以自然法則（射手座）為基礎的信仰系統，而這種信仰是可以實際體驗的。這是因為射手座是這張合盤的主要原型，再加上天王星落入九宮的巨蟹座，與八宮巨蟹座的北交點合相。別忘了，八宮須要證據和親身體驗。金星也是射手座，與北交點形成十二分之五相，又與落入九宮的天王星（四宮的主宰行星）形成八分之三相。由此可知，他們共同的價值觀（金星）與自然法則（射手座）有關。

他們共同追求薩滿哲學，藉此解開過去，找到未來的方向。這其中包含一些古老又神聖的性儀式（金星與北交點形成十二分之五相，南交點的主宰行星落入十二宮的天蠍座），可以為他們帶來感情及性的治療。他們也渴望能擺脫時下文化對於性的限制。透過薩滿哲學，他們體驗到大自然就像是有意識的生命，他們可以在其中超越時空的限制，把大自然當成「靈性導師」。這些共同的價值觀可以為他們的關係及本身帶來意義和目的。

金星落入一宮的射手座，這代表他們會用完全誠實的方式相處，沒有謊言、欺瞞或扭曲。他們也會把彼此視為最重要又最特別的人來對待彼此。他們也會鼓勵對方去實現或發展自我。他們在溝通的過程中，也可以「聽到」言語背後的意涵（射手座金星與射手座水星合相）。這代表他們已經培養敏銳的直覺，很清楚彼此的感情、心理、精神及性的需求。對方的陪伴及需要都會讓他們感到很舒服，因為他們非常珍惜彼此和這段關係，可以自在地付出及接受對方的愛。這是因為射手座的金星是由木星主宰，這會帶來「好的感覺」，同時允許他們自由地付出及接受愛。金星是變動星座原型，又落入一宮，這意味著他們會做出必要的改變，一起擺脫過去，努力地成長及演化。

最有趣的一點是，當他們初次相遇時，各自的金星都有非常明顯的移位。其中一方移位的金星，與本命的南交點及太陽（同落入射手座）合相。移位的金星也與本命冥王星形成三分相，與本命海王星形成六分相。另一方移位的金星則與本命木星合相，而本命的木星也在此時與移位的太陽合相。與此同時，其中一方的冥王星推進，與他們本命的金星合相；另一方的冥王星推進，與他們本命的金星形成出相位的半四分相。推進的金星是牡羊座，剛好落入各自本命盤的一宮。綜合這些因素，我們可以知道他們是「一見鍾情」，而且因為前世的連結，馬上就能彼此了解，然後建立親密關係。

第八章
火星與冥王星的階段關係

我們都知道人生一直處於變成的狀態中，而這就反映在火星的原型上面。我在《冥王星：靈魂的演化之旅》中曾經提過，火星直接關係著一個人如何認定靈魂的慾望，以及根據慾望產生的本能反應。這就是為何火星會被視為冥王星的低八度。火星象徵自我中心層面的主觀意識，允許我們意識到自己的各種慾望。火星與冥王星的關係中有兩種重要的原型：其一是考慮火星與冥王星的階段關係；另一則是火星落入的宮位及星座。

我們要先記住，零度到三百六十度是個完整的循環，代表從開始到結束的演化進程。一個循環中有八個重要階段，每個階段平均占四十五度。因此從零到四十五度是新月（The New Phase 新生階段），四十五度到九十度是眉月（The Crescent Phase 初期階段），九十度到一百三十五度是上弦月（The First Quarter Phase 第一個四分階段），一百三十五度到一百八十度是盈月（The Gibbous Phase 突顯階段），一百八十度到兩百二十五度是滿月（The Full Phase 圓滿階段），兩百二十五度到兩百七十度是缺月（The Disseminating Phase 擴展階段），兩百七十度到三百一十五度是下弦月（The Last Quarter Phase 最後一個四分階段），三百一十五度到三百六十度是殘月（The Balsamic Phase 極致階段）。

我們要如何判斷火星與冥王星的階段關係？很簡單，只要把冥王星當成起點，以反時鐘的方向來計算冥王星與火星之間的角度，這樣就可以找出冥王星與火星之間的階段關係。這種關係非常重要，可以幫助我們判斷靈魂核心的演化及業力目的（反映在本命冥王星、冥王星對應點、月亮南北交點及其主宰行星）已經進行多久了。

一般而言，靈魂必須花上八世的時間才能完成或經歷本命盤顯示的主要演化／業力目的。既然有八種主要階段，那麼火星與冥王星的階段關係，就象徵了我們已經把這個目的發展到哪個階段。其中會有所謂的**主要世**，靈魂會直接針對核心的演化／業力目的而努力。在主要世之後也會有所謂的**附屬世**，靈魂會透過各種不同的方式，間接地為核心的演化／業力目的而努力。舉個例子，火星與冥王星處於第一個四分階段，代表這個人已經歷過兩個主要世，為本命盤顯示的主要演化／業力目的努力，他現在可能處於第三個主要世，或是其中的附屬世。當火星與冥王星形成主要相位時，就代表主要世，其中包括合相、半四分相、四分相、三分相、八分之三相、十二分之五相或對分相。這些相位象徵演化的門檻或駐站，影響靈魂整體演化的進程。最重要的是，我們必須根據相位落入的主要階段，才能理解它的原型意義。

八個主要階段及其中相位

我們必須要先認識每個主要階段的原型意義，以及每個階段包含的相位。這對接下來的討論非常有幫助。

新月：新生階段

這個階段代表全新的演化目的，靈魂渴望嶄新的存在方式。這是發自本能的陽性階段，代表靈魂需要採取行動或多方嘗試，以實現新的目的。行動導致的結果或反應，可以讓這個人理解新的演化目的及需求。這個階段的人渴望突破過去的循環，進行必要的嘗試，才能意識到新的演化目的。他們非常恐懼會被過去或之前的循環吞併，因此渴望絕對的自由，獨立地實現新的演化循環。

在新生階段中，有四個相位與特定的階段發展有關，其中包括：

● **零度（合相）**：兩個行星的功能會結合為一。新的演化目的及循環如本能般自然展開，被即時投射出來，完全沒有自我中心的意識。這是非常純淨、沒有經過壓抑的行為或表現。會有一些偶發的生命經驗，帶領此人探索新的演化循環。

● 三十度（半六分相）：此人對新的演化目的或循環，表現出或形成自我中心的認同感。他如果開始意識到特定的演化方向或經驗，偶發性的行為就會減少，接下來便能理解或發現新的演化目的或循環目的。

● 四十度（九分相）：針對新演化目的所產生的自我中心意識或認同感，開始進入消化的階段。此人會主觀地朝著新目標的發展或實現邁進，慢慢成長，並且賦予它個人性的意義。換言之，他已經開始有意識地朝著新方向邁進，而這些新方向在本質上也是非常個人性的。在這個過程中，自我探索的渴望會被突顯出來，而偶發性的經驗也會越來越少。

● 四十五度（半四分相）：這是個演化過渡的門檻或相位，此人將從新生階段進入初期階段。新生階段需要各種外在的活動，但初期階段則需要經驗的強化及內化。不過就角度上來看，半四分相仍屬於新生階段，所以此人會陷入衝突，一方面渴望更多的經驗，另一方面又希望能放慢速度，將經驗鞏固並內化，將新的探索整合成為架構。

眉月：初期階段

這是個陰性階段。處於此階段的人會建立演化的原型，將其內化，同時傾向於創造個人的形式及結構，讓新的演化目的紮根。他們可能會被過去的模式誘惑，也很恐懼回到過去，所以需要付出一些個人的努力，才能讓演化繼續。

在初期階段中，有五個相位與特定的階段發展有關，其中包括：

- **四十五度（半四分相）**：從新月進入眉月階段後，演化目的開始被強化。靈魂此時會用個人的方式實現或發展目標。這種強化也是因為靈魂渴望擺脫所有過去的限制，跳脫老舊的秩序、模式或存在方式。
- **五十一度（七分相）**：此人會將新的演化目的或循環，與某種個人形式或特殊使命連結在一起。他會透過一些經驗及行動，來理解這個特殊目的或使命。此人的行為可能是偶發又令人困惑的，也可能是清楚一致的，要看行星的階段及相位而定。例如冥王星與天王星，可能導致突發的行為；太陽及冥王星，則可能帶來清楚一致的行為。這個相位也帶有「命定」的意味，此人會在某些關鍵時刻與重要的人接觸，或是創造重要的情境，這背後帶有「命定」的目的，主要是讓他與這個階段的演化目的產生連結。
- **六十度（六分相）**：此人可以透過對照和比較，有意識地理解新的演化循環和目的。他必須隔絕外界的影響，從內去發掘或理解自己獨一無二的全新特質。這個階段的行為會開始內化，讓此人透過自我的冥思，與外在現實環境比較。他能藉此了解有關過去、個人和集體的問題，同時知道可以透過哪些經驗、方法或技巧，用自己的方式來促進新的演化目的發展。

- **七十二度（五分相）**：火星及冥王星的五分相，代表此人透過內化新的演化目的，將此階段變成創造性的轉化過程。此階段的演化目的極具個人色彩，而且十分明確。新目的即將轉化成外在行為，但是因為過去的引力，仍會有掙扎或抵抗出現。
- **九十度（四分相）**：這個相位在初期階段創造極大的內在壓力，而這也是從初期階段進入第一個四分階段的關鍵時刻。內在壓力會帶來內在的覺知，讓此人意識到新的個人結構或形式，都是由先前階段或相位慢慢演化而成的。這些個人的結構或形式反映了新月階段展開的演化目的，而在接下來的上弦月階段裡，此人必須向外實現目的，並且將這些架構與現實環境整合。這個相位也會在無意識中加強此人對失敗的恐懼，因為他不知道如何在目前的社會中，建立這些新的結構或形式。這反而導致誘惑或恐懼，讓他回到老舊的模式或架構裡。因此，初期階段的四分相產生內在的拉扯，靈魂會週期性地退縮，不與社會互動，然後隔一陣子又會融入社會，努力發展新的模式、形式或架構。

上弦月：第一個四分階段

占星家丹恩．魯依爾（Dane Rudhyar）把此階段稱為「行動危機」階段。這種說法非常貼切，因為靈魂到此刻進入了演化的關鍵門檻。此人必須建立新月階段反映的演化模式，讓其獲得落實。他會非常恐懼失敗或回到過去的模式。這些恐懼會帶來危機，讓此人不停多方嘗試，努力找到最能完美呈現新模式的方法。嘗試的方向各有不同，呈現的方式也不一致，不過都具有高度的個人色彩。他在嘗試的過程中常會自問：「這到底是什麼？」而這就變成危機的本質。

在第一個四分階段中，有四個相位與特定的階段發展有關，其中包括：

- **九十度（第一個四分相）**：此人必須找出新的形式，來呈現演化目的的個人意義，然後徹底實現或建立這個目的。形式的性質通常與建立相位的行星本質有關。舉個例子，水星與冥王星形成四分相，這個新形式一定與全新的心智組織，以及其導致的意見有關。這個人透過分析主流心智系統或知識結構的先天缺陷或不足，來實現演化的目的。這種分析也可以帶來新的心智洞見。如果產生相位的是金星，就可能代表新的關係形式，或是用新的方式來處理關係。此人渴望邁向新的形式，但又會不由自主地受到老舊行為模式的誘惑，這就會導致創造性的緊張狀態。這種緊張狀態也可能是因為這個人不知道如何建立或實現新的形式。緊張或對立常導致一個人跟自己作對，跟整個社會或過去所有的事物都過不去。但就演化的觀點來看，此人必須實現或建立新的模式或方法，才能繼續向前邁進。

- **一百零二度（雙重七分相）**：四分相就像是演化的交接點，要求一個人建立或培養新的形式，這種新形式到了雙重七分相的階段，就被視為帶有高度個人色彩的特定使命。這個相位也會讓我們憶起在七分相階段所認同的一切。這個階段的慾望就是將演化的循環或目的表現出來，創造一種足以反映它的個人現實處境。因此，這個階段也帶有命運的色彩，此人會在生命的關鍵時刻創造必要的情境，為這個特殊的使命及個人現實「指出方向」。

- **一百二十度（三分相）**：我們可以說有此相位的人正處於完成的階段。他必須用創造性的方法，來實現新演化目的的慾望和想法。這個相位也讓一個人能有意識地覺察整個演化進程，以及造成現在的種種過去。此人可以創造一種個人的現實處境，清楚地反映出從新月合相階段開始的新演化目的。他會很清楚自己必須做些什麼，才能在現有的社會現實中創造個人的生活方式。

- **一百三十五度（八分之三相）**：這是非常有能量的相位，正處於第一個四分階段與突顯階段的演化過渡期。這個相位目的是要讓靈魂在自我中心架構中創造的人格，經歷必要的羞辱。靈魂之前為了發現或實現新的演化目的、模式、形式及架構，常會出現自我偏執的傾向，因而招致羞辱。這個目的就是要讓自我慢慢地與社會整體的需求結合。此人會在社會中遭遇抗拒及阻礙，迫使他思考背後原因，產生新的理解。帶著這份新的認知，他可以學習調整具有高度個人色彩的目的，以及相關的形式、模式及架構，讓這一切能反應出社會大眾的需求。

盈月：突顯階段

盈月階段是另一個演化的過渡時期。這個階段的靈魂主要功課是學習謙虛，將從新月階段合相相位所顯示的新演化目的，與社會的需求整合。此時靈魂準備融入社會現實之中，與其他人平起平坐。在這之前，靈魂都在發展演化目的的自我中心意識，換言之，就是不停地自我膨脹。這個自我膨脹的氣球現在必須被戳破了。

在突顯階段中，有五個相位與特定的階段發展有關，其中包括：

- **一百三十五度（八分之三相）**：這個相位在第一個四分階段就已經出現，到了突顯階段則象徵繼續的過程。這個相位的挑戰就在於，此人可能會因為抗拒調整或改變自己剛建立的目的及形式，不斷導致負面的結果。他如果一味地抗拒，就會回到過去的窠臼中，不知如何在外境建立個人的現實及目的，直到他做出必要的調整之後，才能重新找到方向。

- **一百四十四度（雙重五分相）**：雙重五分相如果以負面的形式呈現，會讓一個人透過在五分相發生的個人化進程，重新調整最初的演化目的。此時他必須開始分析如何將個人的演化目的，與環境及別人的需求連結。這種分析一定要徹底做好，新的演化目的才能滿足整體的需求。只有透過服務獲得的深刻意義，才能讓此人了解自己的演化目的。
- **一百五十度（十二分之五相）**：這個相位可能會帶來清明或困惑，必須看此人如何分析最初演化的目的。他已經意識到必須針對演化目的做些「特別」的事情，但仍不知道如何透過服務，讓這個目的與別人或整體連結。這個相位會帶來某種形式的危機，迫使此人進行心智上的自我分析，摸索如何調整自己的態度，才能在社會環境的現實架構內，打造自我的現實或目的。這個相位也會讓人捨棄自我膨脹和固執，學會謙虛。
- **一百五十四度（五分之二相）**：這個相位會帶來清明的心智，讓此人看清楚自己的想法及演化目的，該如何與別人、環境或整體的需求連結。這也代表一種必要的自我分析，讓此人徹底消除在十二分之五相產生的自命不凡。這種自命不凡的幻覺必須轉化成最根本的謙虛，讓此人準備好將自我目的與社會環境的背景整合。

● **一百八十度（對分相）**：突顯階段的對分相是一種準備的狀態。此人準備在接下來的圓滿階段中展現演化的目的，也就是渴望以平等的身分融入社會現實。此人會完整體驗到別人意志、慾望及現實的力量，這是要讓他意識到別人與自己擁有同樣強烈的驅力。當他發現自己的信仰、價值觀、態度或需求，與別人產生「對立」時，便能產生這份覺知。這種對立可能會讓他憤怒或恐懼，也可能會讓他意圖反抗與自己對立的東西。此人可能會週期性地退縮，完全不與社會互動，之後又會用固執且武斷的方式與別人相處。這種攻擊及退縮的循環會一直出現，直到他能以自他平等的方式融入社會為止。

滿月：圓滿階段

這個階段可能問題重重，因為靈魂被兩股相反的力量拉扯，一方面想要完全地自由及獨立，另一方面則需要透過各種關係來實現或滿足自我。這種內在的矛盾通常導致此人在兩種極端中搖擺，有時會想完全地退縮，不與人往來；有時則渴望全心投入社交活動。無論是哪種表現都會產生問題。他如果完全投入社交活動，就進入了累積的狀態中，漸漸會覺得被太多人的影響而壓垮，因為這些人代表各種不同的價值觀及生活方式。換言之，他可能會覺得失去了自我的本質。這就會觸發另一種極端表現，他會開始完全避免別人帶來的壓倒性影響。這當然也會導致失衡，讓他經歷一場內心的「大爆炸」。當他不接觸社會背景及互動的觀點時，就會發現自己毫無想法；當他感覺太過孤單又毫無頭緒時，就會迫不及待重返社會。他會不停地來來回回。這個階段的重點當然就是，學會平衡這兩股互相抗衡的慾望。他可以在平衡的過程中實現這個原型的真正目的，也就是讓個人意識逐漸地社會化。他會發現社會制度對自己的要求，也會知道該如何將個人目的與社會結合。學習平衡的目的，也是要讓他學習觀察自己的本質。這裡的考驗就在於，當他出現退縮的本能反應或想要與人互動時，都必須能欣然接受自己當下的狀態，唯有如此，他才能達到真正的平衡。

在圓滿階段中，有五個相位與特定的階段發展有關，其中包括：

- **一百八十度（對分相）**：對分相的出現，代表此人已經走到演化的交接點。到了這個階段，最初的演化目的不僅具備個人性的意義，還必須賦予社會性的意義。這個目的必須與別人分享，產生關聯性。對分相還要求一個人必須為最初的演化目的加上社會的背景或架構，透過這種背景或架構，他／她才可以繼續發展在新月合相階段展開的演化目標。為了達到這個目標，此人必須進入社交的網絡中，學習自他平等的道理。他／她必須透過關係，學習聆聽別人的心聲，然後才能評斷自己的獨特性。他／她也必須學著將個人的演化目的與別人的需求結合。

對分相也會導致意志與慾望的衝突，因為此人一定會覺得與別人進行必要的接觸時，自我的權力或身分認同被吸收或消失了。從純屬自我中心的觀點來看，他／她一定會覺得無法掌握自己的身分認同，同時也失去了塑造命運的力量。他／她必須培養更擴張的社會覺知，來脫離狹隘自戀的世界。他／她可能會抗拒這種自然的演化發展，試圖用意志力來控制別人，將個人的目的強加在別人身上，藉此覺得自己很有權力及安全感。

這種人會一直停留在演化的關卡上，直到他／她將個人性目的與社會需求連結，變成社會中與人平等相處的一份子。與對分相對應的這股力量，存在於別人的想法、價值觀、信念及需求之中，這些東西會與自己的需求、想法及信念形成對比。這股相反的力量也可能反映在靈魂固有的雙重慾望中，而這些慾望又會轉化成個人意志，與靈魂中的高層意志產生衝突。回歸本源的慾望會轉成向前移動的需求；維持獨立的慾望則會因一個人基於安全感的理由，停留在先前的狀態裡。

● **兩百零六度（五分之二相）**：在對分相的階段，最初的演化目的及個人意義會被社會化。到了五分之二的階段，此人已經處於理解的狀態，正準備與社會或集體的需求合作。

● **兩百一十度（十二分之五相）**：新的社會性演化目的或導向，幫助此人看清自己的想法，或是自我意識及社會意識的限制；也可以讓他／她了解為了表現這個社會化的目的，有哪些事情是可以做的，有哪些事情是不能做的，而別人又會對自己有何要求。此人如果超越了這些限制，就可能遭遇強烈的情感衝突，迫使他／她在意識層面上做好這些功課。入相位的十二分之五相可以帶來謙虛的胸懷；出相位的十二分之五相則能帶來社會性的謙虛及淨化。

● **兩百一十六度（雙重五分相）**：在這個演化階段裡，社會性的演化目的會變得更加明確，因為此人將自己的潛能、才華或能力，與別人的潛能、才華或能力相互對照和評估，從中意識到自我的獨特性。

● **兩百三十五度（八分之三相）**：當這個相位出現在圓滿階段時，代表此人正準備進入擴展階段的演化目的，所以他／她的自我中心意識會再度擴張，藉此了解定義原生社會的習俗、法則、規定、法律及傳統。他／她必須整合之前相位的社會化演化目的。舉個例子，水星及冥王星如果形成這個相位，他／她可能會覺得如果想將個人性的演化目的與社會整合，最好的形式及方法就是當個心理學家。這個相位也會產生社會支配的意識，讓他／她意識到如果想要成為權威的心理學家，必須上學或拿到證書等等。

缺月：擴展階段

靈魂到了擴展階段，會讓新生階段合相所展現的演化目的持續社會化。此人必須學習認識原生社會的本質。社會共識會產生規則、習俗、傳統、法律及法則，讓所有人組織成為一體。這個階段還有另一個演化的需求，就是把最初的演化目的與社會整合，履行靈魂的社會義務。

在擴展階段中，有三個相位與特定的階段發展有關，其中包括：

- **兩百三十五度（八分之三相）**：這個演化階段出現新的危機，因為此人必須認識整體的文化、社會傳統、習俗、規範、規則及禁忌，才能與社會共同建立演化的目標。新危機的出現是因為此人已經準備好擴展、應用並實現這個目標，但是必須先學會如何透過社會的規範來達成此目的。
- **兩百四十度（三分相）**：這個相位代表抽象及社會意識已經進入擴張及明確化的階段。此人已經擁有權力或能力理解社會的運作方式。他／她會以此為基礎，在社會中建立或建構個人性的社會目的。他／她已經可以開始擴展或改造這個目的，因為別人（社會）不會覺得他／她帶來了威脅或不必要的挑戰。
- **兩百七十度（四分相）**：擴散階段的四分相代表靈魂準備進入最後一個四分階段，

為另一個重要的演化關鍵時刻而努力。這個階段會有危機出現，因為此人已經完全吸收了社會的信仰、習俗、價值觀或道德觀等，讓靈魂的意識徹底社會化；但是根據演化的需求，他／她必須擺脫這些限制，才能再度擴張意識，往宇宙與永恆的方向邁進，而這就導致了危機。在這個交接點上，此人無法理解任何反映擴張需求的新思考模式。他／她只知道反映目前社會共識的思考模式太過狹隘，也無法再滿足靈魂的需求。因此，這個相位常會讓一個人反抗社會共識。

下弦月：最後一個四分階段

丹恩·魯依爾把這個階段稱為「意識危機」階段。這裡最主要的危機就是個人的信仰系統，意即自己該相信什麼。信仰系統反映人性的需求，因此才有哲學的出現，其中包括宗教哲學，依此解釋表象存在的本質。任何一群人都會有共同的信仰或哲學系統，來解釋表象存在的本質。這個階段的靈魂必須抵抗所有共識的信仰系統，才能擴張意識，擁抱宇宙的真理，而這是不受限於任何信仰系統的。所以這個階段就像「脫皮」一樣，靈魂會漸漸擺脫共識的影響。就更廣義的層面來看，這個階段也代表靈魂渴望將之前其他階段未完成或解決的東西，在此時完成並獲得圓滿。

在最後一個四分階段中，有五個相位與特定的階段發展有關，其中包括：

●**兩百七十度（四分相）**：在這個演化階段中，此人已經了解社會及文化的種種，也已經成為社會的一份子，他／她現在必須在意識層面上進行兩極化的重整。這種意識上的危機會繞著過去演化的成果打轉，也會與未來的演化驅力有關。這個相位的演化目的，是要此人準備為自我的意識及知識系統重新建構新的基礎，將宇宙、永恆及絕對性的意涵都納入其中。到了這個階段，老舊的模式、信仰、文化及社會價值都不再適用，儘管這些東西在過去猶如一張生命藍圖，讓此人根據它創造了個人及社會性的意義。當他／她踏上擺脫自我限制的旅程後，最迫切的問題就是：該相信什麼？該考慮什麼？該如何與一切產生關聯？

●**兩百八十八度（五分相）**：這個相位的演化目的是要轉變個人及社會性的身分認同。此人必須用一種全然不同的方法內化思考，因為他／她不再是自我中心意識或社會性的個體。這種重新導向的進程，會讓此人產生宇宙性及永恆的視野及覺知，意識到自我與終極他者（The Ultimate Other）的關係。他／她必須學習認識自己和宇宙的關係。他／她會逐漸認清或理解自己在今生應該發揮的功能或職責，與自己在宇宙中扮演的角色有何關聯。

●**三百度（六分相）**：這個相位代表和宇宙整體有關的全新個人意識，會被賦予具有生產力的目標及認知，讓此人能在今生實現自我的宇宙／社會性角色。此人可能很輕易地在過去和未來之間轉換，也可能產生抗拒。

● **三百零八度（七分相）**：這個相位代表此人會根據已知的宇宙及社會性目的或角色採取行動，將此目的或角色與某種「特殊的使命」連結。他／她也可能會誤解或誤用這個目的或角色，對此產生妄念。他／她如果走錯了方向或是感到困惑，這個相位仍會在關鍵時刻製造一些情境或狀況，讓他／她重新走回正途。他／她如果對這個角色或目的感到不確定，就會出現一些情境或狀況，教導或提醒他／她這個目標的意義何在。

● **三百一十五度（半四分相）**：當這個相位出現在最後一個四分階段時，代表靈魂準備進入極致階段。所以此時會有強烈的內化壓力，迫使此人脫離所有的社交活動，種下新的意識種子，反映自己對宇宙及永恆的領悟。他／她也必須實現既有的責任及義務。

殘月：極致階段

這個階段代表必須完成從新生階段合相展開的演化目的，然後才能開啟全新的演化循環。所有未結束或完成的事情、模式、發展階段等，都會在此時重新出現，讓此人徹底解決它。所有在最後一個四分階段產生的轉變，都會在此時達到高峰。此人的意識會高度內化，也會進行自我冥想，反映出他／她對宇宙現實本質的看法，同時讓個人意識反映宇宙的現實。

在極致階段中，有五個相位與特定的階段發展有關，其中包括：

● **三百一十五度（半四分相）**：這個相位代表新的演化危機，因為此人在過去、文化背景及未來之間，加速轉換的腳步，而未來就象徵著未知、不受限制、永恆及絕對。此時的危機就來自於慾望與需求的衝突。就某一方面而言，此人想要退縮，內化自己的意識，如此才能覺察到新的演化循環所帶來的新開端或新驅力。他／她也必須進行自我冥想，實驗一些新的模式、想法及經驗，足以反映這些新開端或新衝動。這些實驗可能會產生真實的衝突及困惑，讓他／她感到厭倦，試圖回到過去的模式。他／她如果真的選擇這麼做，就會出現全面性的瓦解，到頭來他／她還是必須回到同一條演化的道路上，與別人建立新的社會關係。他／她一方面必須履行社會的責任義務，但是又渴望能脫離世俗，實驗各種新的方式，這當然會導致衝突。這裡的關鍵就在於兩者兼顧，當對比的旋律出現時，他／她只要盡力跟著節拍走就對了。

● **三百二十度（九分相）**：新演化循環的種子開始孕育發芽，就像在黑暗的房間點亮一盞燈，靈魂開始意識到新的想法、認知及啟示，而這都與即將來臨的新演化循環及目的有關。此人就像站在懸崖旁觀望，隨時準備縱身一躍。就負面的表現而言，他／她可能會非常迷惑，當這些新的啟示或想法威脅了自己既有的現實及安全感時，他／她可能會想要回到過去。這種循環是今生與過去世累積的影響。當他／她意識到自己必須完成今生業力及演化的目標時，也可能感到挫折。

● **三百三十度（半六分相）**：這個相位會讓新的演化循環更加清楚，讓此人用一種完整的概念及想法，把想要建立的事情呈現出來。換言之，此人可能想要在自己的文化背景中，塑造永恆的價值或信仰。別人可能會認為他／她很奇怪又與眾不同，也無法理解他／她想要做什麼。他／她如果想堅持下去，將焦點集中在永恆的價值上，就會受到別人的挑戰。從新生階段合相展開的演化循環，現在正在快速崩解。他／她會覺得生命沒有意義，非常空虛，還會對個人的身分認同及演化目的感到模糊失焦，無法定義，而這通常都與形成相位的行星特質有關。這裡的關鍵點就是拋開過去，讓新的模式、想法及驅力進入個人的意識領域。他／她如果能採取這種方式，這些新的想法、概念及驅力，將會成為照亮未來人生道路的明燈。

● **三百六十度（合相）**：這個相位代表一個演化循環已經完成。從入相位的半四分相（三百一十五度）到合相階段，此人將自我中心意識的焦點轉移到宇宙意識上。當本命盤中有任何兩個行星處於這種狀態時（從半四分相到合相），代表正在完成或已經完成一整個演化循環。最高潮的頂點已經過了，他／她未來再也不會經驗這些行星之前的表現方式了。一個全新的演化循環即將展開。此人可以把形成合相的行星當成工具，有意識地體驗或感受到宇宙、永恆或本源。相反地，這些行星也可以被當成另一種工具，讓此人感到迷惑、隔絕、疏離或不滿，藉此看穿個人的妄念，同時也能認清個人的慾望及需求，以及根據這些妄念所創造的終極意義。就本質上而言，這些幻滅的經驗是要讓此人知道，他／她無法在外在條件或自己身上找到終極意義。

冥王星（靈魂）會透過火星及冥王星的階段關係，來實現本命盤中主要的業力／演化驅力。在我們認識冥王星與火星之間的階段關係後，接下來要把兩者各自落入的宮位及星座連結起來。我們要記住一點，當我們將冥王星的慾望有意識地透過火星呈現，這不僅會受到火星的星座及宮位影響，也必須考慮火星與其他行星形成的相位。因此，火星也代表我們顯意識的慾望本質。換言之，我們可以意識到這些慾望，然後出自本能採取行動。這也包含了性慾的本質，以及能反映演化及業力需求的性經驗或性形式。這種驅力及原則也可以應用在合盤中，可以藉此看出兩個人會如何透過火星，針對主要的業力及演化軸線，出自本能採取行動。在星盤比對中，我們可以從其中一人的火星落入對方本命盤的位置，看出這個人顯意識的慾望本質會如何影響對方。就性慾而言，我們可以從兩個人的火星落入彼此本命盤的位置，看出兩人在性上面的契合度，也可以看出兩個人之間的性業力。

第九章 火星的本質及功能

我們接下來要簡單地介紹火星如何有意識地表現冥王星的慾望本質。我們先根據火星落入本命盤的星座，來討論火星的表現方式。再提醒一次，這些只是整體的原型意義，無法反映出文化的影響、社會／宗教的印記，以及演化的階段或狀態。

火星落入牡羊座

火星牡羊座的靈魂亟欲掙脫所有過去的模式，展開各種新模式的演化。這些新的模式會與火星落入的宮位、牡羊座落入的宮位、與火星形成相位的行星，以及這些行星落入的宮位有關。火星牡羊座的人天生反抗任何造成或試圖限制的人事物。他也必須擁有自由去探索各種經驗，藉此達成演化的目標。這個位置也代表以自我為中心、自戀傾向的生命態度。這些人會有很強烈的使命感，覺得自己必須做點特別的事。他們可以成為別人眼中開疆闢土的榜樣，因為他們天生就有勇氣這麼做。他們的意志力堅強，需要建立自己的權威。當他們覺得被外在權威控制或評斷時，可能會非常憤怒。

就性而言，火星牡羊座的人需要獨立。他們的性慾本質就是與不同的人發生不同的性經驗。這些人在性上面非常固執又獨斷，也可能很自戀。他們的性慾很強，持續又激烈，會將靈魂強烈地融入肉體，所以生理及性的存在就成為意識的焦點。性的刺激會讓他們充滿力量，他們也很驚訝身體會有如此強烈的感官能力，通常很快能讓別人感受到本能般的性魅力，不過確切的性慾類型還是必須參考火星落入的宮位、牡羊座落入的宮位、與火星形成相位的行星，以及這些行星落入的宮位。

隨著生命的演化腳步，這些人必須學會對應點天秤座的特質。他們必須知道別人的慾望和需求都跟自己的一樣重要，也必須學會自他平等的道理，公平地對待別人，學會不受限制地付出，而不是出自本性地認為別人應該要對自己付出。就性而言，他們必須學會聆聽伴侶的需求及慾望，才能有和諧的性生活。

火星落入牡羊座的名人

泰戈．博拉（Tycho Brahe）：十六世紀丹麥占星家

克林特．伊斯特伍德（Clint Eastwood）：二十世紀美國男演員

赫伯・伊利歐特（Herb Elliot）：奧地利運田徑選手
哈薇爾・侯蘭德（Xavier Holander）：荷蘭女作家
伊莉莎白・庫柏勒-羅斯（Elisabeth Kubler-Ross）：美國心理醫師，生死學先驅

火星落入金牛座

火星落入金牛座的人天性渴望自給自足。這個位置代表這些人渴望能發掘、實現並建立自己的價值系統，創造能反映自我價值的生命意義。他們天生就抗拒接受別人的價值系統，其中包括原生社會的既有價值。火星落入金牛座代表一種深入內化的意識焦點，這些人會擺出隔離及獨立的防禦姿態，與社會整體的限制劃清界線。當他們出自本能地將自己與社會條件區隔開來，才能意識到自己的慾望類型，進而實現自我的價值系統，完美地反映出今生的意義。他們如果堅持這個演化目的，努力不懈，最後就會獲得豐富的回報。火星金牛座落入的宮位、火星與其他行星形成的相位以及這些行星落入的宮位，都會影響這些人主觀意識認定的生命意義，以及足以反映這層意義的價值觀。他們會透過這些驅力學習自給自足的功課。

就性而言，火星金牛座的人的慾望本質就是把性能量當成工具，用來轉化感情及心理的限制。為了想達到這個目標，這些人會製造性對立的情境，藉此意識到感情及心理的現實，以

及反映這些現實的需求，最糟糕的情境可能就是性暴力。火星金牛座的人渴望自給自足，所以會有明顯的自慰傾向，他們的性慾也很強烈且持續。

火星金牛座的靈魂深植於肉體，這些人會展現強健的體魄及天生的性魅力。這種性魅力會成為一股吸引的驅力，創造必要的性經驗，讓他們從中發現性能量的本質，同時學會適當地運用它。就某一方面而言，這些人的性本質可能非常原始，純粹只是想從性中獲得激烈的肉體刺激，但是靈魂卻未完全投入，與肉體及感情有些疏離。另一方面，這些人可以透過強烈的性經驗，很自然地解開深沉的感情，讓感情進入心靈。因此，性能量如果只能帶來強烈的肉體刺激，他們可能會慢慢覺得無法滿足，這種不滿反映了火星金牛座的核心慾望，就是與自己及性伴侶的靈魂建立完整的連結。當火星金牛座的人發現純肉體的性有所侷限時，就會轉化性慾的追求，渴望能與性伴侶完全地融合，達到靈肉融合的境界。

這些人在達到靈肉合一的境界之前，只會把性驅力當成力量、控制及操縱的表徵。他們只能憑著性來吸引別人，或是因為性而被別人吸引。這會導致性耽溺、性虐待、性背叛或純為性而建立的親密關係。當火星金牛座的人把性從世俗層面轉入靈性層次後，真正的功課才開始。他們必須藉由某些神聖的性儀式讓肉體與靈魂結合，跳脫妓女或牛郎的層次，感受最純淨的性愛。他們性慾的類型取決於火星落入的宮位、金牛座落入的宮位、火星與其他行星形成的相位，以及這些行星落入的宮位。

隨著生命的演化，這些人必須學習對應點天蠍座的特質。這在本質上意味著他們必須要關心自己的動機、慾望、目的及整體的心理驅力。他們不能一味地認為「我就是這樣」，而是要知道「我為何會這樣」。對應點天蠍座代表他們必須學習成長，跳出自我隔離的天生限制，接受相對性的現實存在。透過這種態度，他們才會發現別人的價值觀、信仰及存在方式等，都跟自己的一樣重要且實在。

火星落入金牛座的名人

屋大維（Augustus Caesar）：羅馬帝國的開國君主

阿道夫・艾克曼（Adolf Eichmann）：德國納粹領袖之一

勞勃・狄尼洛（Robert DeNiro）：美國男演員

凱薩琳大帝（Catherine the Great）：俄羅斯女君主

雪莉・麥克琳（Shirley Maclaine）：美國女演員

火星落入雙子座

火星雙子座的慾望結構源自於獨立思考的動機。這些人會質疑所有由權威建立的既有答案，所以心智傾向是既好辯又愛鬥。火星雙子座的人渴望針對事物的本質，建立自己的心智結構，同時希望能透過心智的視野，擴張意識及覺知層次。他們會不斷擴展延伸心智結構或想法的形成或重組。基於這種不斷延伸、想要知道更多的渴望，他們甚至會在演化之旅的關鍵時刻挑戰自己的想法。他們的慾望本質非常浮動不安，充滿好奇心，會在同一時間追求不同的方向。這些人的缺點在於從來不曾徹底完成一件事（例如書只翻了兩頁，就擱在一旁），因為今天覺得有趣的事情，可能明天就覺得膩了！

就性而言，火星雙子座的人在心智上，很渴望探索並了解各種不同的性傾向及行為。如果說他們是對性好奇，那太小看他們了。他們很多人渴望能獲得更多的性知識，而去研究其他文化的性傳統。在生理層面上，火星雙子座的人很難在性愛的過程中把心智抽離出來，他們心裡好像有個偷窺狂，不停觀察性行為的過程，這種觀察會讓他們對性行為產生心智上的驚嘆，不過這也可能讓他們和伴侶感到挫折。他們可能會用不同的性手段來刺激生理，藉此擺脫火星雙子座的心智傾向。所以這些人可能非常喜歡實驗性玩具或工具，帶來性的刺激，也很可能想要擺脫性別的限制，表現出雙性或同性戀的慾望。最好的情形是，火星雙子座的人可以創造各種不同的性愛，適應兩種性別伴侶的慾望，而他們本身則不會排斥任何性的可能性。

火星雙子座的人還可能反映了某種業力或演化狀態，就是與兄弟姊妹或父母之間存在性的議題。當這種情形出現時，火星雙子座的性發展會因此受阻。這可能導致某種形式的性幼稚，讓他們無法體驗成年人的性愛模式。這些人的生殖器官可能會被「凍結」，因為神經（雙子座）受到限制。女性可能是陰道乾燥緊縮；男性則可能是陽痿。男性的神經如果受到太多心智上的性刺激，也可能會早洩。

隨著生命的演化，火星雙子座的人必須學習對應點射手座的特質。基本上這代表他們必須落實某種思考的哲學系統，依此來整合各種不同的心智結構。這可以讓他們產生連貫性的觀點及想法，也能用一致的角度詮釋表面的現實。最重要的是，他們可以從中發現自己獨特的「真理」，而非別人投射在他們身上的「真理」。就性而言，他們也可以分辨什麼是自然的性法則或表現方式，什麼是當下「流行」的性形式。他們也可以跳脫不停嘗鮮的模式，找到真正適合且能滿足自己的東西。

火星落入雙子座的名人

史恩·康納萊（Sean Connery）：蘇格蘭男演員

約翰·丹佛（John Denver）：美國鄉村歌手

芭芭拉·史翠珊（Barbra Streisand）：美國女演員

丹麥瑪格莉特皇后（Queen Margarethe of Denmark）

聖女大德蘭（Teresa of Avila）

火星落入巨蟹座

火星落入巨蟹座的人渴望創造安全又穩固的個人現實，完成靈魂的演化目的。他們天生傾向在家人、住家及信任的朋友身上建立安全感。如果更加延伸的話，我們就可以看出火星巨蟹座的核心演化目的，就是放棄從外界的形式或結構中尋求保障，改而從自己的內在建立安全感。為了讓演化發生，這些人的原生父母通常無法滿足他們的安全感需求。

這可能會有各種不同的情形，有可能是父母感情不睦，讓孩子覺得隨時會有問題發生；也可能是父母離婚，家庭不停地分崩離析；有可能是父母（雙方或其中一方）在感情上對孩子十分跋扈或嚴格；也可能是父母用某些方式在性或感情上虐待或侵犯孩子。孩子投射或期待的安全感需求如果沒有被滿足，就會產生憤怒，讓信任感蕩然無存。童年時期的性虐待或性侵犯，會讓孩子產生深沉的性憤怒或性慾的扭曲，延續到青春期及成年之後，他們會把這些錯置的情感或性驅力「實現」在別人身上。火星巨蟹座最糟糕的表現之一就是病態的忌妒，另一種則是慢慢地把「感情結凍」，因為他們害怕在感情上受傷。

火星落入的宮位、巨蟹座落入的宮位、月亮落入的宮位及星座、第四宮宮頭星座及其主宰行星的位置，以上這些行星（火星、月亮、四宮星座的主宰行星）與其他行星形成的相位，以及這些行星落入的宮位，這些都是火星巨蟹座的人學習向內尋找安全感的管道。他們可以藉此「觸動」童年時期錯置的情感，然後慢慢覺察到造成這些情感狀態或關係的原因。經過一段時間，他們也可以從中慢慢建立感情的自我認知，而這就是火星巨蟹座的主要目的。我們可以根據火星與冥王星的階段關係，看出他們會如何達成這個目的。

就性而言，火星巨蟹座的人天生就對「誕生」這件事充滿恐懼及不安全感。他們不僅對脫離母親子宮感到焦慮，也對剪斷臍帶感到不安。這些人在誕生時感受到分離的焦慮，所以很自然會對性懷有深層的恐懼，這反映了他們在情感上的脆弱，而這與信任感有關。火星巨蟹座的人為了在心理上及情感上彌補這種恐懼，時常會試著完全掌握感情及性生活。所以他們在感情及性上面可能非常跋扈，占有慾很強，非常不講理，容易忌妒。最虛偽的是，他們可能會要求伴侶完全地忠實，自己卻與別人上床。他們的性能量及需求通常與當時的情感驅力有關，由於火星巨蟹座的情感驅力通常十分複雜，所以他們的性驅力也很難一概而論。

追根究柢問題還是出在誕生時，因為脫離母親子宮而產生的憤怒，還有童年時期經歷的各種感情問題。因此火星巨蟹座的男人可能偏愛女人的乳房，或是喜歡幫女人口交；女人則可能喜歡吸吮男性的生殖器官，或是接吻。這種傾向反映出小孩剛誕生時，需要透過吸母乳與母親維持連結，而這可以帶給孩子安全感。基本上這些行為也反映了火星巨蟹座的人，渴望子宮象徵的原始安全感。

有些火星巨蟹座的人會因為未解決的憤怒，出現性暴力的傾向。女人可能會在心理上、情感上或性上面，用某些方式「閹割」男人；男人則可能會對女人展現性的力量，這種男人通常會把女人當成性物品，藉此支撐虛弱的男性自我形象；有些男人則可能出現性阻礙或性幼稚，而這也會導致各種不同形式的性障礙。他們也可能會對小孩、比自己年輕或年長許多的人，產生扭曲的性慾望。有些火星在巨蟹座的小孩，以及曾經被父母一方性虐待的人，會渴望或嘗試與小孩或兄弟姊妹發生性行為。

火星巨蟹座的人如果能了解內在安全感的演化目的，就能改變性及感情生活的傾向。他們不會再一味地控制、跋扈或占有，反而可以支持或滋養對方，還可以表現出無比的同理心，真正地療癒對方的感情創傷。他們也可以用直接坦白的方式表現成熟的感情智慧。這些人可以賦予自己力量，也會幫助別人找到力量。就性而言，他們會從內建立安全感，不再害怕在性或感情上受傷，還會鼓勵並支持別人在性及感情上勇敢；這些人也非常渴望能與別人在性及感情上融合，所以性經驗就變成他們情感及心靈重生的源頭。當這種情形發生時，火星巨蟹座的人就已經落實了靈魂的演化目的。

這些人隨著生命的演化，必須學會接受對應點摩羯座的特質。基本上這意味著學習如何為自己的行為負責，變得完全地自立自決。他們必須學習在性及感情上成熟，誠實面對導致各種情感的背後原因，以及與其相關的性慾望。

火星落入巨蟹座的名人

辛普森（O. J. Simpson）：美式足球明星，涉嫌殺妻。
威利．布蘭特（Willie Brandt）：前西德總理
黛安娜．基頓（Diane Keaton）：美國女演員
瑪利亞．蒙特梭利（Maria Montessori）：義大利幼教家
泰勒．卡德威（Taylor Caldwell）：美國小說家

火星落入獅子座

火星獅子座的人渴望能完全主宰自己的人生及命運。他們渴望盡可能地、創造性地實現演化／業力的目的及需求。這些人會特別強調獨立創造的驅力，出自本能地抗拒任何想要阻擋自己實現慾望的人事物。火星獅子座的人基本上都想當自己的主人，他們常顯得自我膨脹或自以為是，希望別人能肯定自己的獨特之處，彷彿自己是宇宙的中心，世界都圍繞著自己打轉。這些人的注意力非常集中、強烈、極有創意、堅持己見、熱情、正直、很能激發人心，

但也有些自戀及自私。就演化的角度來看，火星落入獅子座別有意涵。舉個例子，他們在過去許多世通常沒有任何個人權力的意識，人生也不在自己的掌握之中。這些人渴望抵制過去世的經驗，所以必然會在今生加強靈魂的力量。透過這種角度，我們就能理解這些表現對於他們的靈魂而言，是必經的發展歷程。身為占星學家，必須正面地鼓勵火星獅子座的人朝這個方向發展，因為他們可能常會聽到別人批評自己太自私了。

獅子座火星落入的宮位、與其他行星形成的相位、這些行星落入的宮位、牡羊座落入的宮位、獅子座落入的宮位，以及太陽（獅子座的主宰行星）落入的宮位，都可以看出這些人會透過哪種特定的創造性模式，來實現演化及業力的目的。

就性而言，火星獅子座的人會表現創造性探索自我的慾望，不允許任何來自外界的阻擋，他們唯一的阻力就是自己。火星獅子座的人非常抗拒有損尊嚴的性行為或表現方式。他們的性經驗通常都很強烈、深刻、熱情、極有自信，又帶有些自戀，非常專注於自己的享受。火星獅子座的男人可能會有「阿多尼斯情結」（Adonis Complex），希望受到性崇拜；女人可能會有「埃及豔后情結」（Cleopatra Complex），渴望在性愛中受到女王般的對待及崇拜。無論是男人或女人，都會透過自娛的方式，把身體當做創造性發現自我的聖殿。男人可能會崇拜勃起的陽具，把它視為力量的表徵；女人則可能會把陰道推崇為誕生及再生的聖殿。他們會設計一些極有創意的自慰方式，藉此深入感受心理、感情及肉體感官的強度，從中釋放靈魂，獲得重生。

就性關係來看，火星獅子座的人注重的是伴侶為自己帶來的強烈刺激感。他們的伴侶就像刺激性慾的工具，當感官的刺激越來越強烈時，他們也可以透過內在強烈的感官滿足來刺激對方。這些人的性慾在本質上都很有創意，但還是要參考火星落入的宮位、火星與其他行星形成的相位，以及這些行星落入的宮位。火星與冥王星的階段關係，則會決定了他們的實現方式。

隨著生命的演化，火星獅子座的人必須學習接受對應點寶瓶座的特質。這在本質上代表他們必須從內肯定自己，而非一直渴求外界的讚美及認同。他們也必須學會認清社會對自己的要求，從中找到最好的方法來實現自己的創意，滿足自己對於肯定的需求。基於演化的需求，他們也必須承認並肯定別人的目的及創意，學會自他平等的道理。火星獅子座的人最後必須認清，創意並非源自於自我或靈魂，還要幫助別人落實創造性的個人目的。就性而言，他們必須客觀對待並接受伴侶的性慾及性需求，學習聆聽，學著滿足對方的需求，而非一味地自我享受。

火星落入獅子座的名人

拉姆．達斯（Ram Dass）：美國當代靈性導師

吉姆．瓊斯（Jim Jones）：美國宗教領袖
保羅．麥卡尼（Paul McCartney）：美國歌手
瑪塔．哈里（Getrude Zelle, 另名 Mata Hari）：荷蘭情色女伶
詹姆斯．狄恩（James Dean）：美國男演員

火星落入處女座

火星落入處女座的人渴望創造基本的危機，藉此實現核心的演化及業力目的。他們也很渴望羞辱及淨化自己，創造必要的幻滅經驗，從中認清自己及別人的現實本質。這對火星處女座的人是十分必要的，因為這些人的靈魂在過去幾世裡，都沒有誠實面對自己的動機、目的、慾望、計畫或慾望導致的情境。所以他們必須強調自我辨識的原型，認清現實的慾望本質。換言之，他們必須停止為自己的慾望，戴上「超合理化」的面具。

火星處女座的人時常表現出病態的虐待原型。他們可能會在生命的某些時刻創造施虐或受虐的情境，這要視特定的條件而定。受虐象徵了他們對無力及羞辱危機的渴望，而施虐則代表了他們對濫權及主宰危機的需求，這兩種危機也意味著他們必須學習分析危機的本質。假以時日，他們就能意識到原因何在。而這種意識也可以讓他們越來越了解自己，學會自我辨

識及誠實的功課。火星處女座的人最後就可以看穿並清除自我的妄念及謊言，展現自我真實的天性。

此外，火星處女座的人也渴望能洞悉自己核心的孤獨及空虛感。他們會試著擺脫內在的孤獨感；內心也總是浮躁不安，逼得自己一刻不得閒，但這些方法都不管用。最終的分析來看，他們必須知道內心的孤獨及空虛是源自於演化的需求，引導自己走向靈性或宗教的規律修練，讓個人意志與更高層的意志結合。不過他們必須非常小心，選擇的靈性或宗教修練必須以自然法則為基礎，反映宇宙萬物的平等及關聯性。他們一旦能與高層意志產生連結，就可消除病態的虐待傾向，完整且誠實地表達自我，也不會再覺得空虛，反而能從內心感受到宇宙的生生不息。我們可以從火星落入的宮位、火星與其他行星形成的相位、這些行星落入的宮位、處女座落入的宮位，以及水星（處女座的主宰行星）的位置，來看出他們會製造哪些必要的危機，藉此來實現演化的目的。我們也可以從火星與冥王星的階段關係，看出他們實現的方式。

就性而言，火星處女座的人會有病態的虐待傾向。他們的表現方式可能很極端，也許是完全禁慾，也可能把性當成生活的重心，變成性耽溺，可能誇張地性施虐或性受虐，也可能兩者都有。火星處女座最常見的性受虐原型就是，這些人會利用性的方法及技巧來刺激或取悅對方，完全地不顧自己，導致某種自我犧牲的性受虐。他們只能藉由對方的享受中，間接地感受到性的樂趣。最常見的性虐待原型則是，他們會玩「性遊戲」，在過程中限制伴侶的行動能力。

火星處女座的人創造某種個人的性能量模式，他們總把焦點集中在自己欠缺的東西上，因此內心不時地感到空虛，渴望透過外在的事物來填補這份空虛。這種能量如果與性驅力結合，他們很可能會性上癮，也可能會「不停地忙碌」，藉此來消耗性能量。他們忙碌投入的事情，反而變成了實際的性行為。火星處女座的人如果沒有性生活，這種忙碌的驅力也會出現，甚至在他們眼中，「正常的」性生活也等於沒有。所以很多火星處女座的人會製造性幻想，來刺激自己的心智及靈魂。他們本能上很渴望讓性幻想成真，所以可能接觸帶有性意味的場合或物品，實現想像中的情境，這當然也包括情色雜誌。他們在性交的過程中，是在跟性幻想的對象做愛，而非跟現實的伴侶親熱，因為這可以帶來刺激感。這其實也是某種形式的性虐待，因為這對伴侶而言是種侮辱。當伴侶願意配合他們的性慾時，火星處女座的人可以獲得極大的滿足；伴侶如果拒絕配合，他們就會因為挫折而感到憤怒，進而激發生理、心理或性上面的施虐行為。火星處女座的人為了滿足內心的空虛，可能會產生激烈的性或生理傾向，意圖消耗或征服對方，這是一種統治者的施虐。相反地，火星處女座的人也可能渴望被重複或強迫性地，消耗對方強烈的性或生理能量，藉此來彌補內心的空虛，而這就是一種投降者的受虐。

隨著生命的演化，火星處女座的人必須學習接受對應點雙魚座的特質。基本上這代表他們必須把意識的焦點從當下或特定的情境或驅力，轉移到「整張藍圖」上，藉此認識眼前事物的基礎或原因。透過這種方式，他們就不會再為自己創造接連不斷的危機，也可以從中認識自我信仰系統的本質，找出罪惡感的源頭。他們也可以認清自己因為罪惡感而產生的彌補需求，或是憤怒。當他們把注意力轉移到信仰系統時，便能做出必須且重要的調整，放棄鼓勵罪惡／彌補或憤怒驅力的信仰，改而接受以自然法則為基礎的信仰，用同理心看待別人，同時也能接受自己。這些人最後就能擺脫內在深層的壓力及焦慮，因為他們終於發現終極本源及造物主本身也是不完美的。他們不會再覺得自我匱乏，也能化解內心深處的憤怒。他們常把這種憤怒投射到別人身上，嚴苛地批評別人，或是刻意地削弱對方的能力、潛能或天賦。

就性而言，他們也可以接受自己的性本質或慾望，不會再因為性慾而產生罪惡感，自然也會放棄性虐待的形式或行為。他們也終於明白，滿足自己的性慾是理所當然的事，而不會總是想要先取悅對方，然後從對方的滿足中獲得成就感。火星處女座的男人如果能擺脫父權式的信仰，就不會覺得自己在性上面非常笨拙，無法達到父權信仰的性別要求（表現的期待）；女人也不會再覺得自己在性上面必須向男人投降，或是臣服於男人的意志之下（受虐的期待）。最後無論男女，火星處女座的人都能學會自在地流露本性。

火星落入處女座的名人

葛雷格・歐曼（Greg Allman）：美國藍調搖滾樂手
約翰・狄恩（John Dean）：美國前總統尼克森顧問
拉蔻兒・薇芝（Raquel Welch）：美國女演員
茱莉亞・查德（Julia Child）：美國名廚
愛玫莉・埃爾哈特（Amelia Earhart）：美國女探險家

火星落入天秤座

火星落入天秤座的人渴望透過與代表各種不同價值觀、信仰及想法的人建立關係，來實現演化及業力的目的。他們可以從中接收新的詮釋現實的方式，進而擴展自我的覺知。就演化的角度而言，火星天秤座的人渴望學習用全新的方式與別人相處；想要挑戰文化創造或限制的關係模式；希望能在關係和獨立之間取得平衡；渴望知道如何把自己的本質投射在別人身上（反之亦然）；想要透過別人的觀點及想法，對自己產生不同的見解；也渴望認識讓兩個人糾纏多世的性業力。

基於這些慾望，火星在天秤座的人天生會吸引各種不同的人進入生命，很多人都只是萍水相逢，只是短暫的交談或討論，交換想法及資訊等。基於火星的本質，許多關係都帶有性的弦外之音，未必會真的發生性行為，不過按照他們的本性，通常會採取行動。火星天秤座的人很渴望擁有必要的自由，希望隨著天生的吸引驅力來採取行動，其中當然也包括性。這些人可以透過與別人的各種互動，認識自己獨特的現實。他們會自由地與別人交流意見、價值觀及想法，從中確立自己特定的價值觀、信仰及現實；與別人的現實對照及比較，藉此來評估自我。當他們接觸到多元的人事物時，就會認識真理的相對性，也會發現每個人都會用不同的生活方式來表現自己的真理；換言之，沒有任何方式可以適用於所有人。

火星天秤座的人能接受並支持每個人的現實。他們天生就能客觀聆聽別人的心聲，不會用自己主觀的現實過濾對方的話。因此許多人會被他們吸引，覺得他們願意聆聽、接受和支持自己，同時渴望給予自己真正需要的東西。火星天秤座的人可以在付出中學會一個道理，就是自己也能從中獲得需要的東西。他們可以透過這種方式實現演化和業力的目的。

就性而言，火星天秤座的人渴望透過平等的性角色，向內整合陽性及陰性的特質。他們天性極度渴望能與伴侶的性能量達成和諧。基於這種追求和諧的本能，他們很渴望在性愛中付出，伴侶如果回應他們的付出，雙方就能達成和諧，同時產生深入又徹底的性反應。火星天秤座的人非常擅長開啟「封閉」的伴侶，釋放對方的性能量。他們的愛撫通常都很細膩深刻，性的表現方式也很優雅。

火星天秤座的人也在學習性的業力，他們很渴望與不同類型的人建立關係，藉此不斷延伸自我的意識範圍。再提醒一次，這些關係通常都帶有性暗示。由於天秤座是基本星座，所以這些關係通常都很短暫，沒有真正地延續或結束。我們都知道，兩個人透過任何形式的性行為交換體液，就會交換共同的業力，形成了業力的連結。火星天秤座的人關鍵就在於，他們必須完成每種性業力的連結，即使只是一夜情。他們必須有意識、有目的地與對方產生連結，雙方必須有共同的認知，而非總是「愛過一場就離開」。就業力的角度來看，火星天秤座的人如果受到第三者的吸引，必須向伴侶坦承，他們不能瞞著伴侶或不與對方溝通，就和第三者發生關係；他們如果真的這麼做了，又會與第三者產生另外的業力。

隨著生命的演化，火星在天秤座的人必須向對應點牡羊座學習。火星在天秤座的人總是先意識到別人的需求，反而無法認清自己的慾望及需求。別人很自然地會把自己的需要、計畫及期望投射在他們身上，最後讓他們搞不清楚自己的需求及慾望。此時他們就會暴怒，遷怒他人，即使對方並不是始作俑者。火星天秤座的人流露本性時，必須學習接受自己，無論他們此時是想獨處，或是與別人往來，都必須馬上採取行動，而且不要因此感到罪惡或抱歉。他們必須尊重自己的天性（牡羊座），才能創造持續的平衡，而不會一直陷在極端裡面。

就性而言，他們也必須尊重自己的需求，而不是一味地考慮對方的需要。火星天秤座的人可能太過投入伴侶的性需求或反應，反而忽略了自己的需求及慾望。伴侶必須用同樣敏感的方式對待他們，才能達到性的平等。雙方如果都能意識到對方的慾望及需求，就能獲得更多的性滿足。

火星落入天秤座的名人

藍尼・布魯斯（Lenny Bruce）：美國喜劇演員及評論家
強尼・卡森（Johnny Carson）：美國名電視主持人
約翰・藍儂（John Lennon）：美國名歌手
多莉・普利文（Dory Previn）：美國知名詞曲創作人
聖女德蘭（Therese De Lisieux）

火星落入天蠍座

火星天蠍座的人渴望能看穿或認識靈魂的奧祕。這些人會建立由內轉化的極端能量。他們會有意識地把這種內轉的能量表現在慾望的本質、反映慾望的動機和目的，以及相關的心態上面。火星天蠍座靈魂的目的是認識感情驅力的本質，以及這些驅力所導致的恐懼；看清自己憎恨及激怒的本質；找到個人力量的本質，知道自己如何適當或不當地利用它；學習如何在自我中心及靈魂的層面上，正確地利用意志力；認清自己如何為了滿足個人的需求，濫用意志力來操縱別人；認清自我限制的本質，如何影響事情的可能性；看清自己內外對立的原因及角色扮演；同時也能認識性能量的本質，學會如何正確地使用它。這些人渴望進行大量的自我改造，不停地演化，超越並轉化所有固定的行為模式或強迫傾向。他們的靈魂可以藉此來實現業力及演化目的。

就性而言，火星天蠍座的人渴望把強烈的性能量當成工具，藉此與自我及靈魂融合，或是與伴侶的自我及靈魂結合。他們渴望透過彼此靈魂的融合，或是延伸到神性的境界，來轉化自我的限制。火星天蠍座的人會利用性能量來獲得情感及心靈的重生，也會把性當成一種出口，釋放長期累積強烈、壓抑又深入的感情能量。就業力而言，火星天蠍座的人渴望認識感情／性承諾的本質，而非隨著衝動行事。這些人渴望認識自己的性衝動、對性禁忌的迷戀、性占有的本質、占有慾導致的忌妒、投射在伴侶身上的性恐懼（通常與伴侶不忠有關），以及性黑暗（Dark Eros）的性慾本質。

就演化的觀點來看，火星在天蠍座的人必須（同時也渴望）知道，在與別人性結合的過程中，會直接交換或融合彼此的業力。對他們而言，最重要的就是性的辨識能力。他們必須知道性可能是種控制或占有，可以用來發洩累積的憤怒及怨恨，展現力量；性也可能是滿足慾望的管道，用來與自己（或別人）內在的靈魂或神性結合。他們必須學會辨識這其中的差異。

隨著生命的演化，火星天蠍座的人必須向對應點金牛座學習。他們如果能學會金牛座的自我實現及自給自足，就能放下對感情及性的耽溺，拋開對失去、背叛及拋棄的恐懼，不然會讓他們不敢與別人建立真正的親密關係。他們如果能做到這點，就能進化自己的態度及內在習性，找到自己的力量，同時也知道如何利用自己來獲得轉化。

火星落入天蠍座的名人

賴瑞・佛林特（Larry Flynt）：美國情色雜誌發行人
艾倫・伯斯汀（Ellen Burstyn）：美國演員
吉米・漢卓克斯（Jimi Hendrix）：美國吉他手
艾利斯・庫柏（Alice Cooper）：美國搖滾歌手
亞瑟・布利曼（Arthur Bremer）：謀殺美國總統兇手

火星落入射手座

火星落入射手座的人，渴望透過不斷擴展自我心智及哲學的視野，實現演化及業力目的。

他們會不停感受到遠方的呼喚，如果跟隨這股呼喚，就會在一生中不斷地冒險。每次冒險都象徵重要的學習經驗，他們可以從中慢慢認清生命的法則，同時理解靈魂在其中扮演的角色。透過這種方式，他們也可以了解業力／演化目的及經驗的本質。這些人的探險有可能是向外發展，也可能是向內探索。

他們的能量是永無止盡又浮動不安。這些人通常比較重視直覺，而非邏輯推演或實證的理性主義。火星射手座的人渴望認識實體和非實體之間的連結，以及其中蘊含的法則或真理。這種驅力會讓他們表現出對個人真理及自我誠實的渴望。因此，火星射手座的人會帶有一種覺知，想要揭穿所有個人的謊言、浮誇、魯莽或半真半假。他們也很渴望幫助別人認識自我的真理，揭開自己的謊言，同時教導別人看到更寬廣的生命視野。

火星射手座的人通常都在最近幾世中，有過非常激烈或災難性的人生經驗，所以他們很渴望看到人生的光明面，讓生命充滿樂趣及希望。火星射手座的人通常很喜歡笑，也很幽默。他們會學著揶揄自己，也會教導別人如何自我調侃。

就性而言，火星射手座的人渴望自由，希望能隨著自然的吸引力，嘗試各種不同的性經驗。這種驅力可能變成對個人及非個人知識的渴望。基於對自由的渴望，這些人的性經驗通常會跳脫世俗道德的框架。在他們眼中，性是生命中很自然的一部分，也是大自然的固有法則。因此他們渴望各種性冒險，也希望伴侶能像自己一樣，不受拘束地嘗試性愛。對於火星射手座的人而言，各種性的表達方式都只是一種工具，用來體驗與生命之間更廣大的結合。因此他們很多人都是天生的性導師，可以幫助別人了解自己特定的性行為模式，反映了哪些深層的議題。這些人希望在性上面誠實，也渴望揭露自己或伴侶的性虛偽。基於這種驅力，他們時常會吸引對自己性經歷不誠實的伴侶。

許多火星在射手座的人渴望知道伴侶對性的感受，也希望能與對方討論或交流性經驗，這當然也包括過去的性經歷。這是因為他們需要把性經驗與更寬廣的生命元素結合。透過這種方式，他們與伴侶都能發現更深層的個人真理。許多火星射手座的人是天生的性治療師。

火星射手座的性本質是強壯且持續的。他們會把冒險的精神帶入性經驗中，所以會表現得很熱情又強烈。他們的熱情來自於肉體蘊含的靈性，同時也很渴望能有意識地體驗其中的靈魂。火星射手座的人天生就知道如何正確利用性能量，把它當成一種自我更新的工具，或是正面的發洩出口，讓其他的生活領域能正常運行。整體而言，他們的性本能很容易被過度刺激，必須學習放慢腳步；很容易被勾起性慾，很快達到性高潮。就女性而言，這代表多重的性高潮；就男性而言，這可能會變成太快射精，讓對方無法獲得滿足。

隨著生命的演化，火星射手座的人必須向對應點雙子座學習。這在本質上代表他們必須知道任何「真理」都不是唯一。他們必須明白條條大路通羅馬的道理。他們也會發現，跟意見相左的人爭論，其實只是反映自己內心的不安全感，因為自認為的真理受到了質疑；也必須知道如果別人與自己看法不同，並不代表自己對真理的見解是錯誤的，而是凸顯了真理的相對性。他們如果能明瞭這點，就不會再猛烈批評與自己看法不同的觀點了。這對他們來說是很大的挑戰，因為大部分火星射手座的人都具有高度發展的直覺，他們的道理通常不需要實際經驗，也說不出任何理由。這會讓他們非常挫折，因為別人並非如此。在他們看來顯而易見的事情，別人卻遲鈍無知。所以當別人對哲學心智的認識「慢半拍」時，他們非常沮喪。這裡的功課顯然就是耐心，他們必須學習雙子座的功課，學習大部分人使用的語言結構，這可以讓他們與別人溝通自己的知識、想法或觀念，讓別人更容易了解他們。最後挫折感就會減少了。

火星落入射手座的名人

華倫・比提（Warren Beatty）：美國男演員

阿嘉莎・克莉絲蒂（Agatha Christie）：英國推理小說作家

茱蒂・嘉蘭（Judy Garland）：美國女演員

英國查爾斯王子（Prince Charles）

瓊・貝茲（Joan Baez）：美國民謠女歌手

火星落入摩羯座

火星落入摩羯座的人渴望能透視並解放所有導致個人限制、約束、禁止及壓迫的原因。他們渴望能打開內心監獄的牢房，讓個人的自由散發光芒，照亮黑暗，擺脫所有道德或宗教的限制，這些限制會產生沉重的罪惡感，逼著他們控制靈魂的本能衝動。火星落入摩羯座通常意味著這個人在最近連續好幾世裡，曾經受到人為宗教、宗教衍生的社會道德或父母的威權統治，在性或情感上受到壓迫。這兩方面的限制會讓他們產生非常深沉的憤怒，壓抑在心裡面；也會讓他們壓抑天生的性本能，無法自然做自己。這些限制也會讓他們在情感上封鎖自己，彷彿躲在一扇關上的門後面，否認自己的感情，抱持禁慾主義。在威權的控制及正義之下，火星摩羯座的人會感受到雙重的標準或虛偽，因為他們藏在門後的東西，與社會、宗教或父母教導的宗教或道德法則，都是完全相反的。這種雙重標準會讓他們過著「雙面的人生」。他們對外表現的外在行為及社會人格，都與個人人生的本質背道而馳，也與私生活完全不同。這種雙面人生顯示了他們很害怕外界的批評及迫害。這也與對個人評斷的恐懼有關，這種恐懼源自於帶有強烈道德／宗教色彩的外在限制。他們如果按照靈魂天生的衝動或本能行事，通常會與這些限制的本質產生矛盾。火星摩羯座的人如果順天性而為，就會不免自問：「這對我而言有何意義？」這種問題會讓他們心生恐懼，想要隱藏，不讓別人，甚至是自己看到個人的真理。這都會帶來心理上的壓抑，然後就會產生各種形式的扭曲，尤其是感情及性的扭曲。而火星摩羯座的靈魂目的就是透視這些壓抑及扭曲，擺脫所有試圖控制、限制或壓抑慾望的來源，用自己的方式來實現個人的獨特性。唯有如此，他們才能落實演化及業力的目的。

就性而言，火星摩羯座的人渴望突破所有的性壓抑或限制。他們曾經在過去許多世裡壓抑天生的性慾，因此累積了深沉的性／情感的憤怒。這種與壓抑有關的憤怒，會讓他們嚴重扭曲性／感情的慾望及需求。這些人到了今生，非常渴望能解放過去的扭曲，打開心中那扇門，釋放被壓抑的性／情感的慾望及需求，所以會有非常活躍的性生活。他們必須學會的第一門功課就是，接受自己的性本質。他們必須先接受這點，才能剷除隱藏的心理，不再畏懼外在或內在的評斷。

基於今生的目的，火星摩羯座的人通常都會吸引在性或感情上非常分裂、壓抑或挫折的伴侶。這種類型的伴侶當然也反映他們自己的靈魂。因為他們的目的及本能就是要突破，同時學習接受自己的感情及性，所以會吸引一些反映自己性／感情扭曲的伴侶。扭曲有各種表現方式，有可能是性暴力，伴侶可能會強迫他們性交，對他們性控制或性羞辱，讓火星摩羯座的人自覺非常廉價或骯髒；也可能是想要接觸某些特定的場所，例如夜店，在其中尋找性的機會，夜店讓他們看起來很理智，可以掩飾真實目的。

許多火星摩羯座的人會依賴麻醉品（例如：酒）來解開或放鬆天生的限制。他們一旦從中獲得解放，正常的「合理界線」就會蕩然無存。他們會放下武裝，盡情釋放前世壓抑累積的扭曲性能量。火星摩羯座的人在釋放之後，就會認識自己強烈的性本質，發現自己有深刻、未解決的情感需求，必須獲得滋養及治療。此時性就變成了一種工具，讓他們面對自己的情感需求。他們可以透過激烈的性行為，讓深層的感情自然浮現，這通常表現在性的持久度及頻率上面。當他們透過生理的高潮釋放激烈的需求後，通常可以在彼此的臂彎中找到安全及需求的避風港，至少可以維持一下子。最重要的是，火星摩羯座的人都很渴望能在情感上獲得治療，為對方帶來情感上的幸福。他們可以讓伴侶覺得自己很有價值，非常重要；也可以幫助伴侶找到人生的目標及方向，幫助他們自立自強地實現目標。當關係中融入了整合及誠實的驅力時，火星摩羯座的人就會渴望關係能延續一輩子。他們越老，生命的力量及性能量就會變得更強，當「內心監獄的牢房」被慢慢打開時，這種情形就會自然發生了。

隨著生命演化，火星摩羯座的人必須學習對應點巨蟹座的特質。這在本質上代表他們必須完全改變內在自我形象的本質，以及個人意識的自我中心結構。為了達到這個目的，他們必須學習認清累積罪惡感的所有原因，以及罪惡感導致的負面自我形象。透過這個過程，他們才會知道自己限制情感及害怕受傷的原因。他們一直試圖戴上堅忍禁慾的人格面具來彌補一切，也會用這張人格面具來控制內心深處的情感，避免被誤解或迫害。他們內心越是恐懼失控，就越渴望能控制一切，藉此獲得安全感，感覺自己有主宰能力。但是火星摩羯座最深沉的渴望卻是失控，希望被其他的人事物滋養或照顧。對應點巨蟹座要他們學習安全地面對自己的情感及需求，不只要當個完整的人，還要隨著生命的腳步演化。當他們願意讓自己成長時，安全感就變得越來越重要。他們只會讓真正信任的人進入自己的生命或周遭環境，然後就能緩慢但堅定地學會必要的功課，實現自己的需求。

就性而言，對應點巨蟹座會讓他們面對最重要的性需求，也就是讓自己完全失控。他們可以透過安全及持久的性交，慢慢地加強性愛的激烈程度，達到這個目的。

火星落入摩羯座的名人

瑪琳．黛德麗（Marlene Dietrich）：德裔美國女演員

莉莉．湯姆琳（Lily Tomlin）：美國女演員

尤力．葛勒（Uri Geller）：以色列特異功能人士

艾伯特．愛因斯坦（Albert Einstein）：猶太裔物理學家

大衛．鮑伊（David Bowie）：英國歌手

火星落入寶瓶座

火星落入寶瓶座的靈魂渴望用自己的方式實現人生，所以他們會創造某種性格，激發（火星）自己脫離周遭環境。這種脫離是全面性的，其中包括原生家庭、社會及同儕團體。疏離可以讓他們客觀地分析主流現實架構的價值觀及信仰，在這個過程中，火星寶瓶座的人會激烈抗拒任何外在壓力，也不願意符合父母、同儕團體或社會的期待。

這些人童年時期會透過「不」的意識來表現疏離的驅力，隨著年齡增長成熟，他們會慢慢地把「不」的意識轉變成對個人特質的覺知，透過自己特有的價值觀及信仰定義自己。火星寶瓶座的人通常能慢慢地建立一種完整的生活方式，表現自我天生的獨特感。

火星寶瓶座的人渴望慢慢地轉化，不斷地了解並定義自我的特質，所以他們的性格通常難以捉摸。這些人具有強烈的轉化及成長天性，總是不停地反抗，甚至會跟自己作對，週期性地或不斷反對自己創造的條件。火星寶瓶座也象徵實驗的天性，嘗試不同的存在方式。他們會把人生當成實驗，也很渴望能激發別人最根本的勇氣，突破現狀。這會讓有些人不太舒服，產生本能的防禦心。有些人遇到火星寶瓶座的人時，會有緊張的刺激感，因為被他們激發了自己內心的可能性。火星寶瓶座的人會精力充沛地顛覆自己、別人或社會的目前生活狀態，反映自己天生就知道或意識到的「未來」，即使大部分的人都無法有一樣的見解。這就是他們實現演化及業力目的的方式。

就性而言，火星寶瓶座的人渴望實驗各種性的方式，這當然也包括脫離性慾，像是性冷感或抱持獨身主義。他們天生就想抗拒時下社會文化的習俗或道德標準，可能會嘗試許多人認為很古怪或奇異的性行為。這種「性脫軌」可能是集體性愛、集體結婚或「開放式」婚姻，雙方都可以與別人發生性關係。他們可能也會透過色情雜誌、場所或電影來觀察性愛；嘗試各種不同的性工具；限制身體的行動，然後體驗各種不同、強烈的性刺激；各式各樣的自淫方式；或是透過某些精神性的性儀式，將原始的性能量帶入神性的境界。

火星寶瓶座的人出於核心的疏離，會把性行為當成科學實驗，觀察各種性刺激對於肉體的影響。這種疏離的觀察（既是原因也是結果）可以為他們帶來心理／性的知識，但是他們也可能因為無法完全投入在肉體的享受中，因而深感挫折。他們意識中的心智驅力總是很活躍，不停地在觀察。這種挫折感也可能導致憤怒的心理，因為他們也很渴望能完全投入肉體，消滅心智的活動。這種慾望會讓他們進行一些非常激烈的性行為，讓自己筋疲力盡，完全沒有餘力去觀察身體。火星寶瓶座的獨特天賦，就是刺激或鼓勵伴侶在性上面發揮創意，同時刺激伴侶深藏的無意識慾望，因此他們也很希望伴侶能有勇氣嘗試各種不同的性行為，其中包括性實驗的勇氣。

隨著生命的演化，火星寶瓶座的人應該向對應點獅子座學習。他們應該徹底地、有創意地實現自我的特質，同時也要鼓勵別人這麼做，不要害怕別人擁有的特質，也不會覺得受到威脅。他們也必須學會分辨什麼是有建設性的反對；什麼則是毫無建設的反對；或是只是為了反對而反對。有些人可能必須學會在必要時獨樹一格，自成一家；有些人則可能必須學會獨立地實現自我，不需要靠著同儕團體的肯定獲得安全感。所有火星寶瓶座的人都有上天賦予的獨特能力、潛能或天賦，可以推動不同生命領域的成長，而實際的狀況還是要看他們天生的演化狀態（四種天生的演化狀態）而定。只要他們落實自己的特質，就能獲得社會或同儕團體的讚賞或肯定（獅子座）。對火星寶瓶座的人而言，這是必要的演化發展及功課，因為他們很多人在過去幾世（至少一世）中，常覺得自己一事無成。他們如果能因為自己的特質獲得掌聲或認同，就能為過去世的經驗帶來正面且必要的對照。

火星落入寶瓶座的名人

洛琳・白考兒（Lauren Bacall）：美國女演員

梅・蕙絲（Mae West）：美國女演員

李奧納多・達文西（Leonardo DaVinci）：義大利藝術家

尼可拉斯・哥白尼（Nicolaus Copernicus）：荷蘭天文學家

鮑比・費雪（Bobby Fischer）：美國棋士

火星落入雙魚座

火星落入雙魚座的人渴望能透視並激發過去世累積的無意識慾望。就演化的觀點來看，火星雙魚座的靈魂渴望完成整個演化循環的發展，然後展開全新的循環。為此他們必須實現所有剩餘的慾望，因為這些慾望都深藏在無意識中，沒有被付諸行動。火星雙魚座的人必須刺激大腦的松果腺，才能達到這個目標，才能表現靈魂創造的主觀人格意識的慾望。松果腺會分泌褪黑激素，褪黑激素會在大腦中發揮許多作用，包括讓人從想像及幻覺中產生影像，這些影像在本質上是不停改變和轉換的。因此火星雙魚座的人渴望能對這些影像採取行動，而這些影像就成為他們自己認定想像的「現實」。對他們而言，這些想像的現實非常「真實」，他們會完全地「相信」；但在別人眼中卻可能是毫不實際的。火星雙魚座的人越相信它是真的，就會越想要說服別人相信。即使他們深信不疑，別人卻可能覺得這些想法非常天真、無知又不切實際。所以在別人眼中，火星雙魚座的人都很「不踏實」，彷彿不是完全地存在著。

火星雙魚座的人超越一般人認定的「正常」時空延續。他們的想像不會受限於實際現實的覺知、環境或大多數人認定的可能性，這是種非常有趣的驅力。他們一方面具有天生的力量，讓這些無意識的慾望一開始看似想像，但卻因為他們的深信不疑，會讓這些別人認為不可能的想像，最後成真。但另一方面，無論他們多麼相信，很多想像的現實都不會成真。當這種情形發生時，靈魂正在教導他們三門功課：首先，想像一切正在發生，而慾望不過是想像累積的結果；其次，他們如果沒有強烈的自我中心意志力，無法讓想像成真，就必須讓個人意志與更高的意志結合；最後他們必須知道，想像的本質只是反映了「逃避」日常現實的靈魂慾望，逃避是對現實的心理性彌補，因為他們覺得與現實很疏離。他們如果出現逃避的念頭，就很容易耽溺於各種癮症，例如性上癮或藥物上癮。當這種情形發生時，火星雙魚座的人必須檢視與這些癮症有關的目的本質，才能停止沉溺的行為。

火星雙魚座的人有太多無意識的慾望，而這可能會讓他們的意識徹底瓦解，他們可能無法認清或理解靈魂創造的各種情境之間，到底有什麼關聯性，也不知道是哪些無意識的慾望導致了這些情境，所以他們很多人會覺得受到生命或別人的迫害。當這種受害者心態出現時，他們就會產生憤怒，會讓他們想要去傷害或羞辱傷害自己的人，讓對方感到痛苦，讓自己從被害者變成加害者。這種受害及加害的循環會不斷地出現，直到他們能發現自我慾望的本質，能夠有意識地接受或看清慾望之間的直接關聯性，以及慾望導致的現實。

火星雙魚座的人渴望能淨化慾望。但最根本的問題在於，什麼才是純淨？淨化暗示了完美。而這又產生了另一個問題：什麼是完美？對火星雙魚座的人而言，這是非常重要的問題及重點。他們可能會透過宗教來捕捉無意識的慾望。宗教提倡嚴格的道德行為規範，而規範會壓抑或限制所有與自然法則有關的行為。他們越遵守這些規範，越覺得自己純淨又完美；他們越遠離這些規範，就會越有罪惡感。所有火星雙魚座的人都曾經脫離人為的規範，所以無意識中充滿了深沉的罪惡感。這種罪惡感會導致兩種心理：憤怒或彌補。因罪惡感而產生的憤怒，會導致各種病態的施虐。因罪惡感而產生的彌補心態，則會導致各種病態的受虐。火星雙魚座的人可能會表現施虐及受虐，必須要看當時的心理狀態而定。在傳統的病理學上，他們會被歸類為被動／侵略型的人。傳統的宗教則會把他們認定成聖者及罪人。但真正的問題在於，他們必須自問：如何才能達到純淨和完美？他們到了某些時刻就會明白，答案就在於自己的目的、動機及慾望的純淨，他們內心能誠實且開放地接受這些東西，也能坦然地讓別人知道。此時他們就會發現，內心必須與自然法則產生連結，才能正確地解讀完美及純淨；而人為的法律及宗教只會帶來表面的完美及純淨。當他們能真正理解這點時，瀰漫在靈魂中的無意識罪惡感，就會消散不見了。

就性而言，火星雙魚座的人渴望能賦予肉體靈性，透過性能量感受到上帝或神的力量。他們有些人會渴望透過各種形式的精神鍛鍊，將原始的性／肉體表達，轉變成強化且集中的性能量；有些人則會透過某些神聖的性儀式，利用性能量改變自我意識；還有些人必須滿足過去世殘留的、沒有實現的性慾望，這可能會變成他們內心意識的性幻想。他們在實現的過程中可以不斷地消融，感受到性慾核心中的靈肉合一，而不是透過神聖的性儀式來滿足靈性。

他們的性幻想可能無所不在，必須看每個人的特質而定；有些人可能一陣子耽溺於極度噁心或原始的性愛中，過一段時間又會強迫禁慾，彌補之前耽溺所造成的罪惡感；還有些人終其一生都會不斷地追逐各種帶有原始色彩的性幻想，而且是無意識地抗拒進入神性的性愛中。他們渴望在性交時耗損自己，或是耗損對方；還有些人會完全抗拒神性，這是無意識中對上帝的憤怒。他們通常會渴望各種不正常的性愛模式，像是施虐或受虐，把性當成一種懲罰；還有些火星在雙魚座的人會對性有非理性的恐懼，或是很害怕實際性行為帶來的影響。這些人的演化目的是檢視恐懼的本質，然後克服恐懼。他們必須透過特定的性方法來治療恐懼，例如學習不帶性暗示的觸碰。他們可以透過這種觸碰，體驗心靈／感情的安全感及信任感。他們一旦學會這點，就可以開始展開性治療。

火星雙魚座的主要目的，就是要知道瀆神的性與神聖的性之間，到底有何差異。跟一般世俗標準相比，火星雙魚座的人（特別是男人）特別渴望伴侶是「純潔的」。在他們眼中，聖母瑪利亞具備了「處女原型」的純真特質。但是在過去許多世中，他們自己就陷入罪惡／贖罪和罪惡／憤怒的循環中，一陣子會單身禁慾，另一陣子又會耽溺於原始的性愛中，因此他們也會吸引同樣類型的伴侶。他們一開始會被表面上看似無知、敏感及「純潔」的人吸引，但是當他們發現伴侶具有跟自己類似的性歷史時，就會覺得幻滅又生氣。他們會把這種幻滅及憤怒，透過各種不同的方法投射到伴侶身上，其中包括完全保留自己的情感／性。他們可能會用各種帶有道德意味的言語來虐待對方；也可能無意識地透過激烈的、帶有掌控行為的性來傷害對方；或是透過激烈的性刺激，讓伴侶覺得非常無助。他們也可能與別人發生性關係來羞辱伴侶，或是對伴侶施加性或肉體上的暴力。這裡的關鍵就在於，他們必須認知源於自我靈魂的慾望，與這些慾望導致的現實情境之間有何關聯。火星雙魚座的人一旦意識到自己內心的雙重性，發現吸引來的伴侶不過是反映了內心的現實，就會為自己及伴侶帶來同情、滋養、原諒及真正的療癒。當他們將意識從人為宗教轉移到自然法則，便能接受自然發生的一切，所有因罪惡感而生的憤怒及彌補心理，也會獲得治療，從此消失不見。這時候他們也就真正實現了今生的演化及業力目的。

隨著生命演化，火星雙魚座的人必須向對應點處女座學習。基本上這代表他們必須有意識且理智地分辨、了解什麼是靈魂的慾望，什麼是慾望衍生的現實情境，而兩者之間又有何關聯。當他們能找到兩者的關聯性時，被生命迫害的感覺就消失了。他們也會學著為自己的行為負責，不再把自己製造的情境怪罪到別人身上。火星雙魚座的人如果能有意識地培養出心智的分析及辨識能力，就能發現任何源自內心事物的源頭，其中包括各種恐懼、慾望的本質和起因，慾望的理由以及憤怒的來源等。對他們而言，心智的運作非常重要，因為這可以促進分析，而分析又能讓他們更加了解自己。他們可以透過自我認識產生必要的改變，同時也會知道該怎麼做，才能療癒自己特有的傷口。

火星落入雙魚座的名人

巴布．狄倫（Bob Dylan）：美國歌手

赫曼．赫賽（Hermann Hesse）：德國詩人

克莉絲汀．傑格森（Christine Jorgensen）：知名變性人

桃樂斯．哈米爾（Dorothy Hamill）：美國花式溜冰選手

雪莉．唐普（Shirley Temple）：美國女演員

火星逆行

就原型意義而言，本命盤中的火星逆行，是個非常有趣的探討重點。因為火星與本能的慾望有關，渴望對靈魂固有的慾望採取行動、渴望自我實現。採取行動代表把能量移出自我的核心（靈魂）。火星本身不喜歡任何限制，渴望能隨心所欲做自己想做的事情。但是火星逆行會把實現慾望的天生能量完全反轉，回到自我的核心。這會限制火星的能量，妨礙能量正常地向外流動。問題就在於：為何靈魂會處於火星逆行的業力及演化狀態？

答案就在這些人在面對慾望時，必須有意識地經過考慮再採取行動，而不能衝動行事。這些人在前面幾世曾經非常衝動，無法控制自己，太過自我中心又固執。這些傾向通常會讓他

們與別人產生許多對峙或衝突的問題，特別是與親密伴侶之間；他們也常會與外在權威勢不兩立。因此這些人到了這一世，必須有意識地扭轉這些行為模式，在行動之前先暫緩片刻，想一想。他們必須學會聆聽內心深處、超越自我的那些聲音；若加以延伸，就是神的話語。當他們能「馴服」自我時，採取的行動也就能符合靈魂整體的目標了。

就性而言，火星逆行導致的能量反轉，會「加熱」一個人內在的能量領域。他們會對「加熱的」能量產生何種反應，必須要看天生的演化狀態而定。合群階段到靈性階段第二次階段的靈魂，會不停想要釋放性能量，讓內在能量「降溫」。他們不會仰賴別人來釋放性能量，換言之，他們可以自己解決。就演化及業力的觀點來看，在性的層面上，火星逆行目的就是讓一個人意識到自我性慾的本質，以及慾望的原因。

火星推進

火星的推進代表靈魂目前渴望的焦點。我們可以透過火星，一直處於「變成」的狀態裡，而這也就是演化的狀態。不斷地變成就代表不停地朝未來邁進，朝未來邁進也暗示了當下及過去。因此，火星的推進也與持續演化的焦點有關，迫使我們意識到現在及過去的自己。在這個過程中，我們必須面對目前的生命狀態、內心的驅力，以及任何阻擋或妨礙自己朝未來邁進的東西。舉個例子，當火星推進八宮的巨蟹座時，靈魂必須面對自我情感的恐懼、創傷和心理驅力的本質，這些東西都阻礙了情感層面的成長，此時的問題多半與信任及性有關。靈魂也會意識到個人權力及意志的問題，準備採取行動。針對親密關係，此人會開始質疑為何要有這份關係，為何與這個人建立關係，而這一切到底有何目的。推進的目的是要讓感情獲得重生及成長，帶來感情層面的自我認識。他們如果想要達成目標，就必須認識相關的特定驅力，有意識地與它合作。他們也必須面對內在及外在的感情／心理衝突。

火星推進也與性活動或行為的週期有直接關聯。再提醒一次，演化的準則是無所不在的。宇宙萬物都不是靜止的。我們的性慾及其所導致的現實，也都在不斷地演化。我們可以根據火星推進的宮位及星座，看出目前的性慾及性需求，以及產生的原因。舉個例子，火星推進三宮的寶瓶座，代表靈魂渴望在性上面創新或實驗。所以此人此時會思考這些東西；如果有伴侶的話，也可能與對方溝通自己的想法。伴侶如果能接受，這份性驅力就能獲得滿足；伴侶如果拒絕配合，他們就可能暫時找有類似想法的外遇對象，對抗伴侶的拒絕。他們的伴侶可能發現，此時兩人就會大吵和對峙。這就像是大清倉，雙方都會翻出因對方壓抑的挫折感。這可能發揮正面的作用，改變關係中的所有驅力，而非僅是性的部分。

火星每隔兩年就會回歸至本命盤的原生位置。因此，靈魂可以根據火星及冥王星的相對位置，每隔兩年就獲得重生。每個宮位及星座原型都有不同的驅力，而本命盤冥王星的目的，每隔兩年就可以藉由火星回歸獲得重生。不過實際的狀況還是要視冥王星及火星落入的宮位及星座而定。透過這種方式，演化就能繼續下去。

第十章
火星與金星的階段關係

就演化的觀點來看，火星與金星的階段關係象徵靈魂如何實現關係的驅力，需要哪些必要的自由來實現整體的業力及演化目的。此外，火星與金星的階段關係也可以看出這些原型驅力的新舊，換言之，可以看出靈魂曾經花費多少主要世的時間，努力實現與別人建立親密關係的演化及業力目的。在兩人的合盤中，火星與金星的階段關係，代表兩人實現關係的原型方式，同時也可以判斷他們在過去多少世中，曾經歷火星與金星反映在關係中的驅力。

火星與金星的階段

我們之前已經討論過演化的階段及其中的相位，你如果將金星與火星的原型與階段的概念結合，就會驚訝地發現其中蘊含了如此深具啟發性的洞見及理解，可以更加認識在個人星盤及兩人合盤中，火星與金星如何一起發揮作用。接著要考慮的就是火星與金星落入的宮位及星座，這可以提供非常多的資訊及見解。我要先簡單解釋火星／金星的階段，但這只是概論性的陳述。當火星與金星形成特定的相位，例如突顯階段的十二分之五相。我們可以參考之前介紹階段的原型定義，從中找到詳細解釋，知道火星／金星兩者正處於哪個演化階段。最後我會舉個實例，詳細解釋火星／金星的階段、金星與火星落入的星座及宮位，以及如何整合這些條件，正確地解讀其中意涵。

新生階段（零度到四十五度）

這代表全新的演化循環，新的關係驅力正開始發展。之前的循環已經完成，靈魂此時會出自本能地渴望用新方法來面對關係。靈魂此時並沒有意識到新的方法，所以會渴望且需要自由去四處嘗試，用嶄新的方法與別人相處。這有點像是進了百貨公司，不停試穿各款外套，試試看哪件合身、哪件不適合。靈魂可以透過嘗試及錯誤來剔除。因此這個人天生就會吸引各種不同類型的人靠近，對方象徵各種不同的價值觀、慾望及生活方式。這個階段的慾望及本能就是與不同類型的人產生連結，建立關係，然後慢慢從相處的經驗中獲得知識。累積的知識及資訊，可以幫助靈魂發現自己實際的需求及慾望，反映出與關係有關的新演化目的。

在兩人的合盤中，火星與金星兩者如果處於新生階段，也會出現同樣的原型驅力。這兩個人會不斷地採取行動，用新的方法與對方相處。他們會出自本性嘗試新的價值及其蘊含的意義，從中經歷試驗與錯誤，最後用全新的方式來面對關係。他們必須接受關係中的新方向，也不要試圖用文化的標準來定義關係。兩個人都必須鼓勵對方，給予對方基本的自由，獨立探索新的思考、行動及存在方式，然後把其中學到的東西回饋給關係。透過這種方式，他們都可以在關係中找到新的存在方式，用新的方式發展關係。

初期階段（四十五度到九十度）

這個階段靈魂的演化需求及慾望，具體且真實地建立在新生階段體悟的東西。他們需要非常努力，因為新生階段展開的新演化循環還非常不成熟。他們會非常渴望借用、採取或模仿文化或社會限制的關係驅力。他們為了抗拒這股誘惑，必須向內觀看自己，不時醞釀新的價值關聯，建立新的關係原型。這裡的關鍵就在於靈魂必須有勇氣脫離社會，才能堅持內在意識到的新價值關聯。這也是內在充實力量的階段，靈魂必須找到新的方法與自己和別人相處。此人必須學習對自己說：「這就是我，這就是我重視的東西，這就是我從其中學到的東西，我只會與支持這種價值關聯的人往來。」

在兩人的合盤中，也會有同樣的驅力出現。這兩個人會渴望遠離任何期待自己合群的人。他們會有前世的潛意識記憶，記得自己曾經實驗或嘗試許多新方法來建立關係。他們也可能因為嘗試錯誤的方法，在潛意識中留下分離的記憶。因此他們會渴望對抗社會的力量及壓力，不想遵守社會限制的方式來處理關係；深度內化這份關係，換言之，他們會變成封閉的兩人世界。在這個兩人世界中，他們會支持對方發展自己的演化／業力目標和需求。因為他們非常渴望能一起內化，所以雙方看起來都很像對方的延伸品。他們必須對抗這種驅力，否則這會導致關係滯礙，無法繼續成長和演化。

第一個四分階段（九十度至一百三十五度）

此階段的靈魂至少已經歷兩個主要世，開始慢慢意識到新的價值關聯；這象徵的演化目的，就是用新的方式來建立關係的驅力。當靈魂用新的方法面對與別人的關係時，代表他已經學會如何面對自己，也找到自我的意義。在第一個四分階段裡，靈魂已經擁有基本的勇氣去獨樹一格，而且在面對不同價值觀的人時，也能堅定自己的立場。這個階段的危機在於，這些人很害怕與別人建立關係，特別是親密關係。他們會覺得只要建立一段關係，自己好不容易贏得的自我獨特感，又會被關係重新吸收或消失不見。這種恐懼會讓他們在任何關係中，隨時保持彈性和自由。他們為了保有自我的獨特性，總是幫自己留條後路。這可能會讓他們的關係產生實際的衝突，因為他們會在一段期間完全參與，隔一陣子又徹底退出。這個階段的考驗就在於，他們必須知道已經建立的個人獨特性，是不會消失的，這種恐懼不會成真；必須與其他有同樣勇氣的人建立關係，而且能在面對社會共識時，勇敢地表現自我的獨特性。他們也必須選擇一個朝著同樣方向演化的親密伴侶。

在兩人的合盤中，這個階段代表雙方具有潛意識的記憶，努力避免受別人或社會的影響，然後一起深入內化並建立自我獨特的價值觀，並且根據這種價值觀找到生命的意義。他們今生的演化目的，就是在關係中建立自我的獨立性。在這種關係中，他們必須根據自己業力及演化的目標，實現個人的特質；但這種特質又能反映出兩人共同學習到的東西。在這個階段中，兩個人必須學會擴展已經學會的東西，這種擴展可能是透過雙方在關係中的互動，也可能是透過獨立的探索，雙方各自追求自己的興趣，使這種演化造成關係的收縮及擴展。他們當中如果有任何一方想要控制對方必要的擴展時，就會讓關係出現危機。這裡的挑戰就在於，他們必須鼓勵並支持對方的個人擴展。唯有如此，雙方才能在關係的互動中平等付出。最好的結果就是，他們就像一股結盟的力量，可以變成別人（個人或伴侶）的榜樣，鼓勵別人突破文化限制的束縛。

突顯階段（一百三十五度至一百八十度）

這個階段的靈魂已歷經三個主要世，漸漸意識到反映內外關係驅力的新演化目的，以及新關係模式的價值觀。當靈魂脫離突顯階段之後，必須開始向內及對外調整，改變與自己、與別人的相處方式。調整的本質反映了靈魂的目的，要準備用平等的方式與別人相處。在第一個四分階段中，靈魂必須深入培養自我中心的傾向，藉此產生必要的自我發展。但是到了突顯階段，靈魂會開始在內心不斷地自我批判。靈魂會出於自我挫敗的演化目的，不斷地在心中分析自己所有的短處、欠缺、瑕疵、輕率及不足。他們內心的需求其實就是自我羞辱，這些人也會吸引來非常喜歡批評他們的人。此階段的危機就在於，他們可能會把別人的批評視為迫害。他們如果自覺是受害者，就會對別人非常生氣又吹毛求疵，也會在內心懷疑自己的價值。當這種驅力出現時，他們永遠都會覺得親密關係不夠好。關係中的雙方都會批評對方，沒有一方覺得自己完全站得住腳，他們可能會週期性地或不斷地質疑這份關係。這裡的挑戰就在於，他們必須知道此階段目的在於讓自己謙虛及挫敗。他們如果能領悟這點，就會用不同的方式來解讀別人的批評。他們可能會欣然接受批評的訊息，因為這些「外在的」訊息反映了自己內在的想法。他們如果能接受這些訊息，就能自我調整，試圖融入整個世界，也能找到方法與一般人或親密伴侶相處。他們也必須放下固執和武斷，以犧牲自我為出發點來與別人相處、對別人付出，最後可以透過自卑來褪去優越感，創造必要的平等意識，然後進入圓滿階段。

在兩人的合盤中，這個階段代表兩個人正在學習調整處理關係的方式；換言之，就是如何透過關係來面對自己及別人。為了達到這個目標，他們會在關係中創造必要的危機，藉此進行必要的分析，找出危機發生的原因。就正面的意義來看，危機的本質可以讓他們進行必要的討論，讓雙方覺察必須在關係中進行哪些調整，必要的調整可以讓關係成長及演化。就負面的意義來看，危機的本質會讓雙方發現自己永遠配不上對方，總是有一方在犧牲自己，捨棄自己的目標及需求，而且會深深懷疑這段關係是否是對的。這個階段的關鍵就在於，他們必須學習如何無條件滿足對方。唯有如此，雙方的慾望及需求才能被充分滿足。

圓滿階段（一百八十度至兩百二十五度）

靈魂經過突顯階段的淬鍊後，已經學會向內調整與自己、與別人的關係。到了這個階段，火星和金星的原型處於完全對立的狀態，靈魂必然會有隱含的壓力。他們必須努力學習在自己與別人的需求和慾望之間取得平衡。此時靈魂必須學會自他平等的道理。他們現在必須認真聆聽別人的心聲，客觀看待別人價值觀的意義，同時根據這些價值觀來認定別人的需求。他們現在必須學會付出，同時發現自己無須開口要求，只要付出就能得到需要的東西；也學會將反映自我價值觀的特定需求、慾望及生命意義，與社會的現實整合。這些人在親密關係中，有時會渴望且需要獨立，有時又希望能完全投入。他們必須學會在兩者之間取得平衡。他們為了達到平衡，必須學會尊重本能的衝動，也許是獨處的需求，也許是渴望親密關係及互動，同時學會接受這些衝動。他們也正在學習如何根據親密伴侶的需求來付出，而不是自以為是地付出。這需要真正的聆聽，然後才能對別人的現實產生客觀意識。當他們學會這門功課時，就能遇見用同樣方式對待自己的伴侶。

在兩人的合盤中，此時代表兩人共同發展的重要階段。這象徵著前面階段累積的演化發展，已經到了關鍵時刻。兩人之間在前世沒有解決的任何驅力及問題，都會在此時出現。這些問題和驅力會被突顯，也可能導致關係中的兩極發展。他們在兩極的狀態中，可能很想要分道揚鑣，各走各的路；也可能過著截然不同的日子，各自獨立。這其實反映了之前上一個突顯階段的狀態，這是因為在突顯階段中，雙方或其中一方覺得自己為了對方犧牲太多個人的慾望及需求。這會導致心理上的憎恨及憤怒。因此到了圓滿階段，雙方都會覺得要堅持自己的現實及需求，想要滿足而非犧牲需求。所以雙方都會互不退讓，導致了兩極的發展。這種狀態會帶來實際的危險，其中一方可能會將自己不合理的堅持投射到對方身上，而這些堅持可能與現實無太大關聯。這個階段的挑戰及需求在於，雙方都必須知道，每個人都需要發展及實現自己的慾望及需求，而且必須符合個人的演化及業力功課。這需要雙方真心聆聽對方的心聲，根據對方的需求付出。透過這種方式，彼此都會感受到對方的接受及支持，然後才能滿足自己的需求。

擴展階段（兩百二十五度至兩百七十度）

經過了圓滿階段，靈魂此時已經理解社會整體的本質。因此靈魂此時渴望將自己的價值觀、價值觀反應的需求以及象徵的生命意義，融入社會及社交領域裡。到了擴展階段，這些人渴望實現的特定慾望，比較容易在社會中獲得整合及實現。社會也比較願意接受他們想要實現或完成的事情。這個階段的社會互動不會太困難。就親密關係而言，這些人知道別人的慾望及價值觀，所以也會吸引來能理解自己慾望及需求的伴侶。因此這個階段的靈魂，很容易吸引來或獲得自己渴望的伴侶，也能在關係中滿足自己核心的慾望及需求驅力。

就兩人的合盤而言，擴展階段代表他們已經一起經歷過很長一段的演化發展，因此兩人都非常了解彼此，也很清楚象徵自我演化／業力目的的需求及慾望。所以這兩個人不僅能輕鬆地融入目前的社會架構，同時也能了解、接受或鼓勵對方滿足個人的需求。在這種關係中，雙方都很容易傾聽對方的心聲，也很容易理解對方，設身處地為對方著想，付出及接受的驅力比較容易達到平衡。雙方也非常清楚且接受自己在關係中扮演的角色。

最後一個四分階段（兩百七十度至三百一十五度）

靈魂經過擴展階段的淬鍊後，現在進入價值危機的演化發展階段，也會開始質疑價值觀象徵的生命意義。他們現在渴望延伸自我意識，試圖與更高層的宇宙意識結合，靈魂渴望看見時下文化或社會背後的意義。這些人想要接受其他文化的想法及哲學，以不同的觀點來看待生命的本質及意義。透過這種方式，他們可以用不斷向內擴張的方式與自己相處，最後會慢慢珍惜且需要同樣類型的人，這些人會覺得自己跳脫了社會的框架，但在社會中仍游刃有餘。對他們而言，吸引同類型的人靠近，是件非常重要的事情，因為他們可以從中獲得支持，逐步地向前邁進。

這個階段的危機就在於，靈魂渴望且需要繼續在現存的社會中發展，但心中會對生命的意義產生質疑。這些質疑會讓他們慢慢地與社會疏離，甚至想要脫離社會。這裡的挑戰就是，他們必須融入社會，同時允許自我的內在意識不斷擴張，這些人需要處於同樣階段的親密伴侶。對方如果不是處於同樣階段，兩人之間就可能因為價值觀的衝突，不斷地爭吵。這可能會導致關係的疏離，彼此找不到立基點，也無法與對方進行有意義的溝通。

在兩人的合盤中，這個階段代表兩個人已經一起經歷許多過去世，兩個人都渴望能為這段關係及自我的生命找到更深層的意義。就演化的觀點來看，他們面臨的挑戰，就是慢慢脫離目前文化條件的本質，這些條件定義了關係的意義及理由，以及關係中角色的價值關聯。這個挑戰需要他們一起努力，共同接受新的思考模式，用更深廣的角度來看待生命。他們也必須敞開胸懷，接受各種的可能性。

這種挑戰可能會為關係帶來不安全感。因為靈魂剛脫離擴展階段，在擴展階段中他們比較容易讓關係融入時下的社會條件，換言之，就是很穩固地站在「正常」這邊。他們如果想脫離這些條件，可能導致不安全感。很諷刺的是，他們必須接受這個演化挑戰，鼓勵對方探索任何可以擴展自我意識的方向，才能獲得真正的安全感，擴展象徵相對性的意識。如果其中一方因為沒有安全感，而去限制對方必要的發展，就會讓關係陷入痛苦。他們可能會因為渴望向前的演化衝動，讓關係充滿壓力及衝突。在這種情形中，其中一方或雙方都可能被第三者吸引，因為第三者跟他們一樣，渴望脫離時下社會的框架，渴望接受各種不同的思考方式，擴展自我意識。這很可能會導致關係的破裂，最後雙方分道揚鑣。倘若結果真是如此，就會導致業力的缺口，在兩人的關係中留下未被解決的主要驅力。

極致階段（三百一十五度至三百六十度）

這個階段代表靈魂的整個演化循環已經達到高峰。他們現在已經擁有自己的價值觀，界定與自己和別人相處的方式，找到生命的意義。因此這個階段會對時下社會產生核心的疏離及超脫，因為社會無法提供任何有意義或相關的資源，滿足他們對於終極或超驗準則的慾望及需求。他們內心深處會對社會準則及規範產生疏離感。這個階段的靈魂會不時深思，基本上非常內向。他們在內心深處反思或想像生命的象徵意義，同時渴望且需要用靈性的生命準則來建立關係。對於大多數的人而言，這可能是與精神導師或上師建立關係。這種類型的關係可能會同時兼具超個人性及個人性。還有些人會把自己追求的象徵意義投射到別人身上，這些人會創造許多讓自己幻滅的經驗，因為投射並無法讓他們理解別人現實的本質。

這個階段的真正目的是與超驗或靈性的法則建立關係。他們只能在自己與萬物本源之間，找到自己渴望的「終極關係」，需要與自己有同樣看法的伴侶。整體而言，處於火星／金星極致階段的人，只有在與同樣階段的人建立親密關係時，才會覺得舒服合適。這種關係的愛是沒有條件的，雙方都會支持並鼓勵對方發展內在。他們在意識且實現這個階段目的之前，可能會對許多幻想及妄念感到困惑，以為這些就是自己在追求的終極意義。

這個階段與演化高峰有關，所以靈魂必須接受永恆價值的內在意義，確實體驗到自我不朽及永生的存在意識。他們必須擴張意識的界線，允許自己與神性建立無所不在的內在關係。透過這種方式，新演化循環的種子就會在意識中萌芽。此時靈魂必須積極回顧過去整個循環的本質，他們可以透過回顧來深入認識自己，讓即將結束的演化循環達到巔峰，同時準備邁向下個循環的演化發展。基於這個目的，他們很自然會吸引各式各樣的人靠近，有些人是泛泛之交，有些人則是親密伴侶，每個人都曾透過某種方式在過去世與他們產生連結。他們與這些人有「未了的功課」，必須讓一切結束，在此時終了所有的問題，才不會阻礙自己自由地進入即將來臨的新循環。

就兩人的合盤而言，這個階段代表兩個人已經一起經歷過許多前世。此時主要目的就是讓兩人在過去許多世的關係驅力，完全極致地發揮，達到圓滿。他們現在必須面對所有未解決及未完成的問題。對於大多數的人而言，這可能非常沉重又令人困惑，因為這些未解決或未完成的問題，可能是源自於其他世。他們很難理解這些特定的議題或驅力到底「源自何處」，因為大多數的人都無法意識到問題的根源。此外，這其中有許多問題都是無疾而終，所以他們也可能被這些驅力及問題擊垮。

當這種情形發生時，最重要的就是要「中場休息」，他們必須停下腳步，試圖理解並解決這些問題及驅力。這可以讓關係回到自然的平靜中，找到關係的真正本質，雙方都可以各自反映當下發生各種的本質。而這種反映可以創造內在覺知，讓他們知道到底發生了什麼。他們也可以藉此給予對方基本的知識或智慧，與對方達成共識，找到解決之道。

他們現在必須共同接受超驗或終極的價值觀，根據它向內定義或面對這份關係；也應該允許或鼓勵對方發展並實現自我的靈性慾望。這樣的關係會充滿無條件的愛，也能讓各自實現與「終極他者」（Ultimate Other）的內在關係。換言之，他們可以在對方身上感受到神性。這可能也包括性行為在內，他們可以把原始的性交轉移成神聖的性愛。

就演化的觀點來看，這兩個人正將關係推向極致；或是透過特定的方式，讓整個演化循環邁向高峰，最後一起邁向嶄新的演化循環。如果是把關係推向極致，代表兩個人之間不再有共同的業力或演化需求，換言之，就是功課已經做完了。如果共同讓演化循環邁向高峰，則代表他們還有業力及演化的需求，必須繼續在一起，讓所有過去的種種都能被徹底解決，完全呈現出來。

伴侶演化個案

我們已經概括介紹火星／金星階段的原型概念，接下來舉個實例，詳細解釋其中的驅力。我們會把焦點放在一對伴侶身上，先檢視各自本命盤中的相關驅力，然後透過合盤的技巧，將他們兩個人視為一體。

圖14是一位德國籍男士的本命盤。他正處於個體化演化的第二個次階段，代表他因為無法融入群體共識的社會，產生憤怒及疏離。他的父母沒有給他任何嚴苛的宗教限制，不過他從小接觸德國文化的新教教義。就演化的角度來看，他的父母是中產階級，處於合群演化階段。

我們如果想要正確分析一張本命盤，首先必須了解這個人的原生環境條件。這些條件包括個人天生的演化狀態、社會或文化的本質對於身分意識及現實的影響、父母的現實條件（這代表最初的印記）、家庭的經濟狀態，以及因此形成的價值觀。我們在這個個案中，主要是透過火星與金星的關聯性，來討論整體的條件。

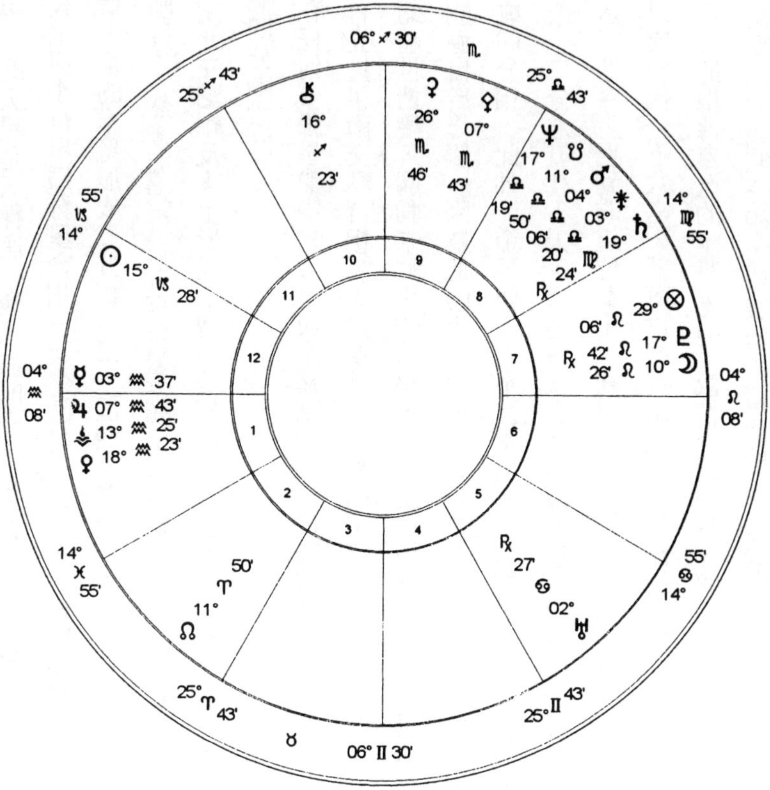
06° ♐ 30'
25° ♐ 43'
55' ♑ 14°
04° ♒ 08'
14° ♓ 55'
25° ♈ 43'
♉
06° ♊ 30'
25° ♊ 43'
55' ♋ 14°
04° ♌ 08'
14° ♍ 55'
25° ♎ 43'
♏
⊙ 15° ♑ 28'
☿ 03° ♒ 37'
♃ 07° ♒ 43'
13° ♒ 25'
♀ 18° ♒ 23'
☊ 11° ♈ 50'
♅ 02° ♋ 27' ℞
☽ 10° ♌ 26'
♇ 17° ♌ 42' ℞
⊗ 29° ♌ 06'
♄ 19° ♍ 24' ℞
03° ♎ 20'
♂ 04° ♎ 06'
☋ 11° ♎ 50'
♆ 17° ♎ 19'
07° ♏ 43'
26° ♏ 46'
⚷ 16° ♐ 23'
10
9
11
8
12
7
1
6
2
5
3
4

圖 14

這位男士的火星是天秤座，與八宮的南交點合相。北交點落入二宮的牡羊座（由火星主宰）。火星與小行星婚神星合相（新生階段），與十二宮的水星形成三分相（第一個四分階段），與一宮的木星形成三分相（第一個四分階段），與逆行在七宮的冥王星形成半四分相（初期階段），然後與逆行在五宮巨蟹座的天王星形成四分相（最後一個四分階段）。天王星與月亮南北交點軸及火星形成T型三角相位。金星落入一宮寶瓶座，與火星形成八分之三相（第一個四分階段）。

無論在任何一張星盤中，火星與南交點合相，代表這個人天生帶有未解決的憤怒。這位男士不只有火星與南交點合相，火星還是北交點的主宰行星。所以今生的演化目的就是重新創造特定的前世情境，觸動未解決的憤怒，希望這些憤怒能在今生獲得釋放。這位男士最初的憤怒可能源自於母親，因為他的火星與逆行在巨蟹座的天王星形成四分相，而天王星又與交點軸形成四分相。此外，金星與天王星及水星（四宮的主宰行星）形成八分之三相，又與天王星形成十二分之五相。天王星逆行代表前世沒有被解決的驅力都會再次或重複出現。顯而易見的是，他今生遇到的這位女士，在過去世曾經是他的母親。

我們只要檢視一下八宮，就可以發現這位男士的感情非常充沛。他在過去許多世裡，都強烈期待別人能根據自已的本質，給予感情上的理解、接納或滋養。天王星逆行在巨蟹座，與火星及交點軸形成四分相，代表他的這些期待，無論是在過去世或今生，都沒有被母親滿足。他的母親在過去許多世都背叛了他，基本上不願意接受他。她會把自己的價值觀和期望強加在他的身上，而這些東西是源自於社會共識的現實。她對他的抗拒，其實是延伸了自己與原生父親的反抗。她與原生父親基本上處於對立的狀態，而且會在關係中感受到這股驅力。由於這位男士已經處於個體化演化的第二個次階段，所以母親的價值觀及期望，會讓他覺得自己是不受歡迎也不被接受的。由此看來，他對母親的期望仍然沒有獲得滿足。因此，他的靈魂會重新創造必要的情境，引發他從前世帶來未解決的憤怒。

他的月亮獅子座與七宮的冥王星合相，代表他的母親非常強勢。他不僅因此會被母親激發憤怒，還會自覺遭母親迫害（天王星與十二宮的水星形成十二分之五相）。當他還是個孩子時，基於這種天生的印記，會覺得自己不被母親喜愛及接受。這會觸發他前世未解決的憤怒驅力，深覺遭母親迫害。這種童年時期的錯置情感會轉移到成年後的關係，他總會對女性充滿憤怒，覺得自己是受害者。

根據這種模式，他很顯然會有許多與母親有關的脫序性行為。這些脫序行為延續了許多世，可能是公然的性虐待，也可能是心理及性方面的影射。他的憤怒也許是與母親有關的性憤怒，然後把童年時期（天王星逆行在巨蟹座）的錯置情感延伸到所有女性身上。綜合以上因素，我們不難看出這個靈魂在過去許多世中，非常恐懼被拋棄、背叛或違背信任。當天王星與交點軸形成四分相，就象徵一種持續的演化目的，渴望能擺脫過去的模式。為了達到這個目的，靈魂必須再次創造適當的情境。

我們必須知道，這位男士從過去到現在的演化目的，就是試圖學會穩固自我的價值。這是因為他的北交點落入二宮，而金星（南交點的主宰行星）又落入一宮的寶瓶座。天王星落入五宮巨蟹座，與交點軸及火星形成四分相，這又代表他需要擺脫外界的期望。不過他在今生必須先重覆過去世的條件及驅力，才能學到這些功課。

火星／金星處於第一個四分階段，形成一百三十五度的八分之三相，這代表他正處於第一個四分階段與突顯階段之間的演化轉捩點。還記得我們上面提過，他有一些源自於過去世的驅力，而他必須先重複經歷這些驅力，才能順利完成轉化。這種轉化基本上只能透過感情、心理及性的危機來實現（火星與金星形成八分之三相）。這些必要的危機與關係的驅力有關，會對重要的生命議題帶來影響。其中包括他對一般人的感情期待（金星落入寶瓶座），對一般女性的感情期待（天王星落入巨蟹座，與天秤座的火星形成四分相；金星寶瓶座與天秤座火星形成八分之三相；寶瓶座的金星是天秤座南交點的主宰行星；寶瓶座金星與七宮的冥王星及月亮形成對分相；金星與天王星形成八分之三相），還有對親密女性伴侶的感情期待（金星與七宮的冥王星及月亮形成對分相；天秤座南交點的主宰行星是八宮的主宰行星）。

危機的本質是要讓必要的過去世情境重複出現，如此才能促進轉化，讓演化繼續下去。業力的本質反映在他對母親未解決的憤怒，這也延伸成他對所有女性的憤怒，因為童年時期錯置的情感沒有獲得滿足。這種憤怒也與他對其他人的憤怒有關，他會理想化地期待別人該如何對待自己，或是認定別人該如何在社會中互動。這些傾向都很清楚地表現在金星（寶瓶座）與海王星（天秤座）的三分相，海王星與南交點合相，而海王星又反過來，因為落入天秤座而與金星產生關聯性。

就業力而言，這位男士為了在心理、性及感情上彌補自己的憤怒，在過去世曾吸引許多女性進入自己的過去世及今生，這些女性都跟他自己一樣飽受創傷，在感情、性及心理上殘破不堪。由於他自己很害怕受傷、背叛、拋棄及失去，所以他通常會表現得自己可以幫她們療傷。八宮的模式代表一個人會根據過去世遭遇的情感／性的混亂，在今生擁有獨特的心理天賦、洞見及理解能力。他今生表現的模樣，可算是種補償行為，常會吸引來比自己還需要幫助的女性。所以他創造了一種感情驅力，讓自己顯得能夠幫助或治療這種類型的女性。他的金星寶瓶座落入一宮，這代表他具有獨特的天賦，可以客觀地理解這些女性的個人心態、需求及慾望。他會讓她們覺得自己很「特別」，透過八宮的火星，他會用各種方式賦予她們力量。可能一開始他先跟她們當朋友（金星落入一宮寶瓶座），然後會與她們進行各種討論，這種討論的目的是要「重現」任何她們想要討論的事物（金星寶瓶座，火星天秤座，天王星與交點軸形成四分相）。透過這種討論，她們會覺得自己被傾聽、理解及接受了，對他產生安全感，在感情上獲得他的包容及接納。這就會加深彼此的關係，從朋友進一步發展成親密伴侶。

在親密關係中，他也會以療癒者的姿態出現，可以幫助她們治療性的傷口。這位男士的火星天秤座在八宮，與五宮巨蟹座的天王星形成四分相；與十二宮寶瓶座的水星形成三分相；與一宮寶瓶座的木星形成三分相；與七宮冥王星形成半四分相；與八宮天秤座的婚神星形成合相，這些相位都代表他在過去許多世裡曾經學過性的方法及儀式。他的性能量非常強烈，因為他會壓抑自己與別人融合的慾望（八宮與天秤座原型結合）。由於他與母親之間存有未解決的驅力，所以必須先激發並展現這些情感驅力，才可能有強烈的性表現。

這位男士獨具天賦，可以透過性幫女人解放感情，因為他能與對方的感情／性能量融為一體。火星落入八宮天秤座，再加上金星落入寶瓶座，代表他一開始的方式是愛撫及接吻。他可以從對方對愛撫的反應，得到必要的線索（天王星落入五宮與交點軸及火星形成四分相，而天王星又與金星形成八分之三相），了解對方的情感／性能量和身體如何運作。這可以讓他慢慢加深女性情感／性的反應（火星落入八宮）。這種加深是因為火星與十二宮的水星形成相位。他早在其他世累積知識，深悉神經系統與性能量及性刺激之間的關係。水星與手有關，所以他的觸摸非常地敏銳體貼（十二宮），可以刺激身體及生殖部位，激發（寶瓶座）性能量的快感。男性的火星與木星有相位，代表陰莖比一般人粗大。因此當他的陰莖進入女性的身體時，常會因為明顯的性刺激，加強對方的性能量；而對方也會覺得自己變得「更加開放」，才能接受他的進入。這同時也會產生心理上及感情上的開放；換言之，就是變得容易受傷。

在這個過程中，他終於可以體驗到感情層面的安全感。安全感可以讓他更投入感情，而且可以透過性行為來釋放內在的感情壓力。他的性能量非常強烈，不僅會將自己淹沒，還能征服對方。他對母親的原始憤怒，多少也會加強或激發感情／性的強烈程度。因此對他而言，性有雙重的動機及目的，其一利用性來削弱女性的能量，讓對方處於脆弱的狀態，方法就是藉由性來創造壓倒性的感受，進入「靈魂的高潮」，久久不能褪去；其二就是把性當成心理、情緒及性的治療，從中找到力量。

這種特殊的業力源自於他對拋棄、背叛、失去及違背信任的恐懼。他會因為這些恐懼，不敢對任何人許下承諾（火星、南交點、土星、婚神星、海王星都落入八宮）。我們可以從以下相位看出他的恐懼：北交點是牡羊座；南交點的主宰行星金星落入一宮寶瓶座，與七宮的冥王星及月亮形成對分相；天王星與南北交點軸形成四分相，又與金星形成八分之三相。這些相位的原型，代表與關係有關的感情矛盾。他一方面渴望絕對的自由，另一方面又渴望完全投入關係。他基於上述的恐懼，非常害怕會陷入關係裡（根據八宮的原型）。我們之前討論過，他在過去許多世裡，都會吸引來飽受創傷的女性。很多女人因為他的能力及潛能（冥王星與月亮落入七宮），變得非常依賴他，而他也希望對方能依賴自己，因為他可以從中自覺有價值、重要性及力量，藉此證明自己；這些都是他期望能從母親身上得到的東西。然而，他基本上覺得母親拋棄了自己，所以會表現出殘留及錯置的憤怒，拋棄依賴自己的女性。他時常會在同一時間與許多女性交往，甚至在有正式對象時，仍不時找「外遇」。

他今生的特定業力，不僅是吸引來一位在過去世曾經是他的母親的女人；同時也會再次吸引許多曾與他有過關係的女性，再次重複同樣的關係。業力及演化目的是希望他能藉此把所有關係推向終點（北交點的主宰行星與南交點合相），然後在今生擺脫這些模式（天王星與南北交點軸形成四分相，又與金星形成八分之三相）。

這裡還有另一個目的，就是希望他能在今生學會對一個伴侶許下承諾（冥王星與月亮合相在七宮，火星與南交點合相在八宮）。火星／金星階段反映了關鍵的轉變，而他必須透過危機來達到這個目的。這個階段的關係危機，會帶來必要的分析，藉此找出危機最初的本質，而分析又會產生自我理解，因此他生命中的許多女性，都會為他帶來心理上及情感上的衝突。火星及南交點落入八宮天秤座、冥王星，月亮落入冥王星，月亮落入七宮獅子座，天王星落入五宮巨蟹座，都代表他可以得到對方的回饋。別人傳達的訊息其實都象徵他自己靈魂的想法，因為今生的演化目的就是要讓這些模式做個了結。他的木星的挑戰就在於，如何心懷感激地、正確地解讀別人的訊息（木星與解釋現象的方式有關，而他的木星與冥王星及月亮形成對分相；與南交點及火星形成三分相；又與天王星形成十二分之五相）。他應該擺脫戒心的過去世模式，學著接受這些訊息，將其視為關於自己的客觀真理（木星落入寶瓶座），然後才能整合和吸收，有效地改變重複許多世的老舊模式。他一旦做到這點，就能吸引來一位真正自立自強的女性。她單純只是因為想跟他在一起而在一起，而非出自於被迫或需求。她和他一樣，都具備了深層的心理、感情及性能力。基於火星／金星的階段，她也會表現強烈的自我發展特質，幫助他學會公平地付出及接受，體驗到付出其實就是接受。

我們接下來先分析另一個關係演化的個案。圖15是位誕生在德國的女性。她剛進入靈性演化的第三個次階段。她的父母處於合群演化的第二個次階段，經濟狀況中下。父母並沒有讓她接觸太多的宗教，但她從小就自發性地上教堂，象徵她與演化階段的「靈性」連結。

她本命的火星與金星都落入二宮摩羯座，處於極致階段。火星與金星都與落入十宮的天王星／冥王星合相形成三分相。金星與十二宮天秤座的月亮形成出相位的五分相。由於金星與火星合相，所以我也把火星列入考慮。火星／金星與海王星形成初期階段的七分相，而海王星又與天蠍座上升點合相。火星和金星都與二宮摩羯座的太陽合相。火星／金星與四宮雙魚座的凱龍形成最後一個四分階段的六分相，與五宮牡羊座的婚神星形成最後一個四分階段的四分相，與七宮金牛座的穀神星形成擴展階段的三分相。金星與七宮金牛座的灶神星形成圓滿階段的八分之三相，火星則灶神星形成擴展階段的八分之三相。

基本上，這位女士與父母處於不同的演化階段，所以父母無法理解她，也無法給她有意義

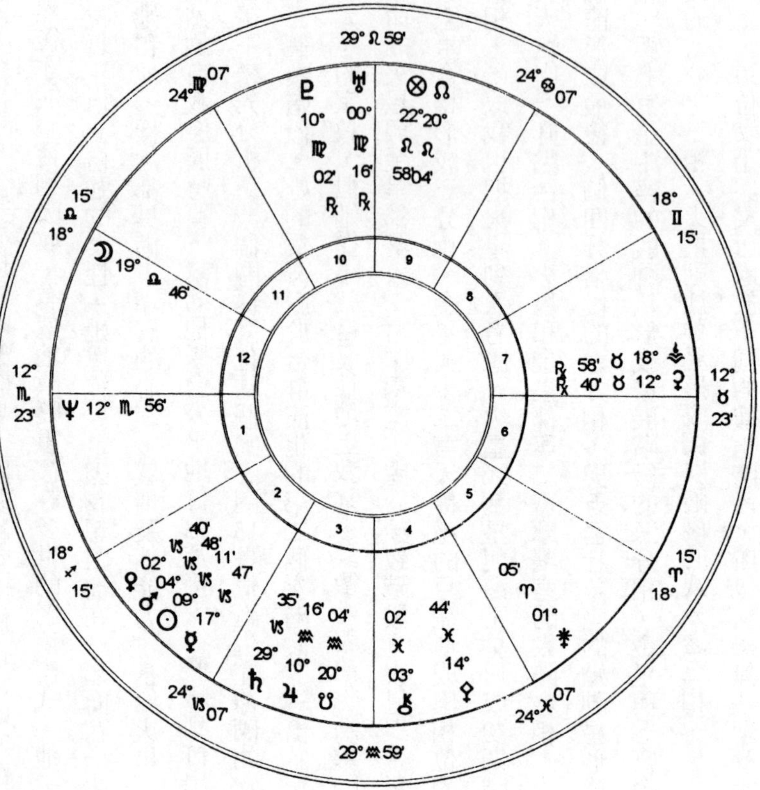
29° ♌ 59'
24° ♍ 07'
24° ♋ 07'
18° ♊ 15'
12° ♉ 23'
15' ♈ 18°
24° ♓ 07'
29° ♒ 59'
24° ♑ 07'
18° ♐ 15'
12° ♏ 23'
15' ♎ 18°
♇ 10° ♍ 02' ℞
♅ 00° ♍ 16' ℞
⊗ 22° ♌ 58'
☊ 20° ♌ 04'
☽ 19° ♎ 46'
♆ 12° ♏ 56'
℞ 58' ♉ 18°
℞ 40' ♉ 12° ⚳
♀ 02° ♑ 40'
♂ 04° ♑ 48'
☉ 09° ♑ 11'
☿ 17° ♑ 47'
♄ 29° ♑ 35'
♃ 10° ♒ 16'
☋ 20° ♒ 04'
⚷ 03° ♓ 02'
⚴ 14° ♓ 44'
01° ♈ 05'
1
2
3
4
5
6
7
8
9
10
11
12

圖 15

的愛及滋養。父母期待她做個小大人，也賦予她許多應該由父母來承擔的責任。她的海王星落入上升點，再加上月亮落入十二宮，所以她會透過內心的幻想世界來彌補自己。當她進入青春期後，慢慢退縮至內心的祕密聖地。當時她的父母已經形同陌路，各自有外遇對象。

火星／金星極致階段，象徵整個關係驅力的演化循環，即將在今生結束或完成。根據這位女士個人的演化狀態，她曾經在過去許多世致力靈修。她的靈修起源於很久以前的母系傳統，因為她月亮的南交點是在寶瓶座，與木星合相，同時與海王星落入寶瓶座的南交點合相。所以她的靈性根源來自於母系社會（原始的母系社會是在上一個寶瓶時代出現的）。當母系社會轉變成父權社會時，她的靈性發展也跟著調整，以適應新的體制。母系社會強調感官及性慾，父權社會則鼓勵壓抑。所以她開始把父權社會對感官及性的壓抑，融入個人的靈修（火星／金星落入二宮摩羯座，與合相在十宮處女座的冥王星／天王星形成三分相）。

這位女士的火星與金星落入第二宮，與冥王星及婚神星形成相位，象徵她具有強烈的感官能力及性慾。這也展現在七宮的鼓神星及灶神星。灶神星與天蠍座海王星形成對分相，這代表她已經學會或經歷過一些具有轉化及治療色彩的神聖性儀式，這些儀式可能源自於好幾世之前。這的確是她具備的一種核心驅力，同時也成為她今生治療的本質。她在最近幾世或遙遠的前世裡，曾經當過「神聖的妓女」。就原型意義而言，「神聖的妓女」在某些文化中，象徵高度演化的靈魂。所以她會成為文化的工具，經由祭司或女祭司指派，透過性儀式來治療或促成別人發展。這種治療及促成是透過性液的交換及共融，性液包含我們演化及業力發展的基因本質。神聖的妓女在性交的過程中，可以吸收或消融對方的業力及演化狀態，而對方也可以吸收她靈魂中的靈性能量，這就可以促成他們共同的成長。我們可以在這位女士的本命盤中，看到數個與這有關的原型印記：灶神星落入七宮金牛座，與十宮冥王星形成三分相，與十二宮天秤座月亮形成十二分之五相，與四宮雙魚座的智神星形成六分相。智神星與灶神星都與十二宮的月亮形成十二分之五相，這形成了以月亮為焦點的「上帝的手指」。灶神星又與摩羯座的水星形成三分相，而水星又是八宮宮頭雙子座的主宰行星。灶神星也與二宮摩羯座的火星及金星形成八分之三相，又跟與天蠍座上升點合相的海王星形成對分相。

「神聖的妓女」的角色隨著時代變遷而改變。這些曾經被視為「神聖的管道」的靈魂，現在被迫禁慾。她們如果違反強制的禁慾，就會被火活活燒死。這種強制禁慾的教條讓這位女士對自己的本性，產生原始的罪惡感，還會不由自主地想要壓抑自己的本性。隨著時間演變，當她從母系社會進入了父權社會，慢慢開始受限於外界的限制，開始壓抑自己的感官及性慾本能。天蠍座海王星與南北交點軸形成四分相（省略的演化步驟），再加上與火星及金星形成初期階段的六分相，代表她天生必須再重複一次省略的步驟。她也必須這麼做，才能讓金星／火星的極致階段畫下終點。她因為在童年時期沒有得到需要的愛及滋養，導致錯置的情感，所以成年後很容易受到年長男性的吸引。她在十六歲時決定體驗第一次的親密關係。

她當時深受一位比自己年長十五歲的男士吸引，這位男士就跟她的父親一樣遲鈍。她的父親試圖掌控她（冥王星落入十宮），這位男士也是如此。她向他表示自己是處女，但他仍用非常強迫又傷害的方式奪去她的童貞，他之後還威脅她口交，這實際上已經是強暴。灶神星落入七宮，與火星及金星形成八分之三相；婚神星落入牡羊座，又與金星及火星形成四分相；都與此類的性暴力有關。灶神星與南北交點軸形成四分相，又與海王星形成對分相（這就構成固定星座的大十字），更清楚顯示出她必須重新經歷在親密關係中省略的演化步驟，還必須與特定類型的伴侶再次建立重要的關係。這位女士基於天生的印記，再加上第一次的性經驗，對男人產生非常深層的恐懼及憤怒，也開始在感情及性上面封鎖自己。但是演化目的就是要她重複省略的步驟，讓整個關係循環畫下終點，所以她沒多久又與另外一位年長男性發生關係，同樣的驅力再度出現。之後她又遇到另外一位男士，又導致了同樣的結局。

她在十七歲那年遇到前面討論的那位男士（圖14）。他們一開始無話不談，他表現得就像朋友一樣，完全不給她性上面的壓力。他透過自己天生的心理技巧，發現她在情感上飽受創傷，非常匱乏。他發現她非常害怕又恐懼。他同時也因為自己的演化狀態，發現她內心深覺自己與眾不同，為此不停地想要補償，試圖讓自己跟其他「正常的」德國人一樣。他也發覺了她的內外失衡（以十二宮天秤座月亮為焦點的「上帝手指」，分別與七宮金牛座的灶神星、四宮雙魚座的智神星形成十二分之五相）。這種天性的失衡導致內在的危機。但是由於月亮與金星及火星形成五分相，海王星也與金星及火星形成六分相（註定發生某些情境，讓靈魂與命運結合），所以她會吸引這位男士進入生命，藉此與自己的內在產生連結。他完全不給她性的壓力，這讓她產生安全感，然後開始信任他。

我們現在開始透過兩人的合盤（圖16），來分析這段關係的本質。再提醒一次，合盤是根據兩個人行星及宮位界線的中點產生，象徵關係的「存在」。他們合盤的冥王星落入八宮，顯然可以看出兩人在過去世有非常深入的靈魂連結。月亮落入處女座，與南北交點軸形成四分相，代表關係充滿危機，基本上與感情的不忠有關。冥王星與金星及水星形成十二分之五相，凱龍星落入一宮摩羯座，意味著危機的本質與別人有關。他們在過去世可能想要維持這段關係，但各自又與別人發生關係，而且沒有向對方坦承。他們之中如果有一方因此提出分手，想要結束這段關係，就省略了重要的演化步驟。他們在今生再度相遇，就是要解決這些問題。南交點落入十二宮射手座，代表雙方都對彼此非常敏感，也能原諒對方。原諒的能力讓他們足以重新體驗省略的演化步驟。

到了今生，他比她年長十一歲，當他們相遇時，他已經具備了豐富的人生經驗。他透過兩人一開始的交談深悉她內心的所有驅力，還因此激發他天生的憐憫心，渴望幫助她與內在的自己達成和諧。木星落入二宮寶瓶座（合盤南交點的主宰行星），代表他們曾在過去世一起

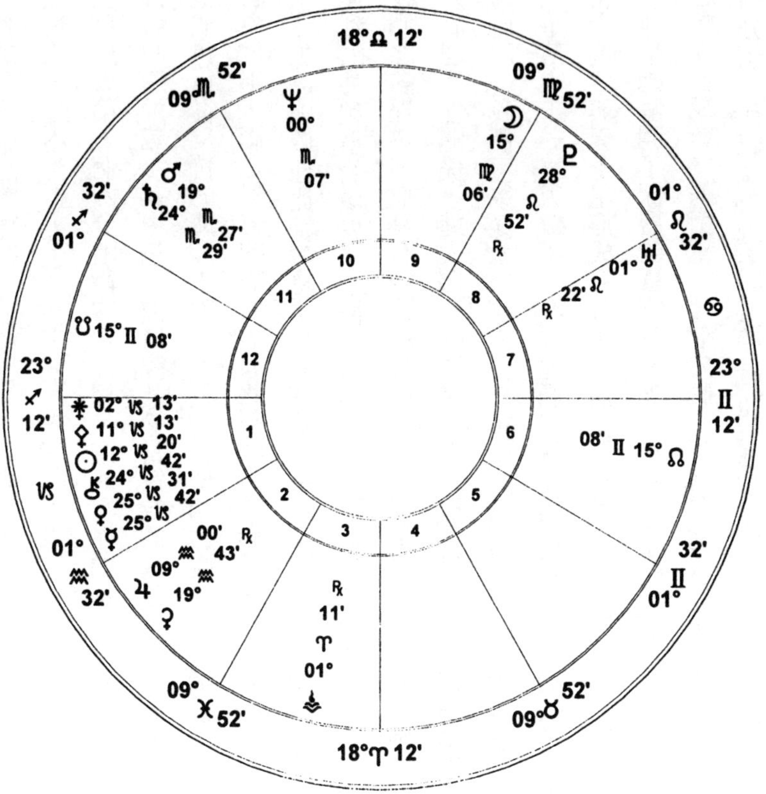

18°♎12'
09°♏52'
09°♍52'
01°♌32'
23°♊12'
01°♊32'
09°♉52'
18°♈12'
09°♓52'
01°♒32'
23°♐12'
01°♐32'
♆ 00° ♏ 07'
♂ 19° ♏ 27'
♄ 24° ♏ 29'
☽ 15° ♍ 06'
♇ 28° ♌ 52' ℞
♅ 01° ♌ 22' ℞
☋ 15° ♊ 08'
☊ 15° ♊ 08'
⚵ 02° ♑ 13'
⚴ 11° ♑ 13'
☉ 12° ♑ 20'
⚷ 24° ♑ 42'
♀ 25° ♑ 31'
☿ 25° ♑ 42'
♃ 09° ♒ 00' ℞
⚳ 19° ♒ 43'
⚶ 01° ♈ 11' ℞
1
2
3
4
5
6
7
8
9
10
11
12

圖 16

對抗「體制」。兩人關係的價值觀就建立在對抗上面。金星落入一宮摩羯座（一宮是牡羊座的天生宮位），火星與土星落入十一宮天蠍座，火星與冥王星形成初期階段的四分相，土星與冥王星形成第一個四分階段的四分相，這些在在顯示對抗體制的驅力。他們兩個人曾經一起對抗體制的權威，其中包括價值觀及適當行為的基礎。金星與冥王星形成十二分之五相，代表他們可以從反抗的態度中獲得力量。這個相位處於突顯階段，意味他們已經各自學會如何對對方付出，滿足對方的需要，與此同時也能滿足自己的需求。

到了今生，由於他比她年長，他因為對她天性的了解，渴望幫助她重新與自己的內在連結，達到內外和諧的境界。當他這麼做時，她就越來越迷戀他，最後兩人終於發生親密關係。我們之前提過，他具有獨特的心理及性技巧，可以「打開」她；而她也透過兩人強烈的感情／心理／性關係，進入自己的靈魂深處。他透過這種方式讓她獲得解放，幫助她確定了真正的自己。我們可以從木星落入二宮寶瓶座（南交點的主宰行星），冥王星落入八宮，火星及土星落入十一宮天蠍座，發現他們這種連結模式曾經在過去世出現過。這位女士自己的火星和金星，與天王星形成三分相；而他則幫助她擺脫彌補的心態，不再試圖表現得和別人一樣。他幫她解開了深層的感官及性慾，重新體驗省略的演化步驟。

她也幫助他學會如何對單一伴侶忠誠，不與其他人發生關係。處女座的月亮與南北交點軸形成四分相，代表會對過去的模式有罪惡感，然後產生彌補的慾望。當他們發生親密關係後，兩人都希望這段關係能持久。他知道自己可以藉此完成今生的演化目的。但是這位女士基於童年的困難經驗，產生錯置的情感及需求，讓她很容易過度依賴提供安全感的對象（灶神星與穀神星落入七宮金牛座）。再加上她的太陽、金星及火星都落入二宮，七宮的宮頭星座是金牛座（金星的主宰行星），這都意味著靈魂目的就是學會基本的自給自足。

這段幸福的故事有個不快樂的結局。他們在一起四個月後，這位男士就死了。這種業力表現在月亮落入九宮處女座，與南北交點軸形成四分相，代表危機出現導致關係結束，但卻無法完成。月亮處女座與南北交點軸形成四分相，代表關係留下缺口，兩人還會在其他世相遇，學會寬恕的功課，對彼此從一而終。此外，我們也可以說他無意識地犧牲了自己的生命，讓她學會靈魂渴望自給自足的基本功課，這是一種無條件愛的極致表現（他的南交點與海王星、火星合相在八宮）。他的死亡迫使她自給自足，她也因此被喚醒，讓自己更加堅定。她的火星、金星及太陽都落入二宮，代表她今生主要的功課之一就是自給自足。灶神星及穀神星落入七宮金牛座，再次強調這門功課的重要性。

她在小時候與哥哥非常親近。在她十一歲時，哥哥死於白血病。這個震撼讓她內心對家庭產生退縮，很早就學會如何自給自足。同樣的模式延續到成年，她又再次失去了幫助她找到自我本質的男人。他的死亡讓她再次退縮回自己的角落，在那之後，只要她對伴侶太依賴或太過需求，就會發生某些事情，迫使她再次地自給自足，例如信任的伴侶與別人發生性關係。這些功課也讓她培養辨識能力，看清楚哪些人會與她發生親密的性關係（冥王星與處女座天王星合相，又與摩羯座的火星及金星形成三分相）。這也反映了她在遙遠的前世，曾經當過神聖的妓女。當靈魂想要學會一門功課，一定會一再創造必要的情境，直到徹底學會為止！

第十一章

合盤及冥王星

我們將在本章中討論冥王星與合盤。這裡必須牢記的重點，就是合盤中冥王星的宮位及星座，與兩人在**過去世**共同的慾望及演化目的有關。因此，合盤冥王星落入的宮位及星座，不僅可以看出兩人最近的核心驅力，也可以看出關係在何時結束，兩人又會在何時相遇，重新建立關係。合盤冥王星對應點（與冥王星相距一百八十度）落入的宮位及星座，則象徵兩人在今生共同的演化目的或建立關係的原因。對應點也關係著兩人持續的演化發展及關係的進展。

本章只會討論合盤冥王星及其對應點的位置。但我還是要再提醒一次，我們不能根據單一條件來判斷。我們如果想要完整分析並了解合盤象徵的目的，還必須考慮月亮南北交點落入的星座及宮位，以及其主宰行星落入的星座及宮位。此外，我們也可以從這些行星（冥王星、月亮南北交點、南北交點的主宰行星）與其他行星形成的相位，以及相關行星落入的宮位及星座，得到更多詳細的分析。再提醒一次，冥王星與火星的階段關係，可以看出這兩個人如何實現今生的演化目的，如何從過去轉化到未來。合盤中火星落入的星座及宮位，則與兩人共同的主觀意志及天生慾望有關，藉此實現合盤中冥王星象徵的演化目的。火星與其他行星形成的相位，以及這些行星落入的宮位及星座，也象徵其他的驅力原型。我們可以藉此看出他們還會表現哪些主觀的意志及慾望，完成這段關係的目的。

我會透過宮位及星座，逐一解釋合盤中冥王星象徵的核心原型主題，而冥王星的對應點則象徵關係在今生的演化目的。我也會討論這些核心主題，與個體化演化、合群演化或靈性演化的關聯性。在本書出版時，大部分研讀合盤的讀者，其合盤冥王星多落入巨蟹座、獅子座或處女座。比較年輕的讀者，合盤的冥王星會落入天秤座，少數的人會落入天蠍座。因此合盤的冥王星可能只侷限在以上幾個星座，但卻可能落入任何一個宮位。所以本章會討論合盤冥王星落入宮位的主題，輔以該宮位的天生星座（例如，一宮的天生星座是牡羊座）。

合盤冥王星落入一宮或牡羊座

這個位置代表兩個人的共同慾望就是一起展開全新的演化循環。他們可能在最近幾世（其中包括今生）裡第一次相遇；也可能已經在一起很長一段日子，一起經歷的整個演化循環已經到達終點，正展開（或是才剛展開）新的演化循環。兩人對演化目的都還有點陌生，所以都很渴望不斷地探索，都會非常「任性」地試著拿捏、定義或控制新方向。這可能導致冥王星的「權力之旅」，雙方都想要征服對方。兩個人都有各自的慾望，反映出自己必須實現並發展獨立的現實。這裡的危險就在於其中一方或雙方都想要掌控對方，控制關係的方向。這可能導致對立的情形，兩人到頭來各過各的，互不過問。這個新演化循環的核心挑戰，就是兩人要一起認清本身及關係的既有限制（冥王星），然後攜手向前邁進，克服這些限制。

我們可以從北交點及其主宰行星落入的宮位及星座、北交點與其他行星形成的相位，以及這些行星落入的宮位及星座，看出新方向的特定本質。南交點及其主宰行星的宮位及星座，以及南交點與其他行星形成的相位，則可以看出兩個人到目前為止共同累積的成果。兩個人如果是在今生第一次相遇，南交點代表他們如何分享過去（根據他們各自的南交點），然後產生共識。他們想透過關係來實現的新方向，則必須看合盤北交點及其主宰行星落入的宮位及星座、北交點與其他行星形成的相位，以及這些相位落入的宮位及星座而定。

合盤的冥王星落入一宮，也可能代表他們曾經依前述的方式相遇，卻無法維持關係。他們可能短暫但深刻的相處，反映合盤中象徵的目的。如果這種情形，就意味著兩個人想要獨立探索或實現的慾望非常強烈，因此即使彼此天生互相吸引，仍無法維繫一份共同分享的關係。我見過許多例子，兩人初相遇時有如天雷勾動地火，產生非常強烈的性吸引力，當性的火花熄滅後，就會發現性的驅力不足以延續一段完全投入的關係。

兩個人如果處於合群演化階段，合盤中落入一宮的冥王星，代表他們共同的慾望就是在社會中不斷地「力爭上游」。關係的重心就變成創造共同及各自的策略和目標，在社會或體制中獲得權力，這種權力的本質與社會地位或金錢有關。他們的關係中也可能充滿權力掙扎，因為雙方都可能想用自己的方法來實現或達成慾望。這也可能導致關係的兩極化，因為關係是因這種慾望而生，以它為基礎，反而沒有在心理及感情上進行有意義的互動。兩人之間唯一的連結就是性。有些例子甚至因為雙方完全只想在社會中爭權奪利，導致感情及心理上的挫折，到最後完全沒有性生活。

兩個人如果處於個體化演化階段，合盤中落入一宮的冥王星，代表他們共同的慾望就是探索生命的可能性。這些可能性的本質不同於一般社會定義的生活意義及方式。他們會有深層的本能慾望，一起嘗試不同的新方向，感覺上好像與對方展開一場特別的冒險之旅。他們可以結合靈魂的力量，挑戰生活現況。這也可能導致關係的不穩定，他們從來不會長時間安定於某種架構中，因為架構本身會週期性或不斷地變化。雙方都有堅強的意志，也非常固執。兩人都有自己的本能感受、想法和觀念，對於關係的新方向及可能性，還有自己本身，也都有不同的慾望。他們可能在關係中展開權力鬥爭，導致關係的兩極化，因為各自覺得被對方「吞噬」。這可能會導致怨恨，累積憤怒，然後就開始把自己認定的目的、動機及慾望，投射在對方身上。

他們的性驅力非常強烈，也很渴望在性上面做新的嘗試。當他們因為對彼此的憤怒，導致關係兩極化時，性也可能成為一種權力。表現的方式可能是不與對方發生性行為，或是尋找其他的性伴侶。這種驅力可能導致關係破裂；而從演化及業力的觀點來看，雙方就留下一段沒有被解決的關係。

兩個人如果處於靈性演化階段，冥王星落入一宮或牡羊座代表雙方的共同慾望，是用自己的方式獨立實現靈性的現實。他們可能出現冥王星的抗拒心態，不願意追隨任何靈性的體系、方式或人物。他們會設計靈性的方式來實現關係，反映出關係的個人特質。他們也可能週期性或不斷地經歷冥王星的變化本質。他們在探索新演化循環的過程中，需要某種程度的開放性，才能允許彼此嘗試新的方式。其中一方如果宣稱自己的靈性比對方更為進化，試圖控制這段關係或掌控對方靈性的修練及方向，此時就會出現權力的角力。情形若果真如此，關係就會出現兩極化發展，雙方都投入自己的靈修之中，與對方疏離。性也可能是個問題，因為父權社會的靈修認為，性會破壞靈性的進化或發展。他們必須挑戰這種看法，才能解決性的問題。性的法則不是人類制定的，而是神的創造。他們如果想挑戰這種看法的限制，就必須學習利用性能量來克服自我的限制，同時透過神聖的性儀式接近上帝或神性。這裡的挑戰在於，他們必須讓關係朝新的方向演化，但也能接受對方獨立運作，用符合自我特質的方式，進行靈性的演化。

對應點落入七宮或天秤座

合盤的冥王星落入一宮，代表兩個人在最近幾世或今生才展開新的演化發展循環，最重要的功課就是學習傾聽對方的心聲。他們必須努力地真正把對方的話聽進去，理解對方的現實，而非透過自己主觀現實的過濾來聆聽或詮釋，而這極可能導致主觀的投射及誤解。由於這是新的演化發展，會用非常基本的方式有效實現目的。在關係一開始時，彼此可能會問：「這是你指的意思嗎？」對應點的目的在於創造一段能絕對平等、角色互換、用付出取代要求的關係。如欲達到這個目的，雙方都必須學會傾聽對方的心聲，才能用平等的方式共同創造關係的新方向。當他們達成目標時，源自於個人意志的權力爭奪就會消失，而個人意志會轉換成雙方對關係的共識。兩個人可以和諧相處，一起實現新演化發展目的及本質。

這樣的關係很自然就有了包容度，雙方都會鼓勵對方實現反映個人演化需求的方式、慾望及需要，而不會因此受到威脅。這種威脅往往導致關係走向兩極化或權力爭奪。因此雙方現在會覺得變成平等又和諧的一體，一起努力，而非互相對立，他們也會非常感激對方能認同自己的身分意識及力量。這可以讓關係更加深入演化，實現範圍內所有的可能性。當他們意識到現實的完滿時，還會持續探索反映不同人生方向的新領域，而這樣的探索也會讓他們在接下來幾世繼續一起合作。冥王星對應點象徵的主要演化主題，適用於所有演化階段的靈魂。

合盤冥王星落入二宮或金牛座

合盤冥王星落入二宮或金牛座的原型驅力，就是兩個人具有共同的渴望，想要一起研究問題，然後找出某種價值系統，為關係賦予意義。他們渴望且需要在關係中找到核心的穩定力量，也會激發這股驅力。就演化的觀點來看，這兩個人在某些過去世中曾因各種原因分離；而在這些過去世中，他們因為欠缺基本的現實基礎，影響關係的延續。

因此他們在最近幾世再度相遇，就是要彌補這些狀態。雙方渴望建立穩定的關係，通常會把重心放在價值系統的定義上，因為可以創造真實的持久及穩定；換言之，就是無法被任意取走的東西。他們也會渴望降低對外界的依賴，確保關係能延續。合盤冥王星落入二宮或金牛座的伴侶，潛意識中會有過去分離的記憶，為了彌補這些記憶，他們常渴望能完全占有對方。他們會把自己對生理、感情、心理穩定的需求，投射到對方身上，常會把對方看得太重要；也會渴望躲在兩人的世界裡，避免大環境的介入或威脅。

這些人的求生本能非常強烈。當他們面對任何可能威脅關係、生活的狀態及情況時，非常懂得隨機應變。兩人對這份關係及對方都有強烈的保護慾，所以在與外界接觸時，時常顯得戒心很重。他們非常挑朋友，必須花上很長一段時間，才會讓朋友進入自己小心呵護的生活圈。

生命有各種形式的生存本能，其中包括繁殖的本能。冥王星落入二宮或金牛座的伴侶，對彼此有強烈且深入的性慾望，這是因為兩人擁有共同維持生存的本能。他們非常重視性這件事，認為性是關係中很重要的一部分。性就像工具，讓關係穩定並持續發展；性讓他們覺得很踏實，無論關係中或外界發生什麼，都能藉由性來維持穩定感。他們的性生活通常非常強烈又深刻，而且會想在性上面占有彼此。他們很害怕對方不忠，還會把這種恐懼向外投射，讓關係蒙上陰影。這都反映了其他世的潛意識記憶，兩人曾因為各種不同的原因分離。

他們之間可能發生的問題，多源自於最近幾世的衝突。衝突的驅力多發生在最近幾世裡，這包括雙方或其中一方試圖限制關係或生命的意義。當這種情形發生時，就可能出現權力的角力，彼此都可能覺得受到對方控制、操縱或限制，無法探索其他的價值或意義，滿足自我演化及成長的需求。他們也可能連成一氣，排斥其他的價值系統。這會導致某種演化狀態：兩人會因為渴望關係的穩定及持續，過度認同某種非常狹隘的價值系統。他們賦予關係的意義，以及其延伸出來的生命意義，都會極度受限於這個系統。就演化而言，這種限制會阻礙必要的成長。經過一段時間後，這種受限迫使他們面對最恐懼的事情：關係完全失去意義，與對方在心理、感情及肉體上分離。這是因為受限的價值觀及其相關的意義，都已經不具任何價值或意義。他們已經走到某個極限（冥王星），不再需要透過這些價值觀來定義關係。這裡討論的限制也可能延伸至性驅力，與性的價值有關。冥王星落入二宮或金牛座，帶有固定的本質。所以他們性行為的模式通常一成不變，到最後可能導致「性耗盡」，因為性驅力無法獲得必要的成長。當這種情形發生時，他們可能慢慢不與對方發生性行為，因為之前認同的性價值或意義已經不復存在。這可能會讓他們深感挫折，因為各自都仍有強烈的性慾。這種性耗損造成兩人性生活的疏離，最後往往會迫使各自用自慰來獲得滿足。

兩個人如果處於合群演化階段，而合盤的冥王星落入二宮或金牛座，代表共同的慾望就是定義某種價值系統，而且會把關係及生命的意義侷限在物質層面上，所以他們可能會對物質財富有強烈的慾望。這種累積大量物質財富的慾望，與他們自認為需要的穩定及延續有關。實現慾望的方式，也會成為他們人際關係的本質。他們會在談話或與別人相處時，不時提到這個主題；與別人互動時，會把焦點放在物質的獲取，以及獲取或維持物質的方式。他們很害怕失去已經擁有的東西，這會導致囤積物品的現象。有些人可能有最極端的吝嗇表現，明明家財萬貫，卻穿得破破爛爛，住在簡陋的屋子裡；這些人有能力負擔最好的衣服，卻挑最便宜的買；也有些人會隱藏物質的資源；還有些人則會「炫耀」自己的物質地位，過著超出能力負擔的物質生活。

此處的冥王星也象徵了與物質穩定有關的困難業力。他們可能在最近幾世利用操縱或不誠實的手段，維持物質生活的穩定，已經在今生或在未來嘗到業力的後果，例如在某些方面失去物質財產，或是無法在一開始就獲得物質財產。

這種伴侶多限於傳教士體位。性對他們而言，最後往往變成發洩累積的精力而已。性生活可能非常激烈，但卻沒有太多變化，只會反映原生社會對性的價值及傳統，僅此而已；有些人會把性能量轉化成獲取物質的強迫需求；雙方或其中一方可能會在潛意識裡，把性視為一種力量，作為控制或主宰的工具。

兩個人如果處於個體化演化階段，落入二宮或金牛座的冥王星，代表雙方的共同慾望就是對抗既有的價值觀、這些價值觀賦予生命目的與原生社會的意義。他們會質疑原生社會認定的關係本質及意義，然後力圖反抗；可能會用特定的方式來定義彼此的關係，用一般的角度來看待生命。他們渴望躲在兩人世界裡，避免社會帶來不相容的干擾或影響。別人如果無法反映或象徵他們特有的價值觀或生活方式，他們也會避而遠之。

他們會非常排他且內向，這會限制關係必要的成長及演化。當然，這再次反映了潛意識記憶帶來的恐懼，因為他們在其他世中曾與對方分離，所以需要在今生擁有對方，彌補這些恐懼。他們已經知道關係的驅力，可以幫助自己獲得必要的成長及演化。當他們不由自主地依賴過去適用的相處方式，就會出現惰性，抗拒其他必要的演化。這可能會導致關係的滯礙，讓彼此產生疏遠或距離。此時就會出現必要的週期性對抗，對抗目的是要讓他們轉化限制，脫離自我封閉的世界。但是別忽略了，在侷限的兩人世界裡，他們必須重視個人的自我探索及實現，鼓勵創造性的工作。在這個演化狀態中，他們還是必須承認賺錢的必要性，還是要面對生理健康的慾望及需求，但不要把這些當成主要目標。他們只要做些維持關係穩定的必要之事，其餘就免了。但是這裡的危險仍在於，雙方或其中一方想要控制、操縱或限制個人價值觀的擴張，這種擴張與探索自我的本質有關。情形如果真是如此，就會產生權力爭奪，雙方都會堅持己見，做自己覺得必須做的事情。

就性而言，這兩個人可能會抗拒社會能接受的性行為，或是社會對性的價值定義。因此他們共同的慾望，就是探索更深層的性能量及意義、發掘性的功能。當他們一起研究或探索最深層的性行為時，可以互相產生強烈的性魅力及吸引力。基於這種共同的慾望及連繫，讓兩人願意與對方嘗試各種形式的性行為，只要他們覺得對方目的是真實、誠實又合理。他們會把性當成工具，藉此維持關係的穩定，獲得情感的重生，還能利用性來進入對方的靈魂。所以他們都很渴望能被對方擁有，因為被擁有等同於安全感及穩定。這裡的危險在於他們可能會有性強迫或性耽溺的傾向，雙方都可能因為自己的性慾及性需求，把對方當成性物品。這並不會造成問題，只要他們向對方坦承自己慾望的「出處」，如果無法坦誠，就會導致負面的性業力。

兩個人如果處於靈性演化階段，而合盤的冥王星落入二宮或金牛座，代表的共同慾望就是接受靈性的價值觀，替這段關係及生命找到目的及意義。這個位置也代表兩個人早在今生以前，已經開始抗拒物質價值的空虛及限制，也對這些價值產生的生活方式感到厭倦。他們非常憎惡物質價值，但也很清楚對於許多人而言，這是必須接受的一部分。在這個演化階段中，他們已經學會給予對方無條件的愛，同時也會支持對方與世隔絕。兩個人都非常地內化，而這種內化造成他們在大部分的時間裡都沉默不語，而且知道如何在沉默中與對方相處。他們之間有大量的非言語溝通，非常熟悉彼此的能量震動。

他們已經知道終極的生存，其實與更大的力量（神）有關，無論身處於這世界的哪個角落，或是任何狀態裡，都能與世隔絕地活著。這種與外界的徹底疏離，貼切反映了目前的演化狀態，所以他們不允許外界干擾靈性生活的深層核心。他們相信終極本源會滿足自己的需求，足以在物質的世界安然度日。即使別人認為這種信念極不合理，他們仍深信不疑。

這裡最根本的問題，就是即使處於不斷演化的狀態中，這兩個人仍會過度地自我封閉。他們在潛意識裡都很害怕失去彼此，但也很擔心讓對方太靠近自己，會擾亂自己內心的寧靜及和平。還有些人想要限制、控制或操縱對方靈性的成長或方向。最糟糕的情形就是，其中一方宣稱自己是對方唯一的靈性導師。當這種情形發生時，被控制的那方會慢慢遠離這段關係。還有一種可能性，就是雙方太過侷限於某種特定的靈性價值系統，把它視為靈性演化的唯一道路。就演化的角度而言，這會導致靈性的限制。到了某些時刻，兩人就會體驗到靈性的滯礙，無法再有更多的靈性成長。當這種情形發生時，雙方會各自遠離對方，遠離會帶來內在壓力，迫使他們產生新的慾望、覺知或想法，知道該如何接受新的事物，讓靈性的成長延續下去。

就性而言，他們已經學會接受神聖的性價值，而且可以透過神聖的性儀式深入對方的靈魂。他們可以透過這種方式穿透彼此內在的神性，共同體驗「終極神性」（The Ultimate Divinity）。他們也知道如何在性的過程中（或是其他時刻），同時扮演付出與接受的角色。性強迫和性耽溺的傾向消失了，取而代之的是敏銳的微調能力，細膩地感受到彼此之間自然的性旋律。他們會跟隨自然的旋律起舞，即使這種旋律可能沒有一定的規律。當他們無法產生性的連結時，沒有任何一方會給予對方壓力。如果必要的話，他們只會解決自己的需求。極少數處於這種演化狀態的伴侶，最後會很自然地變成無性伴侶。

對應點落入八宮或天蠍座

這個對應點象徵的演化需求，就是對抗任何妨礙必要成長的既有限制。限制的本質與兩個人的價值觀有關，這不僅影響他們面對關係的態度、與外界相處的方式，同時也決定了他們賦予生命的意義。因此這個對應點會在生命關鍵的交接時刻製造危機，轉化他們的價值觀及相處方式。為了達到這個目的，通常會出現強烈的情境或狀態。其中一方如果害怕因此失去對方，試圖去完全控制或操縱對方的生活，就可能會導致分離。當然，這種失去的恐懼會一再出現，當它出現時，強烈的情感震撼會迫使受影響的那方去分析理由。透過這種心理性的自我分析，他們有可能找到答案。就演化的觀點而言，這個對應點要求雙方都能完全自立自強，基本上都能自給自足。

此外，這個對應點也要求他們解開封閉的關係。他們必須學會如何與別人及全世界分享自己。開放分享的方式必須參看北交點落入的宮位及星座、北交點主宰行星落入的宮位及星座，以及北交點與其他行星形成的相位。他們可以透過分享及開放，讓關係成長及演化，也可以減輕因為關係深入內化導致的強烈壓力；換言之，就是讓彼此能呼吸一下新鮮空氣。此時他們就能檢查並應付因為恐懼分離或失去而導致的各種感情狀況，這是非常重要的。因為他們如果一直與世隔離，這些恐懼及隨之而生的感情狀況，就會因為隔離的壓抑而產生扭曲。他們如果能根據北交點及其主宰行星的位置開放關係，就能有意識地衡量恐懼，以及隨之而生的感情驅力。如此一來，雙方就能直接面對這些驅力導致的困難問題，找到心理及感情的策略，安然地把問題解決。這就達成了對應點的演化目的，而他們也可以根據新產生的價值觀，用不同的方式與對方相處。基本上，他們不再需要擁有對方，完全不受限制，只是因為想在一起而在一起。這個冥王星對應點反映的主要原型主題，適用於所有演化階段的靈魂。

冥王星落入三宮或雙子座

合盤的冥王星落入三宮或雙子座，代表兩個人的共同慾望就是擴展關係，讓關係不斷地演化，快速地成長，還會一起對抗任何阻礙成長的限制或障礙。冥王星與個人心理的本質有關，象徵我們最深層的感情驅力，也代表慾望、動機及目的的本質，而這些東西就構成了我們對於安全感、持續性及個人力量的深層需求。合盤的冥王星落入三宮，代表這兩個人渴望深入探索對方的心理、動機、目的、慾望及感情需求，藉此來擴展關係。他們曾經在最近幾世中相遇，當時兩人的關係已走到極限，相處方式也無法再帶來成長。他們為了讓關係延續，曾經共同承諾要擴張關係的驅力，接受新的思考方式來面對生命整體，並用新的、特定的理解方式來看待關係。

他們可能會用雙重的方式來達到目的。一方面，他們可能因為渴望探索或深入對方感情心理的核心，因此展開許多深入又密集的討論；換言之，他們想要理解對方是如何「組合」的。這些討論也反映了心智上的抽離，雙方都可能檢視對方的慾望、動機及需求，以及其背後的理由。他們可以從中慢慢累積對彼此的深入認識。另一方面，這種討論也會激發他們擴張既有驅力的本質。這種擴張可能是在關係內，也可能是各自進行。他們的方法就是讓心智保持開放，考慮來自不同來源及新觀點的觀念，藉此檢視目前既有的驅力。

這兩種主題會交互作用。他們在交流不同或新的想法時，會激發彼此基本或既有的感情／心理驅力；而在討論既有的驅力時，又可能會對這些驅力產生新的思考方式。

他們在某些討論的關鍵時刻，會觸動對方心中的某些驅力。這些驅力反映了對方最努力維持的既有想法、意見或信仰，而且會依此來滿足或合理化之前的心理／情感驅力。對方會非常重視這些驅力，因為它們構成了個人安全感，也象徵了比較熟悉的方式。這些驅力及行為模式，就是在過去世導致關係僵化的原因。到了生命某些關鍵時刻，他們兩個人必然會想各自或一起成長及擴張。這裡的危險在於，如果當這些驅力被觸動時，其中一方或雙方覺得受到挑戰，因此非常沒安全感、飽受威脅或不知所措，就可能經歷失去力量的危機；這裡的危險在於，其中一方可能想操縱對方的心智結構，只是為了維護受到挑戰的核心驅力，以及與這些驅力有關的行為模式。他們可能會採取冥王星的模式，深入探討反映必要改變的新想法，或是關於核心驅力的新思維，然後從中找到弱點，予以反駁。當他們找到其中的弱點時，就能顛覆象徵新想法或新觀點的整個思想架構。新的想法被推翻後，他們就能維持既有的驅力模式。就業力的角度來看，雙方或其中一方都可能為了滿足某些沒有誠實表達出來的慾望及需求，試圖控制或操縱對方的想法。冥王星落入三宮或雙子座，代表說服的力量。他們如果利用這種力量，掩飾某些黑暗的算計，就可會導致負面的業力。這種「洗腦」的模式如果曾經在過去世出現，那麼接收的這一方到了今生，就會非常厭惡並抗拒與對方接觸。

兩人共同目的就是透過觸發其他世阻礙成長的驅力，一起讓關係成長及擴張，所以他們可能會有許多不同類型的討論。他們會對各種主題感到非常好奇，對每種主題象徵的新思考模式都躍躍欲試，可能會在討論的過程中，不停問「這是什麼？那是什麼？有可能用這種方式或另種方式嗎？」他們的演化狀態會影響討論的主題，不過無論是哪種狀態的伴侶，都可以透過新的觀念及思考模式來拓展關係。基於冥王星是人類性法則、性能量及性慾的源頭，無論他們處於何種演化狀態，話題一定都脫離不了性。整體而言，合盤冥王星落入三宮或雙子座的伴侶，對於任何新奇的性行為都很好奇，也很開放。他們如果能在心智上刺激彼此，就更能激發性能量。

有些合盤冥王星落入三宮或雙子座的伴侶，在過去世可能是手足關係。他們可能已經逾越手足之間該有的性界線，有些性的接觸。有些例子的性接觸，是雙方共許的。他們的性可能非常深入又強烈，不讓其他家庭成員知道；還有些例子的性接觸，則可能不是雙方認同的，而是其中一方強迫另一方發生性行為。年長兄姊的這方，可能會控制年幼弟妹的心智或情感，藉此與他們發生性關係，有些人被父母發現，然後被迫分離。雙方如果是自願發生性關係，便能在各方面（包括性）建立深刻且正面的連結；雙方如果被迫分開，就會導致深刻又未解決的痛苦，當他們在下一世相遇時，仍得面對它。他們必然會再次相遇，因為彼此之間還有未解決的痛苦，也很渴望能再次產生連結。這種再次連結可能發生在今生（合盤冥王星落入三宮或雙子座的可能性之一），也可能發生在最近幾世。

這兩個人的靈魂如果處於合群演化階段，代表他們共同的慾望就是透過嘗試各種新經驗，允許新的資訊或觀點出現，藉此來擴展關係。新經驗的本質可能與各種社交活動有關，例如跳舞、電影、派對、露營、運動競賽，或是閱讀一些能夠反映人類業力的書籍。因為他們處於合群階段，也可能接觸時下流行的「大眾心理學」。不同類型的活動可以為他們引進新的觀念，變成共同討論的基礎。他們可以在討論中交換意見，達成共識，藉此滿足讓關係開放的目的，接觸更多的新事物，或是用不同的方式來認識彼此。

這裡當然也會出現挑戰，因為在合群演化的階段中，許多文化認定的信仰通常會堅持「理應如此」，當新的資訊或想法出現時，挑戰了這些「理應如此」的臆測，很自然就會出現衝突。他們會透過各種不同的社交活動，讓關係接觸到許多文化的相對性，然後產生對話及討論；在過程中他們還會接觸形形色色的人，代表不同的存在方式。這些不同的東西都會「觸動」雙方內在必須被挑戰或改變的驅力。這些驅力是他們在過去世最注重的東西，也導致了關係的滯礙不前。這種觸動可能會變成衝突的來源，他們可能會爭論，也可能對對方「洗腦」，試圖操縱對方的想法。他們的方式就是針對象徵新想法及觀點的心智結構，找到弱點下手，讓整個結構瓦解，藉此保護並維持自己害怕改變的既有驅力。這種情形如果一再發生，就可能導致兩種結局。其一就是兩個人分開，關係徹底結束；或是默許或順應新想法所導致的衝突，但內心沒有任何改變。

就性而言，他們共同抱持開放的態度，研究各種不同關於性的新想法，因為他們也需要讓關係演化。他們通常會接受任何時下社會的性觀念。舉美國的文化為例，可能就是《花花公子》、《玩伴女郎》、《閣樓》、性愛手冊《性的樂趣》等書，或色情電影鼓勵的性觀念。這些資訊多以「性意象」為主，包括性姿勢、性愛的場合或性感的服飾，可能會變成他們討論的基礎，而目的就是達成共識，嘗試不同形式的性經驗。這種驅力的本質是由心智的刺激，然後導致肉體的行為。他們可能很難完全投入於肉體，因為腦海中不時充滿新引進的性資訊或想法。

這兩個人的靈魂如果處於個體化演化階段，代表他們共同渴望透過各種完全不同的性經驗，挑戰關係的既有限制。這兩個人相遇進入關係，會創造一個幾乎永遠不安的「共同靈魂」。他們能量的結合讓關係非常浮躁，產生各種不同的慾望，然後一起探索不同的生命領域，從中找到新的、刺激的資訊。他們可能會研究各種社會「先進」的文獻（在我們這個世代，可能就是「新紀元」之類的資料）；欣賞前衛派的電影；參加各種社會活動討論這些思想及資訊；到國外旅遊，藉此認識信仰及價值觀的相對性；與志同道合的人聚會；或是任何能夠反映不安特質的體能活動。

他們會接觸各種不同的才藝，目的是要擴張關係的驅力。在個體化演化的階段中，他們的態度非常開放，無論是在關係中或獨自一人時，都很願意嘗試各種不同的方式來定義現實。這裡的危險在於，他們太想要嘗試各種社會前衛的想法或存在方式。他們採納的想法與本來的自己或實際的需求並不相容，太過於追求前衛的思維，這可能會讓他們採納一些適用於別人、卻不適合自己的新觀點、觀點或方式。

在個體化演化階段中，這種前衛思維的誘惑，代表他們還沒有從自己內在形成新的驅力，也無法根據新驅力產生新的存在方式。因此他們渴望借用或嘗試社會尖端的「共同」想法，例如我們這個世代的「新紀元」。在這個過程中，他們在某些時刻會覺得因為自己「與它為伍」，讓關係及自我更加擴展。他們為了讓自己成為尖端的一部分，會刻意穿些新潮服飾，認識一些最新、最流行的字眼。不過到了某些時刻，這些東西一定會崩解，因為他們各自及共同的靈魂，都渴望能與適合自己的事物重新產生連結。他們真正想尋找的，是能反映自我的新想法、觀點及驅力；而非符合大家公認的新潮觀點。他們可能因此嚴重意見分歧，產生衝突。兩個人可能同時回歸自我；也可能其中一個人想，另外一方卻不願意。當只有其中一方想，另一方不想時，就會產生分歧和衝突。他們也可能會利用這種驅力，來控制或操縱對方的想法。

就性而言，他們會非常熱衷研究全世界各地的性觀念及方式。他們可以透過探索接觸新資訊，激發深入的討論，研究哪些方式值得一試，哪些方式不值得嘗試。這個演化階段的危險在於，他們可能嘗試一些不適合自己的方式。例如一九六〇年代的性革命，非常傾向於所有新的性關係，其中包括「開放婚姻」的想法。許多人在當時做了這個嘗試，只因為這代表社會「尖端」。然而許多試過的人最後只換來心理上及感情上的傷害或毀滅，因為這並不符合他們的本性。同理而論，這個階段的伴侶必須非常小心，不要去嘗試不適合的性關係。再提醒一次，他們會透過研究及討論，在心智上產生強烈的性刺激，然後才發生性行為。性意象扮演重要的角色，當其中一方讓性的畫面成真時，往往能勾起對方強烈的性慾。

基於雙子座或三宮的雙重性，他們也渴望能扮演雙重的性角色。男性有時會掌控，有時很被動；女性也可能時而掌控，時而被動。雙方或其中一方可能有雙性的慾望。情形如果真的如此，他們必須誠實表達這些慾望，然後允許慾望實現，如果不開誠佈公，就會成為性的祕密，導致情感上及心理上的不誠實。

這兩個人的靈魂如果處於靈性演化階段，代表共同渴望能研究靈性法則、傳統及修行的相對性。這就是他們最近幾世相遇的目的，因為兩人在前世曾經太固執於某種靈性系統，妨礙或緩化了靈修的腳步，到某個階段就無法再向前進化。因此雙方都很渴望挑戰這些限制，透過各種不同的靈修方法來超越限制。他們已經知道，沒有任何一種正確的方法可以適用在所有人身上。

這裡最根本的危險在於，雙方藉由靈性的領域來逃避困難的情感驅力。情形若真如此，這些未解決的感情驅力及議題（冥王星），不僅會妨礙靈性的進化，也會導致關係中的「靈性問題」。沒有被解決或潛在的情感驅力會揭露問題的本質。雙方或其中一方想要支配對方的「靈性」。他們會規定什麼才是正確的修練或修練時間的長短，還會對對方的努力吹毛求疵，或是表現出自己靈性勝過對方的模樣。此時，他們就會把靈修當成護身盾牌，抵擋對方的攻擊，同時會在感情上、心理上及靈性上與對方保持距離。他們的挑戰，就是要找到新的靈修方法。更清楚地說，他們必須找到一種不同於父權靈性傳統的新體系或方法，因為這些新體系本質上會兼顧感情及生理，依此來擴張意識。

這個演化階段的伴侶還可能面臨另一種危險，他們可能會過度擴張靈性的慾望，不停蒐集各種靈性實踐及傳統的資訊。他們會像圖書館一樣，充滿各種不同的資訊。但這反而會成為他們心理上及靈性上的難題，因為他們無法決定哪種新體系，最能滿足自己的目的。可能會永無止盡地東試西試，最後只會導致靈性的分裂，無法整合成一體。意識的擴張必須有個「底線」，讓擴張有個方向。如果沒有底線，這種意識的擴張只會變成「靈性的瘋狂」。他們可能會聽到不知來源的「聲音」，不停指引意識的方向；或是聽到各種不同「開釋」的「訊息」，而且在本質上都極不合理。因此，處於靈性演化階段的伴侶，其合盤冥王星如果落入三宮或雙子座，兩人必須有個底線；換言之，就是必須持續遵守特定的靈性實踐及傳統。這個階段的伴侶必須在共同分享的靈性傳統中，找到通用性。這是非常重要的，因為這可以讓他們找到持續遵守的共同底線。如此一來，他們之間無論發生任何事件、問題或驅力，都可以找到共同的方法來理解或詮釋。他們也可以從共同分享的方法及傳統中理出共通性，然後找到解決的方法。他們各自的靈性實踐及傳統如果差異太大，就很難針對問題達成共識。這可能導致關係的兩極化，變成靈性的權力之爭，雙方爭論不休到底誰對誰錯。很有趣的是，他們會對彼此詳細解釋各種不同靈性系統的相對性及正當性，但是很少擴展彼此之間的驅力。他們如果有其中一方投入不同的靈性系統，最重要的是，不要去批評對方的做法。這裡的挑戰就在於，他們必須找到共同的語言，根據自己靈性系統的語言來徹底理解對方的意思。唯有如此，他們才能和平相處，尊重彼此的差異，讓靈魂產生心智上的融合。他們到最後會發現，其實一開始根本就沒有什麼不同！

就性而言，靈性階段的伴侶通常想要超越性的衝動。做法就是把身體的性能量導引到心智的意識領域中，讓意識更加擴張；換言之，就是達到心智理解的高潮！他們之所以選擇這種方式，是因為父權的靈性系統告訴人們，性活動會破壞靈性的進化。這世界上只有百分之二的人口演化至自然禁慾的狀態，而強迫性的「超越」只會造成靈性、感情、生理及心理的問題及扭曲。對於大部分的人而言，超越通常代表壓抑，而壓抑勢必造成扭曲。雙方或其中一方除非是自然演化至禁慾狀態，否則最重要的，還是接納源自於母系或薩滿靈性系統的神聖性儀式。這些儀式的目的是利用性能量來擴展意識。這些伴侶的性能量通常不是很持續，會不定時地出現或消失。當性慾出現時，他們必須承認它的存在，然後利用上述的儀式來獲得紓解。

對應點落入九宮或射手座

這個對應點象徵的演化目的，就是了解「個人真理」的真正基礎。這是非常重要的，因為他們想要不停擴張關係及個人的驅力。合盤冥王星落入三宮或雙子座的伴侶，最基本的特徵就是透過各種不同的社交活動、書籍、電影、課程及旅遊等，獲得種種資訊及想法，創造各種新的可能性，這類的資訊偏向左腦思考。但是冥王星對應點落入九宮或射手座的伴侶，必須將思考的重心轉向右腦，也就是意識中的直覺驅力。這種轉換可以讓他們產生更深層的意識，知道該如何透過各種不同的可能性來擴張關係。因此，他們必須捨棄實驗或不停摸索的方法，改用直覺把各種不同的想法及可能性串連在一起。這會產生一種「訊號」，「告知」他們哪些東西該嘗試，哪些不該試。每個人都有直覺意識，無須任何理由，就能知道什麼該做，什麼不該做。這些訊號不會是冗長又持續的心智結構，只會在意識中出現「知道」的感受，直覺是對是錯。他們如果想轉換意識，就必須持續堅持共享的「真理」，才能知道什麼該做，什麼不該做。他們也可以學會辨識回應及反應的差異：回應是經過思考的行動，而反應則是沒有經過真正的考慮。就占星的角度而言，冥王星對應點落入的宮位／星座、北交點的宮位／星座、北交點主宰行星落入的宮位／星座、北交點主宰行星與其他行星的相位，以及這些行星落入的宮位／星座，這些都會影響每段關係中「個人真理」的自然演化方式。

此外，這個對應點也代表討論新的成長或演化方式，討論可能會「激發」雙方或其中一方的驅力，抗拒正在討論的可能性。這種抗拒可能會讓其中一方試圖控制或操縱對方的想法，藉此維持既有的驅力。這裡的關鍵在於他們必須停止人際的溝通，暫時「中場休息」。此時最重要的是，抗拒的這方必須利用直覺，看清楚自己潛在的抗拒，直覺並不是分析的過程。利用直覺的方法很簡單，就是提出一個問題（例如，自己到底在抗拒什麼？），然後讓直覺來找到答案。答案會在對的時候自然浮現腦海。他們雙方如果都能有勇氣、坦然地這麼做，就能為各自及關係帶來最多的成長，找到關係的「真理」。這個冥王星對應點反映的主要原型主題，適用於所有演化階段的靈魂。

冥王星落入四宮或巨蟹座

合盤冥王星落入四宮或巨蟹座，代表兩個人的共同慾望，就是創造緊密的現實結合，從中獲得安全感及保障。這些慾望是過去世經驗的產物，因為在過去世曾出現各種不同的情況或人際關係驅力，讓感情產生極大的變動。這些變動可能包括分離，原因可能是無法抗拒的力量或雙方之間的問題，但是沒有一方真正地想要離開對方。我們可以從下列條件找到導致分離的明確原因：合盤冥王星落入的宮位及星座；冥王星與其他行星形成的困難相位，以及這些行星落入的宮位及星座；南交點的宮位及星座：南交點主宰行星落入的宮位及星座。南交點與其他行星形成的困難相位，以及南交點主宰行星形成的困難相位，也可以提供額外的資訊。

合盤冥王星落入四宮或巨蟹座的伴侶，無論處於哪種演化狀態，都會因為前世的分離經驗產生深層的不安全感。他們可能非常害怕受到外力的威脅，或突然被對方拋棄。這種恐懼及其導致的反應，會讓關係出現各種不同的狀況，也會影響他們對外界的反應。他們在最近這幾世裡，對於分離的反應就是保護關係。舉個例子，其中一方可能試圖在情感上控制或操縱對方，控制或操縱的形式可能有很多種，有可能是製造某種感情或心理的情境，讓其中一方覺得自己可以完全依賴對方；或是製造某種心理及感情的恐慌及害怕，讓其中一方深怕對方會離開；或是製造某種共同的情境，雙方都會把焦點放在對方既有的感情創傷上面，進而產生扮演對方父母的驅力；或是製造某種狀態，雙方不停輪流扮演幫助者或受害者的角色。這不僅會讓雙方互相依賴，而且都不想真正地讓傷口痊癒。雙方都會利用感情上的退縮，讓對方很沒安全感，藉此在感情上操縱對方，滿足自己的需求。

他們對外界的反應與這種潛在的不安全感有關。這些人會盡可能地封閉關係，避免被任何可能構成威脅的人或事影響。他們對關係及外界的反應，會讓彼此在心理上及感情上極度地貼近對方，這種強烈的貼近會為關係帶來很大的壓力，導致關係產生週期性的表現，他們有時會同時進入沉默的內化過程中，有時候則會進入感情互動的循環中。互動的方式可能是完全膩在一起，也可能帶有衝突色彩的、徹底的情緒爆炸。太過貼近會導致心理及感情的扭曲，沒有「呼吸的空間」。雙方都會有隱藏的憤怒，認為個人的發展因此受到限制。他們可能會不停責怪對方，卻從來沒有意識到自己雖然渴望維持緊密的關係，但也需要踏出關係之外，獨立地參加活動。這種雙重的慾望或需求，造成關係中的感情矛盾。他們如果無法認清矛盾的源頭，就會因為自覺受困而責怪對方。

合盤冥王星落入四宮或巨蟹座的伴侶，最根本的危險就是會不斷重複其他世分離的暗示、殘狀及表現。他們可能非常害怕分離，而且因為過去世的問題沒有解決，常會無意識地將這些問題投射到今生。他們永遠活在過去，不停地創造某些情境，在一開始就產生失去的恐懼。因此他們的關係永遠無法穩固安定，即使處於非常緊密、安全及穩固的循環中，仍會有無意識的恐懼，導致強烈的不安全感。換言之，這就成為不斷改變關係的基礎。

令人驚訝的是，就演化的觀點來看，這種不斷改變的感情循環其實是故意的。合盤冥王星落入四宮或巨蟹座的演化目的，就是要讓雙方一起深入探索各種感情驅力及狀態的原因，這裡的感情驅力包括個人的和關係的。這也代表他們很渴望能認識自己的感情，找出自己對關係的恐懼來源。這裡的關鍵就是要有意識地找出各種不同感情驅力或狀態的原因，而不是任由自己被感情吞噬。合盤冥王星落入四宮或巨蟹座還有另一個挑戰，他們可能各自對彼此產生內在的不安全感，很難有意識地理解這點，因為這世界上大部分的人都會把安全感的需求投射到外面，因此形成各種形式的依賴。然而，他們除非能夠理解這點，否則雙方藉由投射來滿足自我需求的模式，會一直持續下去。

他們的演化目的是要各自或在關係中，找出所有不同感情狀態的原因，這可能會讓其中一方或雙方扮演心理審判官的角色。扮演這個角色的人，想要不停探索對方的行為，要求對方解釋原因。他可能會問：「你為什麼這樣做？你為什麼那樣做？這個或那個的理由為何？你做這件事的目的和動機到底是什麼？」諸如此類的問題。被審問的這方，可能會覺得在情感上及心理上被強暴了。這類行為的動機都是因為害怕感情的不忠，對信任的恐懼，以及渴望成為對方唯一或生命中最重要的人。

就演化的觀點來看，合盤冥王星落入四宮或巨蟹座的伴侶，可能在最近幾世裡變換過性別角色。過去世的女人變成男人，男人則變成女人。這可能會讓他們各自產生特別的驅力。因為女人曾經當過男人，男人也曾經當過女人，各自會在潛意識中留下這樣的記憶，他們可能在心理上或感情上扮演過去的性別角色。男人本質上會根據女性的情感心理行事，女人則會透過男性的情感心理來表現。這種安排的演化目的，就是要讓關係進一步演化，因為他們已經達到演化的極限，因為性別角色而無法有更多的成長。這也代表一種演化的需求，他們必須各自或透過關係的驅力，有意識地整合內在的男性及女性角色，讓兩者達到平衡狀態。就負面的表現而言，性別替換可能導致各種情感上及心理上的權力遊戲，其中一方可能會想要控制對方，或是爭著當關係中的「老大」。他們也可能會對付出及接受的角色十分迷惑。

這兩個人的靈魂如果是處於合群演化階段，代表雙方在最近幾世裡，曾經共同渴望透過建立家庭來穩固關係。這是他們潛意識中，對於最近幾世分離的記憶在作祟。這樣的伴侶今生很容易被其中一方或雙方父母強力介入，父母對關係或對方有很多意見。他們的父母本身也很沒安全感，而且為了彌補不安全感，試著透過批評及負面評論，來控制他們和這段關係。基於這種無意識的動機，父母可能會強行介入，希望他們仍以父母為主。他們如果任由父母介入，就會在感情上和心理上越來越疏遠。假以時日，這種疏遠可能就會導致分離。

這兩個人在最近幾世裡，會透過建立家庭來穩固關係，所以家庭也象徵了永恆、一致和延續。他們會把對方父母的批評延伸，投射到對方身上，所以在潛意識的記憶中會覺得對方不了解自己。這些記憶會讓他們產生無意識的恐懼，害怕同樣的事情一再發生；最後他們就會在情感上躲避對方，即使是被對方深深吸引。情形如果真是如此，他們就會透過小孩來交流感情，而不是直接與對方溝通。他們從其他世帶來錯置的憤怒，可能會觸發對小孩教養方式的爭論，或是其他為人父母的意見分歧，這些都是要讓他們解決與對方之間殘留的情感問題。有些伴侶則會因為自己童年的性質，很抗拒有小孩。

合群階段的伴侶會因為目前社會條件的本質，傾向於在關係中扮演固定的性別角色。男人就是男人，女人就是女人，完全按照主流社會的規範來做。這也會導致疏離，因為他們不能超越性別角色的界線。他們也可能利用這種刻板的性別角色來隱藏自己。這些人最重要的關鍵就是必須敞開心胸，在一對一的基礎上與對方相處。他們還必須學會不加修飾地表現自己需要的感情驅力，公開與對方就此討論；也必須學會跟對方坦承內心深處的恐懼、感覺、需求、慾望及恐懼的原因，而不要害怕更多的批評。他們可以因此了解自己的感情及心理，也更能意識到關係中的驅力。這就是這段關係的實際目的，也是他們一開始相遇的原因。

就性而言，合盤冥王星落入四宮或巨蟹座的伴侶，性關係可能非常傳統，會依循原生社會的定義。他們也可能到了某個特定的時間點，就不再與對方發生性關係，這通常是在最後一個孩子誕生之後。這是對於情感疏離的一種反應，他們會覺得自己的感情及心理需求，無法在對方身上獲得滿足。最糟糕的情形是，其中一方（通常是男性）會把性當成表現憤怒及憎恨的方式；換言之就是利用性的力量來羞辱、征服或實際地傷害對方。

這兩個人如果處於個體化演化階段，就會因為在其他世分離的潛意識記憶，強烈渴望能與對方在感情上及心理上融合。融合的渴望是源自於分離的恐懼，會讓他們對彼此完全地依賴，無時無刻不「依附」在對方身上。這種強烈的親密感會產生不可思議的巨大感情驅力，讓彼此覺得好像被對方吞噬了。他們可能有規律地每隔一陣子，在重要時刻產生衝突，然後帶來更深入的自我認識。他們都會對人性（相對於臨床或行為）性質的心理知識極有興趣，也會非常想要分析對方的心理。他們分析的本質往往反映了自己沒有解決的感情驅力，會把自己的問題投射在對方身上，不斷批評對方的目的、動機、慾望及計畫。這種情形會反覆發生，直到他們能各自理解，必須為自己的現實負責。別忘了他們是處於個體化階段，本質就是想要抵抗外界的權威，脫離社會共識來進行個人化。所以他們在其他世裡，會因為其中一方公然地意圖控制或操縱對方的個人發展及需求，導致兩人的分離。這會留下潛意識的記憶或感覺，讓雙方覺得自己曾經被對方拋棄。在靈魂的層面上，這並不是個問題，因為他們非常相愛，也想要在一起。問題是在性格層面上，他們無法接受對方的個人差異，因為這些差異會對關係構成威脅。這就是為何他們會想要控制、操縱、批評或貶低彼此的需求。這些過去世的記憶，只會加深互相的投射，讓他們更渴望能連成一氣，抵抗另一次的分離。

在個體化演化階段中，他們各自都無法在原生家庭中獲得父母的理解或滋養，會在某些方面，覺得自己被父母排斥或鄙棄，會把童年時期錯置的情感，表現成更多對伴侶的投射。在這個演化階段中，他們仍然有強烈的「築巢」慾望，渴望能建立家庭。但是基於個體化演化階段，他們渴望用完全不同於自己父母的方式來教養小孩。這些人會在情感上完全支持並陪伴著孩子，還會鼓勵孩子實現個人特質。他們會使用自己渴望被撫育的方式，來教養自己的孩子，藉此在潛意識中療癒童年的傷口。這是件好事，假以時日，他們的感情及心理互動也會因此更加成熟。他們也會反抗傳統性別角色的認定，多少會希望透過角色互換的方式來撫育孩子；不只非常保護孩子，也會很保護兩人的關係。很少有外人知道他們的關係密室裡面，到底發生了什麼。

就性而言，合盤冥王星落入四宮或巨蟹座的伴侶，會把性當成控制感情的工具，藉此表達未解決的憤怒。就某方面而言，他們強烈渴望能在心理上及感情上融為一體，所以性的結合非常強烈，性能量也會因為感情的能量而更加強化。他們很多人會有潛意識的渴望，希望能活在對方的體內；換言之，他們永遠覺得不夠貼近。這種渴望反映了「重返子宮」的需求，這是安全感最充裕的源頭。他們想要反抗時下文化的性傳統，渴望嘗試各種不同的性愛方式，很多人會對肛交及口交很有興趣，也非常需要被擁抱及愛撫，同床共眠時，身體總是以某種方式交纏在一起。這些人都非常需要按摩，其中包括性按摩，因為他們都有性治療的需求。性交可以讓他們的靈魂及感情獲得重生，有些人會在感情不融洽或有問題時，把性當成治療的工具。

這兩個人如果處於靈性演化階段，通常會有各自及共同未解決的感情驅力。當人們在邁向靈性生活及現實的過程中，必須讓內心的不潔慢慢浮上檯面。所以這個階段的伴侶，必須把所有未解決的感情表現出來，這可能會為雙方各自及關係造成實際的波動。這種波動是因為在某些循環中，他們雙方或各自看起來都很鎮定、和諧、平靜又具靈性。但是當未解決的感情浮上檯面時，就會出現不一的激烈變化。這些感情可能源自於各自內心、或關係之中的深層不安全感。就演化的角度而言，他們正在慢慢瓦解對外界的依賴，其中包括對彼此的依賴。這會讓他們在不同的時間點，各自感到恐懼，產生「他不再需要我」的感受。當這種感受浮現時，可能會完全壓過或污染兩人之間良好的感情、心理及靈性氛圍。這些浮現或投射出的恐懼及不安全感，本質上可能十分幼稚。這裡的關鍵和挑戰，就是雙方要正確解讀這些感情浮現的原因，同時知道這是靈性演化的自然結果。他們如果能抱持這個態度，就不會覺得對方的投射是針對自己；如果能用這種方式應對，就能慢慢地體驗並處理這些未解決的感情。最糟糕的情形就是，雙方或各自覺得這些感情的投射破壞了靈性成長。這會造成關係的兩極化，最後可能導致分離，尤其當其中一方無法理解這是靈性發展的必然結果。基本上，這些感情的浮現，是因為外在家庭與內心神的故鄉出現轉移。

這種演化階段的最高境界，就是兩個人渴望透過對「內在故鄉」的共同承諾，也就是對神的承諾，來創造安全感。他們實現及建立關係的結構，將會完全根據對於神及靈性生活的共同承諾。他們已經透過對分離記憶的反應，明瞭真正唯一的安全感是源自於內心深處，無法被外力奪走；相信神是唯一的父母，能不斷提供愛及滋養，滿足自己的需求。基於這種信任，他們對分離的恐懼就會自然消失。他們內心深處毫無疑問想要在一起。然而當分離發生時，他們深知這只是肉體的分離，靈魂或精神卻是緊緊相隨。

就演化的角度而言，這個位置代表兩個人已經很長時間在一起，一起經歷許多生命經驗，一起度過許多考驗。因此他們無論是各自或在一起時，都能表現豐富的感情智慧。他們會對別人展現毫無條件的接受及愛，因此能深入地「認識」對方。他們可以同時扮演雙性的角色，很自然演變成雌雄同體的關係。當殘餘感情相關的恐懼或不安全感浮上檯面（這在靈性演化階段無法避免）時，他們通常溫和地任由對方經歷一切，同時還能保持對靈性與感情的覺知及理解，從中找到解決之道。

就靈性的角度而言，他們會對可以實驗或證明的靈性感情形式，非常有興趣。他們的關係仍然很需要與世隔絕，避免受到外在不適當的影響。這又是他們對過去世分離記憶的反應表現。他們即使知道生命是由神掌控，也知道無論如何都不會真正地與對方分開，但仍渴望能在肉體上緊密結合。這會讓他們盡可能讓關係孤立，避免因外界分離。他們有些人會建立家庭，有些人則不會。建立家庭的伴侶會創造靈性氛圍來撫育孩子，但仍會允許孩子根據個人的需求及現實，獨立地發展自我。無論孩子的生命有何遭遇，他們對孩子的愛都是持續且毫無條件的。

就性而言，有些人會渴望與對方的靈魂做愛，藉此延伸至神性的境界；有些人則完全沒有性需求，或是很不規律。他們最主要的傾向就是愛撫及擁抱，性交的過程會非常溫柔但深入。眼神不斷交會，專注在對方身上。

對應點落入十宮或摩羯座

合盤冥王星對應點落入十宮或摩羯座的演化目的，就是兩個人無論是獨立或在一起，都要學著在感情上成熟。基於這個目的，他們的演化需求就是為各自的行為負責，同時學習為對方負責；換言之，他們必須要擁有自己的感情驅力，而非強迫地投射到對方身上。在這種情形下，他們也必須靠自己的力量，從內在找到感情的安全感。

此外他們也必須學習，只讓支持接受自己的人，進入生命裡，就連父母也不例外。父母如果不能或不願意做到這點，他們就必須切斷親子關係。在大部分的情形中，父母最後必須學著為自己的行為負責，然後就能明顯改變與他們的互動方式。他們也可以從中學會打開關係的大門，不再因為害怕別人會介入或威脅關係，而把關係的大門關上，拒人於千里之外。

對於處於最高靈性演化階段的伴侶而言，唯一必須做出的調整，就是學著接受提供他們感情、心理及靈性智慧的人，進入關係之中。正邁向靈性演化階段的伴侶，最重要就是要絕對堅持自己的靈性生活，即使感情中仍會出現不純淨的成分。最重要的是，他們必須知道這些反映在各種感情中的不純淨，都必然會出現。他們也可以從中發現，自己生命中欠缺的感情照顧及滋養，都是靈魂演化的目的；唯有與提供滋養及支持的神性來源（上帝）建立連結，才能獲得真正持續不斷的滋養。當他們實現這些時，就能掌握自己的存在，不再為了滿足深層的不安全感，無法自拔地把需求投射到對方身上。

冥王星落入第五宮或獅子座

合盤冥王星落入五宮或獅子座的伴侶，最深層、最積極的原型就是創造性實現關係的目的及理由。這個位置代表雙方共同的渴望，就是把焦點集中在雙方在一起的理由及目的上，盡可能徹底實現它們。再提醒一次，關係的目的及理由必須參考冥王星的對應點、該對應點與其他行星的相位，以及南北交點的宮位、星座和相位。這個原則適用於所有合盤，不過合盤冥王星落入獅子座或五宮的伴侶，會特別注重關係的目的及理由，進而有意識地、盡可能地實現它們。

透過這種重視，他們會為目的創造深刻的力量。他們在落實關係目的時，各自很強烈渴望必須用個人創造性的方式，實現自己的目的。換言之，關係中的雙方都會很固執，打定主意要實現自己的人生目的。所以雙方都會支持對方致力於此目的，還會提供正面的動機，鼓勵對方實際付諸行動。當其中一方可以實現自我目的時，這份關係就會有力量及目標。他們一方面創造性地實現自我，同時又會創造性實現關係的目的及理由，這會讓他們對關係產生深刻的「獨特感」。

這就演化的觀點來看是很有趣的。因為合盤冥王星落入五宮及獅子座，代表兩個人在最近幾世中都非常沒有安全感，且有很深的無力感。他們基於對其他世的反應，都很渴望並需要發掘且展現個人的力量，藉此創造性實現個人目的。當兩人建立關係時，就會幫忙對方自我實現，最後也會賦予關係本身力量，努力實現關係的目的。換言之，他們可以透過關係，更容易實現自己存在目的及理由。

他們的演化需求都是扭轉無力及無安全感的過去，很自然渴望且需要對方能支持自己的發展。鼓勵及正面的回饋，會讓他們不斷產生對安全感及個人力量的需求及渴望。這種需求及渴望可能是非常強迫性的，因為他們內心深處極度沒安全感。這種強迫性可能變成關係的權力之爭，他們爭論誰比較重要或誰的需求比較迫切，最後的問題就是，誰是關係中的老大。

別忘了，太陽是太陽系的中心，所以當合盤冥王星落入五宮或獅子座時，雙方都可能自認為是關係的中心。就像所有行星都繞著太陽打轉，雙方各自都會覺得關係是圍繞著自己打轉，只為了滿足自我的特定目標及生命整體的需求。當這種驅力出現時，衝突也會隨之而生，其目的就要讓他們知道彼此都很特別，彼此對於自立自強、自我實現及鞏固的需求都同樣重要，同樣有價值。

當關係無法維持穩定時，其中一方可能會透過出軌來滿足自己的核心需求。他們很多人在最近幾世裡，曾經因為伴侶通姦而震驚不已。當過去世發生過通姦，或是在今生發生，感情及心理震撼的目的，就是要打破他們以自我為中心的情結。即使目的十分清楚，但他們在自我中心的層面上，往往會覺得被碾碎和「洩氣」，就像一個自我中心的大氣球被戳破了。當這種轉變出現時，他們不僅要了解其原因，還必須知道出軌的這方渴望且須要感覺自己跟對方同樣重要又特別，而且自己的慾望及需求也和對方一樣真實且重要；被欺騙的這方通常會暴怒，因為他們突然發現自己並不如想像中特別或重要。他們除非願意深入探究原因，做出必要的調整，否則可能會變成報復；可能另尋第三者，藉此重新感受自己的權力，同時（或許）還會在感情、心理或肉體上出現暴力傾向，羞辱、傷害或重新掌控另一半。

基於這些類型的驅力，許多冥王星落入五宮或獅子座的伴侶，彼此在業力上都有許多未解決的問題，關係也沒有完整結束。最常見的問題和業力就是來自於孩子。我要提醒的是，他們之中有許多人在過去世都曾以分離收場，出現過孩子監護權的問題。在爭奪監護權的過程中，很少人把孩子的慾望列入考慮。這裡的問題就在於，他們各自都把孩子視為自己的延伸品。這也就是為何許多合盤冥王星落入五宮或獅子座的伴侶，都曾與自己的孩子有前世關係。這代表他們之間未解決的業力，有某些關係的驅力尚未圓滿。這也就是為何時下社會中，許多人會變成其他人的繼父或繼母。這裡的業力需求，就是要讓他們有機會與孩子完成其他世未了結的關係。所以即使沒有血緣關係，他們仍會覺得繼子女像自己的孩子一樣。

合盤冥王星落入五宮或獅子座，代表自戀主義的關係形式，他們基本上只為關係而活，任何不支持關係目的的人事物，都會被他們拒之門外。就某一方面而言，這是十分必要的，因為演化目的及需求就是要讓他們透過關係，重新找到自立自強的力量。不過就另一方面而言，這可能會讓自我發展非常受限，完全無法反映宇宙整體。所以這裡的焦點不只是關係的成長，也該包括各自的個人成長。

這兩個人如果處於合群演化階段，象徵他們對關係有強烈的目標感，這可以從合盤中看出端倪。他們會在既有的社會架構中實現關係的整體目的及理由，這可能是他們過去的原生社會，或是目前身處的社會。最好的情況就是，他們會互相支持對方實現個人的人生目標；也會對關係的目標產生共識，有意義地與對方互動溝通。他們多半會對撫育孩子的目的達成共識，也會一起找出最好的方法，滿足孩子的個人發展及需求。最糟糕的情形是相互的對立，雙方在潛意識中想與對方競爭，證明自己比較有力量、特別、有價值或重要。這種兩極化的競爭只會讓彼此覺得自己不被認同或珍惜，然後透過各種方式，從別人身上來滿足這些需求，到最後只會讓關係更加對立。這可能會導致「婚外情」或是向外追尋某些情境，從中滿足被肯定或被認同的需求。

他們各自都十分性感，也對彼此有很強烈的性吸引力。他們會依照社會的性傳統，但也會在傳統中發揮創意。性結合就像兩人的共同基礎，他們可以在過程中把自我靈魂的力量交給對方，在對方的體內感覺並實現這份力量。他們必須在這個過程中，覺得自己在對方眼中是與眾不同的，所以性的忠誠非常重要。當其他事情導致關係對立時，他們可能會忍不住與其他人「調情」。對於他們而言，性是一種控制心理及感情的行為。當他們非常需要被認同，卻沒有獲得認同時，就會把性當成工具。當其中一方想要在性上面發揮創意，對方卻不願意配合時，他們也會拿性做籌碼。想要發揮創意的這方會非常憤怒，可能完全不碰對方，或找別人來滿足性慾，也有可能兩者並行。

兩個人如果處於個體化演化階段，就會渴望以任何自認為必要的方式，來實現關係的目的及理由。他們渴望能完全控制關係及自我的命運。這兩個人基本上非常抗拒別人來告訴他們，該如何實現自我或這段關係。他們對關係及自己的人生都有強烈的目標感；在關係中很強調創意的原型，並且依此實現關係的特定目的及理由，而這都可以從合盤中看出端倪。他們只要感覺是互惠的，就會非常願意支持彼此，為對方付出。在這種互動之下，他們對彼此的愛及承諾是非常強烈的，也會幫忙對方以非常有創意、獨特的方式實現自我的力量及目的。他們的關係中也帶有濃厚的自娛成分，其中包括各種享樂的活動。他們對於養育孩子也有強烈的目標感，也很注重孩子的個人及創造性需求。

最糟糕的情形是，其中一方會想要控制或操縱對方的發展，藉此來顯示自己在關係中是比較重要、進步或特別的。假以時日，受控制的這方會在心中埋下反抗的種子，最後出軌找第三者來滿足獨立的需求。當有這種驅力出現時，控制的這方也可能會覺得自己被孩子取代或威脅了。這是因為他們覺得被對方視為「宇宙中心」的地位，已經被孩子篡奪了。他們可能會因為孩子產生實際的權力爭奪，導致整個關係出現問題。

他們之間會有強烈的性吸引力，在性結合的過程中，交換非常深刻又激烈的能量。他們很自然地會用創意的方式來展現性驅力，常常有「脫軌」表現；想要抗拒社會既有的性傳統，反而更激發在性上面玩花樣的慾望。他們可以在性結合的過程中轉化感情、心理及自我中心的限制；也可以因此讓自我和關係獲得感情及心理上的重生。當然，性也可能是種單純的樂趣。這兩個人必須一起學習性忠實的功課，而各自也會遇到不同的外在「誘惑」。最重要的是，他們必須維持性忠實，因為彼此都需要成為對方眼中最特別且重要的人。當有其中一方踰矩時，會造成非常難以修復的創傷。

這兩個人如果處於靈性演化階段，共有的慾望就是一起認識造物主的本質，以及自己在其中扮演的宇宙角色。他們也很渴望認識這段關係的靈性目標及理由。理由及目標必須視合盤的整體調性而定。就個人而言，他們都很清楚自己必須實現人生特有的角色及目的；也很渴望一起探索長久共同經歷許多世的演化歷程及故事。他們的靈魂深深地相互吸引，想要在一起，也很渴望能融合彼此的靈魂；這不是要消融對方的靈魂，而是要同化各自的力量及能量，讓彼此可以透過共同結合的意志，變得更加強壯、更能自我實現，同時也更能自立自強。在這個階段中，個人的意志與創造力都與神性有關。他們很渴望能與更高的意志達成和諧，所以會想要了解關係的靈性基礎、理由及目標。基於這些共同的慾望，他們非常專注地檢視所有未解決的感情及心理傷口，了解它們的本質。他們深知如果想要讓靈性進化，必須檢視並治療這些傷口；也能因為這些傷口的本質，找到其中的理由，而不會因此迷失或消耗自我。雙方都很渴望並試圖治療對方的傷口，而且會建立某種形式的感情交融，其中交流的話語及建議，都可以幫助對方朝更正面的方向重建。

就性而言，在靈性演化狀態的伴侶渴望神聖的性方式，不僅藉此治療感情及性的傷口，同時還能從中發掘自我內在的神性，然後透過延伸，找到終極的神性。當他們把焦點放在這上面時，就能為彼此的靈魂、感情及身體帶來深刻的樂趣。他們會因為深受對方的靈魂吸引，而感受到性的磁力。他們都非常願意付出，而且能在付出中滿足自我的需求。他們交換深刻、徹底的性能量，不僅讓各自的靈魂重生，也能為生命整體帶來活力。他們的性／靈魂能量是持續不斷的，也會用在靈性的目標上，常會利用冥想或其他靈性的修鍊及方法，不斷地讓自我意識朝靈性演化。

對應點落入十一宮或寶瓶座

這個對應點反映的原型主題，就是必須理解關係具有更大的社會及行星背景。這代表他們必須抗拒對於關係的自戀傾向，不能只關心關係的特定目的及理由，還要努力培養更寬廣的意識，理解關係所處的整體社會背景及條件。因此，他們也必須改變關係的方向，不能只利用社會既有的資源來實現關係的目的，同時也必須用某種方式，對社會的需求做出貢獻。

這個位置的目的，也代表他們除了要能接受對方發展並實現自我特定的目的、需求及慾望；也要讓對方有空間參與關係之外的活動或經驗。他們必須培養完全客觀的意識，而非主觀地認定對方必須如何做；也不能因為害怕自己不再是對方的宇宙中心，企圖去控制對方；必須透過討論及感情交流來培養客觀的意識，用冷靜且客觀的方式表達自己的慾望及其原因。這裡的關鍵在於讓對方放下恐懼，不必擔心自己不夠特別或重要。他們也必須學習如何在強烈的靈魂結合之下當朋友。這對他們來說特別重要，因為有這個位置的伴侶，常常會有其中一方強迫地渴望自己顯得比較重要或特別，同時也會企圖讓整個關係都支持這個妄念，圍繞著自己打轉。

雙方如果處於靈性演化階段，唯一的真實需要就是無論自我靈性目的本質為何，無論這段關係有何靈性的目的，他們都必須明確地對別人及整個地球做出回饋。他們需要透過特定的結構及形式來表達。在我們這個時代，有許多處於靈性階段的伴侶渴望為此成立各式各樣的「中心」。「中心」就是能量的整合，其吸引力來自於整合。世界各地有越來越多這類的「中心」，就是因為這個世代有許多人的冥王星落入獅子座，所以合盤的冥王星也會落入獅子座。這是個好現象，因為我們正慢慢進入寶瓶時代。這類型的中心是必要的，因為他們提供新的存在方式，讓人們可以擺脫所有在雙魚時代盛行的既有限制模式。它們就像「種子中心」，孕育新的想法，顯示了人類渴望全新的存在方式及思維，徹底重新定義所謂的「現實」。這個位置的伴侶，共同的演化挑戰就是幫助推動這個趨勢，做法就是把自己奉獻給別人，而對方也能以某些方式回饋。

冥王星落入六宮或處女座

合盤冥王星落入六宮或處女座，是問題最多且最複雜的位置。目前世界上成千上萬有伴侶關係的人的冥王星，除了落入獅子座、巨蟹座及天秤座，還有許多都落入處女座。這個位置基本上象徵各種原型，而靈魂的共同慾望就是彼此為伴，建立親密關係。這種共同慾望可能是個人的自我改善，也可能是幫助別人治療累積的傷口。在自我中心的意識層面上，冥王星落入六宮或處女座，其強調為了對方及關係犧牲自我。這個位置也代表其中一方會為對方帶來大量心理或感情危機。當其中一方為對方留下許多情感或心理的傷口時，就展現了病態的虐待原型。這是合盤冥王星落入六宮或處女座最黑暗的領域。這代表其中一方的無意識中，充滿基本的罪惡感／憤怒驅力；而另一方的無意識中則充滿了罪惡感／贖罪驅力。施虐這方的目的就是要吸引來一位伴侶，在心理、感情、肉體及性上面虐待、羞辱、折磨及傷害對方。受虐這方的目的就是創造一段關係，在其中感受上述的驅力，而這最後通常會帶來幻滅。結合兩者來看，他們共同的慾望就是扮演自己的部分或角色（施虐或受虐），即使這都是無意識的渴望。

合盤冥王星落入六宮或處女座的伴侶，可能會用各種不同的方式來展現上述的原型驅力，程度也有所不同。自我改善的原型代表兩個人在最近幾世裡，曾渴望能改善整體的生活狀態。基於這種渴望，他們會極盡可能地增加物質資源，讓生活過得容易一點。這常導致其中一方或雙方都不斷地忙於工作或事業，太致力於追求這種慾望，反而犧牲了彼此的互動，因為實在沒有足夠的時間或精力來討論關係。他們會覺得因為自我改善，犧牲了感情及心理的需求。這類的犧牲會導致關係的危機，因為雙方都覺得自己的感情及心理沒有獲得滿足。

還有些合盤冥王星落入六宮或處女座的伴侶，也有同樣的慾望，但卻會用完全不同的方式來實現。他們會從內在的角度來強調自我改善的重要性；分析並克服各種導致危機的自我挫敗的驅力；這些驅力包括個人及關係的，曾經在最近幾世出現。他們強調的是「行為大掃除」，然後擺脫危機，過著更具生產力及效率的生活。

這裡還有一種原型驅力，就是想要幫助對方治療累積的創傷。這象徵雙方或各自都自覺是生命的受害者；換言之，他們表現的是病態的受虐。當他們覺得同為受虐者時，就很能對每個傷口產生共鳴。受虐心態中比較積極的驅力就是自我犧牲，所以雙方都會平等地付出，滿足對方的需求，藉此達到療癒效果。這裡的問題就在於，他們會憑空不斷製造各種危機。這是因為受虐者會有核心的罪惡感，不斷地渴望能彌補自認的起因。這種內心的罪惡感可能導致非常負面的自我形象或感受。彌補罪惡的渴望會變成自我懲罰，還有接連不斷的危機。他們雙方都會有同樣傾向，也可能交換角色。治療的本意固然很好，但這種慾望必須是誠實和真摯的。除非如此，否則這類的伴侶遲早會被對方搞得精疲力盡。

另外還有一種原型驅力的表現，其中一方為對方犧牲自己的慾望及需求，卻沒有得到對方同等的回報。這象徵了犧牲的這方在最近幾世裡曾經用某些方式，深深地傷害了對方。所以他們當時的共同慾望，就是倒錯為正。他們會對彼此許下承諾，同時也接受承諾。但是這裡的問題就在於，到了今生相遇時，沒有任何一方能有意識地記得在其他世裡導致傷害的原始驅力，所以這些心理驅力是非常困難的。不停犧牲的這方不喜歡自己這樣，但內心深處卻知道自己無法改變現況，無意識裡知道自己曾經在某些時刻許下承諾。經過一段日子後，犧牲的這方會痛苦萬分，變得尖酸刻薄；接受的這方則會因為之前的傷害，對此樂此不疲，還會用非常霸道或專制的方式對待對方。

這種透過生命危機來互相幫忙的原型，代表兩個人曾經在過去世的發展及接觸中，在某些時刻達成協議或許下誓言，他們的靈魂通常非常有共鳴。我曾經看過許多例子，雙方曾在過去世建立私人關係，但很少是親密關係。彼此的承諾或協議的本質，就是當對方需要時，自己必須「陪在身旁」。就另一方面而言，也有許多冥王星落入六宮或處女座的伴侶，會透過創造的危機本質，試圖發展出親密關係。當人們因為危機或災難相遇時，通常沒有時間浪費在說話或表面功夫上，比較希望能快一點認識對方。這類的伴侶常會因為危機而在一起，而這也是他們共同的目的。有些人會試圖建立親密的接觸，因為強烈的危機已經讓他們對彼此有深入的認識。不過很少人能成功，因為這並不是兩人一開始相遇的目的或理由。

合盤冥王星落入六宮或處女座的伴侶，最黑暗的原型就是病態的虐待。受虐者總會吸引施虐者，施虐者則會引來受虐者。目前社會中我們最常見的原型就是「受虐妻子症候群」。這裡運作的原型驅力是罪惡／憤怒和罪惡／贖罪。虐待的激烈程度必須要看罪惡感製造了多少憤怒或贖罪慾望。施虐者在一開始都像是「舌燦蓮花的惡魔」，表現得像是個受虐者，他們一開始都非常和善、敏感和體貼，而且知道用哪些話來「勾引」受虐者；而受虐者則會因為他們言談的本質及表現方式，對他們產生信任。受虐者在某些方面看起來很受傷，亟需別人幫助，常會對被生命迫害的人產生回應，或是接近一些「真心」希望能改善自己的人，所以施虐者非常知道該如何讓他們「上鉤」。在他們建立關係、對彼此許下承諾後，施虐者到了某些時刻就會慢慢露出真面目，開始對受虐者進行不同程度的操縱、控制、掌控、傷害、折磨、羞辱、批評及虐待。受虐者一開始會否認這些是真的，尤其是施虐者有時會懺悔，不斷地道歉，而且答應「絕不再犯」。受虐者會願意相信這種「可能性」，但這不只會讓他們看不清自己的遭遇，還會否認正在發生的現實。這也可能導致眾所皆知的「第二次機會」。施虐者最後在強烈又殘酷的痛苦中，終於實際感受到現實，然後產生某種程度的幻滅，幻滅的危機迫使他們深入分析到底發生了什麼，這類的分析可以帶來非常痛苦的自我認識。唯有如此，受虐者才能改變自己。至於施虐者這方，除非能接受自己所做的一切，否則很難有所改變。當他們的自我現實受到挑戰時，往往會一概否認，否認自己的病態，還會把自己病態的驅力投射到質疑自己的人身上。他們自覺受到迫害及攻擊，然後就會想辦法攻擊或迫害加害自己的人。許多合盤冥王星落入六宮或處女座的人，都會表現出這類的驅力，但會有程度及重心的差異。

這兩個人如果落入合群演化階段，可能會表現出所有或某些上述的原型驅力。無論他們的關係中出現哪種驅力，基本上都是無意識的。關係會不時出現真實的危機，而他們必須根據危機的本質來調整關係。危機的功能及本質是要讓他們產生有意識的覺知，看清楚到底是哪些主要的驅力，在無意識中運作關係。當這些驅力浮上意識層面後，他們就可以分析它們。他們可以透過有意識的覺知及分析，做出必要的調整，讓關係出現變化，獲得改善。前提是他們必須有意識地願意這麼做，而且願意承認最初運作的驅力。他們雙方或其中一方如果否認這些驅力的存在，就不可能有任何改變，而危機還會繼續出現，直到他們承認為止。

這兩個人如果處於個體化演化階段，也可能會表現出所有或某些上述的原型驅力。主要的差異在於，他們可以意識到驅力的存在，而且可望慢慢地獲得解脫或改變它們。這裡的關鍵就在於，他們必須為自己的行為及選擇負責，不要去怪罪對方。再提醒一次，危機的驅力只是要產生必要的分析，讓他們知道為什麼會發生這些驅力。他們一旦理解這點，就知道該如何調整或改變它們。

這兩個人如果處於靈性演化階段，共同的慾望就是淨化，希望能消除深沉的罪惡感及「不淨感」。為了彌補這種罪惡感，他們可能會投入帶有禁慾及苦行色彩的靈性修練，否認或壓抑所有與肉體有關的驅力；透過在靈性聖堂的否認及壓抑來犧牲自己，往往會累積彼此在感情上及心理上的挫折和憤怒，卻很少能有意識地向對方表達。錯置的憤怒，最後就變成其中一方開始挑剔對方靈性的修練及進展，這種表現也是某種程度的病態虐待。這勢必會導致危機，而危機的目的就是要讓他們調整靈性傾向及修練的本質。他們必須重新調整各種靈性的感情形式，讓雙方可以面對自己累積的、未解決的感情。面對這些感情，可以讓他們學會表達，然後獲得治療。這也可以幫助他們重新邁向神聖的性儀式，在未來的某些時刻，一起演化至靈性的境界，進入自然禁慾的狀態。

當兩個人進入靈性演化的最高境界時，共同的渴望就是用某些方式，替身旁更大的整體服務。雙方都會為彼此絕對地奉獻服務，把對神的愛延伸，給予旁人無條件的愛。他們會發現每個人都是「靈性一體」（One Spirit），也就是所謂的神的表現。他們會表現出非常誠懇又真實的謙虛，而且意識中不會認同個人的自我，或是關係的「自我」。在這種情境下，他們就會反映自然的禁慾狀態。

就性而言，處於合群演化及個體化演化的伴侶，可能會有各種不同的表現，必須看關係的原型驅力而定。表現的方式可能包括：例行公事的性；無性；透過雜誌或電影產生的性幻想，雙方或其中一方渴望對方能實現這些幻想；雙方或其中一方為了「取悅」對方，犧牲自己特定的性慾望或性需求；透過強烈的性來控制或擁有對方；或是虐待式的性愛。處於靈性演化階段的伴侶，多半會壓抑性慾，實際的需求就是信奉神聖的性愛儀式，例如「譚崔」（Tantra）。

對應點落入十二宮或雙魚座

這個對應點象徵的主要原型目的，就是促進關係演化進入某種狀態，雙方不再強迫性地製造危機。他們必須學習如何在沒有危機的情形下在一起，如何演化進入較為平靜的狀態，就只是單純地過日子。這個對應點要求雙方必須學習為自己的行為及整體現實負責，停止怪罪對方。他們也必須學會讓關係「中場休息」，因為他們可能會太關注對方，希望藉此能達成共識；必須真誠地同心協力，一起解決某個問題，無論其中是否蘊含特定的驅力，導致關係持續或週期性地陷入危機；也必須停止病態的施虐及受虐，無論其表現方式為何。這兩個人一開始必須互相承認虐待的確存在，然後才能找到必要的治療策略，解開或化解導致虐待的內在驅力及理由。他們也必須原諒對方，無論對方在今生或其他世有何遭遇；唯有如此，他們才能化解其導致的憤怒及怨恨，不再自覺受到對方的迫害。

冥王星落入七宮或天秤座

合盤冥王星落入七宮或天秤座，代表兩個人在最近幾世裡的共同渴望，就是從關係的各種面向學習公平的法則。這包括角色的平等及互換，同樣程度的付出與接受。他們會在這些目標的範圍內，渴望認識自己投射到對方身上的內在需求；看清期待的現實及非現實的本質；學習什麼時候該付出，什麼時候該有所保留；學習認識感情依賴的本質，而這可能導致心理的糾結。他們的關係曾在其他世嚴重失衡，因此已在最近幾世裡共同面對這些功課。從那時開始，他們就非常努力避免關係極度失衡。合盤冥王星落入七宮或天秤座，代表兩個人的持續需求和渴望，就是實現公平與和諧的原型。

他們有些人的功課會比較明顯，其中一方會透過意志的考驗，試圖掌控關係。想要掌控的這一方通常非常沒安全感，試著透過意志的力量來征服對方，藉此獲得安全感。這種人在本質上會去控制或操縱對方來獲取安全感，同時也期待這段關係能滿足自己的需求。這些需求如果沒有按照他們認定適當或必要的方式獲得滿足，他們就會把所有的負面批評、結論、動機及目的投射到對方身上。他們的伴侶最後可能也依樣畫葫蘆，用同樣的方式回應。這最後就變成強迫性的權力掙扎，考驗哪一方的意志力可以勝出。這些人的伴侶也可能因為害怕而完全順從，盡可能達到他們命令的需求，但心理上卻十分退縮。當關係中出現這種驅力原型時，代表他們才剛剛開始努力實現原型的演化目的，必須堅持下去，繼續努力。這些人可能會不停對抗或掙扎，同時又極度依賴對方。這類型的伴侶反映出某種心理上的扭曲，即使心理上已經形同陌路，外人完全看不出來。這是種經典的心理矛盾及難題，變成「我無法跟你在一起，也無法沒有你」。這種約束力量源自於過去，因為兩人在演化之旅的某個時刻，曾經對彼此許下承諾，必須要努力實現公平與和諧的原型目的，而這就是合盤冥王星落入七宮或天秤座的象徵意義。

還有些伴侶會表現完全相反的驅力模式。他們已經開始試著了解，對方的需求及慾望與自己的一樣重要。他們為了培養這種意識，會真心傾聽對方的心聲，確實聽進對方的意思及目的，而不是以自己主觀的現實來過濾內容。這類型的伴侶真心想為關係努力，願意多花心力。因此他們在一起時會表現充沛的能量，而且雙方都堅信自己「注定」要與對方在一起。他們傾聽他人的能力進化了，藉此認識對方的個人慾望及需求的本質，也因此能了解對方期望的本質及原因。由於關係的重心就是為對方付出，所以他們也很容易依賴對方，而且可以透過付出來滿足自己的需求。當雙方同時付出時，很自然也能互相滿足。他們基於之前演化之旅一起累積的努力，最後變成相互依賴的伴侶。依賴的程度不一，但很可能導致心理的扭曲。

這兩個人如果處於合群演化階段，那麼他們對冥王星七宮或天秤座的原型目的，曾經付出過多少演化的努力，將會決定關係的現實狀態。他們之中如果有一方非常強勢，另一方被動順從，強勢的這方就會憑空製造「感情狀況」。從表面的行為看來，強勢的這方想要用這種方式來維繫關係，實際上並非如此。他們不斷製造衝突及感情狀況，只是想逼著順從的另一半反抗，而不是畏畏縮縮什麼事都不敢做，總是慌慌張張地滿足他們永無止盡的需求。強勢的這方其實渴望被對抗或挑戰，因為這樣才能實現這個階段的演化目的。在外人看來，他們的關係非常「正常」，沒有人會想到他們在家裡的權力驅力。

有些合盤冥王星落入七宮或天秤座的伴侶，會透過互相的堅持己見，勢均力敵地挑戰彼此，互相投射自己對於對方動機及目的的評價。這類型伴侶的演化程度比較高，他們會過著社會共識認定的正常生活，彼此之間的愛恨驅力會非常強烈，左鄰右舍遲早會知道他們家裡發生了什麼事，因為他們會激烈大聲吵鬧爭辯，弄得眾人皆知。這種互相「激怒」對方的行為，其實是要促成他們滿足共同的慾望，更完整地實現演化的目的。

他們如果已經完整實現合盤冥王星七宮或天秤座的目的，就會看起來非常合乎社會的標準，過著正常的伴侶生活。即便如此，他們仍在每天的生活中尋找平衡點。這兩個人在一起，看起來就像「一個人」，雙方的意志已經達成和諧，也會朝同樣的人生目標及方向邁進，他們的結合充滿了愛的氛圍。

就性而言，他們之中如果一方強勢、一方順從，性驅力就會變成一種權力。強勢的這方為了穩固欠缺安全感的自我，會對性非常投入，藉此換來對方的強烈回應。強勢這方唯一有興趣的「平等」，就是讓對方體驗到同樣強烈的性高潮。雙方如果能在意志的較量中，勢均力敵地挑戰對方，也就會從權力中產生性驅力。他們對性都很有自信，也想要主宰一切，這可能產生「性角力」；換言之，看誰贏了，誰就在上面。他們也可能把性當成感情控制或重生的形式，例如拒絕行房，或是利用性來「修復」關係。已經實現原型目的的伴侶，則可以用完全平等的方式相處。他們的性驅力會建立在共同的愛、照顧及付出上面，能公平地角色互換及互惠。性能量的和諧能讓他們產生一體的感受。

這兩個人如果處於個體化演化階段，共同的慾望就是對抗社會認定關係中應有的傳統性別角色。他們非常渴望整合自己的陰性及陽性能量，不僅讓自己內在陰陽調和，進而達到關係的兩性平衡。他們會因為個人差異而不斷發生衝突。這是因為在最近幾世裡，各自都因為關係過於親密或依賴，導致心理上的扭曲，而所謂的「太不一樣」則會勾起失去或分離的恐懼。

就靈魂層面而言，他們對彼此有至死不渝的愛，但是個人的差異仍會導致心理及情感上的退縮或對立，尤其是其中一方覺得對方無法滿足自己的需求時，就可能變成有條件的付出。當他們互相滿足了投射在彼此身上的需求時，就會沉浸在深深的愛及幸福裡面；但當需求沒有被滿足時，則會變成對立的狀態，而這也會迫使雙方針對彼此期望的本質，進行深度的心理討論。這兩種狀態會不斷輪替出現。他們可以藉由討論更加認識自己，在討論期望的本質時，也能更加意識到這一切都是源自於自己內心的需求。這些討論有時非常有幫助，有時則會變成爭論誰是誰非。因為他們很容易把自己的評價投射在對方的目的、動機及感情上面。

假以時日，他們就能學會用客觀的方式傾聽對方，總算覺得自己被了解了。這種演化會發生在個體化演化的階段，因為雙方都渴望能用超越目前社會框架的方式，以更深入、更寬廣的背景來認識自己的人生及關係（處於合群階段的伴侶會在社會框架中）。這可能是宇宙性、形上學或純心理性的背景，可以讓他們用完全不同的觀點，面對自己人際驅力的本質，更深入地了解彼此之間的驅力及問題。

就性而言，處於個體化演化階段的伴侶會渴望角色公平，雙方都可以互相交替表現陽性及陰性的準則。他們的共同慾望就是跳脫目前社會的傳統，探索不同的性愛方式，他們非常需要創造性愛的氛圍，展現特定的性慾。雙方都很願意在性上面付出，這可以促進性能量的和諧，創造融合的性旋律及反應。他們也可能利用性來撫慰爭論及衝突導致的受傷感受。

這兩個人如果處於靈性演化階段，共同的慾望就是透過關係的原型，發展並實現靈性的慾望及需求。就父權的觀點來看，他們主要會透過兩種方式：一種是修道院式的生活；另一種則是居家生活。他們如果選擇後者，就會學習靠著對方提供的靈性支持、滋養及觀點，試圖平衡自己內在與神的關係，以及兩人之間的關係。他們各自不停想要了解三種主要的驅力：「神要我做什麼？」、「你對我有什麼需求？」、「我對自己有什麼需要？」也試著維持在平衡的狀態裡。他們如果處於靈性演化的初期階段，這可能會帶來許多掙扎。這裡的挑戰及功課，就是必須了解平衡點會不斷改變，無法持續也無法預測。所以他們必須隨時應變當下的需要，不斷提醒自己「另一半及孩子現在需要我」、「我現在必須多花點精力與神溝通」、

「我必須多花點精力滿足自己的其他需求」等。他們必須隨機應變，才能一直維持平衡。

處於靈性狀態的伴侶，非常渴望知道關係的業力或靈性理由，也希望共同接受一種靈性的價值系統，賦予生命意義。這個靈性系統會決定他們面對自己及關係的方式。他們非常強調付出的原則，必須親疏有別，用特定的方式對待伴侶，對其他人則一視同仁。當他們的靈魂產生靈性融合時，便能達成意志的和諧，產生「孿生子」的感受。他們非常能捕捉到對方能量波動的本質，能隨時感受到對方的存在，甚至不需要言語，就知道對方的心聲。他們很自然地願意順從對方，已經達到角色與性別平衡的境界。兩個人都一樣舉足輕重，也一樣輕如鴻毛。當他們進入靈性演化的最高境界時，便能成為真正靈性婚姻的典範：就像古印度天神拉姆及女神席塔一樣。

就性而言，他們能在過程中將自我、意志及靈魂完整地協調，把這些能量融為一體。透過能量的融合，他們可以各自體驗到內在的神性。他們喜歡緩慢、溫和但逐漸深入的性愛，還有持續的眼神接觸。他們也可以透過對方感受到神的感官喜悅，對他們而言，愛撫、擁抱及按摩都是非常必要且重要的。

對應點落入一宮或牡羊座

這個對應點的演化目的，就是要他們一起努力達到絕對公平的狀態，雙方的個人現實、慾望及需求都能達到完美的平衡。他們除非能做到這點，否則就必須學習擺脫互相依賴的關係。最重要的就是各自在關係之外，建立自己的生活及現實，但又能處於關係之中。雙方都必須學習鼓勵對方發展，又不會因此感到威脅。他們如果不能做到這點，其中一方或雙方阻擋了必要的發展，最後必然會導致關係結束或分離。這裡的矛盾就在於，他們越願意放手讓對方自由地發展自己，雙方就越想要在一起。

對於大部分處於靈性狀態的伴侶而言，最重要的就是學習如何慢慢減少對另一半的依賴，讓靈性發展能繼續下去。他們須要知道如何根據與神的內在關係，維持自我靈性的成長。處於靈性演化最高境界的伴侶，已經歷這個過程，所以會預告這將是他們最後一次的相遇，最後一次建立親密關係，因為他們已經一起經歷許多許多世的演化之旅，關係已經極致圓滿了。

冥王星落入八宮或天蠍座

根據我二十多年、逾一萬五千人的諮商經驗，大約有四成的親密關係個案，其合盤的冥王星都落入八宮。我覺得這是合盤冥王星最困難的位置，因為他們得處理的是靈魂層面的驅力及問題，而非人格或自我層面的東西。這個位置的伴侶對彼此有不可思議的強烈吸引力，就像是飛蛾撲火一樣奮不顧身。基於這種強烈的吸引力，他們一開始在潛意識中都會有些害怕及排斥，但吸引力最後通常會壓過恐懼及排斥。他們跟大部分的親密關係不同，在一開始不會太投入，也不會採取行動，這種既吸引又抗拒的情形，背後當然有許多原因。他們潛意識中明明是抗拒或恐懼，最後卻往往向磁鐵般的吸引力投降，建立關係，這其中當然也有許多原因。接下來讓我們深入檢視原因何在。

就演化、業力及心理的觀點來看，八宮、天蠍座及冥王星與無意識慾望的本質、慾望的起因有關。慾望的本質決定了我們顯意識動機、目的及心理的本質。綜觀而論，這些驅力會在意識中創造必要的限制，讓我們知道在生命整體中，有哪些東西可能實現，哪些東西無法落實。所以我們會受限於特定的生命焦點，而這是由生生世世演化形成的慾望本質所決定。

冥王星、天蠍座與八宮也與演化的自然法則、超越成長限制的慾望有關；所以我們會被一些人、情境或權力的象徵吸引，因為它們具有自己欠缺的東西。這種吸引力是要讓我們意識到自我限制的本質，同時也反映了我們渴望成長、演化、轉化超越限制的慾望。為了滿足這種慾望，我們首先必須知道限制的原因。我們可以透過關係來找到答案，因為關係的對象代表了我們自認為成長需要的東西。這是很常見的動機，所以大部分的人會被與自己完全相反的人吸引。當我們與自己相反的人建立關係時，很自然地會產生冥王星的同化作用，讓我們覺得自己變成了對方，因此帶來演化及成長。這種原型驅力最根本的問題就在於，我們大部分的人都沒有意識到自己行為背後的原因。我們的慾望、動機和目的，多半都是源自於無意識，這也就是為何很多吸引力看起來都是不由自主的；為何人與人之間會不斷出現利用及被利用的業力，然後就產生了違背信任、背叛、拋棄及失去；為何會產生性的業力，因為性是人類最深層的本能，人們會透過性來鞏固自認為需要的東西，或是利用性來擁有自己渴望的事物。

合盤冥王星落入八宮或天蠍座的伴侶，共同的慾望就是擁有或變成對方象徵的事物。雙方都會反映出對方想要發展的潛能、特質、能力及資源。這種共同的慾望會讓他們想要深入對方的靈魂，希望能讓彼此的靈魂融合，藉此融為一體；這是一種更巨大、更有力量、更能擺脫限制的靈魂，遠勝於個人的靈魂。

這種融合的共同慾望在過去許多世裡，留下許多特別的問題。其中一個最深沉的問題就是源自於自我靈魂的恐懼。靈魂會在每一世創造人格或主觀意識，沉溺在自我的結構裡。他們利用自我來感受所有非我的事物，透過分離來表現個人特質。所以靈魂融合的慾望會讓他們產生深層的恐懼，彷彿要被對方拉入黑暗的深淵，讓自我層面的個人特質徹底消失。這就會讓他們產生又吸引又抗拒的驅力；吸引是因為無意識渴望能與對方的靈魂融合，抗拒則是因為害怕失去獨特的個人身分意識。

合盤冥王星落入八宮的基本原型已經為彼此造成業力。靈魂融合的目的會讓他們產生共同意識，必須深入穿透對方的靈魂深處。穿透靈魂深處會讓對方所有的東西都攤在陽光下：包括心理的驅力及情結、情感的驅力及其原因、不安全感的原因、慾望導致的動機及目的等等。這會讓他們在演化之旅的過程中，規律性地出現自我中心結構的恐懼。恐懼的本質是因為個人身分意識的消失，以及太過曝光的恐懼。大部分的人在被深刻檢視自我心理結構的本質時，都不太自在。他們如果想要讓靈魂融合，就必須先對抗並消除所有既有的不純淨。所以他們如果想深入穿透對方的靈魂，讓彼此的靈魂融合，首先必須不斷地暴露對方的內在驅力，讓不純淨的部分浮上檯面。這種不停渴望探索對方靈魂深處的慾望，會在自我中心層產生恐懼，其中包括暴露的恐懼，還有失去自我中心意識的恐懼。因此，合盤冥王星落入八宮或天蠍座的伴侶，時常因為這些原因而分離或結束關係。當其中一方想要離開關係，但是另一方不願意時，就會產生業力，違背信任通常是導致業力的特定原因之一。當雙方或其中一方覺得對方違背了自己的信任時，就會產生被利用或操縱的感覺，覺得對方從自己身上「得到」了想要的某樣東西。因此合盤冥王星落入八宮或天蠍座的伴侶，也常會出現被利用或被操縱的業力。

由於他們渴望與對方的靈魂融合，所以為了在一起而產生的所有驅力都會被強化，無論是對個人或對關係而言。因此合盤冥王星落入八宮或天蠍座的伴侶，會擁有最強烈的關係。融合的慾望很自然地會讓他們用非常深入、無所不在的心理方式，與對方相處。雙方都很渴望認識對方的心理驅力，其中包括對方心理及感情需求的本質，還有性慾及性需求的原因。他們也會關心所有既有的感情、性或心理創傷，目的是找到這些創傷的原因，治療這些傷口。他們也很渴望透過強烈的性，深入穿透對方的靈魂深處。當他們結合強烈的性能量時，會讓彼此在今生或其他世未解決的問題都浮上檯面，其中也包括個人未解決的驅力。

這些原型表現還有另一個原因。大部分冥王星落入八宮或天蠍座的伴侶，都曾在其他世覺得被對方背叛，因此導致分離。所以他們在今生需要去「測試」對方，確定對方到底「來自何處」。兩個人都會有無意識的渴望或需求，要對方「證明」愛、動機或想要在一起的目的。因為他們渴望且需要「確定」，才會變成刺探或穿透對方的內在。他們都很欠缺自我的安全感，也會因為與對方在前世分離的經驗，產生無意識的不安全感，最後的彌補方式就是雙方時常在一起、過度地貼近、必須要親眼看到對方才有安全感。

過度的貼近也可能導致各種感情、心理及性的扭曲。這也可能會讓關係失去焦點，雙方都很害怕自己被對方或關係吞噬或占有，而這就是最糟糕的扭曲。最後其中一方或雙方可能突然想要堅持自我中心的意志，完全與對方劃清界線或在某些領域保持距離；也有可能向外發展，出席一些不包括對方在內的活動或場合，這些活動、場合及經驗，通常都是保密的。他們這麼做可能是出自三個原因：他們害怕被關係吞噬，無意識地想要破壞或擾亂關係；其中一方想要堅持自我中心的主見，不顧限制做自己喜歡的事；其中一方產生報復念頭，想要「拿回」某些東西，或是報復對方造成的傷害。由此可知，合盤冥王星落入八宮或天蠍座的伴侶，常會有祕密的業力，而這往往會造成不誠實的業力。

合盤冥王星落入八宮或天蠍座的伴侶，時常會覺得對方不誠實、被對方利用、操縱、背叛或拋棄，所以心中都會對另一半產生未解決的憤怒及憎恨。這種憤恨與強烈的愛或吸引力結合，就產生了愛／恨的驅力，或是吸引／排斥驅力。這種未解決的憤恨，會讓他們非常想要傷害對方。當他們剛開始在一起時，這種驅力主要是無意識的，但相處越久就越明顯。這通常都是某些方面「扯平」的想法，也可能是渴望透過強迫意志，來控制或操縱對方的想法。這最後可能變成關係中的權力鬥爭，爭執的焦點在於由誰的意志控制關係，誰的需要比較重要，或是關係以誰為主。雙方可能都會用非常積極又強烈的方式，來控制對方的意志；也可能是其中一方主導一切，另一方變得被動。如果是後者情形，被動的一方通常會為了確立自我意志，獨自向外參加活動或場合，與別人往來，完全不讓對方知道。

兩人之間的權力鬥爭可能導致複雜的行為。最常見的情形，就是其中一方會自以為完全知道對方的事情及問題。基本上，他們自認為是對方實際的治療師或諮商師。當這種驅力出現時，扮演治療師的一方可以認清對方最脆弱的感情驅力，他／她會強調這些驅力，讓對方依賴自己。諮商師這方常會無意識地透過這種角色，從中滿足自己對安全感及永恆的需求。依賴的那方則創造了實際的父母／孩子驅力，藉此確保有安全感，他們無意識的心聲就是「請照顧我」。當依賴這方想要擺脫對方的影響，或是想要真正地去治療自己的傷口時，雙方就會出現權力拉扯。扮演諮商師的這方會百般不願意，因為自己的角色是靠對方的傷口而維繫；對方如果痊癒，自己也就演不下去了。我還曾見過一些個案，雙方會輪流扮演諮商者及被諮商者的角色，他們會為了自己對安全感及權力的需求，努力維持這種模式。

這種驅力還可能導致兩人的關係只剩下性的耽溺。在這種情形中，雙方的靈魂都不明所以地深受對方吸引。合盤冥王星落入八宮或天蠍座的伴侶，最持續不斷的渴望就是與對方融合，而在這種情形下唯一的方法就是性耽溺。他們沒有心智溝通的真實基礎，根本不知道自己為何會被對方吸引，唯一能夠穿透對方、認識彼此的方式，就是性。

當這種驅力出現時，他們之間的性關係會非常強烈，甚至會性上癮。這和權力、意志的議題有關，其中一方可能試圖在性上面完全佔據並「擁有」對方，這就導致性奴隸的狀態。順從的這方必須隨時應付對方的性需求，只要對方想要，就必須配合；「奴隸」這方通常極度沒有安全感，而且因為童年時期的問題，非常渴望感情上的滋養。他們知道在這樣的關係中，只要自己願意隨時配合，就可以滿足這些需求。他們的感情本性在童年時受到傷害及壓抑，但很清楚性結合產生的強烈能量，能解開埋藏已久的感情，彷彿又活了過來。所以他們願意臣服，耽溺在性的驅力裡。兩人的關係現在由性需索主導，「奴隸」這方必須滿足對方任何的性慾望；主導的這方會藉由控制對方的意志，來滿足自我的安全感，所以會試圖用各種方式來占有對方，其中包括肛交。主導的這方通常很迷戀各種「性禁忌」；還有些伴侶會交換輪替扮演主導及奴隸的角色。不過光有性驅力，不足以讓兩個人渴望長久在一起，所以關係最後通常是分手收場，因為欠缺的感覺，可能導致其中一方出軌，與別人發生關係。當這種情形發生時，兩人的關係就會結束。

這兩個人如果處於合群演化階段，共同的渴望就是對抗既有本質的限制，而這是他們在過去好多世一起累積的。這裡最常見的問題就是傳統的性別角色分工，認為男方的權力大過女方。女方可能感受到內心深處的力量，卻被男方主導的意志毀滅。這可能導致極大的衝突，因為女方可能會直接堅持己見，或是不斷改變行徑，無意識地反抗對方。這種衝突可能產生非常傷人的言語，留下無法彌補的傷口。這些累積的傷口會變成憤怒及憎恨，想要傷害對方，藉此「報復」。在激烈的衝突之後，通常會出現和緩的循環，他們試圖用溫柔話語賠罪，或是來場深入的性愛，讓感情獲得洗滌重生。很顯然地，這種愛／恨的驅力非常強烈。

他們之間常有忌妒的問題，多半源自於前世的無意識記憶，之後也可能變成恐懼的投射。

他們共同的慾望就是從原生社會中獲取物質力量。他們可能非常狡猾，甚至有些下流不誠實，想些點子或計畫來達成目標。這種情形曾經在過去幾世發生過，也因此導致某些業力狀態，可能是無法獲得渴望的物質保障；或是在某些時候迫於不可抵抗的外力，遭遇極大的物質損失。這種共同的慾望結構還會導致一種情形：除非他們能就慾望達成共識，否則其他方面都無法溝通；對關係內部正在進行的事情，會完全保密，不讓外人知道；他們非常多疑，會結盟成同一陣線，外人很難跨越雷池一步；無法真正信任對方，也很難相信任何人。

這兩個人如果處於個體化演化階段，代表他們已經在一起許多世，目的是為了賦予對方力量。他們在每一世相遇時，一開始的吸引力都是某個共同的傷口，這通常是由別人或環境造成。在他們眼中，對方象徵某種無法定義、極強烈的磁力。這種磁力會像催眠般地迷住彼此，變成無法抗拒的吸引力。當關係展開後，他們必須深入對方的靈魂，找出彼此造成的傷害。此時他們之間就會出現未解決的憤怒，這會導致關係出現雙重性的發展。就一方面而言，他們每隔一陣子會覺得與對方不可思議地親近，可以進行深刻的情感交流。在這種交流中，雙方都會放下情感的防備，與對方深入地分享自己，有如彼此最真實的情感治療者，雙方都可以感受到對方無比的支持，也會覺得對方「就在那裡」，守護自己。當他們一起面對傷口的本質時，就能深入面對感情、心理及「靈魂」功課，真心地想要一起治療傷口。他們會攜手探索各種知識系統，像是占星學、心理學、神祕學、各種不同觀點的人類狀態本質，以及各種不同的性交流。另一方面，這些彼此造成的傷口如果浮出檯面，也可能讓他們進入報復的循環，想盡辦法用各種方式來報復對方。在最糟糕的情形裡，手段可能非常醜陋又殘忍。

就性而言，他們都很渴望與對方融合。雙方都很喜歡探索各種性愛方式，超越周遭社會的性傳統。他們對「禁忌」非常有興趣，對傳統「嗤之以鼻」，從中感受到關係的內在力量。雙方都很渴望一起體驗強烈的性愛感官，藉此感受到深刻的感情。他們對性通常都無法自拔，也可能藉此來控制和操縱關係。他們之間通常會有性及感情的不忠，各自與別人進行「祕密」戀情。性不忠的業力與感情的不忠有關，這在他們的關係中很常見。他們也很常把對方視為性物品，用來滿足自己各種的慾望，不過很少有人能真正意識到這種驅力。他們各自用這種方式來滿足慾望，就產生了愛的幻覺。這些人最根本的渴望就是靈魂的結合，所以性能量也會非常強烈、無所不在。性可以滿足他們心理及感情層面的需求，讓靈魂獲得重生。這也就是為何當性與感情的不忠發生時，傷害會如此嚴重。他們都無法真正地原諒對方，即使在心智上試圖原諒。不過對於合盤冥王星落入八宮的伴侶而言，信任一旦被破壞了，幾乎都是無法恢復的。

他們兩個人如果處於靈性演化階段，共同的渴望就是讓神的力量融入關係的核心，他們在過去世曾經體驗過許多不同文化的靈性形式，兩人共同的慾望及需求就是找到神的「證據」。他們可能會接觸許多不同的練習或方法，藉此從內找到「證據」。他們通常會透過利用某種靈性「底線」作為關係的基礎，創造一種必要的力量，允許雙方能夠慢慢體驗每一世的傷口。這些傷口的原因各自不同，其中包括對彼此的傷害。他們可能已經一起經歷很長一段時間的演化，所以儘管會因為其他世遇到的問題，讓他們渴望分開，但是最後還是會在一起。靈魂融合的渴望會讓他們堅持下去。雙方靈魂之中對於對方的愛，遠勝過其他各種傷口帶來的影響。他們已經學會賦予對方力量，也知道關係最終的安全感，存在於兩人對神的共同承諾裡。他們可能是彼此的靈性充電廠。很多人或其他伴侶也會被他們吸引，向他們尋求諮詢，因為他們象徵了大多數人心中的理想伴侶，對別人有磁鐵般的吸引力。有需要的話，他們也會對別人付出，但是內心裡對兩人的關係卻是十分保護，非常低調。當他們獨處時，大部分的時間都是沉默不語，已經培養出心電感應的覺知能力，只有在必要的時候才開口，對於彼此的沉默，完全不會不自在。當有問題出現時，他們會專注在事情上面，很快地讓它過去。

就性而言，他們很崇敬「譚崔」的神聖性，或是類似的性方法。他們會利用這些方法來深入對方的靈魂，以及其中蘊含的神性。因此他們會一起深入探索終極的神性，利用肉體產生的強烈感官感受，穿透並移除所有讓他們無法體驗內在神性的意識障礙；這些障礙對於他們而言，類似譚崔的性愛儀式，其意義不亞於冥想或其他的瑜伽練習。他們會以此為底線，體驗其他的性方式，但是共同的渴望都是慢慢地消滅所有性慾，讓靈魂可以獲得快速演化。他們已經知道性慾是種主要的約束力量，讓靈魂不停執著於地球的現實。

對應點落入二宮或金牛座

對於合盤冥王星落入天蠍座的伴侶而言，這個對應點的原型主題與下一個演化步驟有關，就是必須共同為關係裡發生的種種負責，無論是過去或現在。最重要的是，雙方必須原諒彼此曾經發生過的事。他們必須知道兩人相遇的目的，就是要把各自的不純淨和極限表現出來，然後發現即使對彼此有這麼多的傷害，其中仍存在著源自於靈魂的永恆之愛。他們如果能接受這樣的愛，傷口就能被痊癒。

在這樣的關係中，最重要的就是學習讓對方認清並滿足自我的需求。這可以促進自給自足，然後產生真正的自立自強；可以讓雙方變得更有力量，帶來更多的改變。這裡還有種差異性存在，他們必須知道兩個人想在一起，只是單純想在一起；而不是因為對方象徵的潛力、能力或資源而在一起，更不是因為對方能滿足自認的需求，才建立關係。他們如果能理解這點，就可以共同消除利用及操縱的業力，也不會當關係被「利用」完之後，就出現背叛的行為。因此當他們渴望獨立體驗某些東西時，要學著勇敢，不要害怕；之後再找到新的相處之道，安心地在一起。最重要的是，他們彼此必須完全誠實，才能消除祕密的業力。即使誠實會讓場面很「難看」，但仍是正確的選擇。

處於靈性演化階段的伴侶，必須知道彼此已成為對方靈性的牽絆，也必須依賴對方的力量來讓自我的靈性演化。對於他們而言，最重要的就是學著偶爾要分開一下，透過自己的努力來促進靈性的發展。即使神是這份關係的約束力量，但神會希望我們最後完全只依賴祂。所以他們有時一定得失去對方，才能完成這個演化步驟。他們必須在仍然在一起的時候，理解這個需要，才能採取正確的步驟。

冥王星落入九宮或射手座

合盤冥王星落入九宮或射手座的伴侶，共同的慾望就是認識更廣義的生命理由或意義、關係背後更深層的理由或目的，以及關係裡的心理或感情「真理」。他們也渴望一起學習不誠實的後果，這包括彼此之間的不誠實，或是對和關係有關的人的不誠實。

合盤冥王星落入九宮或冥王星的伴侶，通常會在許多世裡深深地相互吸引，卻說不出什麼原因。他們能感受到強烈的靈魂磁力，形成了吸引力，但是因為找不出明確的理由，所以他們的關係通常是由許多哲學性或心智性的討論拉開序幕，探索各式各樣的主題。透過這些討論，他們會開始分享彼此的人生經歷，然後找到共同點，或是在心智性或哲學性的討論中達成共識。這些共同點會加深私人的連繫或吸引力，成為關係的理性基礎，這通常包括共同的人生目標或方向。他們可以透過這種方式，為關係添加心智或哲學結構的元素。

這裡的問題在於，他們很難在關係裡維持感情或心理層面的誠實，而這與他們各自的演化之旅有關。他們會把心智性或哲學性的結構當成關係的基礎，也像是面具一樣，用來隱藏各自的感情、心理或性層面的現實或變化，同時也隱瞞了各自對於關係的安排。由於各自都有感情及心理不誠實的核心本質，關係中必然也會有不誠實的驅力及安排。

他們可能很難理解或意識到這一點。因為雙方看起來都非常真摯、「真實」又坦率。這是因為他們各自都已經培養出某種能力，創造各種方法來認識或解釋自己的人生經歷。這些經歷並不是事實，而是他們用來掩蓋真理的故事或解釋。這種掩蓋真相的需求，會讓他們真的相信自己的故事及解釋。因為他們如此相信這些故事及解釋，到頭來就創造了冒牌的真理，而這些故事及解釋，看起來也會非常地誠懇、坦率又真實。

他們大部分在這麼做時，都是無意識、沒有任何目的。他們在過去許多世裡，都完全沉溺於這種模式，而這就像變成了他們的一部分，這是種無意識底端的強迫及習慣模式。在有些例子中，雙方或其中一方會有意識地讓對方誤解，或是找些藉口來掩飾自己想要與對方在一起的真正原因或理由。不過所有合盤冥王星落入九宮或射手座的伴侶，都會覺得對方象徵了自己渴望的某樣東西，但又無法清楚解釋或知道這到底是什麼。他們常會因此無意識被對方吸引，也會各自做出必要的努力，想辦法找出這個東西。這最後常會導致互相的不誠實，製造許多個人的誤解、謊言、欺騙、誇大或半真半假，讓對方以為這是「真的」。

這種不誠實的業力，也會讓他們渴望找出彼此之間的真相。在過去許多世裡，兩個人常陷入誠實與不誠實的循環交替中。由於這與冥王星有關，必然是因為衝突才導致了循環交替。換言之，雙方都曾在不同的時刻，意識到對方有某個地方不老實，可能是對方說的話或表現方式、對自己的解釋、某個情境，或是對方對行為的解釋。這時就會產生必要的衝突，目的是要揭開真相。即使衝突目的是要找出真相，不過他們通常會極力辯解，完全不管是哪些謊言或不誠實。這種辯解源自於內心深層的恐懼，因為他們打從心裡覺得自己不夠好，必須表現出某種不代表自己的特質來掩飾，而方法就是誇大或誤解。他們很怕顯露這種心態，不管說了什麼謊都一概否認。他們在辯解的過程中，試圖透過某些合理化的解釋，讓對方相信自己的謊言、誇大、誤解或欺騙。他們也會創造其他新觀點，讓對方相信新的說法確有其實，然後讓原來的謊言繼續下去。

當關係中充滿這些驅力時（這是他們最典型的表現方式），有一天謊言被揭穿、真相浮上檯面，都會對雙方或其中一方產生心理或感情層面的震撼。透過這些震撼，許多關係中的驅力也會露出真面目。合盤冥王星落入九宮或射手座的原型，象徵渴望認識任何事情的真相，無論事情的大小；所以他們到了某些時刻，必然得揭開對方或這段關係的真面目。任何小事都可能讓真相曝光，就像在汽球上戳了一小針孔，就會讓汽球爆炸。無論原因為何，當其中一方或雙方的謊言被拆穿時，共同的感情及心理反應就是嚴重幻滅、迷惑及背叛。他們之所以會產生如此強烈的感受，是因為這些謊言之前看起來都非常坦白、真實又誠實，而且非常有說服力。這種震驚是因為懷疑，讓他們無法再信任之前極度信任的另一半，這就會留下不誠實的業力。當兩個人之間出現這種業力時，之後還會不斷相遇，生生世世，直到業力解決為止。目的就是讓他們達到完全誠實的境界，無論誠實會帶來什麼後果。

許多合盤冥王星落入九宮或射手座的伴侶，都很渴望共同了解生命背後更廣大的原因，或是用這些原因來解釋關係；這些原因就是解釋存在現象的「真理」。因此他們之中有許多人都渴望認識各種哲學、宗教、宇宙論或形上學系統，試圖來認識造物主的基礎，或是人類與造物主的關係。這種共同的慾望，會讓他們親身體驗東西方的各種文化，盡可能地接觸更多的哲學、宗教或宇宙學。

因此他們之中有許多人非常渴望一起增廣見聞；透過各種練習，從內理解知識；也會透過實際接觸多元性的文化來增加見聞，也會展現天生的智慧。他們在過去世的慾望就是接觸各種文化，所以到了這一世，常會對原生文化感到「不自在」。這可能導致深層的文化疏離感，而他們共同的渴望就是找一個比較「自在」的地方。他們之中有很多人都深受土地及大自然吸引，通常會遠離塵囂居住，想要了解自然法則及人為法則之間的差異。基於這種共同的渴望，很多合盤冥王星落入九宮或射手座的伴侶在過去許多世中，都生活在以土地及大自然為基礎的文化中。這些文化會把大自然視為有生命力的意識，其中每個部分都與自己有關聯，例如美國印地安文化。他們的過去世可能與游牧文化有關，因此兩個人在一起時，常顯得浮躁不安，不斷試著找到自己的「家」。

他們許多人的共同慾望就是探索各種不同的哲學、宇宙觀和宗教等，其中一方或雙方常想要在哲學層面上操縱對方的生命概念，而這也是一個人信仰結構的本質及基礎。再提醒一次，信仰會決定我們對事物的詮釋方式，這種操縱背後的顯意識或無意識目的，都與心理、感情及性的層面有關。因此，他們雙方或其中一方可能為了滿足心理、感情及性的需求或慾望，試圖操縱某種被當成關係基礎的哲學超結構。當他們操縱關係裡既有的哲學、宇宙、形上學或宗教的概念時，很自然會改變對行為、需要或慾望的看法。這導致某種形式的不誠實，也會因此產生業力。他們也經常想要控制對方的人生觀，而這會表現在哲學觀或信仰的本質上。如果是這種情形，就代表他們個人力量及安全感的本質，完全與信仰的本質有關，其中包括自己的哲學或宗教。所以他們才需要說服對方相信自己的思考方式，藉此維持自我的安全感及力量。

這兩個人如果處於合群演化階段，共同的渴望就是在既有的社會傳統背景裡，一起探索生命。他們會分享許多主題及觀念，讓彼此的連結更加深刻；很渴望找到更廣大的宗教架構，藉此來認識生命、自己及關係。他們會傾向於採納主流社會或共識的既有宗教本質，然後基本上會根據這個宗教，武斷地看待關係、對方及生命；會用這個宗教來掩飾或隱藏自己感情和心理的現實，或是性的驅力、慾望及需求。雙方或其中一方會試著主宰一切，要求對方嚴格遵守該宗教的準則；有些人即使早已沒有親密的互動，仍會把宗教視為道德戒律，繼續維繫關係；還有些人會把宗教視為某種形式的力量，用來說服別人改信自己的觀點。

還有些處於合群演化階段的伴侶，即使武斷地接受某些宗教，卻不會特別渴望認識關係象徵的更大意義。他們可能是因為社會期望，盲目地一起上教堂；或是抱著不可知論。無論如何，他們都把生命看得很輕鬆，認為人生就僅此一回，通常比較無憂無慮。他們會與對方討論許多有趣的主題及事件，不停地想要找樂子。他們也可能會到處旅行、上夜店、外出晚餐或跳舞等。基於這種態度，雙方或其中一方非常重視個人自由，想要隨性而為。他們很願意接受新的經驗，包括在某些情境下，與第三者發生關係。當有這種驅力存在時，有些人會談遠距離戀愛。他們可能在其他地方與第三者發生關係，又維持既有的關係；或是兩人根本就住在不同的地方，各自隨性而為搞「外遇」。由此不難發現，這樣的伴侶在過去許多世裡，對關係都不夠誠實。當他們雙方或其中一方已經意識到今生或其他世的不誠實，就可能產生極大的感情及心理痛苦。這種痛苦源自於幻滅，因為他們如此「相信」對方，以及他們的一切。就像我之前提過，這些伴侶注定要再次相遇，生生世世，直到學會對彼此完全誠實。

就性而言，許多處於合群演化階段的伴侶，都受限於他們遵守的宗教教條本質。因此對於性的「道德標準」，通常就是宗教的教條，這會限制他們天生的性慾及性需求，也會造成心理及感情上的挫折。還有些伴侶不會過度地受限於宗教，反而會在性方面展現冒險精神。這些人很懂得在性上面找樂子，也願意在目前文化的架構中，進行各種性的嘗試；從目前文化的觀點來看，就是追求性「解放」。他們之中有許多人會發現，自己很難忠於單一伴侶，而且自己出軌時，更難以誠實面對。這會變成情境式的倫理、誠實及單一伴侶。換言之，他們在某一刻會對伴侶「承諾」專一，因為他們渴望維持目前的連繫或關係；不過在其他時候，如果有別人勾起自己的好奇心時，又會被對方吸引。儘管自已承諾過要專一，這會激發他們性探險及性征服的精神，而與第三者發生關係。這當然會讓他們與伴侶之間，產生性的業力，而且還會延伸成不誠實及失去真我的更大業力。

這兩個人如果處於個體化演化狀態，共同的慾望就是各自研究或探索各種與造物主有關的宇宙信仰。他們各自已經演化到某個階段，最基本的渴望就是擁有個人的自由，可以去探索任何自我成長需要的經驗。這種跳脫目前文化系統、不斷成長或演化的渴望，會讓他們對社會產生核心的疏離感。他們在過去或今生之所以會互相吸引，就是因為這種對文化的疏離感，還有跳脫文化而成長或演化的共同慾望。他們渴望一起認識彼此的「個人真理」，然後創造某種共同的哲學信仰，依此來認識和處理關係。他們會對各種不同哲學、宇宙學、東西方宗教、形上學、心理學、占星學、薩滿學等感到興趣，還會互相討論。因為他們正處於個體化階段，通常會綜合各種不同系統的想法及觀念，創造一種獨立的信仰系統，依此來支持個人的慾望及需求。這種伴侶會生生世世在一起。他們初相遇時，通常會先分享彼此的人生經歷，這些經歷往往都不是真的。他們在敘述的過程中，都會有些添油加醋、誇大或扭曲。這種情形象徵兩種驅力，其一是因為他們自覺笨拙或低劣，才會透過誇大或扭曲來彌補；另一種驅力則是因為他們彼此深深吸引，覺得對方象徵自己想要的某種東西。這當然又會讓他們更加扭曲自己，因為他們想要用某些方式讓對方留下深刻印象，引起對方的興趣及注意。這種關係就是建立在不誠實的基礎上面。兩個人在一起時很浮躁不安，這種浮躁不安加上疏離感，通常會讓他們渴望住在接近土壤的地方，遠離大城市，能與大自然接觸。

這種類型的伴侶已經培養出深入的溝通及相處方式。他們可以無話不談，也很渴望認識生命本身或自己的「大藍圖」。他們會對都市或精緻的生活方式深感厭惡，他們都是非常「自然」的人，關係亦是如此。他們會對荒誕的事物，分享細膩的幽默感。基於過去世的不誠實驅力（他們今生無法意識到這點），這些人通常都會要求對方永遠不要對自己說謊，但卻完全不知道自己為何提出這種要求。我們必須從他們各自的過去世來看，雙方或其中一方在與對方建立關係前，都曾經遭其他人欺騙過。他們都會向對方承諾自己不會說謊，但光就他們敘述的人生經歷來看，謊言早已存在，卻沒有人意識到這點。合盤冥王星落入九宮或射手座的目的就是找到真相，無論結果如何都要絕對誠實。這種目的會導致某種命運，到了某些時刻，這些不誠實一定會被揭穿。當真相被揭露時，勢必造成心理上的震撼，接下來就是極度的懷疑，覺得自己完全被誤導了。這種互動模式會一直持續下去，直到雙方都學會彼此絕對誠實。

就性而言，他們想要自由嘗試各種不同文化的性習俗或方法。這不僅能擴張他們的慾望，同時也能擴展個人意識的覺知及視野，所以他們的性生活非常自由。這個階段的伴侶常會憑直覺，隨時意識到對方的存在。就性而言，他們也會有高度的直覺意識，非常容易適應對方的性能量及反應。他們的性能量會持續不斷，也會讓對方感覺舒服；覺得彼此有很深的連結，願意打開性的大門，讓對方進入。這種性開放的態度，讓彼此產生更深入且強烈的性反應，一起在性上面探險或發掘。還有很多人渴望在大自然裡性交，而且樂在其中，這可以幫助他們擴展覺知，擁抱大自然。他們會對彼此的性歷史很有興趣，雙方或其中一方可能會扭曲或不老實，這是因為他們很怕對方知道自己的性歷史之後，就會失去對方。他們考量的標準在於，想要與對方在一起的內心需求及投入，遠比誠實更重要。當真相被揭露時，這可能導致心理及感情的退縮，因此影響性關係，也可能產生性上面的疏離。

這兩個人如果處於靈性演化階段，代表他們兩個人曾在過去許多世作伴。他們的關係橫跨的時間非常悠久，經歷過許多不同的文化。兩個人的共同渴望就是盡可能接觸不同的靈性系統及宇宙論。這個階段的目的，就是找到一種最能象徵雙方靈性本質的宇宙論或靈性系統，然後接納這個系統，把它視為一起擴張意識的主要工具。他們最後會一起展現深刻的智慧，帶有心理、哲學及靈性的本質。他們的關係就有如天生的老師，也是彼此的老師，可以各自或一起培養意識中的直覺。他們會散發「知道」的頻率波動，而其中蘊含真理。這是他們一起理解的真理，所以只會用一種方式說出來。他們的話語、教導及知識都是相同的，無論是各自或在一起時，都非常自然不做作。

在這種意識擴張的過程中，他們通常能憶起自己本身、這段關係以及其他人的過去世現象。在其他幾世裡，當他們處於別的演化階段時，彼此之間存在著不誠實的驅力，與其相關的記憶必然會在今生進入意識層面。這些記憶必須浮現，他們才能了解這一切發生的原因，同時也能原諒對方所做的事情。我之前曾經提過，這些伴侶會一再相遇，直到達成合盤冥王星落入九宮或射手座的終極目標，也就是彼此完全誠實。因此當他們進入靈性演化階段時，必須想起這些過去，才能原諒對方，釋放因此製造的業力。

相較於我們這個時代的人，這類的伴侶常會感受到不安的能量。不過在靈性演化階段中，這種不安源自於一種比自我靈魂更強大的力量。我們目前正處於雙魚時代轉入寶瓶時代的過渡階段，因此會越來越需要一些新的規範或理解方式來看待「現實」。我們必須找到其他方式來理解我們的地球，與它相處；而這裡指的就是大自然，這樣才能讓地球及地球上的各種生命形式繼續延續。許多這個階段的伴侶都能反映出新規範或理解方式的「種子想法」。舉個例子，射手座與古代「守護神」的原型有關，人類意識的結合與自然整體是平等的，而不是高高在上。當冥王星通過射手座時，這種古老的原型會在必要的環境下出現，而這些都是人類行為在過去兩千年累積的結果。所以這些伴侶常周遊列國、到處居住，目的就是散播或與其他地方的人分享這種觀念。他們會因為內心不安的能量，不斷地想要去不同的地方，而這其實是由所謂「神」的宇宙力量所促成。他們的挑戰就在於相信直覺，前往直覺指引的地方，即使看起來一點都不合理。

就性而言，這些伴侶深知性驅力是自然法則的產物，他們完全不受限於壓抑正常或自然性功能的宗教教條，所以他們的性生活很隨興又自由，很自然能感受到彼此的性能量，也能達成和諧。他們會接受某些能擴張意識的神聖性儀式，以此作為性驅力的基礎。有極少數的例子可以一起演化至自然禁慾的狀態。

對應點落入三宮或雙子座

這個對應點的原型主題，就是雙方無論在任何時候，都必須彼此完全誠實，不能說謊。這代表他們必須對自己和對方誠實，這樣就能創造最合情合理的現實，即使可能導致不愉快的狀態或結果，或是因此失去對方。

這個對應點也要求他們檢視兩人傾向的信仰結構，判斷自己是否會利用這些信仰來合理化自己不誠實的心理、感情或性目的。他們也必須誠實檢查，自己或對方是否曾經出自於上述的原因，利用這些信仰來操縱對方的想法。情形如果真是如此，他們必須誠實面對事實，努力在情感層面及心理層面上，誠實面對自己慾望及需求的本質。

還有些人會試圖說服對方，讓對方相信自己特定的信仰結構，藉此來獲得安全感及權力感；而對應點在三宮或雙子座的要求，就是要他們學會讓對方獨立思考。在這樣的過程中，兩人的關係會更加延伸，因為對方會為關係注入更多的知識及意識覺知。

對於處於靈性演化階段的伴侶而言，這裡的主要挑戰，就是讓過去世的記憶浮上檯面。他們一起走過很長的演化之旅，而這些記憶與他們在某些世不誠實的原因有關；必須面對這些記憶，才能原諒對方，才能憑直覺追隨宇宙力量（神）的指引。神的旨意就是希望他們在某些地方安身立命，與對方分享自己的知識。

冥王星落入十宮或摩羯座

合盤冥王星落入十宮或摩羯座，可能會出現各種不同的原型驅力。他們的演化狀態將會決定哪種原型最為明顯。這些不同的原型主題包括：渴望認識家庭驅力的本質，以及它如何決定個人的心理及情感現實；渴望知道現實條件如何影響關係的取向，這裡包括一般及親密關係。他們也很渴望恢復或治療童年時期錯置或未解決的感情，因此他們其中一方或雙方都可能在生命的某些時刻，在關係裡扮演父母的角色，這是為了修復未解決的感情、治療心理層面的傷害。

他們很多人在其他世會有同一個家族的血緣關係，可能是手足或親子關係。有些人會因為家庭驅力的影響，一起經歷不同程度的傷痛；有些人的傷痛與亂倫有關；還有些人的傷痛可能來自於家族，他們會因家族獲得權勢，之後又失去一切；他們的父母非常善於心理操縱，試圖操弄繼承權勢的人選；還有些人的創傷來自於非常武斷、好批評又濫用權力的父母，而父母會想要控制他們整個生活；還有一種情形，就是其中一人在前世剛好是對方的父母，這也會導致基本上的對立；還有些人的創傷是因為他們曾經是兄弟姊妹，卻被家族驅逐。

合盤冥王星落入十宮或摩羯座的伴侶，渴望一起檢視判斷的本質，其中包括源於自己內心的判斷，以及來自別人的判斷。這裡的問題在於，判斷的本質為何？判斷的驅力源自於意識層面，而且也是意識的必要條件之一。有判斷才能做決定，判斷幫助我們理解生命的本質。而這裡的重點在於，到底是什麼構成了判斷的本質？對於大部分的人而言，判斷模式的基礎來自於文化認定的真理、道德觀、宗教，以及對任何事情的共識。人們會把這些東西當成判斷的基礎，根據共識來決定好壞及對錯。既然判斷源自於意識，那麼判斷的基礎也應該與自然法則有關，這才最自然又最正確。舉個例子，我的小孩如果想在車水馬龍的路上玩耍，我不需要任何宗教或人為的道義準則，就知道這是錯的；這件事根本就是錯的，而我也會做出自然的判斷。

許多合盤冥王星落入十宮或摩羯座的伴侶，渴望一起檢視判斷的本質，因為他們曾經在過去世把負面的判斷投射到對方身上，或是某些根據社會共識的判斷，曾經變成兩人之間的實際問題或對立情況。這可能是因為他們在今生或其他世裡，受到其他家人的批評，而受到影響；也可能是雙方都曾經在今生或過去世，成為社會批評的投射者，還因此受到影響。最悲慘的情形就是，他們可能承受對方、父母或社會的嚴厲批評。當我們被嚴厲批評時，首先會產生罪惡感，好像自己哪裡做錯了，隨後會感到憤怒。他們之間如果明顯有這種驅力時，代表兩人曾經經歷過所有形式的批評。這裡的目的就是解開批評導致的傷害，努力重新建立正面的自我形象。在這個過程中，因為錯誤批評所導致的罪惡感及憤怒，也就會消失不見了。

還有些伴侶會渴望一起認識「現實」的本質。大家所謂的現實，到底由什麼構成？再提醒一次，這就像指鹿為馬、三人成虎，很多人說是真的，就會變成真的。在大家公認的現實之外，是不是還有其他東西？你的現實就是我的現實嗎？我的現實會是你的嗎？我認定的關係現實，是不是跟你的不一樣？地球上的現實跟木星的現實，是不是不一樣？由時空、因果構成的宇宙現實，跟非線性的宇宙是否不同？這裡的重點在於，有些合盤冥王星落入十宮或摩羯座的伴侶，渴望認識一般人現實的結構本質，想要理解意識的結構本質，以及決定意識結構的現實。在這個過程中，他們也會想要認識自己和關係，還有關係裡的「現實」。

合盤冥王星落入十宮或摩羯座的另外一種原型，就是兩個人才在最近幾世裡一起交換性別角色，有可能就是在今生。情形如果真如此，代表他們必須交換角色才能讓演化繼續，因為過去的角色已經讓彼此走到極限，無法再向前一步。有些人會透過性別交換，一起實現內在的陽性及陰性能量。最後還有一種非常罕見的情形，有些合盤冥王星落入十宮或摩羯座的伴侶，曾經共同累積了非常完整的生命歷程，橫跨好幾百年，以各種不同的方式產生連結。這種累積可能諭示了他們正在一起邁向地球演化之旅的終點；也可能是在完成一個完整的演化循環，準備進入新的演化循環，用全新的方式在一起。

這兩個人如果處於合群演化階段，從過去許多世以來，共同的慾望就是追求社會的權力及地位。他們通常會在之前某些世裡，在社會中深感無力，覺得自己受到社會的控制及支配。他們有些人會用比較殘酷的方式來實現慾望，根據自己的算計，無所不用其極。他們即使已經實現了慾望，但是在面對任何一個可能破壞自己地位或權力的人時，仍會深感威脅。這可能會讓他們採取策略或行動，破壞這些威脅。有些人可能從原生家庭繼承渴望的社會權力，但仍然很害怕別人會破壞自己，可能會暗中顛覆這些威脅。無論是哪種情形，這些人都可能會因此不斷累積罪惡感。這種罪惡感源於自然的判斷，因為我們不能用結果來合理化錯誤的行為。因此他們之中有許多人，曾經在最近幾世裡體驗到失去權勢或地位的業力。在這個演化階段中，他們可能無法理解為何如此，只會對「體制」、用正當手法獲得權勢的人，以及不受他人威脅就可以無情傷害別人的人，感到內在的憤怒及怨恨。摩羯座、十宮和土星最好的功課，就是教導一個人要替自己的行為負責。這個階段的伴侶必須學會停止這種行為模式，其造成的業力才會停止。已經學會的伴侶則能利用自己的名望、地位及權力造福別人，也就是幫助別人成功。

還有些落入這個階段的伴侶，就是社會共識定義的平凡人，他們共同的慾望就是在體制內獲得成就。這些人通常都是非常善良又認真工作的人，也很注重物質的舒適，這可能會讓關係慢慢缺少真正的感情互動。有些人可能繼承家業，也有些人可能白手起家。他們的原生家庭會在某些方面造成困難的影響，並會對雙方或其中一方有諸多批判。他們之間的感情互動，會以討論原生家庭為基礎。所有這個階段的伴侶，都具有很強的批判性，根據的標準就是目前社會共識認定的信仰，而家庭的批判業力也會因此延續下去。

就性而言，這個階段的伴侶大多都遵守原生社會的性傳統。性驅力可能十分複雜，因為雙方都害怕在感情上受傷。當他們對彼此說出很傷人的批評時，這種恐懼就會更加深化。這些批評其實都是感情不滿的反應；換言之，因為感情需求沒有被滿足，因而產生的憤怒。情形如果真如此，經過很長一段時間後，他們可能完全沒有性關係。有些人忙著追求外在成就，完全沒有時間做愛。他們把太多的心力投注在追求成就，自然會把性能量轉移到這個目標上面。情形如果真如此，這就是一種感情錯置的表現，因為他們童年時期沒有獲得真正的感情滋養。他們從小就壓抑自己的感情天性，長大後變得很怕受傷，甚至不知道如何表達感情。他們會把全部的感情能量放在物質目標上。

處於個體化演化階段的伴侶，通常都因為原生家庭、別人或社會而遭受過極大的感情、心理及性的傷害。這些傷害基本上是別人為了替自己錯置的感情或憤怒找代罪羔羊，而錯誤批判或迫害他們。他們在某些世裡曾是一家人，共同遭遇過這些傷害。由於他們處於個體化階段，所以無法融入任何「體制」，無論是家庭或社會。因為這種格格不入，別人會把他們視為威脅或很古怪的人，也就產生了所謂的「黑羊症候群」。他們很容易成為別人的目標，包括家人也可能對他們冷嘲熱諷，感受到不同程度的自我分裂或感情受傷。他們自覺與大部分的人頻率不同，也無法和諧相處，所以常會互相安慰、滋養及彌補。

基於對「體制」的厭惡，這些人通常都想要創造自己的體制。所以他們可能會創造一個封閉的環境及現實，把任何無法支持自己的人擋在門外。他們自覺像「陌生土地上的陌生人」，與地球的唯一連結就存在於大自然裡，或是極少數像自己一樣「與眾不同」的人。他們都很渴望抗拒體制，挑戰社會最尊崇的信仰、習俗、規範及禁忌，同時也會質疑或一起深入反省「現實」的本質。他們極具反思能力，也很嚴肅；會一起深入思考，幫助對方檢視自我或別人批判的基礎。在這個過程中，他們學會擴張意識層次，接受一個超越社會大眾認定、更大的現實架構；也可以學會化解各種傷人或負面的訊息，互相治療及彌補。這裡的治療是要學習如何安全地不再受傷，在彼此之間建立安全感；從中學會分辨人為法律、批判、意見及自然法則之間的差異性，同時也能明瞭自然批判的角色，正確利用它。

他們的挑戰在於理解過去的問題，其中包括各自的過去，還有共同經歷的過去，這些問題會週期性出現在關係裡。這是種刻意的安排，因為他們的靈魂都渴望能完全清除過去，擺脫陰影，展開新的演化循環。最重要的是，他們必須記住且接受一個事實：兩人共享的過去並非愉快的，過去會影響並腐蝕他們的感情，似乎永遠不會消失。他們如果無法正確理解這點，就會覺得一切徒勞無益，而且會在努力擺脫過去的過程中，感到無比挫折，這可能會破壞一段非常美好的關係。再提醒一次，這裡的挑戰就在於接受這些負面的情緒，把這視為擺脫過去的必經之路。

在過去許多世裡，他們之中有許多人已經經歷過這些驅力，也非常了解社會及父母限制的影響，也會渴望幫助別人理解同樣的道理。基於這種渴望，他們無論是各自或在一起時，都會在社會中從事幫助別人的工作。這種工作的目的是要幫助別人理解自己與生俱來的獨特性，然後進一步實現它。透過這種方式，他們可以幫助別人「扭轉」並「紓解」來自原生家庭及社會的負面影響。他們對於深受原生家庭或社會影響的人，非常有同理心，對方也會因此很信任他們。

就性而言，他們可以一起做許多深度治療。兩個人都曾經被利用，受過傷。這些傷口有時是其他家人造成的，有時則是因為成年後的伴侶在性、心理及情感上的欺騙。原因就在於，雙方都有童年相關未解決的感情問題。他們在感情上非常飢渴，非常渴望必要的滋養。正因如此，他們時常會吸引性的獵捕者，藉由操縱他們來達到自己扭曲的目的。當他們相遇時，通常各自都已經傷痕累累。他們性關係一開始的整體傾向，就是治療這些傷口。所以他們會非常小心且負責地對待對方，小心翼翼不要讓對方覺得自己在性上面被利用、控制或侵犯了。隨著時間過去，他們的性關係會更深入，更加成熟，最後可以共同觸碰到彼此的靈魂。他們可以從中找到慰藉及安全感，拋開對受傷的共同恐懼。在他們的性關係中，愛撫和擁抱的重要性，不亞於性行為本身。由於他們處於個體化階段，所以並不害怕挑戰社會既有的性傳統，也能慢慢接受各自天生的性慾望及性需求。他們不會有任何批判，而會自然實現這些慾望及需求。

兩個人如果處於靈性演化階段，共同的慾望就是擺脫父母及社會現實的限制及批判驅力。他們渴望根據某種靈性法則建立自己的現實體系，然後以此為關係的基礎。他們也很希望能超越社會及父母的影響，完全不因此受限。他們真實的全新家庭會展現神性，家中的每個人都會積極追尋神性。他們的父母不再是血緣的雙親，而是具有神性的天父及聖母，或是大地之母及天空之父。他們可以透過這種靈性的現實，建立自己的現實體系，然後從業力因果或是演化必然性的角度，理解自己特有的心理、感情及性創傷。在這個過程中，他們可以慢慢學會為自己的行為負責，也可以完全接受生命整體的責任。他們最後也能慢慢免於自覺是受害者的驅力誘惑，認真為自己的生命負責，也會帶著覺知、努力地扮演自己特定的生命角色，也會互相鼓勵對方發展這些角色及責任。許多人會把他們視為智慧的燈塔，或是同情、理解、鼓勵及救贖的象徵。他們也很自然想要在社會或全世界，從事包含靈性準則的治療、諮商或教育工作。

對於已經進入靈性演化階段的伴侶而言，最突顯的驅力就是累積多世的罪惡感及負面批判。他們會採納某種非常嚴格的靈性系統，從靈性的觀點來加重罪惡感及負面批判。這些人也會根據靈性信仰的本質，衡量自己的「靈性進度」，因此產生罪惡感及負面批判。當然，他們永遠無法達到自我期許的信仰標準，罪惡感就油然而生。他們其中一方也可能試圖控制或批評對方的靈性發展，自詡為對方的「靈性權威」。這種情形其實是源自於原生家庭的錯置情感，因為其中一方沒有在原生家庭裡獲得主要的滋養，對方就會變成他的「神性的母親或父親」，化身為終極的權威。當這種情形發生，他們就必須一起深入探討為何會共同選擇某種靈性系統，藉此來不斷加深罪惡感及負面批判。最重要的是，他們必須深入檢視為何其中一方會扮演「終極權威」的角色，而另一方也會需要對方來扮演這種角色。在他們找出原因之前，無論是個人或共同的演化，都無法獲得進展。

就性而言，大部分處於這個階段的伴侶都知道性能量及性慾望，是人類的本能表現，因此他們不會受限於任何社會或宗教的批判，很自然接受一些能治療老舊傷口或擴張意識的性行為。有些人甚至會專注於特定的性儀式，藉此了結自己與別人在今生或其他世造下的性業力。他們會鼓勵對方實現特定的慾望本質，因為他們知道這些慾望與演化進展或靈性的發展有關，最終可以慢慢消滅所有分離的慾望，其中包括了性慾望。這些人深知慾望必然有存在的理由，也會努力找出這些理由。在這個過程中，他們可以更加認識自己及關係。舉個例子，許多合盤冥王星落入十宮或摩羯座的伴侶，會有掌控或被掌控的性慾望。到了靈性演化階段，他們會知道這種慾望不過反映了靈魂渴望能由神消融、由神掌控。所以他們會透過某些特定的性儀式來「實現」這種慾望，讓「掌控」發生。然而，他們必須從靈性的觀點來解釋或期待這種驅力的發生，而非以虐待為出發點。

對應點落入巨蟹座或四宮

這個對應點的原型主題，就是必須洞悉所有造成恐懼受傷、批判、失去、拋棄或背叛的感情及心理因素。這裡的目的也是要認識父母及社會限制的本質，看這些東西如何創造或改變所謂的「現實」；這裡的現實不光是一個人內在與外在的現實，也包括由社會共識或宗教信仰模式認定的現實表象。此處的挑戰就在於，他們必須為關係創造個人的現實及身分意識，藉此表現自己的內在，不要再隱藏自己的內心世界，同時還要能無懼於調侃或批判，堅持做自己。換言之，他們必須學習讓個人的內在現實變成兩人的外在現實。這需要極大的勇氣，因為他們必須檢查各自壓抑的東西，以及其背後原因，必須學著從自己做起，然後鼓勵對方也這麼做。透過這個過程，雙方都可以學會在關係中找到內在的安全感，自在表達感情。

這裡最重要的一點，就是當他們檢視所有驅力的本質時，可能會想要控制或操縱對方的行為或發展。這些伴侶可能非常依賴彼此，他們必須找出其背後的所有驅力。因為這個對應點的演化目的就是要讓雙方從內心找到安全感，消除所有外在的依賴因素，不能再依此來滿足感情及心理層面的安全感。此外還有個重點，這些伴侶一方面想要盡世俗的責任及義務，同時渴望在「私人時間」享受深入及活躍的感情生活，他們必須學著在兩者之間找到平衡點。

對於在靈性演化階段中較為進化的伴侶而言，最重要的功課就是學會如何完成與別人一起長久經歷、延續生生世世的業力之旅。他們都很清楚自己與誰分享過這些經歷，所以各自都很渴望能打破某些業力原因或理由的束縛，結束與某些人的關係，因為這些人並不能為他們的靈魂或心靈帶來助益。這在較為進化的靈性演化階段中是不無可能的，因為他們已經學習必須為自己的行為負責。處於靈性演化階段、合盤冥王星落入十宮或摩羯座的伴侶，必須學會這些功課，才能在今生完成整個演化循環。透過這種方式，他們可以一起展開嶄新的演化循環發展，完全擺脫過去的包袱。這是他們共同的過去，曾經因為許多其他人而在感情上飽受痛苦，或是因為內心的罪惡感不斷渴望受到懲罰。

冥王星落入十一宮或寶瓶座

合盤冥王星落入十一宮或寶瓶座的伴侶，可能會出現各種源自於過去世的原型驅力，這必須看他們落入的演化階段而定。這裡的主題或驅力包括學習在彼此互動的過程中，跳脫各自的感情及心理現實，客觀地看待關係。這種驅力或主題可能出現在不同的背景之中，他們可能是非常親近的朋友；或是透過某個共同目的或原因的團體而認識；也可能是透過一群為某種共同社會目標或功能而努力的夥伴，進而認識彼此；諸如此類。他們無論在哪種背景下認識，目的都是要幫助對方認識自我整體現實環境的本質，以及造成這種現實的感情及心理驅力。為了達到這個目的，他們要幫助彼此分開或脫離當下的內在及外在生活。透過這種方式，他們可以幫助對方看清楚，到底是哪些原因或驅力造成了自我整體現實的特定本質，同時也能理解在特定時間出現的特定現實環境，知道其背後的意義何在。

他們渴望透過分開及脫離，客觀看待彼此的生活狀態，目的就是要解放或改變任何造成滯礙、無法成長的狀態。他們很多人都渴望能改變親近又心靈相通的朋友關係，更進一步進入親密關係，也就是變成愛人。這在他們之間是很常見的開始，因為他們都已經各自發展到某個階段，渴望抗拒這些狀態，想要獲得解放。他們會互相分享反抗現有生活狀態的慾望，然後讓關係變得更加親密。

當他們從朋友變成親密伴侶時，常會出現其他的外在變數。舉個例子，他們雙方或其中一方可能已經對別人許下親密關係的承諾，但是卻因為某些既有的問題，導致關係漸行漸遠。他們可能會向第三者尋求幫助，試圖了解問題的本質，但最後卻跟第三者越走越近，渴望與第三者發展親密關係。情形如果真如此，他們通常都不會讓原本的伴侶知道。換言之，他們一方面想與第三者保持親密，同時也想維持既有的關係。就業力而言，這當然會讓他們與原本的伴侶產生困難的業力。

還有些人本來並沒有伴侶，只是從朋友變成親密愛人。我曾見過許多例子，兩人反而因為親密而導致關係結束，這是因為彼此之間的驅力改變。當兩人是朋友時，可以客觀地幫助對方看清自我現實的本質；但變成親密愛人後，反而會因此失去客觀性。太過親密貼近會造成情感及心理層面的壓迫，讓他們失去客觀的能力，因為他們各自都有關於親密關係、未解決的感情及心理問題。這些個人的關係問題一開始不會造成影響，但是當雙方關係變得更加親密時，就無法置之不理了。這種情形反映了某種業力，就是他們渴望親密的動機及目的，其實與彼此的現實毫無關聯，而這就是一種共同投射的業力。很顯然地，這與他們一開始建立關係的目的完全相反。他們不應該互相投射，而是要幫助對方客觀地看清楚自我的現實本質，然後找到現實的原因。

我還曾見過一些例子，會利用各種不同的方式展現友誼的驅力，幫助對方看清楚自我的現實本質。許多合盤冥王星落入十一宮或寶瓶座的伴侶，都剛剛在最近幾世裡，把關係從親密愛人變成朋友。就演化的觀點來看，這是出於兩個原因。其中一個原因是，他們已經無法客觀看待或理解彼此的現實，絕望陷入心理及感情的糾纏裡，所以從親密愛人變成朋友，可以讓各自慢慢發展客觀看待對方現實的能力；就業力及演化的觀點來看，這就像是一帖治療兩人因親密而分手的解毒劑。另一個原因則是，他們已經完整發展並結束親密關係的慾望，但仍想在接下來幾世裡維持連繫。這種從親密愛人變成朋友的自然演化進展，完全是出自於各自的慾望，渴望能與對方在許多世裡保持連繫。他們只是很單純地喜歡對方，享受與對方的相處，也會有共同渴望向對方許下承諾，在未來許多世裡都當彼此值得信賴的朋友。情形如果真是如此，他們就會維持互相依賴的業力。

合盤冥王星落入寶瓶座或十一宮的伴侶，還可能表現出一種在過去世就出現過的主題或原型，就是渴望一起為某個共同的人生目標或目的而努力。這通常產生侷限的夥伴或親密關係，只為了單一目標而存在。當他們分享共同的目標或目的時，可能會非常心靈相通，非常專注。這種連結是因為他們對某種共享的目標或目的，懷有同樣的渴望。但是這種連結通常很有限，因為這些目標或目的並不包含其他的生命領域。這是因為兩個人的整體或個人現實，無論於內於外，都是截然不同的。他們除了一起用不涉及親密關係的方式，在社會裡實現某些特定的共同目標或目的，其他的生活根本沒有交集。這種驅力還是可以讓他們客觀看待對方的現實，因為兩人的生活根本是南轅北轍。就理智的角度看來，他們是如此不同，必須超脫個人的差異，才能實現共同的目標或目的。唯有透過這種超脫，他們才能實際接受彼此的差異。透過這種方式，他們可以幫助對方擴張意識，體驗並接受生命整體的多樣性及完整性，而不會因為某樣事物與自己既有的信仰或價值系統不同、相互衝突，因此限制了演化的成長。

有些合盤冥王星落入十一宮或寶瓶座的伴侶，曾經在過去世遭遇過非常困難的情境，導致關係沒有結束或完成。這通常是突然、無預警地失去或結束關係，這種失去或結束往往是「大爆冷門」。這當然會帶來極大的感情震撼，是如此深刻又徹底，讓他們完全無法理解為什麼會發生這樣的事。當這種令人受傷的分離發生時，他們六神無主，無法找到解決之道。這會導致心理及感情層面的問題，有些人甚至很難面對接下來的人生。

這種突然又毫無預警的失去，可能有幾個原因。當他們只是朋友時，各自或雙方可能有許多祕密的安排、動機或目的，沒有讓對方知道。當其中一方的意圖在某些時刻顯露出來時，對方就會被他的真實目的嚇到。這會讓關係產生無法挽回的裂痕，突然地結束；另一種情形就是，他們只是朋友關係，卻過度依賴彼此，變成沒有對方就活不下去。這種過度依賴就會讓其中一方忽然死去，或是從對方的生活中消失。關係的突然結束，會逼著他們學習在沒有對方的情形下，也能獨自生活。他們也可能是親密關係，也同樣會因為過度依賴而導致關係突然結束，這種突然結束關係或失去對方的遭遇，也是要他們學會獨立生活。

這種關係突然結束或失去的情形，通常會有下列的星象模式：合盤冥王星落入十一宮，與南交點合相；合盤冥王星落入十一宮，與太陽以外的任何行星形成四分相（這個行星落入八宮或二宮）；冥王星落入十一宮，與任何落入五宮的行星（除了太陽）形成對分相。

這兩個人如果處於合群演化階段，則是因為對整體生活有同樣的挫折感，變成朋友或親密愛人。挫折感會讓他們渴望用某些方式改變或跳脫這些狀態。因此他們會花很多時間討論對話，互相支持和肯定，產生共鳴。在這個過程中，他們可以學會超脫，客觀看待導致挫折感的狀態，逐一檢視造成挫折感的心理動力。當兩個人在一起時，會促進更多的自我認識。有些人會實際運用這些認識，試圖改變生活狀態，因此結束或激烈改變了既有的關係本質。這當然會對彼此帶來很多問題，可能出現在原本生活圈裡的其他人、或必須跟著改變的人身上。當他們做出必要的改變時，別人可能會抗拒，或製造各式各樣的問題。當這種情形發生時，他們會互相支持，堅持做出改變。

還有些人光說不練，並不會落實從討論中獲得的自我認識。情形如果真如此，他們會因為沒有做出必要的改變，繼續過著深感挫折的生活。他們通常會創造某種祕密的現實，而身旁大多數的人都完全不知道。這種祕密現實的本質，就象徵了他們實際想要進行的改變。他們基本上過著雙面人的生活，同時擁有雙重現實；一方面因為害怕改變，維持目前生活的本質，同時又會過著某種祕密或隱藏的生活，完全不讓外人知道。

就性而言，他們共同的渴望就是嘗試新的性愛方式，從中享受親密感，雙方或其中一方可能曾因別人產生性的挫折感。他們會祕密嚐新，只跟同好分享，其他人則一無所知。有些人會一直維持在朋友階段，基於各種理由沒有發生性關係。情形如果真如此，他們早已在「腦海中」做愛。這種源自於其他世、沒有解決的慾望，最後可能會讓他們在今生或其他世變成親密愛人。

處於個體化演化階段的伴侶，則會對正常社會感到疏離及隔閡。他們會因為共同的疏離而結合，支持並肯定對方。他們會無所不談，討論有關所謂「現實」的本質；共同的慾望就是跳脫主流社會，保持疏離。就有利的角度來看，他們渴望嘗試各種不同的生活方式，體驗各種信仰、價值及其相關的生活風格。他們已經學會用極客觀的角度來看待並認識對方，也會促進各自的成長需求，即使關係可能因此改變。他們很多人會因為個人的成長需求，在過去許多世裡從朋友變愛人，從愛人變朋友，然後又變回愛人。

他們會因為共同的思考過程而變得更加親密。這種共同性會產生同類之間的磁力波動。他們基於對主流社會的疏離，常會渴望與志同道合的人組成社群同住；這些人就像他們在地球上的旅伴，也與正常人有隔閡。與別人組成社群或變成其中一分子，不僅可以讓他們繼續個體化的演化，也能從中獲得支持。他們當中有很多人都曾一起做了許多偉大的工作，這些通常能對他們覺得疏離及隔閡的社會制度，帶來轉變性的影響。還有些伴侶只會與一小群同樣有疏離感的人往來，不會成立正式的社群，他們也可能是街上的遊民或其他形式的團體。

就性而言，當這些人已經有了親密關係後，會公開反對及抗拒社會既有的傳統及道德。就跟合群階段的伴侶一樣，他們也很渴望嘗試各種性愛的方式，違抗既有的社會道德及風俗。兩者的差異在於，合群階段的伴侶會偷偷進行，而個體化階段的伴侶會公然反抗。

這兩個人如果處於靈性演化階段，共同的慾望就是徹底地擺脫所有定義內外現實的內外限制條件。他們會全面抵制所有外在的權威，透過密集的靈性修練來創造純觀察性的覺知，基本上這必須做到自我抽離，才能客觀地觀察任何想法、感覺或感情背後的原因。在這個過程中，他們可以獲得通透的自我認識，以此為基礎，繼續擺脫所有的條件限制；一起促進這個過程的發生，讓彼此建立更深刻的連結。

他們有許多人會為了這個目的，加入有靈性傾向的社群；還有些伴侶會自成一群，組成兩人的小世界；也有些人會與有同樣想法的人組成團體，但沒有與特定的靈性社群建立練結。無論是哪種情形，他們共同的慾望都一樣，就是擺脫外在的限制。

就性而言，大部分處於靈性演化階段的伴侶，基本上都會脫離自我的意識領域，才能產生客觀的觀察能力，帶來必要的自我認識，所以他們的身體不會再意識到性這件事。他們會放下性慾，也不會採取行動。

對應點落入五宮或獅子座

這個對應點的主要原型主題，代表在過去世定義兩個人的實際背景或驅力，與今生的演化進展有關。他們可能是朋友或愛人，過度依賴對方給予肯定、支持、鼓勵及持續；此時的功課就是學習不再依賴對方，完全為自己的人生負責。基本上，他們必須學習從內在建立自我肯定及支持，創造性地實現想法的本質，找到某種生活或存在的方式，從中實際展現自我內在的本質。在這個過程中，他們會改變內在波動的頻率，慢慢吸引來同類的人，滋養他們的新發展。他們也會藉此發現，誰才是自己真正的朋友。

處於個體化演化階段的伴侶，則會對主流社會產生根本的疏離感及隔閡，也因此很抗拒融入社會。他們的功課就是在社會架構中創造性地實現自己的想法、價值觀及理想，讓自己獨特的工作或人生，對主流社會產生轉變性的影響。他們各自都必須學習用自己的方式做事，不要受對方影響。

對於處於靈性演化階段的伴侶而言，主要的功課就是從有限的觀點來看待現實的本質，從中獲取大量的知識，然後透過某些特定的形式，把這些知識散播出去。他們可以藉此幫助別人意識到自我受限的模式，也可以幫助別人擺脫這些模式，實現天生的個人特質。

冥王星落入十二宮或雙魚座

合盤冥王星落入十二宮或雙魚座的伴侶，可能會出現各種原型主題，這必須要看他們的演化階段、需求及業力狀態而定。他們都很渴望幫助對方揭露並了解自己各種妄念、幻想、畏懼或恐慌的原因。此時關係的目的就變成了渴望幫助對方治療各種傷痛的影響，或是治療情感、心理及性層面的創傷。他們也很渴望穿透對方靈魂的核心，幫助對方認識自己的心理反應，以及其背後原因。這麼做是為了幫忙彼此轉化限制或阻礙必要成長的心理驅力，幫助彼此敞開內心，獲得療癒，盡可能地活得自在。

當關係中出現這種驅力或原型時，他們會對彼此展現極其敏銳的通靈能力，因為兩人都很渴望能穿透對方靈魂的核心。就解剖學及生理學的角度來看，十二宮、雙魚座及海王星與腦部的松果腺有關。松果腺會分泌一種神祕的荷爾蒙，被稱為褪黑激素。這種荷爾蒙會讓意識變得更加敏銳，消融靈魂與萬物本源結合的界線或障礙，這裡的萬物本源指的就是神。褪黑激素最終極的作用，就是幫助靈魂有意識地與神融合。因此帶著這個目的的伴侶，很自然會吸引或刺激對方的松果腺。

這種互相刺激會讓他們對彼此極度地敏感，彷彿自己無時無刻都象徵性或實際地活在對方的體內。其中完全沒有界線或區隔。這種強烈的敏感會讓他們隨時隨地感受到對方，這有點像是通靈，即使兩人實際上相隔千里。互相刺激彼此的松果腺，可以讓他們在肉體上滲透對方，因此時常會有同樣的想法、慾望、需求及夢境。

許多合盤冥王星落入十二宮或雙魚座的伴侶，共同的慾望就是彼此靈魂的融合。他們在對方身上感受不到任何界限或區隔，而這是種非常令人嚮往又愉快的體驗。他們會覺得自己終於找到了「終極」或「完美」的生命伴侶；還有些伴侶渴望與外界隔離，把所有心力放在兩人世界，藉此帶來靈魂的融合及治療；還有些伴侶的共同目的，就是幫助對方治療各種傷口、害怕、恐慌、創傷等；也有些人會覺得彼此之間毫無界線，彷彿活在彼此的體內。這會造成很大問題，雙方或其中一方會覺得自己永遠無法擺脫對方，與對方區隔，因為兩人的人生沒有清楚的界線。

合盤冥王星落入十二宮或雙魚座的伴侶，還可能出現另一種原型主題或趨力，覺得自己對對方負有沉重的義務，必須不顧一切地幫忙並照顧對方。有些人知道這是業力作用，有些人則完全摸不著頭緒。當這種驅力出現時，雙方都會覺得必須為了對方犧牲自己的需求、慾望及人生。很多人都自覺彷彿進入了一座真實的心理監獄，找不到出口，無法解脫。造成這種情形的原因可能包括：

- 雙方或其中一方可能曾經嚴重背叛對方，辜負對方的信任，導致嚴重的創傷。這種創傷會產生心理層面的瓦解及僵化。
- 雙方或其中一方可能用某種殘酷的方式虐待對方，其中充滿大量、強烈的心理、感情或性層面的虐待，幾乎完全毀滅對方的靈魂。
- 其中一方犧牲自己的生命拯救對方。這可能有很多種原因及情節。我們可以根據兩人的本命盤比對，看出明確的情節及原因。被拯救的這方渴望為對方犧牲性命。
- 雙方或其中一方曾經在對方面前極度扭曲自己，最後讓對方產生強烈的幻滅感，導致緊張的心理狀態。

●雙方或其中一方基於各種原因，渴望（曾經）殺死對方，這通常與嚴重的迫害感受有關。

合盤冥王星落入十二宮或雙魚座的伴侶，還可能表現另一種原型或趨力，就是共同渴望結束互為親密伴侶的整個演化循環。當這種驅力出現時，他們會給予對方無條件的愛、接受及付出。他們完全互相了解，彼此之間充滿了和諧及寧靜；幾乎能完全精準感受對方的磁場波動，所以兩個人看起來就像是一個人。他們能充分地表現對方的本質，幾乎像是源自靈感的表現。有些已經進入靈性演化的伴侶，能有意識地記住所有或部分的共同前世經歷，知道兩人已經走到釋放的關鍵點，必須放下互為親密伴侶的渴望及需求。

合盤冥王星落入十二宮或雙魚座的伴侶，還可能表現另一種原型或趨力，他們的共同渴望就是幫忙彼此讓生活更簡單，只要維持基本的生活所需。當這種驅力出現時，代表他們各自或一起在過去世經歷了極混亂或動盪的生活，其中充滿了危機和複雜性。在那些過去世裡，無論是單獨或在一起時，他們都深感筋疲力盡。所以到了今生，他們的共同慾望就是過著簡單的生活，只要維持基本的生活所需。他們在最近幾世裡，渴望一起住在與人隔絕、遠離塵囂的郊區或偏遠地區，也很希望接近土地，養許多動物，種大量植物，自己耕作食物。

這兩個人如果處於合群演化階段，就必須根據過去世的原型驅力，判斷他們在今生明確的現實狀態。他們過去世的目的如果是幫助彼此治療各種傷口、恐懼及恐慌等，今生就會過著比較與世隔離的生活，共同遵守某些宗教戒律。對大多數的人而言，他們就像是隱形人。他們過著深入簡出又安靜的生活，就像吹了個隱形的泡泡，一起住在裡面，與外界隔離。兩人會因不同的原因，覺得對對方負有極沉重的義務。他們彼此在內心深處很疏離，但又會不停地照顧對方。很多人都會有種說不出的痛苦，深覺被對方折磨。雙方或其中一方會透過酒精、藥物，或是對某些宗教戒律的狂熱來逃避這種狀態。準備完成整個關係循環的伴侶，則會過著非常有秩序又簡單的生活。他們在許多方面看起來都像同一個人，也會表現簡單、自然、深刻、安靜又無條件的愛，一起追隨某些宗教指引戒律。他們對別人非常慷慨，也願意對真有需要的人伸出援手。渴望學習過著簡單生活的伴侶，則會住在遠離塵囂的地方，不過問外界的事情，只關心自己，表面上看起來與其他「正常人」沒有兩樣，還會分享共同的宗教信仰。

就性而言，對於大部分冥王星落入十二宮或雙魚座的伴侶而言，愛撫及擁抱會比實際的性交行為更重要。他們的性愛是愛撫及擁抱的延伸，通常非常緩慢、溫柔又敏感。他們不需要在性上面嘗試，通常非常傳統，會遵循社會既有的性規範。還有些伴侶幾乎沒有性驅力，尤其是出於義務心態的伴侶。他們之間如果還存有傷害對方的驅力，則會有性虐待的傾向，用各種扭曲的方法實現這些原型。

這兩個人如果處於個體化演化階段，都很渴望幫助對方治療各種傷口、恐懼或恐慌，會與對方產生很深的連結，輪流扮演救星及被拯救的角色。他們會因為對彼此的高度調和，隨時隨地都意識到對方的存在。他們對外人極不信任，與外界的往來也非常有限。所以對大部分的人而言，這些人是遁世而居，彷彿不存在。他們的生活有時會充滿熱切的討論及交流，有時又非常地沉默，只是一起履行兩人特定的工作及義務。他們之間的高度調和，反而會讓各自再次感受到對方未解決的傷痛。他們會採納一些折衷的心理、哲學或靈性思想體系。還有些伴侶渴望彼此的靈魂融合（或再度融合），也會出現上述的同樣驅力，但是他們更強烈渴望能離群索居，對彼此的認識也會更加廣泛且深入。

出於義務心態的伴侶，則會在內心深處與對方完全疏離，獨自過著完全不同的生活。兩個人都渴望獨立生活，實現與個人生命目的有關的一些想望。他們會覺得自己與對方緊緊綁在一起，但說不出確切原因，也不知道如何改變。他們讓彼此很痛苦，一陣子惡言相向，隔一陣子又陷入難受的沉默。雙方都會把自己潛意識的東西投射到對方身上。有些人會透過酒精、藥物，或是對某些宗教戒律的狂熱來逃避，而對方完全不知道。

渴望一起實現簡單生活的伴侶，則會共同產生某種想望，住到偏遠地區，專心努力地讓想望成真。他們極具個人特色，也很有創意。他們那種安靜又無所不在的愛，會讓許多人深受啟發。他們會無條件地支持對方，無論對方渴望做什麼或變成什麼模樣。他們也會共同追隨某些靈性哲學，但會用自己獨特的方式來實現。

就性而言，大部分的伴侶正從原始、肉體的性，轉移進入擴張意識的性行為。他們對於彼此靈魂的互相調和，也會展現在感情及性的層面上。所以這些人的性生活通常非常和諧，能從中獲得極大的滿足。許多人渴望能被對方消耗，就象徵意義而言，就是進入對方的體內。他們之間的性能量時而強烈，激情又令人筋疲力盡，時而會緩慢且溫柔地做愛。許多人都會鼓勵對方實現性幻想，他們在性上面極具創意，性生活有時非常頻繁，有時則完全沒有。許多出自於義務的伴侶，則會完全沒有性生活；有些人會向外發展，找其他人滿足性慾，大部分都極度保密；有些人會性虐待或奚落對方，也有可能兩人都表現出性虐待的傾向。

這兩個人如果處於靈性演化階段，共同的渴望就是彼此的靈魂融合，無條件地幫助對方療癒任何傷痛，或是一起完成整個演化之旅。不同於其他演化階段的是，靈性階段不會出現基於義務的伴侶。他們會出自於神的要求，自覺有義務去幫助幫助別人，因為他們無論是各自或在一起時，都具備了天生的智慧及知識。

他們會共同追隨某種靈性哲學的指引。這種哲學定義他們整個人生，滲入意識的本質中，他們會因此成為別人的典範。他們會給予對方無條件的愛與接受，也會因為這段關係而感受到自己及對方內在的神性。他們無論是單獨或在一起，都會從事某種幫助別人的工作。他們看起來就像一個人，可以隨時完全意識到對方的存在。在大部分的時間，他們的想法、慾望、需求及夢想幾乎完全相同。當問題出現時，他們會耐心對待彼此，讓問題自行解決。這些人只有在必要時才與對方說話，大多數時間都很享受沉默的陪伴。他們也很渴望盡可能地遠離世俗，但也會非常盡責地扮演自己特定的角色，幫助別人。

就性而言，這些伴侶完全投入神聖的性儀式，從中感受到自己及對方的內在神性。他們如果必須治療其他世殘留的創傷，或是在彼此相遇之前的傷口，就會用適當的性儀式來完成目的。其中一方如果有性幻想，對方會把這視為必要、健康且正面的，因為雙方都知道唯有如此，才能消除所有阻止靈魂重返神性的慾望。他們能在靈魂及性的層面上與對方高度融合，同時意識到彼此的需求，也可以從對方的滿足中，獲得最深刻的滿足。

對應點落入六宮或處女座

這個對應點有如演化的交接處，對於大部分的伴侶而言，其最深刻的原型主題就是學習何時應該伸出援手，幫助對方治療各種傷口，這些傷口大部分都是過去世累積的；何時又該讓對方自行療傷或解決。由於冥王星落入十二宮或雙魚座，這些人主要的習性就是渴望幫忙，渴望用某種方式犧牲自己。但這樣有時反而是幫倒忙，因為這讓他們沒時間做好自己的基本工作，因此這個對應點就是要教導這些伴侶們學會這門功課。有些伴侶非常疑惑，到底什麼時候應該幫忙，什麼時候又不該幫忙。最好的判斷方法就是順著意識層面的直覺行事，答案永遠會在那裡。這裡的挑戰就在於，即使忍不住想要伸出援手，他們仍必須學習尊重直覺。這門功課不僅限於伴侶之間，也可以延伸至他們想要幫忙的人身上，無論是他們各自想幫忙對方，還是想一起提供協助。當然，到底何時才需要幫忙，答案還是存於意識的直覺裡。這些伴侶還有另一個主要的主題或目的，就是學習讓自己的慾望、需要和離群索居的誘惑，與演化及業力的需求達成平衡；這裡的需求指的就是透過各自或群體的工作，用某種方式造福別人。對於那些深感對另一半有義務的伴侶，最重要的不僅是學習完成業力的義務，同時還要努力地學習接受其中的責任，而不是一味地自覺是受害者。他們如果一直因為義務而產生被迫害的感受，業力就會一直持續，一再地循環出現，直到他們學會接受義務的責任為止。還有些人可以透過專業的治療獲得幫助，不過治療師必須要具備探索過去世的能力，找出導致這種狀態的驅力，能看到過去世的催眠治療師也許能提供答案。

第十二章
冥王星在射手座

我大部分的著作都是冥王星通過射手座時完成的。既然如此，我想在此分享一些對於冥王星通過射手座的看法，這應該對大部分的讀者有些幫助。我們如果想要了解冥王星在射手座的表現，最重要的就是必須知道過去如何導致現在，創造出我們所有人目前所處的現實。我們必須謹記在心，占星學只與現實有關，但並不是創造現實的原因。占星學只能運用在可以觀察到的既有現實，例如社會、世界上發生的事件，以及獨立的個體。我們必須正確解讀導致或限制當下的過去，才能知道未來內在或外在事件的可能性。基於這種精神及立場，我想先簡單討論一下過去的歷史，是如何導致了我們的現在。

我們在討論冥王星通過射手座之前，還必須記住並知道一點：沒有任何東西是獨立存在的，宇宙萬物都是彼此連結且互相依賴的。就我們目前的背景來看，大部分的占星家都知道我們已經邁向寶瓶時代。在我們邁向寶瓶時代之際，顯然意味著雙魚時代就要結束了。任何一個時代的結束，都有它演化的目的和機會，讓與這個時代有關的歷史循環停止重複下去。

如果想要達到這個目標，這個時代的所有趨力都會在非常短的時間內出現。這會在一段時間內，讓個人或群體產生現實極度壓縮的心理體驗。這也是一種時間的壓縮感，可以讓人們重新體驗所有定義個人和集體現實的趨力本質，希望能從中獲得理解。這種理解可以讓我們認識正要出現的新時代或世紀。無論對個人或集體而言，這種理解也象徵了我們必須接受的新規範，藉此促進演化及成長，讓集體或個人的歷史不要一再重複出現。

從數千年歷史的觀點來看，顯而易見的是，當時代開始轉變時，之前的歷史循環還是會一再重複出現，即使這並非演化的目的。為何如此？答案就是我寫冥王星的基本哲學前提——四種靈魂演化的自然進程。我們別忘了，世界上百分之七十的人都處於合群演化階段，這樣就不難理解為何歷史會一再地重複，直到發生某些災難性的事件，或是一些逼迫現實改變的事件。還記得我們前面提過，合群演化階段是由土星法則發揮作用，人們渴望遵守既有的表象現實，而這是由當時大多數人所定義。由此可知，這世界上有百分之七十的人無法抽離自己所處的時空，無法退一步看世界。因此，無論是就個人或集體而言，這些人也無法發揚或應用從任何事件或趨力中學到的功課。別忘了不過在五十年前，在第二次世界大戰期間瘋狂的集中營之後，集體的想法及口號就是：「絕對不能讓這種事再次發生」。但看看現在這個世界，這種事已經重新上演好幾回，例如波西尼亞戰爭中瘋狂的「種族淨化」。

當我們討論冥王星通過射手座時，最重要的就是認識歷史的循環，如何限制了既有現實的結構本質。此外我們也必須了解，我們正處於雙魚時代及寶瓶時代的過渡階段。就歷史的觀點來看，上一個寶瓶時代約是在二萬五千年前，當時奠定了原始母系社會的基礎。當我們進入新的寶瓶時代時，最基本的是要盡可能認識上一個寶瓶時代的背景，利用從中理解或認識的功課，在現在必然發生的經驗中找到和諧。

就本質而言，母系社會允許所有人與自然法則和諧共存。自然世界的法則是不言自明的。人們認為自然萬物具備充分覺知，彼此之間存有連結，互相依賴，而且所有形式的生命都是平等的。反映在地球上的自然就是神，當時沒有所謂的天神。而用我們現代的說法，當時只有大地之母蓋婭的存在。當時的信仰制度與不言自明的自然法則有直接關連，所有人都會從自然法則的觀點來解釋現實表象，人類與所有自然萬物都處於和諧且平等的狀態裡。人類的老師就是不言自明的自然法則，更明確地說，就是圍繞在身旁的動物及植物。在人們眼中，動物及植物也有活著的精神，不僅可以教導人類，還能與人類溝通；反之亦然。

在母系社會裡，男人與女人會按照自然世界的規律建立關係的模式。人們會觀察各種動物的生存之道，看陰性及陽性的能量如何透過性別角色，自然地表現出來。在這個過程中，他們會發現萬物起源自陰性法則，因為放眼所及的任何族群或動物身上，所有家庭的延續及生育行為，都必須仰賴女性。在母系社會裡，沒有人具備心智性的知識，也不知道新生命是由男人與女人一起創造的。因此當女人懷孕時，會被認為是與萬物本源有關的自然奇蹟，而當時也還沒有靈魂的概念。正因為這種歷史背景，母系社會才能存在；也正因如此，兩性對於性別角色的認定及相處方式，才會與時下社會截然不同。當時的人們認為與女人發生性關係，就像與神奇的造物主性交。比較現代一點的說法，就是「與神做愛」。因此在母系社會裡，性是與自然法則和諧共存的神聖驅力。

在母系社會裡，沒有一夫一妻制，也沒有清楚的家庭概念，沒有所謂的父母，所有的孩子都是由群體共同撫養。男孩進入青春期後，會透過某些特定的儀式學習自然法則，學習如何正確運用性能量。由於當時的人們根據自然法則生活，所以男人與女人的生活方式與現在全然不同，現在的社會完全受父權思想操控。舉個例子，每個女人天生就具備雙重性向，女人一方面需要並渴望所謂主要伴侶型的男人，這種男人天性渴望成為女人的伴侶；另一方面，女人又會渴望「狂野型男人」，這種男人是伴侶型男人的對照組，追求浪蕩不羈，不願付出承諾，想要盡可能地到處「播種」。

這種自然的演化及生物法則，主要出自兩個原因，其一就是物種固有的生存慾望。人類死亡的主因是病毒、細菌及寄生蟲，所以人體必須具備非常強壯的免疫系統，才能對抗這些入侵。如果想要有個強壯的免疫系統，免疫能力就必須不斷隨著時間進化或改變，而這可以透過生物性的性交促成。在性交的過程中，精子與卵子結合成為新生命，兩個人的免疫系統也可以產生交互作用，讓新生命的免疫系統出現改變。如果人類及大部分的生命形式都是無性生殖，只是細胞自行分裂，體內的免疫系統就會維持固定不變。所以人類（以及大部分的生物）很自然會把性交當成生存策略。在很久以前，當人類在地球上的人口仍很稀少時，基於自然法則，一個女人必須盡可能地應付許多男人，盡可能地去體驗性，這完全是出自物種的生存本能，而且人類也必須建立多元的基因庫。演化生物學家認為男人有種特別的精子，叫做「殺手精子」。當男人射精在女人體內時，殺手精子會充斥在女人的子宮頸內，殺死或抵擋其他想要進入子宮的精子，這些精子其實與射精者的免疫系統有關。因此女人通常會盡可能與許多「狂野型男人」性交，才能讓「挑選」的自然法則發揮作用：只為強壯又具生命力的男人懷孕，保證物種的生存。

這裡還有個重要的自然因素：所有生物的性液中，都含有其完整的演化背景或知識。在性交的過程中，雙方的性液相互交融，也會滲入對方的「知識領域」。因此一個女人如果與各種不同背景的男人性交，就可以透過吸取對方的精子，來擴張自己的意識領域，這是自然法則應許的必然演化。在性交的過程中，女人的意識獲得擴張，也可以釋放自己的體液給男人，幫助男人演化。當人們按照自然法則生存時，根本不會有許多父權社會的問題，例如占有、忌妒及依戀等。你如果懷疑我的說法，不妨找個演化生物學專家問問這些問題。你可能會因為父權思想的影響，被答案嚇一跳，因為科學家也有同樣的看法。女人至今仍有這種自然的雙重性向，而男人也很自然地分為兩類：主要伴侶型的男人和狂野型男人。從自然的角度來看，這也就是為何我們會說一夫一制，其實是個自由選擇的問題。換言之，人類和狼或老鷹不同，一夫一制並不符合人體的基因結構。如果符合的話，就不會產生這麼多外遇不忠的問題了，人類根本就不會有不忠於單一伴侶的慾望或衝動。所以即使兩個人處於最好的關係狀態，自覺完全屬於對方，在本能上仍會被別人吸引。這其實就證明了上述的自然法則。

基於這些自然的生存方式，我們可以從歷史中發現，在母系社會裡完全沒有針對女人的戰爭或性侵犯，沒有階級差異，所有東西都是公平分享的。人們有個人財產，但沒有人擁有土地，土地是大家公平共有的。男人及女人都有天生完全平等的性別角色。根據歷史記載，人類如果能符合自然法則生活，根本不會出現戰爭、對女人及小孩的性侵、性別的角力、威脅感或為了爭取權力及掌控的政治鬥爭，也不會因為忌妒而想要控制或依賴另一半。反觀我們的「現代」社會，這些恐怖的事情在過去數千年一再上演，我們最好能重新認識其背後的原因！

所以最顯而易見的問題，就是這種生活方式為何會改變？是何時改變？又是如何改變？當男人發現自己在孕育後代的過程中，也扮演同樣重要的角色，改變就出現了。這聽起來有點奇怪，但這的確是我們慢慢從母系社會轉移進入父權社會的原因。我們到現在仍不知道，這為何會讓男人產生新的權力感受。就占星的角度來看，這種轉變發生在巨蟹時代的魔羯次時期，而最有趣的就是魔羯座和巨蟹座，正好與社會共識認定的性別定義及責任有關。基於男性產生的新權力感，人類開始朝父權社會邁進，而信仰系統的本質也隨之改變。人們也可開始改用不同的方式來認識或解讀表象的現實。人類脫離了自然法則的信仰及背景，慢慢進入父權社會，轉而採信人為的信仰及法則，與自然法則背道而馳。當父權思想逐漸占上風後，男人會創造特定的信仰體系，其目的及動機只是要合理化自己對女人及大自然的優越感。男人在此時創造了「天神」的概念，而這正反映出人造的戒律認為靈性與肉體的世界在本質上是對立的。肉體本質上代表了性，被認為是破壞靈性世界的誘惑。人們如果想當個有靈性的人，或是讓靈性獲得演化，就必須壓抑並控制肉體的自然能量。在父權社會中，女人代表肉體世界和身體的感官。換言之，女人代表了誘惑，只要受到誘惑，男人的靈性就會墮落。這就是男人在過去許多神話中創造的信仰系統，其中包括伊甸園神話。因此當父權思想越來越根深蒂固，成為主流社會的想法之後，女人也就慢慢臣服在男人的意志、控制及掌握之下。很有趣的是，當人們在母系社會裡演化時，最後發現在萬物顯現的背後，其實存在著一個終極造物者。終極造物者第一個被賦予的名字就是納姆。納姆是陰性的神，人們認為祂代表無所不在的自然整體，象徵著一股並非天生完美的演化力量。

在數千年的父權社會裡，女人基本上有兩種選擇。其一是合法地自稱為妓女；只要如此，她就可以擁有自己的財產，其中包括土地，也可以自學接受教育。另一種選擇則是當個「好女人」，這代表她必須嫁給一個男人，接下來的人生只剩下家庭，活在狹小的空間裡。她們不能擁有自己的財產，也不能接受教育，當然也被期待要繁衍後代，而且最好是男孩。這是因為男人基本上渴望更多權力，而土地就代表了權力。男人如果想要擁有更多的權力，就必須把自己的土地及財產傳給男性的後代。基於這個理由，男人必須知道自己與誰性交，哪些小孩是自己的後代。這就變成了核心家庭的基礎，外界期待並要求女人要忠於一夫一妻制，壓抑自然法則的傾向，其中包括自然的性法則。青春期少男的性啟蒙儀式也被禁止了。所有自然的事情都被壓抑了，而且還遭扭曲。舉個例子，在羅馬帝國早期，中產及上流階層會把青春期的兒子送到職業妓女那裡，接受性啟蒙，但是這種啟蒙與母系社會的性啟蒙不同。後者與對自然法則的認知有關，前者則只限於肉體的性，本質上較令人作噁。經過了數世紀的潛移默化，人們慢慢地把性視為生物繁衍的簡單行為。

男人創造的信仰系統，基本上會假設神是陽性且完美的，但造物者的本質並不完美（這與男人在心智上對理性的認知互相矛盾，現在已是顯而易見了），而且男人不只優於女人，更凌駕在大自然之上。男人有支配、控制或制伏女人的需要，這也象徵了他們把支配及控制大自然或自然法則，視為與生俱來的權利。女人慢慢被視為邪惡的化身（第一世紀基督教作家的著作可以為證），還會因為身為女人而有罪惡感，因為女人就象徵了男人靈性的墮落。人為的想法或信仰，認為神在本質上是完美的。男人如果想要在靈性上求發展，就必須壓抑肉體，透過女人來彌補自己天生的罪惡感。男人會對女人散發的誘惑感到憤怒。我在前面曾經提過，這就是造成病態及心理虐待的原因。男人與女人都被教導要受苦，彌補自己相較於神（陽性的）的不完美，而靈性的發展就要看他們受苦的程度而定。

隨著時代演變，自然的法則及生活方式，慢慢被人為的信仰取代，而兩者是徹底背道而馳的。我們必須謹記在心，任何被壓抑的東西都會變成潛意識的扭曲，而壓抑也很自然會變成憤怒或怨恨的基礎。所以當父權思想日益鞏固後，與母系社會完全相反的現實，很遺憾地變成了我們時下的「現實」。父權社會的產物不勝枚舉，其中包括了戰爭，導致所有涉及的人都飽受痛苦（戰爭往往有「宗教」的藉口）；經濟及政治的階級，導致階級的衝突（誰該擁有資源，誰又不該擁有）；對兒童及女人的心理及性虐待；在親密或婚姻關係中的忌妒、占有及依戀等心理驅力；以自我中心為出發點的野心或私利，導致了競爭、隱密的動機、祕密或不誠實的計畫；還有自認為比別人重要的自我中心感受。

基於這些父權思想系統，大自然也逐漸地受到人類侵害。除了極少數的人之外，幾乎沒有人可以帶著平等意識與大自然相處。當自然法則是唯一準則時，大自然處於絕對平衡且和諧的狀態。自然法則會自我規律，同時也能自我糾正。但是如今人為的信仰，認為人類凌駕於大自然之上，可以為了人類的利益來控制或利用大自然，這導致人類與其他自然萬物之間，幾乎處於徹底失衡的狀態。我們現在已經看到了失衡的後果，而且在接下來的這一百年裡，這仍會繼續發生。

在這個時間點上，透過占星學的放大鏡來看待這些事情，可說是非常有趣的。從過去世及演化的觀點來看，最顯而易見的一點，就是幾乎目前世界上所有人的木星、土星及冥王星的南交點，都是落在摩羯座，而這些行星的北交點，當然落在巨蟹座。此外，我們所有人的海王星的南交點都落入寶瓶座，而北交點落入獅子座；天王星的南交點落入射手座，北交點落入雙子座。這些代表了什麼？這代表了目前世界上所有人的過去世，都曾經是母系社會剛出現的時候（海王星的南交點落入寶瓶座），也經歷過從母系社會開始進入父權社會的那段時間（土星、木星及冥王星的南交點是魔羯座）。由於大多數人的天王星南交點，都落入射手座，這代表幾乎每個人在過去幾世裡，曾經處於由自然法則定義的族群、文化或社會裡。我們現在正處於地球歷史上一個非常動盪危險的時刻。事實上，我們等於從銀河回溯兩萬五千年，重新回到母系社會的原點。

為何地球上現在會出現這些集體成群的靈魂？這些靈魂的過去，與現在這個時間點產生連結，就代表從遙遠過去獲得的理解及教訓，必須應用於現在及未來。這意味著當我們想起終極的靈性根源時（海王星的南交點落入寶瓶座），才能出現真正的靈性演化（海王星）。因此這也代表了必須重返母系社會的生活方式，與自然法則及大自然處於絕對平衡的狀態。在這個過程中，父權性質的人為信仰會慢慢瓦解（海王星）。從最初的靈性根源來看，我們詮釋表象現實的方式也會因此改變，而信仰又會再次與大自然（及其法則）達成一致。這就是木星、土星及冥王星的北交點落入巨蟹座的真實意義：重返地球上生存的最初源頭（巨蟹座）。在這個過程中，個人和集體的自我形象（巨蟹座）會產生轉化（冥王星），消除並瓦解父權社會鼓吹的人為想法及信仰。

我們的本質必須重返最初、最真實的自我形象，才能讓身、心、靈自然地平衡及整合。精神和肉體不再是相互對立，而父權信仰導致的所有壓抑也會因此移除。當這些壓抑被移除後，因壓抑而生的扭曲行為會隨之消失，錯置的憤怒及怨恨也不復存在。我們重返自然法則（最初的寶瓶時代）定義的個人及群體現實（土星），之後自然而然會回復到平衡的狀態，不僅是人類集體的和諧，還有整個地球的均衡。當海王星的北交點落入獅子座，冥王星落入獅子座的世代顯然成為領頭羊，慢慢地讓這種需求及願景變得更加清楚。正如偉大的占星學家丹・魯依爾曾經預言，這些人將會是一九九〇年代的「種子」，推動新思維的願景，反映即將展開的寶瓶時代。就演化的觀點來看，主要的做法就是透過印刷媒體、電影、電視及其他資訊科技，把想法散播到全世界各地。這是有跡可循的，因為目前世界上大部分的人，天王星的南交點落入射手座，天王星的北交點則是在雙子座。

我們簡單回顧近期的歷史，就可以看出冥王星獅子座的世代如何擔任帶頭羊，促進人類接受新的思維及願景。在一九六〇年代的中後期，這個世代開始慢慢反抗當時社會主流的規範、習俗、道德觀及宗教，其中包括完全推翻男人與女人的相處方式，婚姻的機制當然也難逃批判。所以當時出現了全面性的「性革命」（還記得「自由的愛」的口號嗎？）。在那波浪潮中，人們開始積極探索其他文化及時代的資訊或知識系統，強烈地渴望透過各種藥物、東方的靈性系統或西方的魔法和巫術來擴張意識。人們想要重新體驗大自然的神聖，環保議題也相繼出現。這些事件都發生在海王星通過天蠍座時，與這個世代本命的月亮南北交點形成T型相位。與此同時，行運的海王星也與此世代本命的獅子座冥王星，形成四分相。當時行運的冥王星通過處女座，又與此世代本命天王星的南北交點，形成T型相位。如果這些還不足以牽動這個世代的叛逆，那就不能忽略了行運的天王星通過天秤座，與此世代本命的海王星形成合相，這就代表他們會全面反抗性別的責任，以及關係中的性別角色。我們必須謹記在心，他們的木星、土星及冥王星的南交點落入魔羯座，而北交點落入巨蟹座；所以當行運的天王星與本命海王星合相時，自然會引發本命海王星與這些交點（木星、土星及冥王星的南北交點）形成T型相位的能量。女性運動就是在此時出現，著實不令人意外。

自那之後，這些運動的效應，讓人們對某些議題產生集體意識，例如環保、消除種族及階級隔閡、婦女及兒童權利，以及逐漸恢復女權等議題。當時海王星和天王星正通過摩羯座，而冥王星在天蠍座，所有關於婦女及兒童性虐待的黑暗祕密都被公諸於世。在當時心理治療的領域裡，「受傷的孩子」成為流行語。在一九九二年時，越來越多女性獲選擔任公職。這都是發生在當行運的海王星和天王星，與此世代本命冥王星、木星及土星的南交點（落入摩羯座）合相的時候！甚至在土耳其及巴基斯坦這種父權國家，也有女性獲選擔任公職。

我在這裡不是要暗示，人類最後會重返騎著野牛、搭帳篷的原始生活。在充斥高速公路和超級市場的現代生活中，這當然是完全不可能發生的事。這其實是意味著我們必須學習在現在的背景及未來裡，運用自然的法則。**這才是我們最明確的挑戰及需求**。你如果曾經研讀過歷史，也清楚這世上百分之七十的人都處於合群演化狀態，就會知道人類不可能像許多「新世紀」作家所言，只要透過某些突然的集體啟蒙，就能實現寶瓶時代象徵的演化需求。

正好相反的是，寶瓶時代象徵的必要改變，多半必須透過間接的必然性來實現。這通常是程度不同的災難性事件，逼迫人們別無選擇，必須接受改變。地球上目前最大的危機就是核彈及其衍生的科技。我稍後會提到這可能會導致哪些危險。此時最有趣的是，與核分裂有直接關聯的冥王星，剛好通過巨蟹座，與本命冥王星的北交點合相在巨蟹座十八度，與本命冥王星的南交點形成對分相。冥王星被發現時，也剛好與土星的北交點形成合相，也是落在巨蟹座十八度。你如果曾經研究過其他行星的南北交點，就應該能恍然大悟了！

冥王星剛被發現的前幾年，人類正準備發明第一顆核彈，並且用戰爭合理化這種強烈毀滅性的裝置。但是我們別忘記了，在人類以父權思想統治個人及集體現實之前，從來沒有戰爭發生。還有一點非常有趣，最初發明核彈的歐本海默（Oppenheimer），本身信奉的是印度女神卡利，卡利代表毀滅及重生的陰性神（巨蟹座）。他的目的及希望（冥王星）就是發明了核彈，就不再有戰爭的威脅；因為核彈具有毀滅性的力量，根本沒人敢使用它。很不幸的是，現實並非如此。這個發明顯然已經徹底改變了人類現實的結構本質。我們回頭看看當這種轉變出現時，剛好進入巨蟹時代的魔羯次時代，這到底與現在的人類有何關連。還有什麼違背大自然及自然法則的危險事物，會比核彈造成更慘烈的悲劇？其中最恐怖的就是美國在第二次世界大戰期間，對日本廣島投擲核彈。不要懷疑，當時的冥王星正通過獅子座，與美國本命盤月亮的北交點合相！廣島事件讓美國站上世界霸權的巔峰，但也徹底改變了人類與自我的關係（行運的冥王星與美國本命月亮的寶瓶座南交點，形成對分相）。我們必須知道，寶瓶座、天王星及十一宮與既有環境的激烈改變有關，也代表徹底且突然的改變。更遑論一九六二年十月發生古巴飛彈危機時，全世界的人生死未卜，而當時行運的土星及月亮南交點，也正好與美國本命月亮的南交點合相！

這些訊息到底要我們學會什麼？當「銀河重返」開始時，冥王星正往射手座移動，天王星及海王星將會在未來的八至十年間通過寶瓶座，與海王星的南交點合相。就目前「現實」的背景來看，我們對個人和集體的未來能有何期許？我們首先必須知道，沒有一種未來的投射或預測是絕對的。任何時刻的個人或集體的抉擇，都會影響接下來的事件或現象。寶瓶時代將會持續兩千五百年，這將是一段非常漫長的時間，讓所有的原型目的及改變發揮影響。所以充其量，我們可以就個人及集體的層面，討論一下目前趨勢的可能性。既然個人及集體的未來發展，取決於人類所做的決定，所以我在此只能務實地討論未來二十年至三十年的發展。這是我對未來看法的精神及觀點所在。

寶瓶座和天王星的目的及原型，就是解放所有妨礙必要成長或改變的先存限制，這也代表了激烈改變既有的條件，以換來成長。當冥王星進入射手座時，這種改變一開始會與大自然及自然法則有關。射手座的原型與固有的真理或法則有直接關係，也與宇宙萬物的奧祕有關。在父權思想日益彰顯後，人類與自然萬物或自然法則的關係慢慢失去平衡。這種影響在當今世界中顯然可見：破壞大氣層（寶瓶座），讓更多輻射直照地球表面；空氣、水及土壤的汙染；食物來源日益汙染；每天都有數以百計的物種滅絕；濫砍森林（其中包括熱帶雨林），對地球強取豪奪等等。別忘記了，冥王星是我們偉大的老師，深悉各種事物的極限，而我們顯然已經達到破壞的極限了。因此大自然開始慢慢出現各種反抗人類的反撲，希望藉此「引起人類的注意」。從大自然或蓋婭的角度來看，這些事件都是刻意的安排，目的是要人類看清楚，父權思想鼓吹人類能掌控大自然，根本是種虛幻的妄念。

地球上這類「引起人類注意」的事件日益增加，例如地震、火山爆發、龍捲風、熱帶颶風、颱風等毀滅性風暴（舉個例子，你能否想起上一次加勒比海地區同時出現六或七個熱帶颶風，到底是什麼時候？）。「溫室效應」導致大氣層逐漸暖化，地球的溫度在未來一百年極可能提高二至六度，而這全是人類活動造成的。這也會對沿海地區，還有當地的工業和居民生活帶來劇變。此外，臭氧層的破洞已經比歐洲大陸的面積還大。輻射量增加會導致基因突變，因為許多生物都已經失去保護，直接曝曬在輻射之下。類似車諾比核電廠意外的事件，未來勢必也無法避免。還有目前看來束手無策的輻射廢料，其所造成的汙染，到底會殘留哪些長期的影響？

這當然不代表未來會如同許多「新世紀」作家的預言一樣，其中包括靈視預言家艾德格．凱西，整個美國西海岸會斷裂，與美洲大陸分離。如果你跟我一樣曾經研讀過地球科學，就會知道基於板塊結構的本質，這種事情不可能發生。該地區可能發生嚴重的地理事件，但不會造成整個西海岸突然斷裂分離。由於板塊結構的自然潮汐，這種分裂早已經在進行中，不過需要數千年的時間才可能完成。人類的生活雖然不在影響範圍之內，但這類毀滅所帶來的物種代價卻值得我們注意。在這個過程中，每天都有數百種的生物滅絕，而這會對生態系統造成嚴重衝擊，因為地球需要多元性的生物，才能讓生態維持平衡及完整。這種失衡會日益嚴重，慢慢導致連鎖反應，影響到整個生態系統（地球）的其他生物。我可以舉許多例子來證明。例如，南美現在毛毛蟲暴增，人一被咬到就會喪命，嚴重威脅當地居民性命。這種暴增是因為人類讓毛毛蟲的天敵滅絕，才會造成毛毛蟲暴增。

大自然還有另一種反撲的主要方式，就是細菌及病毒等生物形式的突變，未來勢必會越來越多。跟隨我許多年的學生，還有上過我的課的人，就知道我很早以前就已經點出這個趨勢。在很多年前，當冥王星開始經過天蠍座，我就曾經提到，許多生物為求生存，將會出現突變。這其實是金牛座象徵的生存本能。金牛座是天蠍座的對應點，所有的時空現實都會透過對應點顯現，所以這其實是非常簡單的推論。這些生物形式必須轉變，才能在越來越強的抗體之中存活，在人類活動導致恐怖失衡的環境裡找到生存空間。我曾經提醒過，這些變種的病毒及細菌會越來越具致命性，對人類構成威脅，如此才能對過度強勢的物種進行撿擇效應，讓大自然重新恢復平衡。我也曾經提過，只要冥王星還在水象的天蠍座，人類就會透過體液的交換來傳播病毒及細菌。很不幸地，這些提醒都已經成為事實。

冥王星現在往火象星座邁進，而海王星和天王星則要通過風向星座，我認為至少還有三至四種病毒或細菌會變種，透過空氣傳播。一旦如此，這些病毒及細菌會透過人類共享的空氣（大氣層）散播。由於現代交通運輸的方式，每天都有飛機載著人們往來各大陸之間，這將會變成一個特別嚴重的問題。醫藥將會成為各界關注的焦點，因為人們會試著處理並適應這種現象。人類也會因此產生新的知識，主要是與基因工程或抗體藥物的新設計有關，還有如何降低全球旅遊的影響。我們毋須過度想像，就能知道這對人類的影響有多深。千萬別忘了，射手座天生與金牛座及巨蟹座形成十二分之五相，這就代表物種的基本生存（金牛座）會受到威脅，這不只會影響地球這個人類的大家庭，也會影響我們各自的小家庭（巨蟹座）和朋友（寶瓶座）。這將會引起人類全體的注意。

這些日益強烈的影響，必然會讓全人類的信仰制度或系統出現危機。就占星的角度來看，處女座及雙魚座的天生原型與危機有關，而當冥王星進入射手座時，就與處女座、雙魚座及對應點雙子座形成變動星座的大十字。這裡的危機必然帶有更大目的，就是要瓦解或消滅父權的信仰系統，而這也是目前人類詮釋表象現實的基礎。換句話說，到了某個時間點，人類會漸漸被迫意識到大自然其實比人類更強勢，更有力量！處女座／雙魚座軸線與射手座的結合，勢必會對人類集體的自我帶來羞辱，迫使人類針對信仰系統的本質進行全面調整（變動星座原型），讓人類重返自然法則，與大自然整體和諧共存。

在這個大前提下，許多既有的父權宗教傳統會變得越來越狂熱，強迫大部分的人接受帶有父權本質、極為狹隘的道德標準。我們已經見識過這種情形，但顯然越來越極端。當我在寫這本書時，美國正在選總統，有候選人的目的是以《聖經》為治國基礎。這種人到哪裡都不可能當選，因為他們的主張無法反映大多數人的意志。然而有些國家沒有自由且公平的選舉，這些候選人會將自以為是的妄念無限擴張，不只強加在自己國家的人民身上，還會試圖強迫其他國家接受自己的主張。他們的手段就是恐怖主義，多半是為自己信仰辯護的宗教恐怖主義。未來出現真正的危險，都會與宗教／核子／生物／恐怖主義有關，有可能是一小群的宗教狂熱份子使用各種核武或生物計畫，以此威脅整個地球，達成自己的目標。這當然會引起世人的注意。這也是必然的現象，因為如此才能展現更高層的演化目的：消滅或瓦解父權的信仰系統，因為這是造成世界亂象的源頭。基本上，這些系統會自行毀滅！

從歷史上來看，冥王星上一次進入射手座時，剛好海王星與天王星也進入寶瓶座，當時掀起了人類意識的革命，也就是我們熟知的文藝復興時期。那次革命顛覆了人們對於教堂和上帝的權力象徵，讓人文主義獲得重生。當時還出現了自然科學的戒律，或是對大自然及自然法則的觀察。那也是法國預言家諾斯特拉達姆士（Nostradamus）的年代，他的冥王星落入射手座的前面幾度。當然，諾斯特拉達姆士發表了他著名的預言，預知了之後數千年的發展。他的目的是希望透過這些預言預先警告世人，可以避免災難發生。很不幸地，沒有人聽進他的預警。他的許多預言最後都成真了，其中包括法國大革命、希特勒的崛起及核彈的發明等。當冥王星再次進入射手座，海王星與天王星進入寶瓶座時，我個人的意見及看法就是，人類會從人文主義重新回到蓋婭的懷抱，把地球視為有生命的、具有充分覺知的、互有連結且相互依賴的整體，而人類也會再度把自然法則當成偉大的老師，跟著它的腳步前進。

另外一個會引起人類關注的焦點，如果真的發生，就是地球上會出現來自其他銀河系或宇宙的生命形式。這將會由集體親眼目睹，而不是只有少數人看見。想像一下，這將會對全世界處於合群演化階段的人們造成哪些影響。想像一下，人類既有信仰（例如天文學家卡爾．薩岡〔Carl Sagan〕曾經主張，人類是宇宙唯一的生物）的本質，或是詮釋表象現實的方式，將會產生哪些改變。但如果真的出現了其他的生命形式，誰還能這麼說？那肯定不是我。我直覺認為這是可能發生的，因為大自然已經極度失衡，集體靈魂必須經歷驟變性的震撼，這也可能是天體物理學的劇變。射手座代表人類意識的原型，目的是要讓我們意識到自己與比地球更大的整體之間，其實存在著某種連結，例如我們在夜空看到的銀河及群星。寶瓶座的意識原型就是用疏離的方式觀察生命。現在哈伯望遠鏡在地球軌道上方，透視遙遠的銀河，新的觀察結果將會完全挑戰我們之前的觀點，對「現實」的本質及結構產生不同的看法。這個挑戰的本質與自然法則有關，而自然法則是固有且天生的。這裡的重點在於，我們將會對「外太空」有越來越多的觀察。這些觀察也會慢慢帶領人類回歸自然，重新與自然法則和諧共存。

這裡還有一點非常特別，當行運的海王星及天王星越來越接近海王星的南交點（寶瓶座九度），我們可以預見許多「不可思議」的發現。這些發現將會撼動我們之前對於「現實」本質的諸多看法。目前即使在太陽系內，也已經有許多驚人的發現。美國最近發射「伽利略號」太空船去木星，現在繞著木星運行。伽利略號發射一個探測器去觀察木星的大氣層，然後將觀察所得的資料送回地球，完全顛覆了之前科學家對於木星本質及結構的推測。就占星的角度來看，這是件非常有趣的事。伽利略號在木星的上方運行，用疏離的方式（寶瓶座）觀察木星，然後發射探測器去觀察木星的大氣層（冥王星），結果挑戰（冥王星）了天文學家之前對木星本質及結構的看法（射手座）。木星是射手座的主宰行星，當冥王星運行通過木星時，難道這不是種巧合或同步嗎？在五百年前，當冥王星通過射手座時，人類發現了「新世界」，當時歐洲國家派遣船隻出海，最後發現了新大陸。這次在人類即將進入寶瓶時代之際，又發現了太空的「新世界」，還開拓了人類在太陽系內唯一的殖民地—火星。

從個人的觀點來看，當冥王星通過射手座，海王星及天王星接近寶瓶座時，也會引發許多有趣的驅力。其中之一可能與個人的真理有關，抗拒或擺脫宗教、社會及父母的限制模式。我們如果曾經戴著假面具或人格面具，隱藏真正的自我，此時就會感受到內在及外在的驅力，強迫我們摘下這些面具。我們真正的現實或真理會被揭露。這可能會對目前的親密關係、友誼及職場關係造成極大的問題。當內心追求成長的渴望越來越強烈時，人就會變得浮躁不安。對於很多人而言，內心的不安會變成外在的浮躁，渴望能改變既有的現實驅力及狀態。還有很多人會想要搬到新的地方住，看看新的地方。就集體層面而言，這可能會引發移民風潮。這當然會迫使政府改變移民政策，控管自家的邊境。

這裡還有另一個有趣的現象，有越來越多人會「關閉頻道」，拒絕接受來自四面八方轟炸的新聞及資訊。個人靈魂會越來越反對（冥王星邁向射手座）左腦的驅力（雙子座和處女座）。當冥王星邁向射手座時，我們的意識重心會慢慢地從左腦轉移到右腦，從線性和實證的思考，變成非線性和直覺。基本上這反映了某種集體需求，而每個人也必須深化（冥王星）自己的需求，學習聆聽自己內心的聲音。因此無論是集體或個人，都會開始慢慢對抗任何雙子座類的膚淺資訊，其中包括政治領袖的意見。這也就是為何政治領袖只要能講實話，無論任何黨派都會得到正面的回應。相反地，一位政治領袖如果話中有話或另有所指，最後終會失勢。此時最好的例子就是美國的危險人物紐特・金里奇（Newt Gingrich），他是共和黨極保守派份子。他這個人本身，以及他提出的主張「美國契約（冥王星）」，都是非常典型的雙子座表現。他當上眾議院議長時，聲勢如日中天。當我在寫這本書時（一九九六年一月），他的名聲卻直落谷底，比水門案時期的前總統尼克森還不如。他被人們看穿，露出真面目，因為冥王星正進入射手座，代表人類必須認清所有事情的真相。當冥王星正式進入射手座後，他在一九九五年十一月正式下台，因為冥王星慢慢地與他本命落入雙子座的水星、天王星、土星及太陽形成對分相。這種同樣的效應，當然也會發生在所有戴假面具的個人或領袖身上。

當人們開始封鎖來自四面八方的資訊轟炸後，把注意力轉向自己的右腦，聆聽內心的聲音，此時進入寶瓶座的海王星及天王星，就會開始發揮作用。我們的大腦會產生新的神經細胞，急速地演化，出現新的直覺想法。這些想法不僅能展現自己固有或天生的真理，也能反映造物主的本質。因此當我們拋開了父權思想的殘磚破瓦後，必然會改變所謂「自我」驅力的想法，以及對於所謂「現實」的詮釋。「關閉頻道」最有趣的影響，莫過於人們開始投入網路世界。人們會用天王星的方式與別人產生連結，就是與志同道合的人建立關係。網路允許完全的匿名，這產生了某種有趣的自由，讓人們可以探索各種自己不曾實現的想法、慾望或需求。人們可以透過網路與世界各地的人產生連結，而這多多少少能擺脫任何政府的控制，除非切斷電源。因此網路也漸漸變成了反抗的工具，對抗任何過度專制或限制個人自由的政府。當我在寫這本書時，德國政府打算審查部分的網路內容。任何政府都可以試圖限制，但基於網路的本質，人們總是可以找到方法突破。事實上，德國人已經開始這麼做了。就某種意義而言，網路已經成為新的「人民鴉片」。當冥王星進入射手座時，網路（寶瓶座）還可能發揮另種有趣的效果，就是人類的學習方式。教育與射手座及雙子座有關，所以網路可能會提供前所未有的教育機會。這可能是透過網路完成大學教育，全世界已經有越來越多的大學提供這樣的課程；這也可能是完整的家庭教育運動，現在有越來越多人透過網路來「聯播」和結合資源，依此來教育自己的孩子，完全跳脫了許多國家正常教育結構的框架。

我想要再次強調，人類正邁向一個長達兩千五百年的演化循環，必須花上很長的一段時間，才能完成演化需要的調整。如果有人把眼光放在長遠的未來，例如寶瓶時代的末期，然後透過占星學的角度來看待這段時期的變化，就會清楚發現在寶瓶時代即將結束的前兩百年，會是一段「濃縮且強烈的時間」，所有的驅力都會在此時畫下句點，然後決定未來人類及地球的生存。此時土星的南交點會邁向寶瓶座，冥王星的南交點也會朝寶瓶座前進。土星會在西元兩千五百年時正式進入寶瓶座，而冥王星則會在西元兩千七百年時正式進入寶瓶座。諾斯特拉達姆士曾經預言，在這二百年期間，在大爆炸的事件發生之後，銀河體系會維持穩定，全世界會處於和平的狀態。他曾在著作中留下明確的諭示，「千禧年結束前將會有場大屠殺，進入墳墓的人將會離開。」這二百年期間將會從土星的南交點朝寶瓶座移動開始。到了那一天會發生什麼，誰知道呢？彼時的冥王星將會在射手座二十八度（銀河的中心），而海王星和天王星又會落入寶瓶座。我們只能希望耶穌的話能成真：「那在後的，將要在前」。我衷心祈禱所有人能早日清醒，做出必要的抉擇，避免讓那些總是第一個受苦的弱者，遭遇不必要的痛苦。沒有什麼是命中注定的事情。人類有神賦予的權力及能力，做出自己的抉擇，影響下一刻的命運。希望我們所有人都能找到大地之母的精神，聆聽她的指引。願上帝保佑我們！

結論

我真誠希望你能從這本書裡獲得有意義的啟發，幫助你用新的方式來看待關係的驅力。對於專業的諮商師而言，尤其是占星家，我也希望你能用有意義、具建設性的方式來應用書中的內容，幫助你的個案。我最深的期許就是透過了解所有限制模式的本質——尤其是源自於父權思想的限制——所有人都能伸出援手，讓病態的虐待行為早日消失，這絕對是急需世人伸援的問題。

願上帝保佑你們

——傑夫・格林

國家圖書館出版品預行編目

冥王星：靈魂在親密關係中的演化 / 傑夫．格林（Jeff Green）著；
韓沁林譯 . -- 初版 . -- 臺北市：積木文化出版：家庭傳媒城邦分公司發行，
民 100.11　面；公分

譯自：Pluto. Volume II, The Soul's Evolution through Relationships
ISBN 978-986-6595-58-5（平裝）
1. 占星術 2. 冥王星

292.22　　100020503

LIGHT 07

冥王星——靈魂在親密關係中的演化

原著書名／Pluto: The Soul's Evolution through Relationships
著　　者／傑夫．格林（Jeff Green）
譯　　者／韓沁林
特約編輯／何宇洋
責任編輯／余品蓁
副 主 編／洪淑暖

發 行 人／凃玉雲
總 編 輯／王秀婷
版　　權／向艷宇
行銷業務／黃明雪．陳志峰
法律顧問／台英國際商務法律事務所　羅明通律師
出　　版／積木文化
台北市104中山區民生東路二段141號5樓
電話：(02)25007696　傳真：(02)25001953
官方部落格：http://www.cubepress.com.tw
讀者服務信箱：service_cube@hmg.com.tw
發　　行／英屬蓋曼群島商家庭傳媒股份有限公司
城邦分公司　台北市民生東路二段141號2樓
讀者服務專線：(02)25007718-9　24小時傳真專線：(02)25001990-1
服務時間：週一至週五上午09:30-12:00、下午13:30-17:00
郵撥：19863813　戶名：書虫股份有限公司
網址：城邦讀書花園　www.cite.com.tw
香港發行所／城邦（香港）出版集團有限公司
香港灣仔駱克道193號東超商業中心1樓
電話：852-25086231　傳真：852-25789337　電子信箱：hkcite@biznetvigator.com
馬新發行所／城邦（馬新）出版集團
Cite (M) Sdn. Bhd. (458372 U)
11, Jalan 30D/146, Desa Tasik, Sungai Besi,
57000 Kuala Lumpur, Malaysia.
電話：603-90563833　傳真：603-90562833

封面設計／唐壽南
內頁排版／優克居有限公司
製版印刷／中原造像股份有限公司

城邦讀書花園
www.cite.com.tw

Printed in Taiwan.

2011年（民100）11月1日　初版一刷

Translated from PLUTO: THE SOUL'S EVOLUTION THROUGH RELATIONSHIPS

First published in England by The Wessex Astrologer Ltd.

售　　價／550元
ISBN 978-986-6595-58-5

廣告回信
台灣北區郵政管理局登記證
台北廣字第000791號
免貼郵票

積木文化

104 台北市民生東路二段141號2樓

英屬蓋曼群島商家庭傳媒股份有限公司　城邦分公司

地址

姓名

請沿虛線摺下裝訂，謝謝！

積木文化

以有限資源，創無限可能

編號：VS0007　書名：冥王星：靈魂在親密關係中的演化

積木文化　讀者回函卡

積木以創建生活美學、為生活注入鮮活能量為主要出版精神。出版內容及形式著重文化和視覺交融的豐富性，出版品包括心靈成長、占星研究、藝術設計、珍藏鑑賞、食譜、飲食文化、手工藝、繪畫學習等主題，希望為讀者提供更精緻、寬廣的閱讀視野。

為了提升服務品質及更了解您的需要，請您詳細填寫本卡各欄寄回（免付郵資），我們將不定期寄上城邦集團最新的出版資訊。

1. 您從何處購買本書：＿＿＿＿＿ 縣市 ＿＿＿＿＿ 書店
   □書展　□郵購　□網路書店　□其他 ＿＿＿＿＿＿＿＿＿＿
2. 您的性別：□男　□女　您的生日：＿＿＿ 年 ＿＿＿ 月 ＿＿＿ 日
   您的電子信箱：＿＿＿＿＿＿＿＿＿＿＿＿＿＿＿＿＿＿＿＿
   您的身分證字號：＿＿＿＿＿＿＿＿＿＿＿＿＿＿＿＿＿＿＿
   您的聯絡電話：＿＿＿＿＿＿＿＿＿＿＿＿＿＿＿＿＿＿＿＿
3. 您的教育程度：
   □碩士及以上　□大專　□高中　□國中及以下
4. 您的職業：
   □學生　□軍警　□公教　□資訊業　□金融業　□大眾傳播　□服務業　□自由業
   □銷售業　□製造業　□其他 ＿＿＿＿＿＿＿＿＿＿＿＿＿＿
5. 您習慣以何種方式購書？
   □書店　□劃撥　□書展　□網路書店　□量販店　□其他 ＿＿＿＿＿＿
6. 您從何處得知本書出版？
   □書店　□報紙／雜誌　□書訊　□廣播　□電視　□朋友　□網路書訊　□其他
   ＿＿＿＿＿＿
7. 您對本書的評價（請填代號 1 非常滿意 2 滿意 3 尚可 4 再改進）
   書名 ＿＿＿ 內容 ＿＿＿ 封面設計 ＿＿＿ 版面編排 ＿＿＿ 實用性 ＿＿＿
8. 您購買本書的主要考量因素：（請依序 1～7 填寫）
   □作者　□主題　□口碑　□出版社　□價格　□實用　□其他 ＿＿＿＿＿＿
9. 您是否曾進修過哪些身心靈相關課程？
   ＿＿＿＿＿＿＿＿＿＿＿＿＿＿＿＿＿＿＿＿＿＿＿＿＿＿＿＿
10. 您曾閱讀過哪些身心靈主題的大師經典？
    ＿＿＿＿＿＿＿＿＿＿＿＿＿＿＿＿＿＿＿＿＿＿＿＿＿＿＿＿
11. 您希望我們未來出版哪些身心靈主題的書籍？
    ＿＿＿＿＿＿＿＿＿＿＿＿＿＿＿＿＿＿＿＿＿＿＿＿＿＿＿＿
12. 您對我們的建議：
    ＿＿＿＿＿＿＿＿＿＿＿＿＿＿＿＿＿＿＿＿＿＿＿＿＿＿＿＿